CHINA ACADEMY OF NORTHEAST REVITALIZATION

2016
东北老工业基地全面振兴
进程评价报告

李凯 易平涛 王世权 向涛 等／著

经济管理出版社
ECONOMY & MANAGEMENT PUBLISHING HOUSE

图书在版编目（CIP）数据

2016 东北老工业基地全面振兴进程评价报告/李凯等著 . —北京：经济管理出版社，2017.7
ISBN 978 - 7 - 5096 - 5227 - 5

Ⅰ.①2…　　Ⅱ.①李…　　Ⅲ.①老工业基地—经济发展—研究报告—东北地区—2016　　Ⅳ.①F427.3

中国版本图书馆 CIP 数据核字（2017）第 165702 号

组稿编辑：谭　伟
责任编辑：谭　伟
责任印制：黄章平
责任校对：熊兰华

出版发行：经济管理出版社
　　　　　（北京市海淀区北蜂窝 8 号中雅大厦 A 座 11 层　100038）
网　　　址：www. E - mp. com. cn
电　　　话：（010）51915602
印　　　刷：三河市延风印装有限公司
经　　　销：新华书店
开　本：787mm×1092mm/16
印　张：20.5
字　数：461 千字
版　次：2017 年 8 月第 1 版　　2017 年 8 月第 1 次印刷
书　号：ISBN 978 - 7 - 5096 - 5227 - 5
定　价：80.00 元

专家委员会成员（按姓氏笔画排序）

王小鲁　刘世锦　刘尚希　李晓西　迟福林

张文魁　张占斌　张屹山　张宇燕　陈永杰

金维刚　赵昌文　赵晋平　赵　继　殷仲义

曹远征　常修泽

《东北老工业基地全面振兴进程评价》课题组

负责人：李　凯

主要成员：易平涛　王世权　向　涛　李伟伟

　　　　　安　岗　孙　涛　高宏伟　辛　冲

前　言

　　曾经的新中国工业摇篮，为改革开放和现代化建设做出了历史性重大贡献的东北，进入新千年以来却面临着"传统资源型产业丧失比较优势""新兴产业发展缓慢"等诸多问题。面对困境，党中央、国务院早在2003年就已经作出实施东北老工业基地振兴战略的重大决策，并采取了一系列支持、帮助、推动振兴发展的专门措施。10多年来，在多方面共同努力下，东北老工业基地振兴取得明显成效和阶段性成果，经济总量迈上新台阶，结构调整扎实推进，国有企业竞争力增强，重大装备研制走在全国前列，粮食综合生产能力显著提高，民生有了明显改善。但是，伴随着中国经济进入新常态，面对日益纷繁复杂的国际政治经济形势，东北地区表现出了明显的不适应。经济下行压力增大，部分行业和企业生产经营困难，体制机制的深层次问题进一步凸显，经济增长新动力不足和旧动力减弱的结构性矛盾突出，发展面临新的困难和挑战。

　　在上述背景下，"十三五"规划开局之年，以《中共中央国务院关于全面振兴东北地区等老工业基地的若干意见》出台为标志，一场旨在以创新驱动为引领，以结构调整为基点，以体制机制重塑为依托，以创新创业为关键，以民生保障为前提的新一轮东北老工业基地全面振兴攻坚战盛大启幕。新一轮振兴目标非常明确，概言之就是，到2020年，东北地区在重要领域和关键环节改革上取得重大成果，转变经济发展方式和结构性改革取得重大进展，经济保持中高速增长。在此基础上，到2030年，东北地区实现全面振兴，走进全国现代化建设前列，成为全国重要的经济支撑带。

　　为了实现既定的振兴目标，国家在政策和资金等方面给予了大力支持，社会各界也给予东北前所未有的关注，东北各级政府更是"撸起袖子加油干"，希冀在新一轮振兴中有所作为。然而，在振兴战略"如火如荼"推进之际，如何判断东北全面振兴进展，客观反映东北振兴进程？怎样清晰刻画东北经济社会发展中的短板，精准施策？一系列现实问题摆在我们面前，东北老工业基地全面振兴进程评价问题被提到日程。在国家发改委的指导和有关方面的积极推动下，中国东北振兴研究院成立了《东北老工业基地全面振兴进程评价》课题组，尝试开展这项有意义的工作。

东北老工业基地全面振兴进程评价意在通过设计一系列指标并运用统计数据，形成能够全面评价东北老工业基地振兴进程的综合指数，成为东北振兴的"晴雨表"，据此判断东北全面振兴进程与特征，明晰振兴中存在的问题，并提出具体对策，实现以评促建、评建结合的目的，为实现东北全面振兴做出贡献。课题组将在评价工作的基础上，形成系列《东北老工业基地全面振兴进程评价报告》，每年定期发布。《2016 东北老工业基地全面振兴进程评价报告》是本系列报告的第一本，包括总报告、评价报告和附录三部分，全面总结了 2011~2015 年间东北区域政府治理、企态优化、区域开放、产业发展、创新创业与社会民生情况，给出了这些方面的动态变化以及与全国情况的比较，是对东北振兴的一次全面评价总结。《2016 东北老工业基地全面振兴进程评价报告》也将成为以后逐年评价报告的基础。

本报告由中国东北振兴研究院、东北大学、中国（海南）改革发展研究院等多家单位通力合作完成。全书由《东北老工业基地全面振兴进程评价》课题组成员完成主要工作。中改院专家迟福林、殷仲仪、夏峰、匡贤明等对评价指标设计提出了宝贵意见。宫诚举、李玲玉、周莹、王露、魏京生、许世存、程佳、冯秀丽、兰少曼、姜瑞航、王雪纯、李爱静、田莹、高旭阳、宋艳秋、刘菁、王雪儿等同学参与了数据收集整理及部分章节初稿的工作。

历时将近一年时间，《2016 东北老工业基地全面振兴进程评价报告》终于与广大读者见面了，诚惶诚恐中有一种如释重负之感。值此之际，感谢国家发改委振兴司、东北大学、中国（海南）改革发展研究院的大力支持；感谢东北大学郭亚军教授领衔的东北评价中心及学术团队所提供的技术协助。本研究在撰写过程中参考了大量国内外已有文献，限于篇幅并未一一列示。经济管理出版社的谭伟编辑在本书的出版过程中做了大量的协调工作。同时，对本书研究做出贡献的其他人员并未全部列出，在此一并表示感谢。

受数据资料来源与时间等限制，书中不足之处在所难免，敬请各位读者批评指正。

李　凯　教授

中国东北振兴研究院副院长

目　录

上篇　总报告

上篇　总报告

一、宏观背景与研究意义

（一）宏观背景

2016年，中国经济迎来了"十三五"规划的开局之年。过去一年，在欣喜改革开放步伐不断加快，微观主体活力不断被释放，新的增长动力正在逐步形成的同时，也不得不面对经济运行中的结构性问题仍然突出的现实。当前，在全球经济社会格局大调整、大变革、大重组继续向纵深发展的挑战下，中国正处于经济转型的历史关节点，传统的格局正在被打破，新的增长力量还在孕育中，并且与全球化新趋势呈现历史交会（迟福林，2016）。为了适应全球化新趋势，破解经济社会发展中的各种难题，中国正在积极推动"一带一路"跨国合作，以经济转型为目标深化结构性改革，兼顾稳定经济增长和防范经济风险，加大改革力度，激活市场活力，实现增加有效供给和刺激有效需求双轮驱动，促进推进经济转型升级，释放经济增长潜力，激发市场活力，稳定经济发展预期，适应结构优化、动力转化的发展新常态。全球化新趋势和中国改革开放的不断深入为东北老工业基地全面振兴提供了难得的机遇和巨大的挑战。

东北老工业基地曾经是新中国工业的摇篮，在共和国工业体系和国民经济体系中占据举足轻重的地位，为中国形成独立、完整的工业体系和国民经济体系，为改革开放和现代化建设，做出了历史性重大贡献。但是，自20世纪90年代以来，随着改革开放的不断深入，老工业基地的体制性、结构性矛盾日益凸显，进一步发展面临着国有经济比重偏高、产业结构调整缓慢、企业设备和技术老化、企业办社会等历史包袱沉重以及资源型城市主导产业衰退，接续产业亟待发展等诸多问题。有鉴于此，中共中央、国务院于2003年发布《关于实施东北地区等老工业基地振兴战略的若干意见》，作出了振兴东北老工业基地的战略决策。十余年来，尽管在区域经济振兴与社会发展方面取得了显著成绩，但多年来积累的深层次体制、机制与结构性问题仍然未能有效破解。国有企业活力仍然不足，民营经济发展不充分，偏资源型、传统型、重化工型的产业结构和产品结构不适应市场变化，新兴产业发展偏慢，乏善可陈。资源枯竭、产业衰退、结构单一地区（城市）转型面临较多困难，社会保障和民生压力较大，地方政府对经济发展新常态的适应引领能力有待进一步加强。统计表明，过去两年，东北三省经济增速落后于全国平均水平 1~2 个百分点，处在全国末位。2016 年上半年这一境况依旧没有改观，东三省 GDP 增速排名仍垫底，辽宁更是"一跃"成为唯一下降省份，振兴东北又到了一个不进则退的十字路口。

东北老工业基地振兴发展的严峻形势，已经引发社会各界的高度关注。2014 年 7 月 7 日，习近平总书记做出重要批示："东北地区的振兴发展，事关中国区域发展总体战略的实施，事关中国工业化、信息化、城镇化、农业现代化的协调发展，事关中国同周边和东北亚地区的安全稳定，意义重大，影响深远。"2014 年 7 月 31 日，李克强主持召开国务院振兴东北地区等老工业基地领导小组第一次会议暨工作会议，审议并原则通过了《中共中央国务院关于全面振兴东北地区等老工业基地的若干意见》和《国务院关于近期支持东北振兴若干重大政策举措的意见》。2014 年 8 月 8 日，国务院正式发布了《关于近期支持东北振兴若干重大政策举措的意见》（28 号文），这标志着国家新一轮振兴东北老工业基地战略出台。2016 年 4 月，《中共中央国务院关于全面振兴东北地区等老工业基地的若干意见》（以下简称 7 号文件）正式发布。新时期东北老工业基地振兴的蓝图已然绘制，东北老工业基地全面振兴发展的攻坚战再次打响。

（二）研究意义

东北振兴乏力的深层次原因是什么是每一个关心东北振兴的人所急切想要解答的问题。然而，当前对于这一问题，答案却莫衷一是。有人认为是经济结构过于单一，偏向于资源型产业和重型装备制造业；还有人认为是国有经济比重过高，民营经济不发达，市场缺乏活力；也有人说是官僚主义严重，营商环境恶劣；有的人说是人才外流，缺乏创新；如何通过对东北全面振兴进程进行客观评价，甄别东北振兴的各种障碍，从比较分析中发现东北经济困境的真正原因，从而提供有针对性的政策建议，打赢东北老工业基地全面振兴发展的攻坚战成为一个亟待解决的课题。为此，综合考虑东北老工业基地振兴的时代背景，对东北老工业基地振兴的政策环境、区域环境等进行深入研究，创建东北老工业基地全面振兴进程评价指标体系，并据此依据调研数据评价东北振兴状况将具有重要的现实意义。

然而，概观已有研究，与实践迫切需求不相匹配的是，虽然理论上关于老工业基地振兴的研究近年来取得了丰硕的成果，提炼并总结了老工业基地发展的障碍性因素与动力机制、振兴的路径和方向及不同利益相关者的作用（张虹等，2011；吕政，2012；刘凤朝等，2016），研究中也尝试对诸如东北老工业基地振兴绩效、竞争力等进行评价，但尚缺乏系统性的、能够全面反映东北老工业基地全面振兴进程的评价指标体系，这已成为一个重要的理论缺口。如此一来，必然难以有效地解释东北老工业基地振兴关键点的选择，难以对建构有助于东北老工业基地的创新驱动机制提供指导。因此，通过关注东北老工业基地发展的复杂性和特殊性，溯源东北老工业基地问题出现的本质原因，从整体上分析东北老工业基地振兴面临的制度约束，构建一个能够反映区域特殊性的东北老工业基地全面振兴进程评价指标体系，明晰振兴的起点与根本原因，综合研判东北全面振兴进程和阶段，明确制约东北全面振兴的主要障碍，提出下一阶段东北全面振兴进程中政府施政的重点和难点，并据此深入探究有利于东北全面振兴的制度设计将具有重要的理论和现实意义。

二、东北老工业基地全面振兴进程评价系统设计

老工业基地的改造与振兴是世界各国经济发展过程中所遇到的共同课题。美国的"锈带"地区、德国的"鲁尔"、英国的"雾都"、日本的"京、阪、九工业带"、法国的"洛林"地区等世界著名的老工业基地，都曾经历这一过程。历史地看，老工业基地形成既有一般共性原因，也夹杂着一定的社会、经济、区域的原因。由此决定了对东北老工业基地全面振兴进程进行评价，必须要考虑其自身的特殊性。

（一）总体思想

溯本求源，对东北老工业基地全面振兴进程评价的关键在于探索其衰落的本质原因。当前，关于老工业基地衰落的本质主要有三种理论：循环累积因果理论、生命周期理论及路径依赖理论。循环累积因果理论认为，当地区经济开始衰退时，衰退本身可产生一种自我强化机制，该机制通过区域的乘数效应可迅速扩散，使区域的衰落陷入恶性循环累积过程。研究发现，这种循环累积效应在制造型企业密集的区域更为显著（马国霞等，2007），且区域的发展也可能受到区域开放度的影响。生命周期理论则是指老工业区内的主导专业化产品正处于生命周期中的成熟后期和衰退阶段，丧失了创新的特质，无法及时退出产品生命循环进程。在技术不变的前提下，由成本因素决定的价格优势不能被无限扩大，会导致老工业区主导产品市场竞争力不断下降，进而引致区域经济下滑。路径依赖理论是在前两种理论的基础上形成的，也是目前解释老工业基地衰落的主流理论。该理论认为，老工业基地的发展存在路径依赖，它们被锁定在传统的制度上，不愿参与到未来经济规划中，具体表现就是落后的制度无法也不愿为老工业基地的革新提供动力，使其在长期发展过程中逐渐落后。有路径依赖所带来的锁定效应可以划分为：功能锁定（例如，大企业和小企业之间的长期联系限制了小企业的创新能力）、认知锁定（例如，总认为衰退是由经济周期导致的，而不是由结构性因素导致的）和政治锁定（例如，既得利益阶层反对变化）。

为了克服锁定，重新振兴老工业基地，学术界提出了"学习型区域"（Learning Region）概念，并提倡利用区域网络化所带来的经济利益，实施去工业化。然而，从实践来看，美国匹兹堡、英国伯明翰、法国北部－加莱海峡和德国鲁尔等老工业基地虽具有很多相似点，但去工业化模式也存在巨大差异。因此，分析不同的老工业基地需要结合具体情况，对振兴进程的评价亦然。东北老工业基地形成有其历史原因，振兴路径也必然不同，评价重点要反映出这种特性。2016 年 4 月，正式发布的《中共中央国务院关于全面振兴东北地区等老工业基地的若干意见》指出，到 2020 年，东北地区要在重要领域和关键环节改革上取得重大成果，转变经济发展方式和结构性改革取得重大进展，经济保持中高速增长。在此基础上，争取再用 10 年左右时间，东北地区实现全面振兴，走进全国现代化建设前列，成为全国重要的经济支撑带。东北老工业基地全面振兴进程评价，要以振兴目标实现为前提，以东北老工业基地当前涌现的真问题、亟待解决的重大问题为着力点，深入结合东北区域特征，牢固树立并切实贯彻创新、协调、绿色、开放、共享的发展理念，坚持以评促建、稳中求进工作总基调，最终不断提升东北老工业基地的发展活力、内生动力和整体竞争力，促使东北努力走出一条质量更高、效益更好、结构更优、优势充分释放的发展新路。

（二）内在逻辑

东北老工业基地全面振兴的题中之义在于"激发并增强东北活力"。基于此，对东北老工业基地全面振兴进程进行评价，首先需要明晰的是评价什么？为了对这一问题予以回答，需要审视东北老工业基地振兴的内在逻辑。研究认为，东北老工业基地的核心问题是产业结构问题（黄继忠，2001；肖兴志，2013；刘凤朝、马荣康，2016），产业结构相对单一，第一、第二、第三产业比重不合理，接续产业对经济发展还不能形成有效支撑，内生发展动力仍然不足、不稳、不强是其中的关键。为此，在充分发挥比较优势的基础上实现区域产业结构优化升级，是破解当前困局的关键（李向平等，2008）。

深入分析不难发现，东北老工业基地产业结构存在"传统资源型产业丧失比较优势"和"新兴产业发展缓慢"等问题，亟待进行面向合理化与高级化的调整。就成因而言，东北老工业基地产业结构是国家及地方政府"调控"与"布局"及"非均衡发展战略"实施的结果，本质上是"行政型治理"（资源配置行政化、治理机制行政化与治理行为行政化）所致。从发展的逻辑来看，制约东北老工业基地产业结构调整的要因是支撑产业发展的政府、国有企业、民营企业、中介机构、科技人才等"利益相关者价值共创意愿"严重不足。例如，政府权力过大、市场化程度不高，国有企业活力仍然不足，民营经济发展不充分；科技与经济发展融合不够，偏资源型、传统型、重化工型的产业结构和产品结构不适应市场变化，新兴产业发展偏慢；资源枯竭、产业衰退、结构单一地区（城市）转型面临较多困难，社会保障和民生压力较大；思想观念不够解放，基层地方党委和政府对经济发展新常态的适应引领能力有待进一步加强等。上述问题更为深层次上的原因是东北地区内各利益相关者因"行政型治理"导致体制与机制僵化，解决问题的关键是以"创新驱动"为突破口。因循上述思路，东北老工业基地全面振兴的关键是：通过诸如理顺政府和市场关系，解决政府直接配置资源、管得过多过细以及职能错位、越位、缺位、不到位等问题、营造良好营商环境，激发区域创新创业氛围，促进国企转型、民企发展，加强社会民生保障等具体措施，实现区域治理由"行政型治理"向"经济型治理"转型。根据上述逻辑，对东北老工业基地全面振兴进程进行评价的重点应该是政府、市场与社会的边界是否厘清，看其治理机制设计是否有助于不同利益相关者关系重构，进而实现治理优化，激发利益相关者价值共创意愿。根据东北区情，此间的关键与核心就是产业结构调整，这又离不开具有效率性与合法性的体制机制，能够促进区域创新能力提升的创新创业水平，以及此过程中的社会民生保障。

（三）指标选择

1. 数据可得为评价前提

一般而言，数据收集方法包括："公开数据""访谈与现场观察数据"和"问卷调研数据"等。上述方法，每一种都有自己的长处和不足。在选择数据收集的方法时，要考虑资源、问卷和数据质量三类主要因素，此外还需考虑每类主要因素涉及的许多次要因素。就资源因素而言，必须考虑做一项研究需要多少时间、聘用调查员和编码员、购买硬件、软件和补给物品需要多少钱、是否需要使用激励机制，以及是否需要购买或构建一份准备抽取样本和进行调查的总体的清单（抽样框）等。问卷因素包括为了精确地测量研究概念和达到研究的预期目标，需要设计多少问题，这些问题是什么样的。数据质量因素涉及某种数据收集方法是否更容易取得调查对象的合作，如果使用了它，是否能从调查对象那里得到更为精确或更为完整的数据，以及是否能更全面地包括希望对之进行研究的总体等。

东北老工业基地全面振兴进程不是"一次性"、单一指标可以评价的，而是"连续性"的。需要系统性审视东北老工业基地振兴关键点、重点与难点，如此才能达到以评促建，评建结合，动态把握东北老工业基地全面振兴进程的目的。从理论角度来看，指标设计越完备越有助于真实反映东北老工业基地全面振兴的进度，越容易厘清与辨明振兴中存在的问题。然而，现实中经常是一些指标虽然具备了科学性与合理性，但却无法持续收集到相关数据。基于此，东北老工业基地全面振兴进程评价指标体系设计的原则是在强调科学性的同时，要注重数据的可获得性。因此，本研究所有数据均为公开数据，且来源于具有权威性的《中国统计年鉴》等数据资料。因统计数据中不可避免会出现部分数据缺失的情况，本研究对于缺失数据的处理方法依循"就近原则"进行，具体为：若缺失数据为最新年份，将采用前一年数据补充；若缺失数据为往年数据，将采用前后最近两期数据的平均值补充。

2. 以"全面振兴"为评价着眼点与核心

现在东北地区在经济总量、产业基础、社会环境、民生保障体系等方面和 2003 年相比都有了很大提升。当前主要面临的是，在新常态下如何完善体制机制、调整产业结构、做好供给侧结构性改革、激发市场活力、推动提升经济发展质量效益等问题。因此，新一轮振兴中的重点工作是"着力完善体制机制""着力推进结构调整""着力鼓励创新创业"和"着力保障和改善民生"。围绕"着力完善体制机制"，聚焦"深化改革"，处理好政府与市场的关系，尊重市场规律，坚持市场方向，丰富市场主体，简政放权、转变职能，除弊清障、优化环境，形成一个同市场完全对接、充满内在活力的体制机制。要紧紧围绕"着力推进结构调整"，聚焦"加减乘除"，做积极培育和壮大新增长点的"加法"，淘汰落后产能的"减法"，创新拉动发展的"乘法"，减少政府对市场不合理干预、管制的"除法"，让工业结构比较单一、传统产品占大头、"原"字号"初"字号产品居多等制约辽宁发展的"结构之问"尽快得到解决。要紧紧围绕"着力鼓励创新创业"，聚焦"创新驱动"，将其作为内生发展动力的主要生成点，激发全社会的创新热情，加快形成以创新为主要引领和支撑的经济体系、发展模式，早日完成从"汗水型经济"向"智慧型经济"的质变。要紧紧围绕"着力保障和改善民生"，聚焦"惠民富民"，在让百姓的日子越来越好中创造更多有效需要，使民生改善和经济发展有效对接、相得益彰。综上所述，东北老工业基地全面振兴进程进行评价指标设计要反映出当前东北的突出问题，必须要重点考究"四个着力"，以此来诠释"全面振兴"。

3. 东北老工业基地全面振兴进程评价指标体系

根据前述研究，本研究认为，东北老工业基地全面振兴进程的各评价指标选择主要是以"完善体制机制、推进结构调整、鼓励创新创业、保障和改善民生"四个方面为着力点，以《中共中央国务院关于全面振兴东北地区等老工业基地的若干意见》等政策为依据，以综合反映东北地区的经济、资源、社会、环境状况为基准，既突出正确的价值导向，又体现合理的科学要求，强调指导性、针对性与实效性，通过科学论证而确定。最终，针对构建东北老工业基地全面振兴进程评价这一总目标，设置出"政府治理、企态优化、区域开放、产业发展、创新创业及社会民生"6 个二级指标，30 个三级指标以及 60 项四级测度指标。与此同时，为了反映东北三省各市的振兴进程，也依托该指标进行了评价，但由于各市级指标缺失比较严重，仅运用可获得数据的指标进行了评价，具体指标体系如表 1-1 所示，指标详细论证及说明见附录（二）。

表1－1　东北老工业基地全面振兴进程评价指标体系

一级指标	二级指标	三级指标	定义
东北老工业基地全面振兴进程	政府治理	市场干预	政府对社会资源进行配置和对国家经济及社会事务进行管理的一系列活动
		政府规模	
		简政放权	
		监管水平	
		营商环境	
	企态优化	国企效率	企业生态的改进与完善
		国企保增值	
		企业实力	
		民企规模	
		民企融资	
	区域开放	贸易开放	区域经济的对外开放水平
		投资开放	
		生产开放	
		市场开放	
		区位支撑	
	产业发展	产业均衡	单个产业的进化过程，或者产业总体，即整个国民经济的进化过程
		服务业发展	
		重化工调整	
		金融深化	
		现代农业	
	创新创业	研发基础	基于技术创新、管理创新或创办新企业等方面的某一点或几点所进行的活动
		人才基础	
		技术转化	
		技术产出	
		创业成效	
	社会民生	居民收入	一系列社会问题的解决与生态保护
		居民消费	
		社会保障	
		社会公平	
		生态环境	

（四）指标标准化处理方法

构建指数对被评价对象进行综合评价，在数据处理时需要对已有的指标值进行标准化处理，以达到统一指标极性（如将指标统一转化为正指标，即越大越好）、消除量纲并确定取值范围的目的。本研究采用一种新的指标标准化处理方法——分层极值处理法，主要原因如下：分层极值处理法能够对指标值中的"野值"进行妥善处理，避免了因某几个"野值"造成的其他数据被挤压聚堆的情况，确保了指标的区分功能，提升评价质量；振兴指数的发布具有连续性、稳定性的内在要求，从技术角度看，要求单个指标在标准化处理后应具备取值区间稳定、值总和大致稳定等特征，而分层极值处理法能很好地满足这些需求。

三、东北老工业基地全面振兴评价结果

东北老工业基地全面振兴进程评价是依托一系列反映东北经济社会运行特征的指标并运用统计数据，形成能够全面衡量东北老工业基地振兴进程的综合指数（以下简称东北振兴指数）。通过东北振兴指数的历史比较、省级比较、全国比较①，对东北全面振兴进程与特征进行综合研判，明晰振兴的现状及问题，并提出具体对策。根据2011~2015年的评价结果，本报告得到一个重要的结论：2016年前的5年间，东北三省的整体能力（尤其是辽宁）依然在向上提升，但是速度明显低于国内其他地区，东北地区振兴的根本前提是地区发展速度上的相对滞后，从而会进一步影响到东北在配合国家全面崛起的进程上逐渐丧失其应有的协调能力。简言之，东北地区是在整体能力提升缓慢，相对能力大幅下滑的背景下展开的新一轮振兴，亟待体制机制创新。

（一）"稳中有进"和"相对落后"是
东北全面振兴的总体态势

2011~2015年间东北老工业基地振兴呈现出"稳中有进"的态势。不过，与兄弟省份相比（如作为国务院确定的与东北三省对接的东南三省：江苏、浙江、广东），仍有明显差距，且远低于全国平均水平，处于"相对落后"状态，亟待振兴发力。与此同时，东北三省省际分化明显，但差距缩小。辽宁省呈现波动上升趋势，黑龙江省2012年的提

---

① 运用东北振兴指数对全国各省市区进行测度"似有不妥"，但该分析取向是在反复摸索充分考虑后的选择，现将主要理由陈述如下。第一，逻辑上：①东北振兴指数构建的基础是全面振兴进程评价指标体系，而该体系的结构源自对"7号文件"的解读，7号文件虽着眼于东北，却不失于全局，是融合了战略规划与具体事项实施的智慧成果，其整体视野与逻辑框架亦可指引全局；②指标体系中的各项指标设置不能立足于具体事项，一方面依据具体事项而设置的指标时效性有限（达成后即失效），并且不便于横向比较，因而对于全面评价的意义十分有限，其次是依据具体事项而设置的指标数据采集难度大、可靠性不高，没有稳定的来源，因而综合评价的质量、权威性无法保证，这就使得本报告最终采用的指标体系具有较高的通用性，但是通用性的指标体系并不妨碍对于东北振兴问题特殊性及导向特殊性的刻画，更不影响对东北振兴进程所取得成果的测度。第二，客观需求上：①只有将东北地区置于全国的大背景下进行测度，才易于得到丰富的对比数据，定位东北振兴进程中各时期的状态水平，从而在全局视野上把握轻重缓急、归纳成败得失；②对于具有连续观测需求的东北振兴指数而言，数据的充分性尤其重要，只有纳入全国31个省市区多年的数据，才能保证评价过程中数据处理的细腻性及结论的稳定性得以持续提升，从而确保评价的最终质量。

升幅度较明显，随后增速骤减，2015 年出现微弱下跌，吉林省 2011～2014 年上升平稳，2015 年即止步不前，东北老工业基地全面振兴任重道远，具体如表 1-2 所示。

表 1-2　东北振兴指数与兄弟省份对比

省市区	2011	2012	2013	2014	2015
北京	71.2	72.0	73.0	75.5	76.8
上海	74.8	74.9	74.2	75.7	75.9
浙江	72.6	72.2	72.3	74.9	75.2
江苏	70.7	71.2	71.3	72.8	74.6
广东	66.6	67.5	69.6	71.7	72.7
福建	63.0	64.2	64.5	65.9	68.2
天津	67.5	69.3	70.1	68.3	68.0
重庆	51.5	54.6	57.1	59.9	62.2
山东	56.8	57.5	58.1	59.2	61.4
安徽	47.2	47.6	51.6	53.5	57.5
辽宁	**51.7**	**53.7**	**53.0**	**54.3**	**56.2**
湖北	46.5	49.0	50.6	53.3	55.0
海南	49.6	50.4	51.9	55.2	55.0
四川	39.5	43.6	44.7	47.2	51.4
江西	39.5	43.2	44.6	47.1	50.6
湖南	39.9	41.7	43.3	45.3	49.5
陕西	40.2	43.0	44.6	47.7	48.1
广西	36.0	39.3	40.1	42.8	47.1
河北	40.2	40.9	42.6	44.4	46.4
吉林	**41.6**	**41.4**	**42.9**	**46.1**	**46.2**
山西	36.1	38.0	40.4	42.1	45.6
河南	36.2	37.2	40.5	41.4	44.9
黑龙江	**40.7**	**44.0**	**44.2**	**45.2**	**44.7**
宁夏	34.7	36.0	39.3	38.7	40.2
贵州	27.2	31.7	34.3	35.5	39.3
云南	32.7	33.7	37.7	38.6	38.9
新疆	33.2	34.7	37.0	37.9	37.7
内蒙古	36.6	36.4	36.6	35.3	36.6
甘肃	27.8	28.8	34.0	32.8	35.3
青海	28.1	27.4	30.1	31.2	33.1
西藏	27.5	30.6	29.3	32.6	28.9

　　各省内部分化也比较严重。辽宁省的副省级城市（大连市和沈阳市）与地级市分化明显；对外开放节点（丹东—营口—锦州—盘锦—大连）与内陆地级市振兴差距；辽西北（锦州—阜新—朝阳—铁岭—葫芦岛）与辽东南有进一步扩大趋势；黑龙江省分化出现在哈尔滨市和其他地级市之间，但差距存在缩小趋势；黑龙江南部（哈—大—齐—牡）

与中部和北部地级市之间存在明显差距；地级市层面，对外开放节点（牡丹江）与内陆城市存在明显差距；吉林省分化主要为长春市和吉林市与其他地级市之间差距逐渐扩大。

（二）"企态优化"和"政府治理"是
东北全面振兴的严重短板

从东北振兴指数得分与全国平均的差距看，依次为产业发展（4.7）、创新创业（-0.9）、社会民生（-1.64）、区域开放（-1.83）、政府治理（-4.46）、企态优化（-8.13）。其中，产业发展超过全国平均水平，企态优化、政府治理与全国平均水平差距最大。可以说，企态优化、政府治理是东北全面振兴最突出的两大短板，推动体制机制创新实现东北老工业基地全面振兴势在必行，具体如图1-1所示。

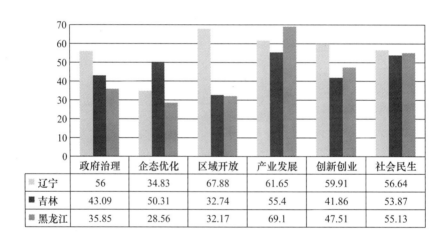

	政府治理	企态优化	区域开放	产业发展	创新创业	社会民生
辽宁	56	34.83	67.88	61.65	59.91	56.64
吉林	43.09	50.31	32.74	55.4	41.86	53.87
黑龙江	35.85	28.56	32.17	69.1	47.51	55.13

图1-1　2011~2016年东北三省振兴分项指数得分

（三）"营商环境"是政府治理的突出问题点

东北三省政府治理水平明显低于全国平均，介于东部与西部之间，落后于东南、华东等区域。其中，辽宁政府治理水平最高得56分，吉林次之43.09分，黑龙江最低35.85分。并且，营商环境建设是三省政府治理的严重短板，辽宁虽然得分最高，但也仅为34.73分。从2011~2015年的发展状况看，东北地区的营商环境还在继续恶化，在民间固定资产投资增速的表现上尤其明显。在东北三省内部，辽宁的市场干预、简政放权和营商环境要优于黑龙江和吉林，黑龙江的政府规模要好于其他两省，但简政放权方面的改善刻不容缓。尽管在上述方面吉林全面处于劣势，但也并非一无是处，其监管水平是三省中唯一接近60分的，辽宁得分则最低，具体如表1-3所示。

表1-3 2015年东北三省政府治理水平

维度＼省份	辽宁	吉林	黑龙江
市场干预	87.08	47.90	38.78
政府规模	64.66	50.69	59.80
简政放权	57.31	39.59	11.84
监管水平	36.21	54.08	42.13
营商环境	34.73	23.20	26.71

（四）"国企保增值"是东北企态优化水平提升的主要障碍

东北三省企态优化水平远低于全国平均，除略好于华中地区外，全面落后于西南、西北、华东等区域。其中，吉林企态优化水平最高50.31分，辽宁次之34.83分，黑龙江最低28.56分。进一步分析发现，吉林的国企效率、国企保增值和民企融资要优于辽宁和黑龙江，国企效率提升任务依然繁重。辽宁的企业实力与民企规模虽也差强人意，但要好于其他两省，黑龙江则全面落后，特别是在国企效率方面尤为低下。国企保增值在三省中吉林最高才50分，已成为东北企态优化水平提升的重要制约因素，亟待加强，具体如表1-4所示。总体来看，东北地区企态优化出现实质性"倒退"，国企改革仍然是东北经济发展的关键短板，还没有表现出向好的态势；民企发展状况相对稳定，但也显著落后于全国平均水平。

表1-4 2015年东北三省企态优化水平

维度＼省份	辽宁	吉林	黑龙江
国企效率	25.08	57.29	12.91
国企保增值	18.90	50.00	22.34
企业实力	54.33	48.27	41.98
民企规模	51.96	47.52	20.07
民企融资	23.86	48.45	45.48

（五）"扩大开放"是东北全面振兴的施政重点

东北三省区域开放整体水平低于全国平均，高于中部和西部，落后于华北、华东、华南、华中等区域，略强于西北与西南两区。区域开放度低制约了东北地区深度参与全球价值链分工，产品和服务、资本在东北流入和流出速度进程缓慢。在东北三省，辽宁区域开放水平最高 67.88 分（高于全国水平），吉林次之 32.74 分，黑龙江最低 32.17 分，在三省内一枝独秀。历史地看，东北三省区域开放水平呈现出下降趋势，个中原因值得深究。进一步分析发现，辽宁在区域开放各方面全面优于黑龙江和吉林，符合辽宁作为东北地区进出口贸易集散地的一般认知。吉林在贸易开放、市场开放、区位支撑三方面好于黑龙江，黑龙江在投资开放与生产开放方面则要优于吉林。值得注意的是，吉林和黑龙江在贸易开放、投资开放、生产开放、市场开放、区位支撑五方面最高得分为 45.94 分，甚至在贸易开放方面尚未达到 30 分，具体如表 1－5 所示。

表 1－5　2015 年东北三省区域开放化水平

维度 \ 省份	辽宁	吉林	黑龙江
贸易开放	78.43	27.50	23.78
投资开放	65.17	26.20	45.94
生产开放	71.11	34.24	34.96
市场开放	66.37	33.10	20.71
区位支撑	58.34	42.65	35.47

（六）产业结构调整明显，转型仍具有很大空间

东北三省产业发展水平基本上与全国同步，除略逊于东部以外，整体上强于西部和中部地区。在经济下行的压力下，东北地区正表现出服务业比重不断提升、重化工业比重逐渐降低等产业结构快速调整的特征。对三省比较可知，黑龙江产业发展水平最高 69.1 分，辽宁次之 61.65 分，吉林最低 55.4 分。辽宁的服务业发展和金融深化全面优于黑龙江和吉林，黑龙江产业均衡、重化工调整、现代农业三方面好于辽宁和吉林，吉林的产业发展水平全面落后于黑龙江和辽宁，如不能采取有效措施尽快改善，将因不具备"后发优势"难以在新一轮振兴中有所作为，具体如表 1－6 所示。

表 1 - 6 2015 年东北三省产业发展水平

维度 \ 省份	辽宁	吉林	黑龙江
产业均衡	67.14	48.80	80.15
服务业发展	56.03	26.48	52.91
重化工调整	44.66	83.66	62.99
金融深化	57.87	37.31	57.21
现代农业	82.57	80.76	92.22

1. 重化工调整有所成效，但比重依然较高

2011～2015 年，全国重化工业比重呈稳步下降趋势，东北地区亦呈下降趋势；东北地区重化工业比重低于全国平均水平，且差距呈扩大趋势；黑龙江省、吉林省重化工业比重均呈下降趋势，且黑龙江省下降趋势较为明显，辽宁省重化工业比重基本稳定；相对而言，黑龙江省较好，吉林省次之，辽宁省较弱。七个地理区域中，东北地区重化工业比重排名靠后，与重化工业比重最低的华东地区相比，差距较大。

2. 产能过剩产业比重低于全国平均，但高于东部地区

2011～2015 年，全国和东北地区的产能过剩产业比重均呈稳步下降趋势；东北地区产能过剩产业比重低于全国平均水平，且差距基本保持稳定；吉林省和黑龙江省产能过剩产业比重均呈下降趋势，且吉林省下降趋势较为明显，辽宁省产能过剩产业比重先上升后下降；相对而言，吉林省较好，辽宁省次之，黑龙江省较弱。总体而言，东北地区产能过剩产业比重低于全国平均水平，且呈下降趋势。就七个区域而言，东北地区排名靠前，与产能过剩产业比重最低的华东地区相比，差距较大。

（七）"提振活力"是东北创新创业水平提升的关键

东北三省创新创业水平略低于全国平均，与华北、华东、华南和华中等地区相去甚远。从四大经济区的比较来看，东北与东部地区相比差距显著。三省中，辽宁创新创业水平最高 59.91 分，黑龙江次之 47.51 分，吉林最低 41.86 分。辽宁在研发基础、技术产出、创业成效三个方面要优于黑龙江和吉林，黑龙江在科技成果转化方面做得相对较好，吉林则在人才基础方面较为突出。值得注意的是，具有较好人才基础的吉林缘何在研发基础、科技转化、技术产出与创业成效等方面却"捉襟见肘"，辽宁和黑龙江也存在类似问题，创新创业活力不足可能是其中的主要原因。并且，尽管东北地区人才基础较好，但近年来却表现出人才流失和缺乏活力的态势，非常不利于东北地区的长期发展。具体如表 1 - 7 所示。

表 1-7　2015 年东北三省创新创业水平

省份 维度	辽宁	吉林	黑龙江
研发基础	54.91	45.14	34.42
人才基础	67.33	70.82	61.34
科技转化	64.89	23.90	73.98
技术产出	45.16	39.97	27.91
创业成效	67.28	29.47	39.88

通过与全国平均水平比较发现，东北地区在人才基础和研发基础方面得分与全国平均水平差距最小，但在科技转化和技术产出和创业成效方面差距较大。为此，如何激发已有科技创新基础活力，打通科技成果转化障碍，提升技术产出和创业成效是摆在东北提升创新创业水平面前的首要问题。

（八）东北社会民生水平提升的枢纽在于"社会保障"

东北三省社会民生在全国处于中下等水平，与华北、华东、华南等地区具有较大差距，与华中、西北、西南较为接近。从四大经济区的比较来看，东北与东部和西部地区相比差距明显。其中，辽宁社会民生水平最高 56.64 分，黑龙江次之 55.13 分，吉林最低 53.87 分，三省间比较均衡。但是，东北三省的社会保障得分却远低于全国，辽宁最好仅为 25.04 分，全国均值则为 54.07 分。不仅如此，尽管东北三省的养老金占比有所提升，但总体社会保障水平还在进一步恶化，与全国平均水平的差距还在扩大，其主要原因在于东北地区人口老龄化问题非常突出，这个现象需要得到各级政府的高度关注。此外，辽宁还在居民收入和居民消费两方面优于黑龙江和吉林，吉林社会公平水平三省间最高，黑龙江的生态环境水平居于三省之最，具体如表 1-8 所示。

表 1-8　2015 年东北三省社会民生水平

省份 维度	辽宁	吉林	黑龙江
居民收入	79.50	62.41	63.34
居民消费	80.89	66.32	66.57
社会保障	25.04	17.69	15.15
社会公平	55.19	79.63	71.88
生态环境	42.60	43.32	58.69

四、东北老工业基地全面振兴的思路与对策

东北振兴需要一场深刻的体制机制变革。面对区域经济发展全球性竞争的新格局，以及深入贯彻习总书记"要推进供给侧结构性改革，推进国有企业改革发展，深入实施东北老工业基地振兴战略……"的讲话精神，结合对东北老工业基地全面振兴评价，根据东北老工业基地全面振兴中涌现出的问题，东北振兴要注意"分省施策"，但对于东北三省共性问题的解决要以行政型治理转型为主线，以有限政府建设为保障，以产业结构调整为着眼点，以国企和民企多元互动为抓手，以区域开放为引领，以民生保障为基础。

（一）积极推进政府职能转变，打造"有限政府"

东北三省政府治理水平偏低的深层次原因在于"全能型政府"下的"过度行政"与"庸政懒政"并存。特别是由于政府、市场和谁的边界不清，使得东北地区形成了"大行政、小市场与小社会"的权力格局，越位、缺位与错位现象频现，进而引致简政放权迟缓（或仅是在形式上予以推行），监管水平低下，营商环境建设滞后。总的来说，当前东北三省政府治理体系与治理能力现代化水平建设迫在眉睫。

东北地区政府治理优化的目标就是有限政府，政府在经济社会发展中厘清自身的职能边界，更大力度推进简政放权、放管结合、优化服务改革。以打造服务型政府为工作重点，要花大力气推动体制机制改革，摒弃以"官本位"为主要特征的软环境，推动"法治东北、信用东北"建设，着重减少行政性，弱化政府的行政干预，充分发挥市场在治理改革中的基础作用。政府要秉承"多中心治理"的治理秩序观，通过构建治理权分享机制，让更加广泛的利益相关者真正参与到政府治理中来，使其具有利益表达与利益获取的通道，获得正当追求利益的权利和空间。

与此同时，还必须全面对标国内先进地区，推进新型政商关系建设，落实民营企业市场准入政策，为民营经济提供更大的生存空间，将对外开放和民营经济发展与产业结构调整紧密结合起来，形成各类市场主体公平公正参与市场竞争的新格局。对此，可将沈阳2017年开始推行的"国际营商环境"评价机制，在东北三省进行推广。

（二）做好制度供给侧改革，加快调整"产业结构"

产业结构调整是东北振兴的核心与关键。东北三省产业发展水平偏低的深层次问题在于"结构不合理"，存在装备制造业和高技术产业产品附加值低，轻工业和大规模消费品制造业没有发展起来，东北地区以重化工业为主的产业结构并未发生实质性转变等问题，亟待进行合理化与高级化调整。可以说，东北老工业基地产业结构调整正处于关键时期，如何找到符合市场需求规律的产业结构深度调整的方向，找到结构调整的突破口和合适路径，实现新旧发展动能的转变，是这一时期的重要任务。

面向未来，东北地区应果断放弃单纯依靠自身比较优势产业的发展思路，加快推动新技术、新模式、新业态、新产业与服务贸易融合发展，努力实现由东北制造向东北智造转型。具体实施中：以中央打造东北国家大数据综合试验区为契机，依托东北地区高校在大数据、云计算的科研和产业基础，打造东北大数据服务品牌优势，形成东北服务外包高地。同时，承接国内其他地区成熟产业（电子计算机、移动通信等产业）的转移，以弥补传统产业增长乏力和新兴产业规模不大的缺陷。积极推动"互联网＋"和旅游、住宿餐饮、批发零售等传统服务业的融合，释放传统服务业增长潜力，以发展科学研究与技术服务业等现代生产性服务业为重点，推动生产型服务业和产业转型升级紧密结合；破解服务消费有需求无供给的结构性矛盾，促进健康、养老、旅游、文化等生活性服务业快速发展。装备制造业要积极推进供给侧结构性改革，多措并举降成本，全力以赴补短板，切实做好去库存、去杠杆相关工作，加快培育装备制造业新发展动能，紧紧抓住《中国制造2025》、"一带一路"、国际产能合作等国家战略发展机遇，努力实现装备制造业向智能化、绿色化、服务化转型。

（三）加快"行政型治理"转型步伐，突破"治理障碍"

东北三省企态优化水平偏低的深层次原因可以归结为"行政型治理"。在国企层面，主要表现为企业目标的行政化、高管任命行政化、资源分配行政化；在民企层面，主要体现在企业依靠政治联系获取资源，凭借寄生国企获得存续。正是由于"行政型治理"充斥于市场，使得企业办社会、僵尸企业大量"非理性存续"，国企进退凸显"行政干预"、国企混改"如履薄冰"、国企治理"形似神无"、民企融资"举步维艰"。当前东北三省企态优化水平提升需要从"行政型治理"向"经济型治理"转型。

东北老工业基地无论是国有企业还是民营企业都亟待突破治理障碍。东北面临着国有经济比重偏大的现实，以混合所有制破题国企改革应时改善东北产业生态与企业生态的必然举措。面对国企改革，要清晰刻画国有经济的布局领域，确定各领域国企产权多元化的开放程度。通过"股东多元化"实现"国有资本、民营资本与国外机构投资者共生"的"国企裂变"，推进国企混合所有制改革进程。在此之上，对不同类型国企依法分层分类聘任，创新国有企业选人用人机制，理顺出资人职责，通过外派监事会、党组织治理、出资人董事派遣等方式，针对上市和非上市国企，实施差别化的内部和外部监督机制设计。着力解决国企历史遗留问题，全面启动并深入推进厂办大集体改革，分离国企办社会职能。

面向民企，可以通过立法或者奖励等措施使民营企业认识到公司治理的重要性，并愿意为建立完善的治理结构支付相关成本。通过完善相关制度实现国有企业与民营企业之间由"关系型交换"向"契约型交换"转变，重新架构双方之间的生态关系，重点培育若干大企业，改变民营经济"小、弱、散"的无序自发的产业业态，重塑民营企业内生增长动力，并逐步形成内生增长能力。无论是国企还是民企均应注重治理合规性和有效性建设，理顺治理流程，推动内部治理机制和外部治理机制的有机互动，实现决策科学化。同时，要加强在法律、资本市场、监管等方面的制度供给，通过建立法治化、规范化、制度化的法治体系和资本市场，改善企业外部治理环境。

（四）构建创新创业生态系统，激发"人才活力"

东北三省创新创业水平较低，有国有企业比重高、民营企业缺乏生存空间、产业结构不合理等诸多原因，但创新创业"活力缺失"无疑是重中之重。统计表明，2015 年东北地区研发人员总数为 300604 人，可以说人才基础较好，但却面临人才外流和活力不足的难题，迫切需要遵循市场化改革方向，从政策指引、人才环境、科技成果转化等方面统筹施策，尽快解决科技人才发展的制度障碍、环境障碍，据此厚植东北经济转型与结构调整改革的新动力。

通过对北京、杭州、深圳等市的调研可知，良好的创新创业环境，有助于加大对各类人才的吸引。然而，一个现实是，东北创新创业生态环境较差，存在着"引资企业政策不落实"、"关系"替代"制度"、政府过度干预等诸多不良现象。为了吸引人才，可以借鉴沿海发达地区的做法，实行人才双轨制以抵消地区经济增长乏力的劣势，对于新引进的特殊人才实行更加灵活的、有市场竞争力的激励机制。借鉴北京、浙江等省市的经验，东北为打造优良的创新创业生态系统，要注重在产业技术创新平台中完善孵化功能，通过平台汇集创新创业资源。在此基础上，要保证各项创新创业扶植政策的落实；要通过各类媒体宣传以及举办大型创新创业活动，营造东北全民创新创业的氛围，弘扬"鼓励创新，宽容失败"的创新文化；要立足资源保障，激发创新创业新动能。可以考虑积极推进建设东北人才合作示范区建设。充分利用东北区域高铁建成后形成的交通便捷优势，加强地区内科技人才多种形式的合作，促进东北三省开展重大技术联合攻关，真正实现人才在东北的集聚，而非单纯人才在某一省集聚。

（五）借助"一带一路"，助推全面振兴

充分借助国家"一带一路"战略的东风，加快推进沿海沿边开放，尽快务实推动与周边国家的多种合作，扩大与南亚、东亚和东南亚等国家的互联互通，构筑有利于推进横贯东中西、连接南北方的对外经济走廊，改变中国以往"东快西慢、海强陆弱"的对外开放格局。例如，可依托中蒙俄经济走廊建设，大力发展对俄蒙及周边国家贸易投资，推动跨境电子商务及相关服务业集聚。通过制度创新改善商业银行对边境企业"惧贷"现象，解决口岸支持政策不统一、管理办法不同的局面，支持沿边地区企业"走出去"和"引进来"的有力政策及配套服务，提高报关、报检、核销效率以及金融服务水平。

（六）加大投入，强化"民生保障"

东北三省社会民生水平较低，尽管各方面均有显现，但社会保障中的养老问题非常突出。一方面是由于东北地区人口老龄化问题严重，国有企业职工进入大规模退休期；另一方面则是因为东北经济持续下滑，传统发展方式难以为继，在对社会保障内生需求的加大与经济发展缓慢的双重挤压下，导致了如今现状。就此而言，东北老工业基地民生问题解决，无论是居民收入水平的增加，还是养老基金水平的提高，其关键还是在于东北地区人口结构的合理化和产业与企业的健康发展。

东北三省在民生改善方面，首先，需要加大民生建设资金投入，全力提升居民收入水平（特别是企业退休人员基本养老金水平），注重在就业、社保、医疗卫生与食品安全等方面的资金保障。其次，妥善解决国有企业中厂办大集体职工的生活困难和社会保障问题，注意城乡教育、城乡收入的社会公平。再次，重点做好高校毕业生就业和失业人员再就业工作，帮助就业困难人员实现就业，确保零就业家庭实现至少一人就业。稳定城乡居民就业和收入，确保社会和谐稳定。最后，在生活环境建设方面要加强对大气质量的管理，监控有害气体的排放，使 PM2.5 值维持在较低的水平；各级政府加强对公园、绿地和健身场所的建设和维护；降低城市噪声等。维护好东北特有的文物古迹，对有特色的人文景观也要加强建设和保护。

中篇　评价报告

一、东北老工业基地全面振兴
进程综合评价报告

（一）东北振兴指数总体分析

东北地区老工业基地①振兴进程评价涵盖了政府治理、企态优化、区域开放、产业发展、创新创业、社会民生 6 个方面（二级指标），下设 30 个三级指标及 60 项测度指标。汇集中国 31 个省、市、区 2011 ~ 2015 年综合评价信息，并通过科学的评价流程，得到连续 5 年的振兴指数②，在此基础上，形成多年连续排名和单年排名。其中，多年连续排名用于反映各省市区绝对发展水平随时间动态变化的情况（31 个省、市、区 5 年共 155 个排位，最高排名为 1，最低排名为 155），单年排名用于反映各省市区在全国范围内某个单年的相对发展水平（31 个省、市、区每年 31 个排位，最高排名为 1，最低排名为 31）。具体而言，31 个省市区在振兴指数得分上的总体情况见表 2 - 1。

表 2 - 1　2011 ~ 2015 年 31 个省、市、区振兴指数得分、连续及单年排名

省市区	2011			2012			2013			2014			2015		
	值	总	年	值	总	年	值	总	年	值	总	年	值	总	年
北京	71.2	21	3	72.0	17	3	73.0	11	2	75.5	4	2	76.8	1	1
上海	74.8	8	1	74.9	7	1	74.2	10	1	75.7	3	1	75.9	2	2
浙江	72.6	14	2	72.2	16	2	72.3	15	3	74.9	6	3	75.2	5	3
江苏	70.7	22	4	71.2	20	4	71.3	19	4	72.2	12	4	74.6	9	4
广东	66.6	31	6	67.5	29	6	69.6	24	6	71.7	18	5	72.7	13	5

---

① 本评价报告中，"东北地区"仅特指东北三省，两个概念等同使用。

② 为了找出全面振兴进程的缺口，本研究引入东三省之外其他省份的评价结果将作为"参照系"，所用指标依然是东北老工业基地全面振兴进程评价指标体系，为避免概念过多引致理解不变，在此一并称为"振兴指数"。理论上，振兴指数及各分项指数的最大值为 100 分，最小值为 0 分，因各分项指数的算术平均值分布于 50 分附近，为便于统一分析，报告里将 50 分视为平均水平，作为得分高低判断的一条基准线。

续表

省市区	2011			2012			2013			2014			2015		
	值	总	年	值	总	年	值	总	年	值	总	年	值	总	年
福建	63.0	35	7	64.2	34	7	64.5	33	7	65.9	32	7	68.2	27	6
天津	67.5	30	5	69.3	25	5	70.1	23	5	68.3	26	6	68.0	28	7
重庆	51.5	58	10	54.6	49	9	57.1	43	9	59.9	38	8	62.2	36	8
山东	56.8	44	8	57.5	41	8	58.1	40	8	59.2	39	9	61.4	37	9
安徽	47.2	70	12	47.6	68	13	51.6	57	12	53.5	52	12	57.5	42	10
辽宁	51.7	56	9	53.7	51	10	53.0	54	10	54.3	50	11	56.2	45	11
湖北	46.5	73	13	49.0	65	12	50.6	61	13	53.3	53	13	55.0	47	12
海南	49.6	63	11	50.4	62	11	51.9	55	11	55.2	46	10	55.0	48	13
四川	39.5	109	19	43.6	88	15	44.7	82	14	47.2	69	15	51.4	59	14
江西	39.5	110	20	43.2	90	16	44.6	83	15	47.1	72	16	50.6	60	15
湖南	39.9	108	18	41.7	96	18	43.3	89	18	45.3	78	18	49.5	64	16
陕西	40.2	105	16	43.0	91	17	44.6	84	16	47.7	67	14	48.1	66	17
广西	36.0	129	24	39.3	112	21	40.1	107	23	42.8	93	21	47.1	71	18
河北	40.2	106	17	40.9	100	20	42.6	94	20	44.4	85	20	46.4	74	19
吉林	41.6	97	14	41.4	99	19	42.9	92	19	46.1	76	17	46.2	75	20
山西	36.1	128	23	38.0	117	22	40.4	103	22	42.1	95	22	45.6	77	21
河南	36.2	127	22	37.2	121	23	40.5	102	21	41.4	98	23	44.9	80	22
黑龙江	40.7	101	15	44.0	87	14	44.2	86	17	45.2	79	19	44.7	81	23
宁夏	34.7	135	25	36.0	130	25	39.3	113	24	38.7	115	24	40.2	104	24
贵州	27.2	155	31	31.7	144	28	34.3	136	28	35.5	131	27	39.3	111	25
云南	32.7	142	27	33.7	138	27	37.7	120	25	38.6	116	25	38.9	114	26
新疆	33.2	139	26	34.7	134	26	37.0	122	26	37.9	118	26	37.7	119	27
内蒙古	36.6	123	21	36.4	126	24	36.6	125	27	35.3	132	28	36.6	124	28
甘肃	27.8	152	29	28.8	150	30	34.0	137	29	32.8	141	29	35.3	133	29
青海	28.1	151	28	27.4	154	31	30.1	147	30	31.2	145	31	33.1	140	30
西藏	27.5	153	30	30.6	146	29	29.3	148	31	32.6	143	30	28.9	149	31
平均	46.0	90	16	47.6	84	16	49.1	78	16	50.7	72	16	52.4	66	16

注：①对于表中的字段名称，"值"表示各省市区对应年份的指数得分，"总"表示各省市区2011~2015年多年连续总排名，"年"表示各省市区5个单年的排名；②表中31个省市区按照2015年的指数得分由高到低（降序）排列。

进一步考虑东南三省（江苏、浙江、广东）为国务院确定的东北三省对接合作省份①，作为学习的标杆，与其进行了对标。2011~2015年，6省份振兴指数由高到低依次

---

① 在本研究被重点引入与东北三省进行对比分析。

为：浙江、江苏、广东、辽宁、黑龙江、吉林；东南三省总体呈现上升的发展态势，其中浙江省和江苏省的发展水平明显优于广东省；东北三省只有辽宁省的发展水平突破 50 分（临界线），相比东南三省中发展水平稍低的广东省，差距依然很大；东北三省振兴指数的整体增长幅度高于东南三省，其中增幅最大的是吉林省（2.79%），增幅最小的是浙江省（0.90%），辽宁省和黑龙江省的增幅分别为 2.15% 和 2.79%。

表 2-2 2011~2015 年 6 省振兴指数值及单年排名

	辽宁	吉林	黑龙江	江苏	浙江	广东	全国平均
	值/序	值/序	值/序	值/序	值/序	值/序	值
2011	51.70/9	41.58/14	40.66/15	70.68/4	72.59/2	66.62/6	46.05
2012	53.65/10	41.36/19	44.00/14	71.20/4	72.20/2	67.51/6	47.6
2013	52.96/10	42.91/19	44.23/17	71.28/4	72.27/3	69.62/6	49.15
2014	54.30/11	46.14/17	45.16/19	72.81/4	74.91/3	71.65/5	50.72
2015	56.15/11	46.21/20	44.72/23	74.62/4	75.22/3	72.67/5	52.36
平均	53.75/10.2	43.64/17.8	43.75/17.6	72.12/4	73.44/2.6	69.61/5.6	49.18

　　2011~2015 年，全国平均水平呈平稳上升趋势，东北地区上升相对缓慢；东北地区的发展水平（5 年均未超过 50 分）低于全国平均水平，且差距有进一步扩大的趋势；辽宁省呈现波动上升的发展趋势，且优于全国及东北地区的平均水平，黑龙江省 2012 年的提升幅度较明显，随后增速骤减，2015 年出现微弱下跌，吉林省 2011~2014 年上升平稳，2015 年即止足不前；相对其他两省，辽宁省起点较高，情况稍好一些，吉林省和黑龙江省的发展水平相当，2012~2013 年黑龙江省略优于吉林省，2014 年被吉林省反超，具体如图 2-1 所示。

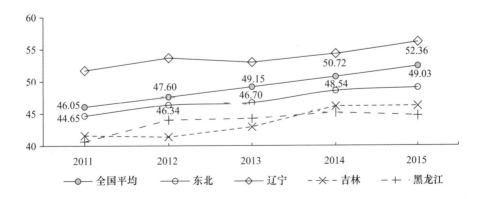

图 2-1 2011~2015 年振兴指数基本走势

注：①全国平均指 31 省市区的平均水平；②全国范围内（可采集到的数据），振兴指数的最大值为 2015 年北京的 76.77 分，最小值为 2011 年贵州的 27.23 分。

2011～2015 年，东北三省振兴指数在全国 31 个省市区连续 5 年数据集（共 155 个指标值）中相对位置分布情况如图 2－2 所示。可见，东北三省 5 年（共 15 个数据）振兴指数的百分比排位超过 70% 的仅有 1 个，处于 50% 以下的有 8 个，排位的最大值是 2015年的辽宁省（71.4%），最小值是 2011 年的黑龙江省（35.0%）。可见，东北三省的整体发展位次亟待提升。

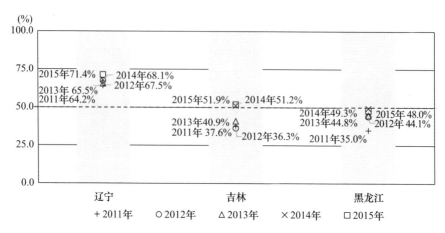

图 2－2　2011～2015 年东北三省振兴指数百分比排位

（二）全国视角下东北地区振兴进展分析

整体来看，2011～2015 年，全国 31 省市区发展总体水平持续提高，成效显著，东部沿海地区发展水平较内地优势明显，中部及东北部优于西部，整体呈现出由东部向中部再向西部及东北部递进的趋势。具体而言，全国各省市区 2011～2015 年振兴指数得分的演进情况见图 2－3。

2011～2015 年，四大区域振兴指数由高到低依次为：东部、东北、中部、西部；四个区域均呈现逐年上升的发展趋势，但发展水平有待进一步提升（四个区域的得分均未超过 70 分）；相对而言，东部地区优势明显，中部和西部地区的发展势头较好（增幅较大，分别为 5.90% 和 5.04%）；东北地区的发展水平较东部地区，有明显差距，具体如表 2－3 所示。

2011～2015 年，七个区域振兴指数由高到低依次为：华东、华南、华北、东北、华中、西南、西北；七大区域均呈现平稳上升的发展趋势，但整体发展水平有待提升（振兴指数得分均未超过 70 分）；相对而言，华东地区优势明显，西南和华中地区的发展势头较好（增幅较大，分别为 5.92% 和 5.87%）；在七个区域中，东北地区排名居中，与最优的华东地区相比差距明显，如表 2－4 所示。

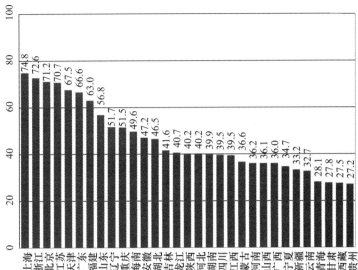

2011年

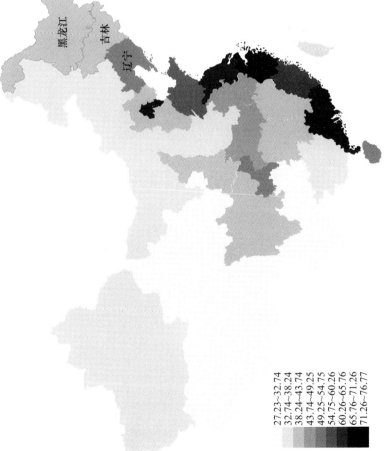

27.23~32.74
32.74~38.24
38.24~43.74
43.74~49.25
49.25~54.75
54.75~60.26
60.26~65.76
65.76~71.26
71.26~76.77

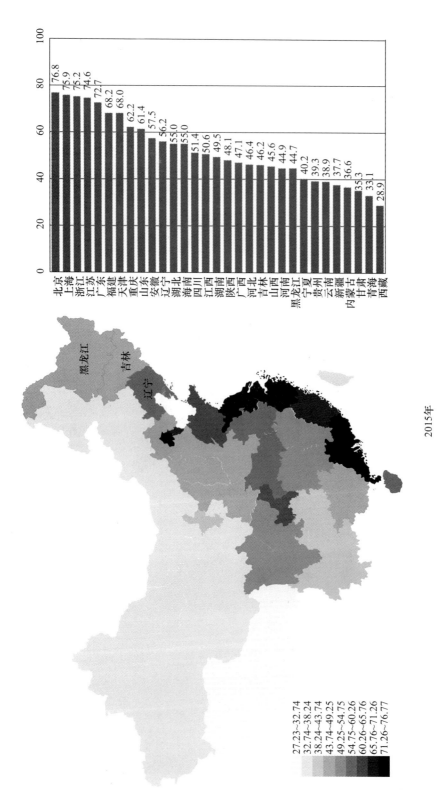

图 2－3　2011～2015 年 31 个省市区振兴指数得分的整体演进情况

注：在不影响趋势分析的前提下简化图形，仅列出 2011 年及 2015 年两年的信息。

表 2 - 3   2011～2015 年四大经济区振兴指数平均值及排名

	东北		东部		西部		中部	
	平均值	年排名	平均值	年排名	平均值	年排名	平均值	年排名
2011	44.65	13.0	63.31	6.0	34.60	23.8	40.88	18.0
2012	46.34	14.3	64.01	6.7	36.65	23.5	42.77	17.3
2013	46.70	15.3	64.77	6.7	38.72	23.5	45.18	16.8
2014	48.54	15.7	66.36	6.7	40.03	23.2	47.12	17.3
2015	49.03	18.0	67.43	6.9	41.56	23.1	50.53	16.0
平均	47.05	15.2	65.17	6.7	38.31	23.4	45.30	17.1

注：为确保区分度，对于具有平均意义的排名（序），本书保留一位小数，以下各表同。

表 2 - 4   2011～2015 年七大地理区振兴指数平均值及排名

	东北	华北	华东	华南	华中	西北	西南
	值/序	值/序	值/序	值/序	值/序	值/序	值/序
2011	44.65/12.7	50.32/13.8	64.19/5.7	50.77/13.7	40.50/18.3	32.80/24.8	35.69/23.4
2012	46.34/14.3	51.30/14.8	64.6/5.8	52.40/12.7	42.77/17.3	34.01/25.8	38.82/21.6
2013	46.70/15.3	52.54/15.2	65.33/5.8	53.88/13.3	44.78/16.8	36.98/25.0	40.61/21.4
2014	48.54/15.7	53.12/15.6	67.00/6.0	56.57/12.0	46.78/17.5	37.68/25.3	42.77/21.0
2015	49.03/18.0	54.70/15.2	68.81/5.7	58.24/12.0	50.00/16.3	38.88/25.4	44.14/20.8
平均	47.05/15.2	52.4/14.9	65.99/5.8	54.37/12.7	44.97/17.2	36.07/25.2	40.41/21.6

为便于直观分析，将指数信息按空间分类、时间排列、优劣序化等方式整理后，形成多年振兴指数的可视化集成图（见图 2 - 4～图 2 - 6），结合表 2 - 1 的信息，以全国四大经济区为划分标准，对东北三省全面振兴进程综合评价如下。

1. 2015 年中部地区平均水平实现对东北地区的超越，位居四大区域的第二位，仅次于东部地区

从反映西部、中部、东北、东部四大区域振兴指数平均得分曲线的变化情况可以看出，中部起点较低，但增速较快，2011～2014 年振兴指数落后于东北，2015 年实现反超，且从得分情况看仍有较大发展空间；西部基础相对薄弱，振兴指数始终未达 2011 年全国平均水平（46.05 分），但整体水平稳中有增，2015 年已赶上中部 2011 年水平；东部发展较为成熟，遥遥领先于其他三个地区；东北地区 2012 年增长幅度较大，2013～2015 年的增长势头明显减缓，发展相对乏力。

2. 东北地区增长过程波动明显，尚未实现对 50 分的跨越

中国各区域综合发展状况总体良好，保持平稳的增长势头；2011～2015 年，四大区域振兴指数均呈上升趋势，指数得分的年均增幅由高到低依次为：中部（2.4 分）、西部（1.93 分）、东北（1.1 分）、东部（1.0 分）；相对于西部、中部、东部的平稳而持续的

上升，东北地区增长过程波动迹象较明显，近两年发展减慢，未实现对50分这条临界线的突破，而中部已先于东北地区，于2015年实现了对50分的跨越。

3. 相对于全国绝大部分省份的大踏步前行，辽、吉、黑三省均有起伏，安徽省（中部最优水平）于2015年实现对辽宁省（东北最优水平）的超越

2011～2015年，四大区域的振兴指数连续排名均呈上升趋势，年均排名改进幅度由高到低依次为：中部（10.3名）、西部（6.8名）、东北（4.4名）、东部（3.3名）；中部地区排名提升最快的是山西省与江西省（五年间分别提升51名、50名），中部最优水平（安徽省2015年的41名）已超越东北最优水平（辽宁2015年的45名）；西部地区排名提升最快的是广西壮族自治区（从2011年的129名提升至2015年的71名），以58名的位次提升成为全国爬升最快的省份，西部最优水平（重庆市2015年的36名）优于中部最优水平；东部地区上升最快的是河北省（从2011年的106名发展至2015年的74名），但与东部其他省份差距依然明显；在东北三省中，黑龙江省从2011年的101名发展至2012年的87名后，步伐减缓，虽为东北地区排名提升最快的省份，但2015年也仅达到79名，发展后劲不足，吉林省从2011年的97名升至2014年的76名后，2015年基本停滞不前（76名），辽宁省整体水平优于吉林、黑龙江，5年间排名有升有降，进展缓慢。

4. 相对于全国其他地区，东北相对优势在急速退失，是唯一所有省份都相对后退的地区，排名空间被挤压，改进艰难

单年排名的变化体现了相对能力此消彼长的反映，2011～2015年，在西部地区12个省域中，单年排名维持不变的有1个（占8.33%），排名退后的有5个（占41.67%），排名提升的有6个（占50%），其中广西壮族自治区相对排名提升6名，内蒙古自治区下降7名，分别为西部地区上升与下降最快的两个自治区；在中部地区6个省域中，没有单年排名下滑的省份，单年排名维持不变的有1个（占16.67%），排名提升的有5个（占83.33%），其中江西省相对排名提升5名，为中部地区上升最快的省份；在东部地区10个省域中，单年排名维持不变的有1个（占10%），排名退后的有6个（占60%），排名提升的有3个（占30%），其中北京市相对排名提升2名，河北、海南、天津各下降2名，分别为东部地区上升与下降最快的两个省份；东北地区，辽宁省单年排名倒退2名（跌出前10名），黑龙江省倒退8名，吉林省倒退6名，均由中上游滑落至中下游水平，成为全国倒退幅度最大的省份（5年平均排名下降5.3名），与中部地区形成强烈反差（5年平均排名上升2名）。

5. 2011～2015年，在东北地区整体发展裹足不前，相对优势下滑明显的共同背景下，需警惕由相对能力的下降而引发绝对能力的衰退

从反映中部、西部、东部及东北的4条发展曲线可以看出，2011～2015年，四大区域的绝对能力均有程度不一的提升（见图2-4及图2-5），但部分区域（东部和东北部）

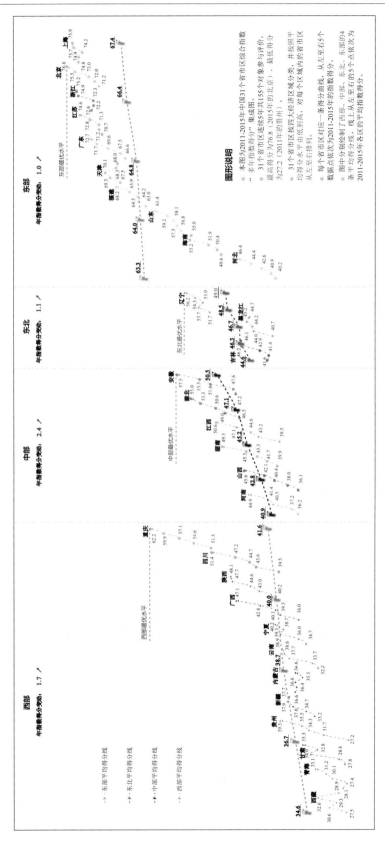

图 2-4　2011～2015 年 31 个省市区振兴指数得分变动情况

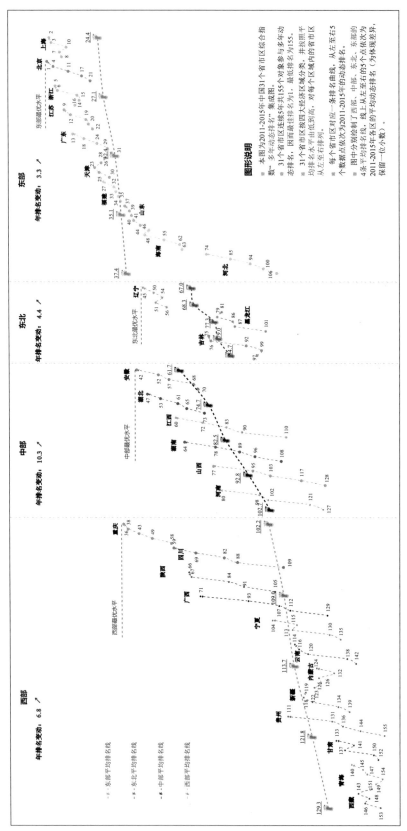

图 2－5　2011～2015 年 31 个省市区综合发展水平多年连续排名变动情况

图 2－6　2011～2015 年 31 个省市区综合发展水平单年排名变动情况

的相对能力出现了倒退（见图 2 - 6），因东部地区大部分省份普遍处于前列，基础夯实，发展水平高，出现微弱下滑（5 年平均排名下滑 0.5 名）是正常的调整，与东北地区的大幅下跌性质迥异，而中部处于持续提升、加速发力的良好状态；西部基础偏弱，但整体持续提升；所有四个地区中仅东北衰退特征明显，在与自身历年的比较中，未见到可预期的增长迹象，在与其他省份的相对比较中，相对优势在急速退失，因而就综合发展水平而言，东北的问题不仅是全国范围内相对能力的整体后移，也可能会进一步触及既有能力层面，引发实质上的倒退（表现为指数得分出现负增长）。

（三）东北振兴分项指数分析

振兴指数及 6 个二级分项指数得分的描述统计信息见表 2 - 5。由表 2 - 5 可知，振兴指数与 6 个二级分项指数得分的算术平均值分布在 50 分附近；6 个二级分项指数中，区域开放的最小值得分最低（为 8.22），同时最大值得分最高（为 94.56），两者的差值（极差）为 6 个指数中最大的，说明全国 31 个省市区在区域开放层面的差异最大，其次是创新创业（极差为 72.74）；相反，在产业发展方面差异最小（极差为 55.45），其次是社会民生（极差为 57.60）。

表 2 - 5 振兴指数及 6 个二级指数得分的描述统计

	政府治理	企态优化	区域开放	产业发展	创新创业	社会民生	振兴指数
平均值	50.95	49.17	48.23	50.27	48.89	47.55	49.17
中位数	51.90	45.58	42.08	48.28	46.99	47.32	45.23
标准差	14.42	14.75	22.70	13.47	19.18	13.39	14.20
峰度	-0.6386	-0.2770	-1.0103	-0.8814	-1.1150	-0.8317	-0.9148
偏度	-0.1731	0.5268	0.2677	0.2234	0.1525	0.1107	0.4992
最小值	15.06	17.05	8.22	23.24	12.15	19.91	26.86
最大值	80.17	83.66	94.56	78.68	84.89	77.51	76.82
极差	**65.11**	**66.62**	**86.34**	**55.45**	**72.74**	**57.60**	**49.95**
观测数	155	155	155	155	155	155	155

2011 ~ 2015 年，全国各省在六个方面的平均发展水平相当（处于 50 分左右），发展水平有待进一步提升；东南三省的发展水平明显高于全国平均水平，在"创新创业"和"区域开放"方面的平均发展相对较好（接近 80 分），其他四个方面的发展有进一步提升的空间；东北三省的发展水平较东南三省差距较大，"企态优化"的发展水平最低，除"产业发展"高于全国平均水平外，其他方面均低于全国平均水平，可见，东北地区的全

面振兴势在必行。

东南三省在六个方面发展相对较均衡，而东北地区发展的均衡性较差。具体而言，东南三省中，江苏省除在"企态优化""区域开放"的表现相对较弱外，其他方面的发展水平位于东南三省前列，且在"政府治理""社会民生""创新创业"方面的发展接近全国各省的最高水平；浙江省的"企态优化"优势最明显，接近全国各省最高水平；广东省的"区域开放"在东南三省中的发展水平最高，但距离全国各省最高水平还有一定距离。东北三省中，辽宁省在"政府治理""社会民生""创新创业""区域开放"方面的发展较好，尤其"区域开放"方面的优势明显；吉林省的"企态优化"优势相对明显，但总体水平不高（40分左右），有待进一步提升；黑龙江省的"产业发展"低于东南三省中较弱的广东省，但高于辽宁与吉林；总体来看，辽宁省发展水平较吉林省和黑龙江省相对要高，但在大部分振兴方面的得分低于60分，且明显低于全国平均水平，因而东北地区的发展亟须进一步提升，具体如表2-6所示。

表2-6 2011~2015年6省二级指数平均得分

	政府治理	企态优化	区域开放	产业发展	创新创业	社会民生
辽宁	54.58	36.83	66.00	56.59	60.00	50.03
吉林	45.75	46.69	36.16	48.88	39.60	43.97
黑龙江	39.15	39.60	37.04	59.32	44.35	43.74
江苏	73.48	67.75	76.32	72.04	80.17	65.23
浙江	67.00	77.63	76.86	72.93	76.96	69.70
广东	62.43	68.29	81.03	64.23	77.41	63.86
东北三省平均	46.49	41.04	46.40	54.93	47.99	45.91
东南三省平均	67.64	71.23	78.07	69.73	78.18	66.26
各省平均	50.95	49.17	48.23	50.23	48.89	47.55
各省最高	76.21	81.87	94.16	74.50	81.18	69.70
各省最低	23.11	19.47	11.19	28.83	16.27	31.65

2011~2015年，对构成振兴指数的六个方面，全国在"创新创业""社会民生"两个方面的平均水平呈现逐年上升的发展趋势；在"企态优化"和"区域开放"方面呈波动下降态势，发展势头不足；在"政府治理"方面呈现先上升后下降的波动趋势，总体呈现微弱的下滑；在"产业发展"方面，呈现先降后升的趋势，进展明显。东南三省在六个方面的发展水平均处于全国前列（从年排名可以看出），明显高于全国的平均发展水平；在"企态优化""创新创业""社会民生"四个方面整体呈上升的发展趋势，在"区域开放"整体呈波动下降趋势（浙江省略有提升）；在"政府治理"方面，浙江省呈下降趋势，江苏省和广东省呈波动上升趋势；在"产业发展"方面，东南三省均呈现先降后升的态势。东北三省在"产业发展""创新创业""社会民生"方面的发展情况相对较

好，整体呈上升趋势；相对而言，辽宁省在"政府治理""区域开放""产业发展""创新创业""社会民生"5个方面的优势相对明显，高于全国平均水平；吉林省在"企态优化"方面的优势相对明显，2014~2015年的发展优于全国平均水平；黑龙江省在"产业发展"方面的优势相对明显，高于全国平均水平，具体如表2-7所示。

表2-7 2011~2015年6省区二级分项指数

	年份	辽宁 值/序	吉林 值/序	黑龙江 值/序	江苏 值/序	浙江 值/序	广东 值/序	全国平均 值
政府治理	2011	51.10/13	43.28/20	37.85/24	71.84/3	70.49/4	57.52/8	48.59
	2012	57.61/11▲	47.32/22▲	44.92/23▲	74.35/2▲	67.67/5▼	60.64/8▲	52.09▲
	2013	54.24/15▼	45.07/24▼	43.98/25▼	74.89/2▲	66.42/6▼	68.90/4▲	53.44▲
	2014	53.97/14▼	49.98/18▲	33.14/27▼	73.99/2▼	69.80/4▲	64.92/8▼	51.81▼
	2015	56.00/11▲	43.09/21▼	35.85/25▲	72.33/1▼	60.63/7▼	60.19/8▼	48.83▼
企态优化	2011	39.25/23	45.58/15	42.68/19	66.81/4	74.45/2	66.57/5	48.97
	2012	36.60/26▼	44.37/17▼	43.38/19▲	64.12/7▼	74.55/2▲	65.38/6▼	48.65▼
	2013	34.35/28▼	44.08/21▼	43.30/22▼	67.85/5▲	78.68/2▲	69.09/4▲	50.09▲
	2014	39.13/26▲	49.10/11▲	40.10/23▼	67.43/6▼	79.18/2▲	68.72/5▼	49.65▼
	2015	34.83/28▼	50.31/11▲	28.56/30▼	72.55/4▲	81.30/2▲	71.70/5▲	48.47▼
区域开放	2011	67.46/8	41.64/17	40.30/18	77.91/5	76.13/6	81.59/3	49.01
	2012	65.32/9▼	35.19/21▼	38.73/19▼	76.71/6▼	76.73/5▲	81.53/3▼	48.65▼
	2013	64.94/9▼	36.34/20▲	35.17/22▼	75.36/6▼	76.98/5▲	81.12/3▼	47.94▼
	2014	64.41/9▼	34.89/23▼	38.83/19▲	75.59/6▲	77.50/5▲	81.76/3▲	48.27▲
	2015	67.88/8▲	32.74/22▼	32.17/24▼	76.04/5▲	76.97/4▼	79.17/3▼	47.30▼
产业发展	2011	52.00/11	46.85/15	55.19/9	72.55/4	76.17/2	63.84/6	47.85
	2012	54.57/8▲	47.10/14▲	54.09/10▼	70.35/4▼	72.62/2▼	62.06/6▼	47.39▼
	2013	56.44/9▲	47.01/15▼	54.73/11▲	69.02/3▼	70.23/1▼	61.45/6▼	48.72▲
	2014	57.16/10▲	49.53/16▲	63.15/7▲	73.30/2▲	71.25/4▲	65.60/6▲	51.09▲
	2015	62.80/10▲	53.94/19▲	69.43/5▲	74.99/2▲	74.39/3▲	68.20/7▲	56.09▲
创新创业	2011	60.59/8	38.56/16	37.32/17	79.94/1	75.77/3	74.85/4	44.73
	2012	62.59/8▲	34.92/18▼	47.24/15▲	82.01/1▲	77.10/3▲	76.45/4▲	47.02▲
	2013	57.07/11▼	39.22/18▲	43.79/16▼	76.13/2▼	72.63/5▼	73.90/4▼	47.20▲
	2014	59.85/11▲	43.46/18▲	45.89/17▲	80.77/2▲	78.32/4▲	78.76/3▲	50.54▲
	2015	59.91/14▲	41.86/24▼	47.51/18▲	81.98/3▲	81.00/4▲	83.08/2▲	54.95▲
社会民生	2011	40.77/9	33.20/16	31.51/19	57.46/3	63.01/2	54.88/5	37.04
	2012	47.01/9▲	38.95/16▲	37.00/18▲	61.93/3▲	64.95/2▲	58.62/4▲	41.72▲
	2013	52.72/9▲	45.29/17▲	44.78/18▲	66.65/3▲	69.17/2▲	62.83/5▲	47.41▲
	2014	53.01/13▲	48.54/21▲	50.30/16▲	68.02/5▲	73.87/1▲	69.73/4▲	52.91▲
	2015	56.64/18▲	53.87/21▲	55.13/20▲	72.09/5▲	77.51/1▲	73.23/3▲	58.65▲

注：表中符号"▲"表示本年的数据相对于前一年是增长的，符号"▼"表示本年的数据相对于前一年是减少的。

进一步统计升降符（▲或▼）的数量，对不同地区的持续发展态势进行分析和对比可知，2011～2015年，全国关于六个方面的平均发展水平不同年度呈现上升（▲）的数量与下降（▼）的数量持平；东北地区在"政府治理""产业发展"方面的上升（▲）数量多于东南地区，尤其在"产业发展"方面，发展势头较好；总体而言，东北地区发展水平提升（▲）的总数量与东南三省大体相当，东北地区为43个，占升降总数的59.7%，东南三省为46个，占63.9%，整体呈现递增的发展态势。

在东北三省中，黑龙江省和吉林省在六个方面呈现上升（▲）的数量为14个，占升降总数的58.3%，两者均在"社会民生"方面整体呈逐年提升的发展态势；辽宁省呈现上升（▲）的数量为15个，占62.5%，在"产业发展"和"社会民生"方面整体呈逐年提升的发展态势。东南三省中，江苏省呈现上升（▲）的数量为15个，占62.5%，浙江省呈现上升（▲）的数量为17个，占70.8%，广东省呈现上升（▲）的数量为14个，占58.3%，其中浙江省的"企态优化"及东南三省的"社会民生"呈逐年提升的发展态势。综上，六个省份均在"社会民生"方面的发展势头较好，但东北三省的发展水平较东南三省有着明显差距。

（四） 振兴指数与GDP指标的联合分析

本研究从东北地区全面振兴的视角出发设立了指标体系并构建起多维度的测度指数，而振兴指数处于指数的最高一级，可对省市区层次的发展水平作出全面的测度，其得分是对各省市区内在持续发展能力的反映。地区GDP是指地区所有常驻单位在一定时期内生产的所有最终产品和劳务的市场价值，是衡量地区总体经济状况的重要指标，相对于振兴指数，GDP是外在实力（尤其是经济方面）的集中体现，逻辑上看，振兴指数更强调持续性，GDP更强调现时性。下面分别选择"地区GDP（总量）"与"人均GDP"两个指标与本研究构建的振兴指数做简要的相关性分析，并给出几点观测结论。关于31个省市区的振兴指数与地区GDP（总量）的相关数据见表2-8及表2-9。

表2-8 各地区振兴指数得分及地区GDP情况

省市区	振兴指数					地区GDP（单位：亿元）					
	2011	2012	2013	2014	2015	2011	2012	2013	2014	2015	2016
安徽	47.2	47.6	51.6	53.5	57.5	15301	17212	19229	20849	22006	24118
北京	71.2	72.0	73.0	75.5	76.8	16252	17879	19801	21331	23015	24899
福建	63.0	64.2	64.5	65.9	68.2	17560	19702	21868	24056	25980	28519
甘肃	27.8	28.8	34.0	32.8	35.3	5020	5650	6331	6837	6790	7152
广东	66.6	67.5	69.6	71.7	72.7	53210	57068	62475	67810	72813	79512

省市区	振兴指数					地区GDP（单位：亿元）					
	2011	2012	2013	2014	2015	2011	2012	2013	2014	2015	2016
广西	36.0	39.3	40.1	42.8	47.1	11721	13035	14450	15673	16803	18245
贵州	27.2	31.7	34.3	35.5	39.3	5702	6852	8087	9266	10503	11734
海南	49.6	50.4	51.9	55.2	55.0	2523	2856	3178	3501	3703	4045
河北	40.2	40.9	42.6	44.4	46.4	24516	26575	28443	29421	29806	31828
河南	36.2	37.2	40.5	41.4	44.9	26931	29599	32191	34938	37002	40160
黑龙江	40.7	44.0	44.2	45.2	44.7	12582	13692	14455	15039	15084	15386
湖北	46.5	49.0	50.6	53.3	55.0	19632	22250	24792	27379	29550	32298
湖南	39.9	41.7	43.3	45.3	49.5	19670	22154	24622	27037	28902	31245
吉林	41.6	41.4	42.9	46.1	46.2	10569	11939	13046	13803	14063	14886
江苏	70.7	71.2	71.3	72.8	74.6	49110	54058	59753	65088	70116	76086
江西	39.5	43.2	44.6	47.1	50.6	11703	12949	14410	15715	16724	18364
辽宁	51.7	53.7	53.0	54.3	56.2	22227	24846	27213	28627	28669	22038
内蒙古	36.6	36.4	36.6	35.3	36.6	14360	15881	16917	17770	17832	18633
宁夏	34.7	36.0	39.3	38.7	40.2	2102	2341	2578	2752	2912	3150
青海	28.1	27.4	30.1	31.2	33.1	1670	1894	2122	2303	2417	2572
山东	56.8	57.5	58.1	59.2	61.4	45362	50013	55230	59427	63002	67006
山西	36.1	38.0	40.4	42.1	45.6	11238	12113	12665	12761	12766	12928
陕西	40.2	43.0	44.6	47.7	48.1	12512	14454	16205	17690	18022	19165
上海	74.8	74.9	74.2	75.7	75.9	19196	20182	21818	23568	25123	27466
四川	39.5	43.6	44.7	47.2	51.4	21027	23873	26392	28537	30053	32681
天津	67.5	69.3	70.1	68.3	68.0	11307	12894	14442	15727	16538	17885
西藏	27.5	30.6	29.3	32.6	28.9	606	701	816	921	1026	1150
新疆	33.2	34.7	37.0	37.9	37.7	6610	7505	8444	9273	9325	9617
云南	32.7	33.7	37.7	38.6	38.9	8893	10309	11832	12815	13619	14870
浙江	72.6	72.2	72.3	74.9	75.2	32319	34665	37757	40173	42886	46485
重庆	51.5	54.6	57.1	59.9	62.2	10011	11410	12783	14263	15717	17559

　　计算2011~2015年振兴指数得分与地区GDP（总量）的相关系数，得到表2-9。由表2-9可知，振兴指数与地区GDP之间的相关系数分布于0.6左右，同时观察判别"相关系数是否随年增加"符号（"↗"与"↘"）的分配比例，可知15个符号中，"↗"为12个，占80%，这意味着现有样本支撑"振兴指数对地区GDP的相关性系数值随时间增加"这一观测结论的可靠度为0.8。

表 2 - 9   振兴指数与地区 GDP 相关系数

相关系数		地区 GDP					
		2011	2012	2013	2014	2015	2016
振兴指数	2011	0.6132	0.6078	0.6082	0.6095	0.6152	0.6143
	2012	0.6074	0.6029	0.6039	0.6059	0.6123	0.6111
	2013	0.6082	0.6038	0.6053	0.6080	0.6151	0.6167
	2014	0.6074	0.6030	0.6048	0.6076	0.6154	0.6177
	2015	0.6314	0.6284	0.6306	0.6338	0.6418	0.6443
判别	2011	—	↘	↗	↗	↗	↘
	2012	—	—	↗	↗	↗	↘
	2013	—	—	—	↗	↗	↗
	2014	—	—	—	—	↗	↗
	2015	—	—	—	—	—	↗

注：表中符号“↗”表示本年的相关系数相对于前一年是增长的，符号“↘”表示减少。

进一步将 31 个省市区的振兴指数与人均 GDP 的相关数据进行统计，形成表 2 - 10，并据此计算 2011 ~ 2015 年振兴指数得分与地区人均 GDP 的相关系数，得到表 2 - 11。

表 2 - 10   各地区振兴指数得分及人均 GDP 情况

省市区	振兴指数					地区人均 GDP（单位：元/人）					
	2011	2012	2013	2014	2015	2011	2012	2013	2014	2015	2016
安徽	47.2	47.6	51.6	53.5	57.5	25659	28792	32001	34425	35997	39254
北京	71.2	72.0	73.0	75.5	76.8	81658	87475	94648	99995	106497	114690
福建	63.0	64.2	64.5	65.9	68.2	47377	52763	58145	63472	67966	74288
甘肃	27.8	28.8	34.0	32.8	35.3	19595	21978	24539	26433	26165	27508
广东	66.6	67.5	69.6	71.7	72.7	50807	54095	58833	63469	67503	73290
广西	36.0	39.3	40.1	42.8	47.1	25326	27952	30741	33090	35190	38042
贵州	27.2	31.7	34.3	35.5	39.3	16413	19710	23151	26437	29847	33242
海南	49.6	50.4	51.9	55.2	55.0	28898	32377	35663	38924	40818	44396
河北	40.2	40.9	42.6	44.4	46.4	33969	36584	38909	39984	40255	42866
河南	36.2	37.2	40.5	41.4	44.9	28661	31499	34211	37072	39123	42363
黑龙江	40.7	44.0	44.2	45.2	44.7	32819	35711	37697	39226	39462	40362
湖北	46.5	49.0	50.6	53.3	55.0	34197	38572	42826	47145	50654	55191
湖南	39.9	41.7	43.3	45.3	49.5	29880	33480	36943	40271	42754	46063
吉林	41.6	41.4	42.9	46.1	46.2	38460	43415	47428	50160	51086	54073
江苏	70.7	71.2	71.3	72.8	74.6	62290	68347	75354	81874	87995	95394
江西	39.5	43.2	44.6	47.1	50.6	26150	28800	31930	34674	36724	40220

续表

省市区	振兴指数					地区人均 GDP（单位：元/人）					
	2011	2012	2013	2014	2015	2011	2012	2013	2014	2015	2016
辽宁	51.7	53.7	53.0	54.3	56.2	50760	56649	61996	65201	65354	50292
内蒙古	36.6	36.4	36.6	35.3	36.6	57974	63886	67836	71046	71101	74204
宁夏	34.7	36.0	39.3	38.7	40.2	33043	36394	39613	41834	43805	47157
青海	28.1	27.4	30.1	31.2	33.1	29522	33181	36875	39671	41252	43750
山东	56.8	57.5	58.1	59.2	61.4	47335	51768	56885	60879	64168	68049
山西	36.1	38.0	40.4	42.1	45.6	31357	33628	34984	35070	34919	35285
陕西	40.2	43.0	44.6	47.7	48.1	33464	38564	43117	46929	47626	50528
上海	74.8	74.9	74.2	75.7	75.9	82560	85373	90993	97370	103796	113731
四川	39.5	43.6	44.7	47.2	51.4	26133	29608	32617	35128	36775	39835
天津	67.5	69.3	70.1	68.3	68.0	85213	93173	100105	105231	107960	115613
西藏	27.5	30.6	29.3	32.6	28.9	20077	22936	26326	29252	31999	35496
新疆	33.2	34.7	37.0	37.9	37.7	30087	33796	37553	40648	40036	40466
云南	32.7	33.7	37.7	38.6	38.9	19265	22195	25322	27264	28806	31358
浙江	72.6	72.2	72.3	74.9	75.2	59249	63374	68805	73002	77644	83923
重庆	51.5	54.6	57.1	59.9	62.2	34500	38914	43223	47850	52321	58199

由表 2 - 11 可知，振兴指数与地区人均 GDP 之间的相关系数分布于 0.85 左右，同时观察符号 "↗" 与 "↘" 的分配比例，可知 15 个符号中，"↗" 为 14 个，占 93.3%，这意味着现有样本支撑 "振兴指数对地区人均 GDP 的相关性系数值随时间增加" 这一观测结论的可靠度为 0.933。

表 2 - 11　振兴指数及地区人均 GDP 相关系数

相关系数		地区人均 GDP					
		2011	2012	2013	2014	2015	2016
振兴指数	2011	0.8493	0.8443	0.8503	0.8597	0.8768	0.8786
	2012	0.8332	0.8288	0.8354	0.8458	0.8646	0.8666
	2013	0.8170	0.8121	0.8189	0.8295	0.8490	0.8552
	2014	0.7840	0.7786	0.7863	0.7982	0.8206	0.8290
	2015	0.7543	0.7486	0.7560	0.7679	0.7917	0.8003
判别	2011	—	↘	↗	↗	↗	↗
	2012	—	—	↗	↗	↗	↗
	2013	—	—	—	↗	↗	↗
	2014	—	—	—	—	↗	↗
	2015	—	—	—	—	—	↗

为便于进一步进行数值比较，仿照表 2 - 10 及表 2 - 11，求得地区人均 GDP 与地区 GDP（总量）的相关系数，形成表 2 - 12。由表 2 - 12 可知，地区人均 GDP 与地区 GDP（总量）之间的相关系数分布在 0.4 左右，15 个数据中"↗"为 1 个，占 6.67%。

表 2 - 12　2011 ~ 2016 年地区人均 GDP 与地区 GDP 相关系数

相关系数		地区 GDP					
		2011	2012	2013	2014	2015	2016
地区人均 GDP	2011	0.4075	0.4010	0.3978	0.3950	0.3943	0.3851
	2012	0.4015	0.3962	0.3937	0.3912	0.3903	0.3801
	2013	0.4069	0.4021	0.4002	0.3984	0.3981	0.3879
	2014	0.4148	0.4104	0.4092	0.4084	0.4091	0.4001
	2015	0.4286	0.4242	0.4236	0.4238	0.4264	0.4203
	2016	0.4215	0.4164	0.4163	0.4184	0.4244	0.4306
判别	2011	—	↘	↘	↘	↘	↘
	2012	—	—	↘	↘	↘	↘
	2013	—	—	—	↘	↘	↘
	2014	—	—	—	—	↗	↘
	2015	—	—	—	—	—	↘
	2016	—	—	—	—	—	—

综合表 2 - 8 ~ 表 2 - 12 的信息，归纳结论如下：

第一，振兴指数与地区人均 GDP 之间的相关性系数（最大值 0.8786）要高于与地区 GDP（总量）之间的相关性系数（最大值 0.6443），并且远高于地区 GDP（总量）与地区人均 GDP 之间的相关性系数（最大值 0.4203）。可见，振兴指数与地区人均 GDP 这一指标的内在关联要高于地区 GDP（总量）指标，从而说明"振兴指数更侧重对内在发展质量的测度"。

第二，"振兴指数对地区人均 GDP 的相关性系数值随时间增加"这一观测结论的可靠度为 0.933，高于对地区 GDP 总量的可靠度（0.8），远高于"人均 GDP 对 GDP 总量相关性系数值随时间增加"这一假设的可靠度（为 0.067，仅用于对比）。可见，数据统计说明"振兴指数对未来 GDP 指标的相关性高于近期数据"这一观测具有较高的可靠性，因而从另一层面证明了"振兴指数是对面向未来可持续性发展能力的深层测度"的结论。

综上所述，振兴指数有着优于 GDP 指标的定位作用，本书建立的评价体系以及构建的振兴指数、评价结果是科学有效的。

（五）主要结论

首先，总体而言，东北地区的发展水平低于全国平均水平，在全国整体呈现平稳上升的趋势下，东北地区上升相对缓慢且不平稳，二者差距有进一步扩大的趋势。

其次，在全国绝大部分省份取得长足进步而持续发力的大背景下，东北三省步履蹒跚，虽有进步，但收效甚微。2015 年中部地区实现了对东北地区的超越，同年，中部地区的安徽省实现了对辽宁（东北地区最优水平）的超越。

再次，相对于全国其他地区，东北地区的相对排名下滑明显，意味着相对优势的急速退失，是四大经济区中唯一一个所有省份都相对后退的地区，结合近年来在指数得分改善上的微弱绩效，可以判断，东北地区的问题不仅表现在综合水平提升的缓慢上，更表现为相对发展速度大幅落后于全国整体进程的突出特征，因而需进一步警惕"东北地区由相对能力趋弱而引发绝对能力衰退的可能"。

最后，在反映综合发展水平的 6 个方面，东北三省内，辽宁省在"政府治理""社会民生""创新创业""区域开放"方面的发展较好，尤其"区域开放"方面的优势明显，吉林省在"企态优化"方面稍好一些，但水平不高，黑龙江省在"产业发展"方面稍好。比较而言，东北三省的发展水平与东南三省差距显著，依次体现在区域开放、创新创业、企态优化 3 个方面。着眼于全国，除"产业发展"高于全国平均水平外，其他 5 个方面均低于全国平均水平，其中"企态优化"方面的劣势最为突出。可见，东北地区的全面振兴势在必行。

二、东北老工业基地全面振兴
进程评价分项报告

（一）政府治理评价报告

1. 政府治理指数总体分析

对政府治理的测度包括市场干预、政府规模、简政放权、监管水平、营商环境5个方面，共8项关键指标，汇集中国31个省市区2011～2015年政府治理方面的指标信息，得到连续5年的政府治理指数得分。在此基础上，形成多年连续排名和单年排名。其中，多年连续排名用于反映各省市区政府治理的绝对发展水平随时间动态变化的情况（31个省市区5年共155个排位，最高排名为1，最低排名为155），单年排名用于反映各省市区在全国范围内某个单年的相对发展水平（31个省市区每年31个排位，最高排名为1，最低排名为31）。具体而言，31个省市区政府治理的总体情况见表2-13。

表2-13　2011～2015年31个省市区政府治理指数得分、连续及单年排名

省市区	2011			2012			2013			2014			2015		
	值	总	年	值	总	年	值	总	年	值	总	年	值	总	年
江苏	71.8	12	3	74.3	6	2	74.9	4	2	74.0	8	2	72.3	11	1
福建	74.3	7	2	72.5	10	3	73.3	9	3	71.6	13	3	71.5	14	2
天津	76.7	3	1	80.0	2	1	80.2	1	1	74.5	5	1	69.8	17	3
山东	64.3	34	6	64.5	33	7	67.8	22	5	68.1	21	5	69.0	18	4
北京	53.8	69	11	58.0	49	10	63.3	37	10	66.0	29	7	67.0	26	5
上海	67.3	24	5	68.8	20	4	66.1	28	7	67.1	25	6	61.5	40	6
浙江	70.5	15	4	67.7	23	5	66.4	27	6	69.8	16	4	60.6	42	7
广东	57.5	51	8	60.6	41	8	68.9	19	4	64.9	32	8	60.2	44	8
重庆	54.3	62	9	60.5	43	9	63.7	35	9	62.8	38	10	59.6	45	9

续表

省市区	2011			2012			2013			2014			2015		
	值	总	年	值	总	年	值	总	年	值	总	年	值	总	年
安徽	52.0	77	12	50.0	85	19	56.3	55	13	58.5	47	12	56.9	54	10
辽宁	51.1	79	13	57.6	50	11	54.2	63	15	54.0	67	14	56.0	57	11
河南	47.7	98	18	52.1	76	17	57.0	53	12	55.6	59	13	55.2	60	12
河北	50.0	86	15	56.2	56	13	58.0	48	11	59.2	46	11	54.2	64	13
湖北	61.9	39	7	65.2	30	6	65.1	31	8	63.7	36	9	53.6	70	14
海南	53.9	68	10	57.3	52	12	52.3	74	18	49.9	88	19	52.3	73	15
广西	50.3	83	14	54.5	61	14	54.0	66	16	50.3	82	16	52.1	75	16
湖南	46.2	101	19	50.9	80	18	50.6	81	19	50.2	84	17	47.9	96	17
陕西	48.8	93	17	54.0	65	15	55.7	58	14	51.9	78	15	47.7	97	18
山西	41.7	114	23	48.1	95	21	49.3	89	20	48.4	94	20	46.3	100	19
贵州	31.8	138	27	36.9	126	26	46.1	103	23	41.3	116	22	43.1	109	20
吉林	43.3	108	20	47.3	99	22	45.1	105	24	50.0	87	18	43.1	110	21
江西	49.0	90	16	52.9	72	16	53.3	71	17	45.7	104	21	41.4	115	22
宁夏	41.9	112	22	48.9	92	20	49.0	91	21	41.2	117	23	40.4	119	23
四川	33.1	134	26	41.9	113	24	46.1	102	22	40.7	118	24	37.0	125	24
黑龙江	37.8	124	24	44.9	106	23	44.0	107	25	33.1	135	27	35.9	128	25
内蒙古	42.9	111	21	38.8	123	25	36.2	127	28	33.7	132	26	34.2	131	26
甘肃	28.8	145	28	35.4	129	27	38.9	122	27	39.3	121	25	32.2	137	27
云南	33.4	133	25	34.4	130	28	39.6	120	26	33.0	136	28	30.7	140	28
青海	22.7	152	30	24.7	149	31	29.9	141	29	31.3	139	29	23.7	150	29
新疆	25.4	148	29	26.3	147	30	29.3	143	30	29.1	144	30	23.1	151	30
西藏	22.1	153	31	29.4	142	29	21.6	154	31	27.3	146	31	15.1	155	31
平均	48.6	85	16	52.1	74	16	53.4	70	16	51.8	76	16	48.8	83	16

注：①对于表中的字段名称，"值"表示各省市区对应年份的指数得分，"总"表示各省市区 2011～2015 年多年连续总排名，"年"表示各省市区 5 个单年的排名；②表中 31 个省市区按照 2015 年的指数得分由高到低（降序）排列。

东北地区的政府治理指数处于全国较靠后的位置，且总体上远落后于东南三省的发展水平。2011～2015 年，6 省份政府治理指数由高到低依次为：江苏、浙江、广东、辽宁、吉林、黑龙江；东南三省整体呈波动上升趋势，明显好于东北三省；东南三省水平较低的广东省明显优于东北三省最优的辽宁省；6 省中，政府治理指数增幅最大的是辽宁省（2.40%），降幅最大的是浙江省（−3.50%），吉林省和黑龙江省的降幅分别为 −0.11% 和 −1.32%。就 2015 年而言，辽宁省政府治理相对较好，在 31 个省域中的单年排名为 11，吉林省和黑龙江省相对较差，排名分别为 21 位和 25 位，如表 2−13 和 2−14 所示。

表 2 - 14　2011～2015 年 6 省政府治理指数的值及单年排名

	辽宁	吉林	黑龙江	江苏	浙江	广东	全国平均
	值/序	值/序	值/序	值/序	值/序	值/序	值
2011	51.10/13	43.28/20	37.85/24	71.84/3	70.49/4	57.52/8	48.59
2012	57.61/11	47.32/22	44.92/23	74.35/2	67.67/5	60.64/8	52.09
2013	54.24/15	45.07/24	43.98/25	74.89/2	66.42/6	68.90/4	53.44
2014	53.97/14	49.98/18	33.14/27	73.99/2	69.80/4	64.92/8	51.81
2015	56.00/11	43.09/21	35.85/25	72.33/1	60.63/7	60.19/8	48.83
平均	54.58/12.8	45.75/21.0	39.15/24.8	73.48/2.0	67.00/5.2	62.43/7.2	50.95

2011～2015 年，全国和东北地区的政府治理指数均呈波动上升趋势；东北三省明显低于全国平均水平；辽宁省呈波动上升趋势，黑龙江省呈先上升后下降的趋势，吉林省 2011～2014 年呈波动上升趋势，2015 年略有下降；相对而言，辽宁省较好，吉林省次之，黑龙江省较弱，如图 2 - 7 所示。

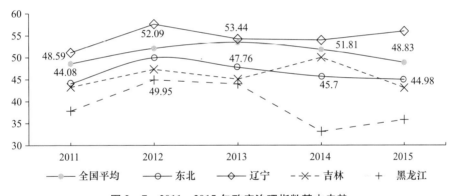

图 2 - 7　2011～2015 年政府治理指数基本走势

注：①全国平均指 31 省市区的平均水平；②全国范围内（可采集到的数据），政府治理指数最大值为 2013 年天津的 80.17，最小值为 2015 年西藏的 15.06。

2011～2015 年，东北三省政府治理指数在全国 31 个省市区连续 5 年数据集（共 155 个指标值）中相对位置的分布情况如图 2 - 2 所示。可见，东北三省 5 年（共 15 个数据）政府治理指数的百分比排位位于 50%以下有 11 个，其中有 3 个位于 25%以下；排位的最大值是 2012 年的辽宁省（68.1%），最小值是 2014 年的黑龙江省（13.6%）。

2. 全国视角下东北地区政府治理进展分析

2011～2015 年，四个区域政府治理指数由高到低依次为东部、中部、东北、西部；四个区域均呈先上升后下降的趋势，相对而言，东北地区较为稳定；东北地区政府治理指数与东部地区相比，差距较大，如表 2 - 15 所示。

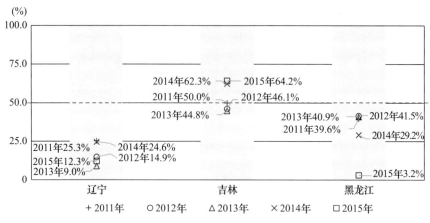

图 2-8 2011~2015 年政府治理指数百分比排位

表 2-15 2011~2015 年四大经济区政府治理指数的平均值及排名

	东北		东部		西部		中部	
	平均值	年排名	平均值	年排名	平均值	年排名	平均值	年排名
2011	44.08	19.0	64.01	6.5	36.30	23.3	49.74	15.8
2012	49.95	18.7	65.99	6.5	40.49	23.2	53.21	16.2
2013	47.76	21.3	67.13	6.7	42.51	23.0	55.31	14.8
2014	45.70	19.7	66.51	6.6	40.15	23.3	53.67	15.3
2015	44.98	19.0	63.85	6.4	36.59	23.4	50.21	15.7
平均	46.49	19.5	65.50	6.5	39.21	23.2	52.43	15.6

注：为确保区分度，对于具有平均意义的排名（序），本研究保留一位小数，以下各表同。

2011~2015 年，七个区域政府治理指数由高到低依次为华东、华南、华北、华中、东北、西南、西北；七个区域普遍呈先上升后下降的趋势；就七个区域而言，东北地区排名靠后，与最优的华东地区相比，差距较大，如表 2-16 所示。

表 2-16 2011~2015 年七大地理区政府治理的平均值及排名

	东北	华北	华东	华南	华中	西北	西南
	值/序	值/序	值/序	值/序	值/序	值/序	值/序
2011	44.08/19.0	53.01/14.2	66.70/5.3	53.91/10.7	51.20/15.0	33.54/25.2	34.95/23.6
2012	49.95/18.7	56.21/14.0	66.31/6.7	57.48/11.3	55.29/14.3	37.86/24.6	40.63/23.2
2013	47.76/21.3	57.42/14.0	67.47/6.0	58.39/12.7	56.57/14.0	40.56/24.2	43.42/22.2
2014	45.70/19.7	56.34/13.0	68.18/5.3	55.05/14.3	53.79/15.0	38.55/24.4	41.02/23.0
2015	44.98/19.0	54.29/13.2	65.32/5.0	54.88/13.0	49.52/16.3	33.43/25.4	37.11/22.4
平均	46.49/19.5	55.45/13.7	66.79/5.7	55.94/12.4	53.27/14.9	36.79/24.8	39.43/22.9

为便于直观分析，将指数信息按空间分类、时间排列、优劣序化等方式整理后，形成多年指数得分、连续排名及单年排名的可视化集成图（见图2-9～图2-11），结合表2-13的信息，以全国四大经济区为划分标准，对东北三省的政府治理方面的进程评价如下：

第一，东北地区政府治理水平低于全国平均水平，也低于中部和东部地区，仅优于西部地区。从反映四大区域（西部、中部、东北、东部）平均指数得分曲线的变化情况可以看出，东部地区发展相对成熟，基础夯实（2011年为64.0），且优势得到持续（2015年为63.8）。其余三个地区平均水平较低，5年的发展并没有改变三个地区的相对水平。其中，西部地区的基础最差（2011年为36.3），经过5年的发展后，指数得分仍然仅有36.6；中部地区基本处于平均水平以上，只有2011年的得分低于50；以2011年为基点（得分44.1），东北地区平均指数得分在5年间没有超过50，发展水平介于西部与中部地区之间，并在5年内始终位于这个相对位置。

第二，东北地区政府治理水平提升不明显，与中部和东部地区的差距基本保持不变。中国在政府治理上有所起伏，四大区域均先上升后下降，2011年和2015年的指数得分均相差不大。除了东部地区平均指数得分小幅下降外，其余三个地区指数得分均小幅上升。尽管东北地区政府治理水平有所上升，但上升幅度非常有限，难以赶上中部和东部地区的政府治理水平。

第三，东北地区政府治理水平存在持续下降风险。从四大区域指数得分曲线的变化情况可以看出，除东北地区外的其他三个区域均在2013年出现政府治理水平的高点，之后开始下降。而东北地区政府治理水平的高点出现于2012年，之后一直下降，东北地区的下降趋势比其他三个区域更加持久。

从四大区域单年排名曲线的变化情况可以看出，2011～2015年，西部地区和东部地区的平均相对位次基本保持稳定，中部地区和东北地区有所波动。在西部地区12个省域中，单年排名提升的有4个（占33.33%），排名退后的有6个（占50.00%），排名不变的有2个（占16.67%），其中贵州省相对排名提升7名，内蒙古自治区下降5名，分别为西部地区上升与下降最快的两个省区。在中部地区6个省域中，单年排名提升的有4个（占66.67%），排名退后的有2个（占33.33%），其中河南省相对排名提升6名，湖北省下降7名，分别为中部地区上升与下降最快的两个省区。在东部地区的10个省域中，单年排名提升和退后的各有4个（各占40.00%），排名不变的有2个（占20.00%），其中北京市相对排名提升6名，海南省下降5名，分别为东部地区上升与下降最快的两个省区。东北地区的3个省域中，单年排名提升的有1个（占33.33%），退后的有2个（占66.67%），退后的省份占比在四个区域中最高，其中辽宁省由13名提升至11名，黑龙江省由24名退至25名，吉林省由20名退至21名。

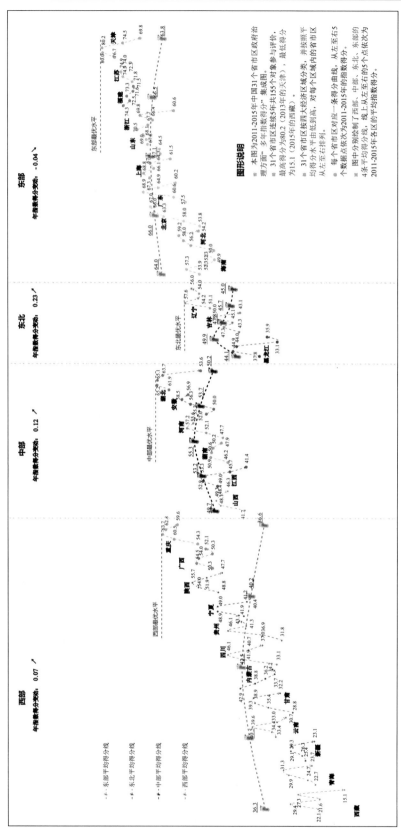

图 2-9 2011～2015 年 31 个省市区政府治理指数得分变动情况

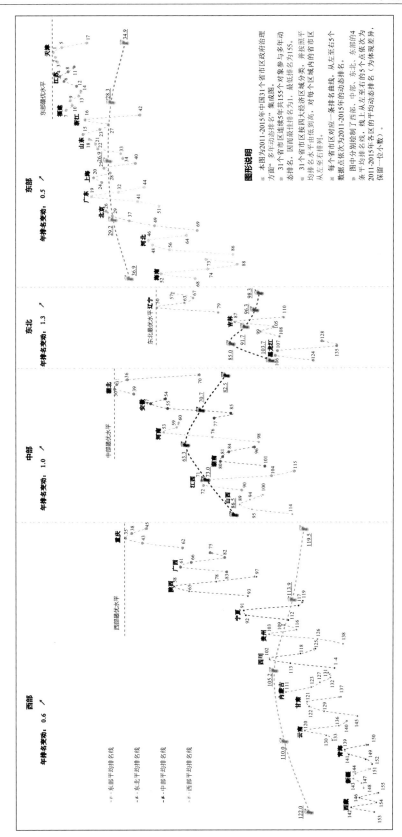

图 2-10　2011~2015 年 31 个省市区政府治理多年连续排名变动情况

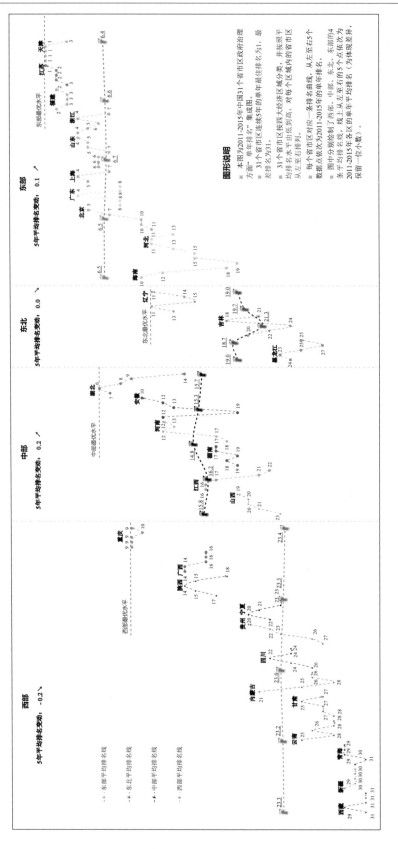

图 2-11　2011～2015 年 31 个省市区政府治理单年排名变动情况

3. 政府治理指数分项分析

东北三省监管水平的平均得分略高于全国平均和东南三省平均水平，表现出一定的竞争力；市场干预和政府规模的平均得分略高于全国平均水平，但低于东南三省的平均水平；简政放权和营商环境的平均得分低于东南三省和全国平均水平，表现较弱。东南三省的平均得分雷达图基本将东北三省和全国平均得分雷达图包围，只在监管水平上略逊于东北三省，具体如表 2-17 和图 2-12 所示。

表 2-17　2011~2015 年 6 省政府治理方面分项指数平均得分

	市场干预	政府规模	简政放权	监管水平	营商环境
辽宁	72.91	57.11	55.07	40.07	47.75
吉林	51.68	50.43	36.78	62.12	27.74
黑龙江	45.17	58.14	10.54	51.72	30.18
江苏	89.74	86.55	74.02	56.08	61.01
浙江	92.96	66.36	75.97	36.23	63.49
广东	87.42	77.79	43.77	53.01	50.18
东北三省平均	56.58	55.23	34.13	51.30	35.22
东南三省平均	90.04	76.90	64.58	48.44	58.23
各省平均	53.30	52.32	48.14	50.78	50.23
各省最高	97.12	92.64	96.60	82.39	77.59
各省最低	0.89	5.41	0.13	22.08	27.18

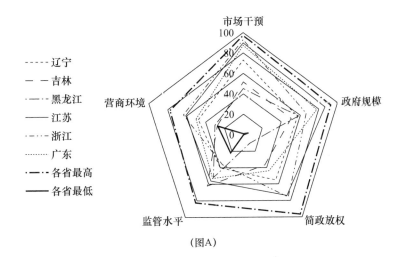

（图A）

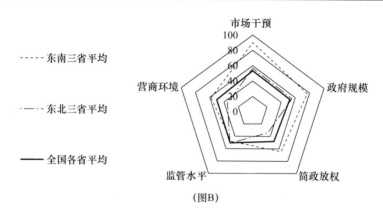

（图B）

图 2-12 2011~2015 年 6 省政府治理方面分项指数平均得分雷达图

分省看，除浙江省的监管水平和广东省的简政放权得分低于全国平均外，东南三省 5 个分项指数的 5 年平均得分都超过了全国平均，发展相对均衡。东北三省 2011~2015 年在 5 个分项指数的发展上较不平衡，其中黑龙江省最为突出，政府规模得分达到 58.14，简政放权的得分仅为 10.54。就东北三省 2011~2015 年政府治理而言，辽宁省相对均衡，在市场干预、简政放权和营商环境上相对较强，但营商环境尚未能达到全国平均水平；黑龙江省政府规模较强，简政放权上最弱；吉林省监管水平相对较强，简政放权和营商环境均较弱。总体来看，东北三省在监管水平上具有一定优势，在简政放权和营商环境上和东南三省的差距较大。

由表 2-18 可知，2011~2015 年，政府治理下 5 个分项指数的全国年平均值中，除简政放权呈上升趋势外，其他 4 个分项指数均有所波动；东南三省在市场干预、政府规模和营商环境上处于全国前列；江苏省在各分项上均排名靠前，使江苏省在政府治理指数平均排名上居于全国第 2 名（见表 2-13）。东北三省 2011~2015 年 5 个分项指数的得分中，只有简政放权整体呈稳定上升趋势，其他分项指数均有所起伏。

表 2-18 2011~2015 年 6 省政府治理方面分项指数

分项指数	年份	辽宁	吉林	黑龙江	江苏	浙江	广东	全国平均
		值/序	值/序	值/序	值/序	值/序	值/序	值
市场干预	2011	73.48/10	51.43/16	45.68/22	89.65/5	95.66/2	91.60/3	55.18
	2012	71.39/11 ▼	56.81/13 ▲	46.51/21 ▲	90.83/5 ▲	97.15/2 ▲	93.31/3 ▲	54.96 ▼
	2013	60.98/12 ▼	52.03/16 ▼	45.68/20 ▼	90.12/4 ▼	94.72/2 ▼	91.43/3 ▼	53.38 ▼
	2014	71.61/9 ▲	50.21/16 ▼	49.20/18 ▲	90.38/4 ▲	94.33/2 ▼	91.00/3 ▼	53.90 ▲
	2015	87.08/3 ▲	47.90/15 ▼	38.78/22 ▼	87.72/2 ▼	82.93/4 ▼	69.78/8 ▼	49.08 ▼

续表

分项指数	年份	辽宁 值/序	吉林 值/序	黑龙江 值/序	江苏 值/序	浙江 值/序	广东 值/序	全国平均 值
政府规模	2011	55.37/16	49.96/19	56.28/15	85.97/4	71.72/6	78.66/5	53.96
	2012	51.25/16 ▼	49.40/17 ▼	55.84/13 ▼	84.67/2 ▼	67.02/7 ▼	76.24/5 ▼	50.98 ▼
	2013	53.52/16 ▲	48.61/18 ▼	58.59/11 ▲	86.69/2 ▲	65.70/8 ▼	76.42/5 ▲	51.19 ▲
	2014	60.74/13 ▲	53.50/18 ▲	60.16/14 ▲	88.16/3 ▲	66.67/8 ▲	79.48/5 ▲	54.17 ▲
	2015	64.66/9 ▲	50.69/18 ▼	59.80/11 ▼	87.26/2 ▼	60.70/10 ▼	78.15/5 ▼	51.29 ▼
简政放权	2011	51.81/13	35.04/21	10.25/29	67.62/8	75.42/6	27.60/22	44.68
	2012	54.24/13 ▲	34.97/21 ▼	10.33/28 ▲	75.03/8 ▲	75.63/6 ▲	31.89/22 ▲	45.91 ▲
	2013	55.26/14 ▲	36.12/22 ▲	10.12/29 ▼	75.43/7 ▲	76.08/6 ▲	49.11/17 ▲	48.80 ▲
	2014	56.73/14 ▲	38.16/22 ▲	10.18/29 ▲	75.88/7 ▲	76.31/5 ▲	54.11/16 ▲	49.98 ▲
	2015	57.31/14 ▲	39.59/22 ▲	11.84/28 ▲	76.14/7 ▲	76.39/6 ▲	56.13/16 ▲	51.34 ▲
监管水平	2011	41.09/22	59.81/9	59.43/10	65.68/5	52.93/17	45.16/20	49.20
	2012	41.44/26 ▲	71.62/7 ▲	68.50/10 ▲	56.16/16 ▼	31.57/29 ▼	61.11/13 ▲	55.70 ▲
	2013	45.46/24 ▲	66.42/7 ▼	54.85/18 ▼	54.78/19 ▼	32.92/29 ▲	59.87/12 ▼	56.36 ▲
	2014	36.16/27 ▼	58.66/9 ▼	33.66/28 ▼	50.95/12 ▼	31.86/29 ▼	48.87/15 ▼	48.77 ▼
	2015	36.21/21 ▲	54.08/7 ▼	42.13/18 ▲	52.84/8 ▲	31.86/24 ▼	50.05/11 ▲	43.85 ▼
营商环境	2011	33.75/23	20.15/26	17.61/28	50.30/8	56.71/3	44.61/13	39.96
	2012	69.73/3 ▲	23.78/31 ▲	43.44/24 ▲	65.05/7 ▲	67.00/5 ▲	40.63/26 ▼	52.91 ▲
	2013	55.97/21 ▼	22.19/30 ▼	50.65/22 ▲	67.45/11 ▲	62.66/15 ▼	67.68/9 ▲	57.45 ▲
	2014	44.59/22 ▼	49.36/17 ▲	12.51/31 ▼	64.57/8 ▼	79.84/1 ▲	51.16/15 ▼	52.23 ▼
	2015	34.73/26 ▼	23.20/30 ▼	26.71/27 ▲	57.70/10 ▼	51.25/12 ▼	46.82/20 ▼	48.58 ▼

注：表中符号"▲"表示本年的数据相对于前一年是增长的，符号"▼"表示本年的数据相对于前一年是减少的。

进一步统计升降符（▲或▼）的数量，对不同地区的发展态势及稳定性进行分析和对比：

2011～2015年，全国4项指数▲的数量均超过半数，只有市场干预▲的数量未过半数；东北三省▲的总数量为33个，占东北三省升降符总数的55.00%，东南三省▲的总数量为30个，占50.00%，两个地区总体上均具有较高的发展稳定性；东北三省5个分项指数中只有简政放权▲的总数少于东南三省的总数，其余4个分项指数▲的总数均略多于东南三省的总数，东北地区总体发展稳定性高于东南三省。

2011～2015年，辽宁省▲的数量为13个，占65.00%，吉林省▲的数量为8个，占40.00%，黑龙江省▲的数量为12个，占60.00%，江苏省▲的数量为11个，占55.00%，浙江省▲的数量为9个，占45.00%，广东省▲的数量为10个，占50.00%，东北三省最优的辽宁省上升势头超过了东南三省中上升最具持续性的江苏省；就东北三省而言，辽宁省的发展稳定性最好，黑龙江省次之，吉林省较弱。

2011～2015 年，就东北三省而言，市场干预发展态势较好的是辽宁省和黑龙江省，政府规模、简政放权和监管水平发展态势较好的是辽宁省，营商环境发展态势较好的是黑龙江省。

（1）市场干预

市场干预主要使用政府分配资源的比重来予以衡量。政府分配资源的比重（单位：%）反映一个地区对市场资源的支配程度，是衡量地区政府对市场干预程度的核心指标，计算公式为扣除教科文卫和社会保障后的财政支出与地区 GDP 的比值。该指标为逆向指标，比重越大意味着政府对市场资源分配的干预越多。

总体而言，东北地区政府分配资源的比重明显低于全国平均水平，意味着东北地区政府对市场资源分配的干预较少，且这种优势呈进一步扩大趋势。

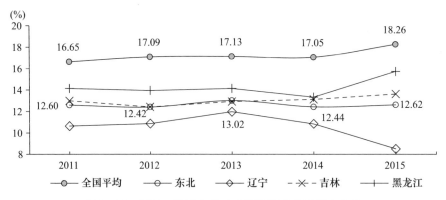

图 2－13　2011～2015 年政府分配资源的比重基本走势

注：①全国平均指 31 个省市区的平均水平；②全国范围内（可采集到的数据），政府分配资源的比重最大值为 2015 年西藏的 98.23%，最小值为 2011 年山东的 6.37%。

2011～2015 年，全国政府分配资源比重呈平缓上升趋势（2015 年上升幅度较为明显），东北三省呈平稳波动趋势；东北三省明显优于全国平均水平；辽宁省呈先上升后下降的趋势（2015 年降幅较大），吉林省呈波动上升趋势，黑龙江省总体呈上升趋势（2014年略有下降）；相对而言，辽宁省较好，吉林省次之，黑龙江省较弱。

2011～2015 年，东北三省政府分配资源的比重在全国 31 个省市区连续 5 年数据集（共 155 个指标值）中相对位置分布情况如图 2－14 所示。可见，东北三省 5 年（共 15 个数据）政府分配资源比重的百分比排位处于 50% 以下的有 6 个；排位的最大值是 2015 年的辽宁省（85.1%），最小值是 2015 年的黑龙江省（28.0%）。

由表 2－19 可知，2011～2015 年，6 省份政府分配资源的比重由低到高排名依次为浙江、江苏、广东、辽宁、吉林、黑龙江；东南三省呈波动上升趋势；东北三省中辽宁省呈波动下降趋势，吉林省和黑龙江省呈小幅波动上升趋势；东北三省相比于东南三省，仍存在较明显的差距；政府分配资源比重增幅最大的是浙江省（7.38%），降幅最大的是辽宁省（−5.04%），吉林省和黑龙江的增幅分别为 1.22% 和 2.80%。

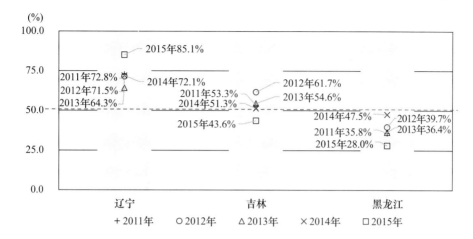

图 2-14 2011~2015 年东北三省政府分配资源的比重百分比排位

表 2-19 2011~2015 年 6 省政府分配资源的比重原始值及单年排名

	辽宁	吉林	黑龙江	江苏	浙江	广东	全国平均
	值/序	值/序	值/序	值/序	值/序	值/序	值
2011	10.65/10	13.00/16	14.14/22	8.08/5	7.09/2	7.76/3	16.65
2012	10.87/11	12.42/13	13.95/21	7.88/5	6.84/2	7.48/3	17.09
2013	11.98/12	12.93/16	14.14/20	8.00/4	7.24/2	7.78/3	17.13
2014	10.85/9	13.13/16	13.33/18	7.96/4	7.31/2	7.86/3	17.05
2015	8.50/3	13.63/15	15.73/22	8.39/2	9.18/4	11.04/8	18.26
平均	10.57/9.0	13.02/15.2	14.26/20.6	8.06/4.0	7.53/2.4	8.38/4.0	17.24

由表 2-20 可知，2011~2015 年，四个区域政府分配资源的比重由低到高排名依次为：东部、中部、东北、西部；四个区域均呈波动上升趋势；东北地区政府分配资源的比重与东部地区相比，差距较大。

表 2-20 2011~2015 年四大经济区政府分配资源的比重平均值及排名

	东北		东部		西部		中部	
	平均值	年排名	平均值	年排名	平均值	年排名	平均值	年排名
2011	12.60	16.0	9.92	8.0	25.96	24.8	11.27	11.7
2012	12.42	15.0	9.95	8.0	26.97	24.4	11.58	13.0
2013	13.02	16.0	10.29	8.0	26.40	23.8	12.07	13.7
2014	12.44	14.3	10.30	8.6	26.34	23.8	12.00	13.7
2015	12.62	13.3	11.88	10.2	27.67	23.1	12.89	12.8
平均	12.62	14.9	10.47	8.6	26.67	24.0	11.96	13.0

由表 2－21 可知，2011～2015 年，七个区域政府分配资源的比重由低到高排名依次为：华东、华中、华北、东北、华南、西北、西南；七个地区整体呈波动上升趋势；就七个区域而言，东北地区排名居中，与最优的华东地区相比，差距较大。

表 2－21　2011～2015 年七大地理区政府分配资源的比重平均值及排名

	东北	华北	华东	华南	华中	西北	西南
	值/序	值/序	值/序	值/序	值/序	值/序	值/序
2011	12.60/16.0	11.24/12.0	9.14/6.8	13.32/15.0	10.67/10.8	23.13/26.4	33.79/25.4
2012	12.42/15.0	11.52/13.0	9.21/7.2	13.53/15.3	10.82/11.3	24.58/25.4	34.60/25.0
2013	13.02/16.0	11.98/13.0	9.50/7.3	13.34/13.7	11.39/11.8	24.29/25.0	33.62/25.2
2014	12.44/14.3	12.17/14.2	9.43/7.3	13.01/13.0	11.30/12.0	24.36/25.0	33.54/25.0
2015	12.62/13.3	13.49/14.8	10.73/7.8	14.67/15.0	12.26/11.5	26.77/25.6	33.87/23.2
平均	12.62/14.9	12.08/13.4	9.60/7.3	13.57/14.4	11.29/11.5	24.63/25.5	33.89/24.8

（2）政府规模

①政府人员规模（单位：%）。政府人员规模反映了一个地区政府机构的精简情况，是衡量该地区政府规模的重要指标，计算公式为公共管理部门职工人数与地区人口的比值，是逆向指标。总体而言，东北地区的政府人员规模低于全国平均水平，意味着东北地区的政府人员较为精简，且这种优势呈进一步扩大趋势。

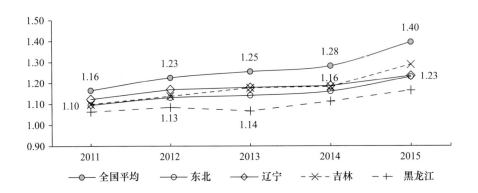

图 2－15　2011～2015 年政府人员规模基本走势

注：①全国平均指 31 个省市区的平均水平；②全国范围内（可采集到的数据），政府人员规模最大值为 2015 年西藏的 4.38%，最小值为 2014 年安徽的 0.72%。

2011～2015 年，全国政府人员规模的平均水平整体呈上升趋势，东北地区亦呈上升趋势；东北三省水平明显优于全国平均水平；东北三省政府人员规模均呈上升趋势，但与全国平均水平的差异呈扩大趋势；相对而言，黑龙江省较好，辽宁省与吉林省水平相当，辽宁省在 2015 年存在一定优势。

2011～2015 年，东北三省政府人员规模在全国 31 个省市区连续 5 年数据集（共 155 个指标值）中相对位置分布情况如图 2－16 所示。可见，东北三省 5 年（共 15 个数据）政府人员规模的百分比排位处于 50% 以下有 10 个；此外，排位的最大值是 2011 年的黑龙江省（63.7%），最小值是 2015 年的吉林省（29.3%）。

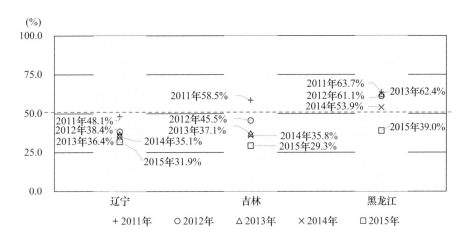

图 2－16　2011～2015 年政府人员规模百分比排位

由表 2－22 可知，2011～2015 年，6 省份的政府人员规模由低到高排名依次为：江苏、广东、黑龙江、浙江、吉林、辽宁；东南三省呈上升趋势，2015 年广东省上升幅度较为明显，东北三省亦呈上升趋势；东北三省相比于东南三省，仍有一定差距；政府人员规模增幅最大的是浙江省（5.35%），最小的是广东省（1.49%），辽宁省、吉林省和黑龙江省的增幅分别为 2.48%、4.30% 和 2.38%。

表 2－22　2011～2015 年 6 省政府人员规模的原始值及单年排名

| | 辽宁 | 吉林 | 黑龙江 | 江苏 | 浙江 | 广东 | 全国平均 |
	值/序	值/序	值/序	值/序	值/序	值/序	值
2011	1.12/21	1.09/17	1.06/14	0.77/2	1.04/13	0.92/8	1.16
2012	1.16/22	1.13/20	1.08/13	0.80/2	1.09/14	0.95/7	1.22
2013	1.17/20	1.17/19	1.06/13	0.80/3	1.12/15	0.93/8	1.25
2014	1.18/20	1.18/19	1.11/14	0.82/3	1.15/18	0.95/8	1.28
2015	1.23/18	1.28/20	1.16/16	0.89/3	1.26/19	0.98/4	1.39
平均	1.17/20.2	1.17/19.0	1.09/14.0	0.82/2.6	1.13/15.8	0.95/7.0	1.26

由表 2－23 可知，2011～2015 年，四个区域的政府人员规模由低到高排名依次为：中部、东部、东北、西部；四个区域整体呈波动上升趋势；东北地区的政府人员规模与中部地区相比，差距较大。

表 2 - 23　2011 ~ 2015 年四大经济区政府人员规模的平均值及排名

	东北		东部		西部		中部	
	平均值	年排名	平均值	年排名	平均值	年排名	平均值	年排名
2011	1.10	17.0	1.05	12.0	1.32	19.5	1.07	14.5
2012	1.13	18.3	1.09	12.4	1.43	19.2	1.10	14.5
2013	1.14	17.3	1.10	12.3	1.50	19.8	1.10	13.8
2014	1.16	17.7	1.12	12.3	1.54	19.9	1.09	13.5
2015	1.23	18.0	1.20	12.1	1.72	20.3	1.16	13.0
平均	1.15	17.7	1.11	12.3	1.50	19.7	1.10	13.9

由表 2 - 24 可知，2011 ~ 2015 年，七个区域政府人员规模由低到高排名依次为：华东、华南、华中、东北、华北、西南、西北；七个区域整体呈略微上升趋势；就七个区域而言，东北地区排名居中，与最优的华东地区相比，有一定差距。

表 2 - 24　2011 ~ 2015 年七大地理区政府人员规模的平均值及排名

	东北	华北	华东	华南	华中	西北	西南
	值/序	值/序	值/序	值/序	值/序	值/序	值/序
2011	1.09/17.3	1.39/22.0	0.86/6.3	0.96/11.7	1.02/14.5	1.40/25.6	1.31/15.0
2012	1.13/18.3	1.44/22.2	0.90/6.7	0.98/10.7	1.06/14.5	1.50/25.6	1.43/14.4
2013	1.14/17.3	1.44/21.4	0.91/7.0	1.01/11.0	1.05/13.5	1.54/25.8	1.54/15.8
2014	1.16/17.7	1.45/21.0	0.92/7.0	1.08/11.7	1.06/13.5	1.60/25.6	1.57/15.8
2015	1.22/18.0	1.54/21.0	0.99/7.3	1.16/10.3	1.14/13.0	1.74/26.0	1.82/16.0
平均	1.15/17.7	1.45/21.5	0.92/6.9	1.04/11.1	1.07/13.8	1.56/25.7	1.53/15.4

②行政成本比重（单位:%）。行政成本比重反映政府地方一般财政支出中公共服务的支出强度，是衡量该地区政府规模的重要指标，计算公式为财政支出中的一般公共服务支出与地区 GDP 的比值，是逆向指标。总体而言，东北地区行政成本比重明显低于全国平均水平，且优势呈进一步扩大趋势。

2011 ~ 2015 年，全国行政成本比重的平均水平整体呈波动下降趋势（2014 年下降幅度较为明显），东北三省亦呈逐步下降趋势；东北三省明显优于全国平均水平；东北各省均呈下降趋势；相对而言，辽宁省优势略大，黑龙江省次之，吉林省较弱。

2011 ~ 2015 年，东北三省行政成本比重在全国 31 个省市区连续 5 年数据集（共 155 个指标值）中相对位置分布情况如图 2 - 18 所示。可见，东北三省 5 年（共 15 个数据）行政成本比重的百分比排位处于 50% 以下有 1 个；排位的最大值是 2015 年的辽宁省（91.0%），最小值是 2011 年的吉林省（46.8%）。

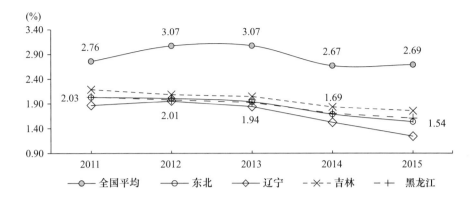

图 2 - 17 2011～2015 年行政成本比重基本走势

注：①全国平均指 31 个省市区的平均水平；②全国范围内（可采集到的数据），行政成本比重最大值为 2013 年西藏的 22.13%，最小值为 2013 年天津的 1.00%。

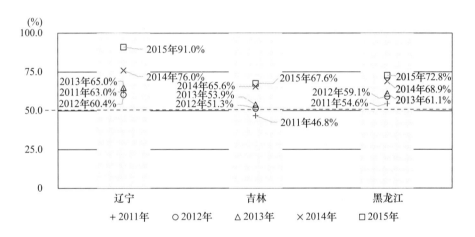

图 2 - 18 2011～2015 年行政成本比重百分比排位

由表 2 - 25 可知，2011～2015 年，6 省份行政成本比重由低到高排名依次为：江苏、浙江、广东、辽宁、黑龙江、吉林；东南三省呈下降趋势，江苏省的下降幅度较为明显；东北三省亦呈下降趋势，辽宁省的下降幅度较为明显；东北三省相比于东南三省，仍存在较明显的差距；行政成本比重降幅最大的是辽宁省（- 8.36%），最小的是浙江省（- 1.65%），吉林省和黑龙江的降幅分别为 - 4.93% 和 - 5.26%。

表 2 - 25 2011～2015 年 6 省行政成本比重的原始值及单年排名

	辽宁	吉林	黑龙江	江苏	浙江	广东	全国平均
	值/序	值/序	值/序	值/序	值/序	值/序	值
2011	1.87/10	2.19/15	2.04/12	1.52/7	1.46/5	1.52/6	2.76
2012	1.95/10	2.09/12	1.98/11	1.52/6	1.45/4	1.56/7	3.07

续表

	辽宁	吉林	黑龙江	江苏	浙江	广东	全国平均
	值/序	值/序	值/序	值/序	值/序	值/序	值
2013	1.84/9	2.05/13	1.93/11	1.44/5	1.43/4	1.59/8	3.07
2014	1.52/9	1.84/13	1.70/12	1.32/7	1.31/6	1.41/8	2.67
2015	1.24/6	1.76/14	1.61/10	1.21/5	1.36/8	1.40/9	2.69
平均	1.69/8.8	1.98/13.4	1.85/11.2	1.40/6.0	1.40/5.4	1.50/7.6	2.85

由表 2 – 26 可知，2011～2015 年，四个区域的行政成本比重由低到高排名依次为：东部、东北、中部、西部；东部和中部地区呈波动下降趋势，东北地区呈平稳下降趋势（2014 年降幅较大）；东北地区行政成本比重与东部地区相比，差距较大。

表 2 – 26　2011～2015 年四大经济区行政成本比重的平均值及排名

	东北		东部		西部		中部	
	平均值	年排名	平均值	年排名	平均值	年排名	平均值	年排名
2011	2.03	12.0	1.61	7.0	4.18	24.3	2.19	16.2
2012	2.01	11.0	1.66	7.1	4.88	23.8	2.32	17.7
2013	1.94	11.0	1.65	7.2	4.91	23.5	2.34	18.2
2014	1.69	11.3	1.46	7.2	4.20	23.3	2.11	18.3
2015	1.54	10.0	1.45	7.7	4.33	23.0	2.06	18.8
平均	1.84	11.1	1.57	7.3	4.50	23.6	2.21	17.8

由表 2 – 27 可知，2011～2015 年，七个区域的行政成本比重由低到高排名依次为：华东、华北、东北、华中、华南、西北、西南；华中地区 2011～2013 年呈上升趋势，2014～2015 年呈下降趋势，西北、西南地区总体呈波动上升趋势，其他地区呈波动下降趋势；就七个区域而言，东北地区排名靠前，但与最优的华东地区相比，有一定差距。

表 2 – 27　2011～2015 年七大地理区行政成本比重的平均值及排名

	东北	华北	华东	华南	华中	西北	西南
	值/序	值/序	值/序	值/序	值/序	值/序	值/序
2011	2.03/12.3	1.74/9.8	1.54/6.7	2.51/18.7	2.17/15.3	3.26/25.8	5.79/24.8
2012	2.01/11.0	1.78/9.8	1.60/6.7	2.66/19.0	2.30/17.3	3.58/25.8	7.11/23.8
2013	1.94/11.0	1.72/9.2	1.56/6.7	2.70/19.3	2.34/18.3	3.61/25.6	7.20/23.6
2014	1.69/11.3	1.49/8.2	1.35/6.2	2.40/19.3	2.20/20.3	3.32/24.8	5.91/24.2
2015	1.54/10.0	1.53/9.8	1.30/6.0	2.27/19.3	2.16/20.3	3.42/25.0	6.16/23.4
平均	1.84/11.1	1.65/9.4	1.47/6.4	2.51/19.1	2.23/18.3	3.44/25.4	6.43/24.0

（3）简政放权

简政放权主要用社会服务机构规模予以衡量。社会服务机构规模［单位：个/（万人×万平方千米）］反映一个地区简政放权背景下，社会服务提供的程度，是衡量简政放权的核心指标，计算公式为地区社会服务机构及设施数与地区人口和地区面积乘积的比值。总体而言，东北三省的社会服务机构规模明显低于全国平均水平，且差距呈进一步扩大的趋势。

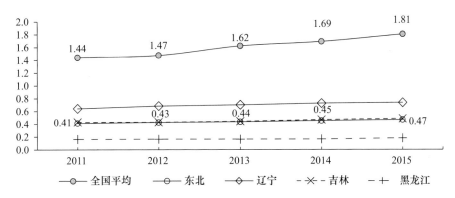

图 2-19　2011～2015 年社会服务机构规模基本走势

注：①全国平均指 31 个省市区的平均水平；②全国范围内（可采集到的数据），社会服务机构规模最大值为 2015 年上海的 17.5024，最小值为 2011 年新疆的 0.0630。

2011～2015 年，全国社会服务机构规模整体呈上升趋势，东北地区整体呈缓慢上升趋势；东北地区社会服务机构规模明显低于全国水平；东北三省均呈缓慢上升趋势；相对而言，辽宁省较好，吉林省次之，黑龙江省较弱。

2011～2015 年，东北三省社会服务机构规模在全国 31 个省市区连续 5 年数据集（共155 个指标值）中相对位置的分布情况如图 2-20 所示。可见，东北三省 5 年（共 15 个数据）社会服务机构规模百分比排位处于 50% 以下的数量有 10 个，其中有 5 个位于 25% 以下；此外，排位的最大值是 2015 年的辽宁省（61.6%），最小值是 2013 年的黑龙江省（6.4%）。

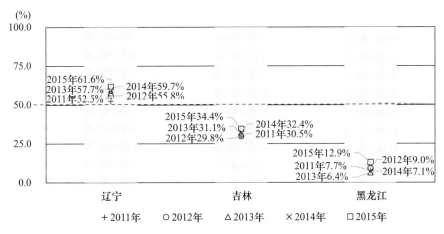

图 2-20　2011～2015 年东北三省社会服务机构规模百分比排位

由表 2-28 可知，2011～2015 年，6 省份社会服务机构规模由高到低依次为：浙江、江苏、辽宁、广东、吉林、黑龙江；东南三省整体呈上升趋势，广东省的增幅较大；东北三省整体亦呈上升趋势，但增幅明显低于东南三省；社会服务机构规模增幅最大的是广东省（27.49%），最低的是黑龙江省（2.39%），辽宁省和吉林省的增幅分别为 3.63% 和 3.19%。

表 2-28　2011～2015 年 6 省社会服务机构规模的原始值及单年排名

	辽宁	吉林	黑龙江	江苏	浙江	广东	全国平均
	值/序	值/序	值/序	值/序	值/序	值/序	值
2011	0.6429/13	0.4312/21	0.1642/29	0.9109/8	1.3101/6	0.3412/22	1.4412
2012	0.6842/13	0.4304/21	0.1650/28	1.0531/8	1.4534/6	0.3931/22	1.4739
2013	0.7014/14	0.4443/22	0.1629/29	1.3215/7	1.7506/6	0.6015/17	1.6218
2014	0.7263/14	0.4690/22	0.1635/29	1.6137/7	1.8993/5	0.6819/16	1.6913
2015	0.7362/14	0.4863/22	0.1798/28	1.7892/7	1.9511/6	0.7162/16	1.8062
平均	0.6982/13.6	0.4522/21.6	0.1671/28.6	1.3377/7.4	1.6729/5.8	0.5468/18.6	1.6069

由表 2-29 可知，2011～2015 年，四个区域社会服务机构规模由高到低依次为：东部、中部、西部、东北；四个区域普遍呈上升趋势，其中东部地区上升幅度最大，东北地区上升幅度最小；东北地区社会服务机构规模与东部地区相比，差距较大。

表 2-29　2011～2015 年四大经济区社会服务机构规模的平均值及排名

	东北		东部		西部		中部	
	平均值	年排名	平均值	年排名	平均值	年排名	平均值	年排名
2011	0.4128	21.0	3.4530	8.0	0.4650	21.5	0.5547	15.5
2012	0.4265	20.7	3.5258	8.3	0.4775	21.2	0.5704	16.2
2013	0.4362	21.7	3.9062	7.4	0.5205	21.0	0.6100	17.5
2014	0.4530	21.7	4.0839	7.2	0.5418	21.1	0.6216	17.7
2015	0.4674	21.3	4.3788	7.3	0.5804	21.0	0.6394	17.8
平均	0.4392	21.3	3.8695	7.7	0.5170	21.2	0.5992	16.9

由表 2-30 可知，2011～2015 年，七个区域社会服务机构规模由高到低依次为：华东、华北、华南、西北、华中、西南、东北；七个区域普遍呈上升趋势，其中华南的增幅最大；就七个区域而言，东北地区处于末位，与最优的华东地区相比，差距悬殊。

表 2-30　2011~2015 年七大地理区社会服务机构规模的平均值及排名

	东北	华北	华东	华南	华中	西北	西南
	值/序	值/序	值/序	值/序	值/序	值/序	值/序
2011	0.4128/21.0	2.9531/12.6	3.0946/8.7	0.9524/16.3	0.5117/16.0	0.6100/19.6	0.4303/21.4
2012	0.4265/20.7	2.9607/12.8	3.1847/8.5	1.0211/16.3	0.5244/17.3	0.6019/19.6	0.4656/20.6
2013	0.4362/21.7	3.3231/12.2	3.3796/8.7	1.3492/14.7	0.5656/18.8	0.6197/19.8	0.5331/20.0
2014	0.4530/21.7	3.3654/12.2	3.6064/8.3	1.4419/14.3	0.5754/19.3	0.6420/20.0	0.5537/20.0
2015	0.4674/21.3	3.4620/12.4	3.9816/8.5	1.5360/14.3	0.5971/19.3	0.6878/19.8	0.5908/20.0
平均	0.4392/21.3	3.2129/12.4	3.4494/8.5	1.2601/15.2	0.5549/18.1	0.6323/19.8	0.5147/20.4

（4）监管水平

①银行不良资产比率（单位：%）。银行不良资产比率反映的是一个地区银行的不良资产情况，是衡量地区政府监管水平的重要指标，计算公式为银行不良资产期末余额与总资产期末余额的比值，是逆向指标。

总体而言，东北地区的银行不良资产比率高于全国平均水平（2015 年略低于全国平均水平），说明东北地区的银行不良资产比率较大，但这种差距呈缩小趋势。

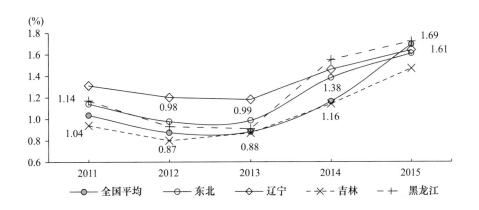

图 2-21　2011~2015 年银行不良资产比率基本走势

注：①全国平均指 31 个省市区的平均水平；②全国范围内（可采集到的数据），银行不良资产比率最大值为 2015 年内蒙古的 3.97%，最小值为 2014 年西藏的 0.23%。

2011~2015 年，全国和东北地区银行不良资产比率均呈先下降后上升的趋势（2014 年上升幅度较为明显）；东北地区落后于全国平均水平，但差距呈缩小趋势；东北三省均呈先缓慢下降后明显上升的趋势；相对而言，吉林省较好（优于全国平均水平），2011~2013 年黑龙江省优于辽宁省，2014~2015 年被辽宁省反超。

2011~2015 年，东北三省银行不良资产比率在全国 31 个省市区连续 5 年数据集（共 155 个指标值）中相对位置分布情况如图 2-22 所示。可见，东北三省 5 年（共 15 个数据）银行不良资产比率的百分比排位处于 50％ 以下有 10 个，其中有 6 个位于 25％ 以下；
排位的最大值是 2012 年的吉林省（72.8％），最小值是 2015 年的黑龙江省（12.4％）。

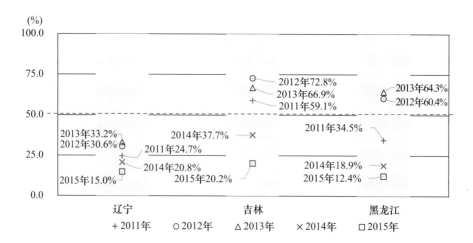

图 2-22　2011～2015 年银行不良资产比率百分比排位

由表 2-31 可知，2011～2015 年，6 省份的银行不良资产比率由低到高排名依次为：
吉林、广东、江苏、黑龙江、辽宁、浙江；东南三省中江苏省和浙江省呈上升趋势，广东
省在 2011～2013 年间呈下降趋势，随后呈平稳上升趋势；东北三省呈波动上升趋势
（2014 年上升幅度较大）；东北三省相比于东南三省，存在一定优势；银行不良资产比率
增幅最大的是浙江省（43.68％），最小的是广东省（5.82％），辽宁省、吉林省和黑龙江
省的增幅分别为 6.30％、14.10％ 和 11.75％。

表 2-31　2011～2015 年 6 省银行不良资产比率的原始值及单年排名

	辽宁	吉林	黑龙江	江苏	浙江	广东	全国平均
	值/序	值/序	值/序	值/序	值/序	值/序	值
2011	1.31/28	0.94/13	1.17/25	0.81/8	0.91/11	1.16/24	1.04
2012	1.20/29	0.80/16	0.93/20	1.04/24	1.68/31	0.93/20	0.87
2013	1.18/27	0.87/17	0.91/19	1.23/29	1.98/31	0.86/16	0.88
2014	1.46/25	1.14/16	1.55/26	1.31/23	2.04/30	1.15/17	1.16
2015	1.64/17	1.47/10	1.72/19	1.55/12	2.50/29	1.43/9	1.69
平均	1.36/25.2	1.04/14.4	1.26/21.8	1.19/19.2	1.82/26.4	1.11/17.2	1.13

由表 2-32 可知，2011～2015 年，四个区域的银行不良资产比率由低到高排名依次
为：西部、东部、东北、中部；东部地区呈上升趋势，其他地区呈先下降后上升的发展趋
势（2015 年上升幅度较为明显）；东北地区银行不良资产比率较东部地区略有差距。

表 2-32 2011~2015 年四大经济区银行不良资产比率的平均值及排名

	东北		东部		西部		中部	
	平均值	年排名	平均值	年排名	平均值	年排名	平均值	年排名
2011	1.14	22.0	0.84	10.0	1.13	17.9	1.11	19.3
2012	0.97	21.7	0.87	14.3	0.79	12.9	0.98	21.2
2013	0.98	21.0	0.98	17.4	0.69	10.2	1.03	22.3
2014	1.38	22.3	1.23	16.8	0.97	11.6	1.30	20.2
2015	1.61	15.3	1.58	14.1	1.72	16.0	1.83	19.0
平均	1.21	20.5	1.10	14.4	1.06	13.7	1.25	20.4

由表 2-33 可知, 2011~2015 年, 七个区域的银行不良资产比率由低到高排名依次为: 华南、西南、西北、华北、华中、东北、华东; 七个区域呈先下降后上升的波动趋势 (2015 年上升幅度较大); 就七个区域而言, 东北地区排名靠后, 与最优的华南地区相比, 差距明显。

表 2-33 2011~2015 年中国七大地理区银行不良资产比率的平均值及年平均排名

	东北	华北	华东	华南	华中	西北	西南
	值/序	值/序	值/序	值/序	值/序	值/序	值/序
2011	1.14/22.0	0.90/10.8	0.81/8.5	0.90/12	1.07/19.0	1.26/22.2	1.19/19.6
2012	0.97/21.7	0.73/9.0	1.04/21.2	0.69/8.3	0.97/20.3	0.93/18.6	0.73/10.8
2013	0.98/21.0	0.77/12.8	1.25/26.0	0.68/9.3	1.02/21.8	0.79/13.2	0.56/5.8
2014	1.38/22.3	1.28/16.6	1.55/24.0	0.94/12.0	1.21/18.0	0.91/10.6	0.77/8.0
2015	1.61/15.3	1.98/17.0	2.00/20.7	1.43/12.0	1.70/16.5	1.52/13.6	1.40/13.6
平均	1.21/20.5	1.13/13.2	1.33/20.1	0.93/10.7	1.19/19.1	1.08/15.6	0.93/11.6

②生产安全事故死亡率(单位: 人/亿元)。生产安全事故死亡率反映一个地区政府对于生产安全的监管水平, 是衡量地区政府监管的重要指标, 计算公式为因公死亡人数与地区 GDP (亿元) 的比值, 是一个逆向指标, 比率越大意味着政府的监管水平越差。

总体而言, 东北三省的生产安全事故死亡率明显低于全国平均水平, 且差距趋于稳定。

2011~2015 年, 全国生产安全事故死亡率整体呈逐步下降趋势, 东北地区呈缓慢下降趋势 (2011~2014 年略有上升); 东北地区生产安全事故死亡率明显低于全国平均水平; 辽宁省基本保持稳定, 吉林省呈逐步下降趋势, 黑龙江省呈明显上升趋势 (2015 年略有下降), 据收集到数据显示吉林省 2016 年 (0.0658) 有较大幅度的提升; 2011~2015 年, 吉林省较好, 辽宁省和黑龙江省较弱。

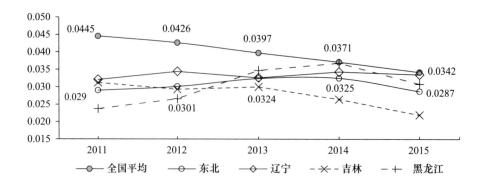

图 2-23   2011~2015 年生产安全事故死亡率基本走势

注：①全国平均指 31 个省市区的平均水平；②全国范围内（可采集到的数据），生产安全事故死亡率最大值为 2011 年青海的 0.097，最小值为 2014 年西藏的 0.0037。

2011~2015 年，东北三省生产安全事故死亡率在全国 31 个省市区连续 5 年数据集（共 155 个指标值）中相对位置分布情况如图 2-24 所示。可见，东北三省 5 年（共 15 个数据）生产安全事故死亡率百分比排位处于 50% 以下的有 4 个；排位的最大值是 2015 年的吉林省（94.2%），最小值是 2014 年的黑龙江省（39.0%）。

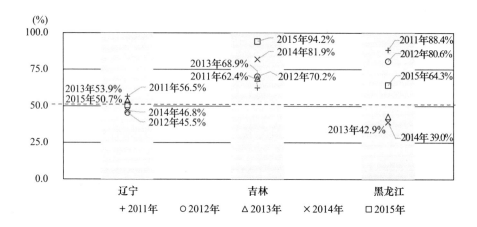

图 2-24   2011~2015 年东北三省生产安全事故死亡率百分比排位

由表 2-34 可知，2011~2015 年，6 省份生产安全事故死亡率由低到高依次为：江苏、吉林、黑龙江、广东、辽宁、浙江；东南三省整体呈下降趋势，江苏省和广东省下降趋势较为稳定，浙江省波动较大；东南三省中水平最高的江苏省略优于东北地区水平最高的吉林省；东北三省中，增幅最大的是黑龙江省（7.54%），降幅最大的是吉林省（-7.46%），辽宁省的增幅为 1.10%。

表 2 - 34   2011 ~ 2015 年 6 省生产安全事故死亡率的原始值及单年排名

	辽宁	吉林	黑龙江	江苏	浙江	广东	全国平均
	值/序	值/序	值/序	值/序	值/序	值/序	值
2011	0.0321/13	0.0312/11	0.0237/3	0.0316/12	0.0370/18	0.0331/14	0.0445
2012	0.0344/16	0.0293/8	0.0266/5	0.0306/12	0.0386/18	0.0309/13	0.0426
2013	0.0326/15	0.0300/8	0.0347/19	0.0264/6	0.0353/20	0.0330/16	0.0397
2014	0.0343/18	0.0264/5	0.0368/21	0.0270/6	0.0362/20	0.0317/12	0.0371
2015	0.0335/18	0.0219/5	0.0308/15	0.0230/6	0.0336/19	0.0275/10	0.0342
平均	0.0334/16	0.0278/7	0.0305/13	0.0277/8	0.0362/19	0.0312/13	0.0396

由表 2 - 35 可知，2011 ~ 2015 年，四个区域生产安全事故死亡率由低到高依次为：东北、东部、中部、西部；东北地区较好，东部和西部地区呈逐步下降的发展趋势，东北和中部地区呈波动下降趋势，其中东部地区降幅最大，东北地区降幅最小。

表 2 - 35   2011 ~ 2015 年四大经济区生产安全事故死亡率的平均值及排名

	东北		东部		西部		中部	
	平均值	年排名	平均值	年排名	平均值	年排名	平均值	年排名
2011	0.0290	9.0	0.0380	15.0	0.0570	19.6	0.0380	13.3
2012	0.0301	9.7	0.0367	14.5	0.0542	20.5	0.0358	12.7
2013	0.0324	14.0	0.0335	12.9	0.0485	20.6	0.0361	13.0
2014	0.0325	14.7	0.0329	12.4	0.0429	19.8	0.0350	15.0
2015	0.0287	12.7	0.0265	11.0	0.0411	20.5	0.0362	17.0
平均	0.0306	12.0	0.0335	13.2	0.0487	20.2	0.0362	14.2

由表 2 - 36 可知，2011 ~ 2015 年，七个区域生产安全事故死亡率由低到高依次为：华南、东北、华中、华东、华北、西南、西北；七个区域普遍呈下降趋势，其中东北地区的降幅最小；就七个区域而言，东北地区处于前列，与最优的华南地区相比，差距较大。

表 2 - 36   2011 ~ 2015 年七大地理区生产安全事故死亡率的平均值及排名

	东北	华北	华东	华南	华中	西北	西南
	值/序	值/序	值/序	值/序	值/序	值/序	值/序
2011	0.029/9.0	0.046/18.4	0.036/15.0	0.029/8.3	0.033/9.8	0.066/23.4	0.061/21.2
2012	0.030/9.7	0.047/19.2	0.035/14.7	0.026/6.7	0.030/9.3	0.064/24.0	0.054/21.2
2013	0.032/14.0	0.043/15.8	0.032/13.7	0.030/9.7	0.030/9.8	0.055/24.4	0.049/20.6
2014	0.033/14.7	0.039/14.8	0.031/11.5	0.027/7.3	0.031/13.8	0.052/26.2	0.042/20.2
2015	0.029/12.7	0.036/16.0	0.026/11.5	0.021/5.3	0.031/14.8	0.046/23.4	0.043/23.4
平均	0.031/12.0	0.042/16.8	0.032/13.3	0.027/7.5	0.031/11.5	0.057/24.3	0.050/21.3

（5）营商环境

①万人新增企业数（单位：个/万人）。万人新增企业数反映一个地区的企业增加情况，是衡量地区营商环境的重要指标，计算公式为当年新增企业单位数与地区人口（万人）的比值。总体而言，东北地区万人新增企业数明显低于全国平均水平，且差距呈进一步扩大趋势。

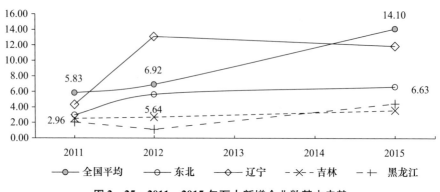

图 2 - 25　2011～2015 年万人新增企业数基本走势

注：①全国平均指 31 个省市区的平均水平；②全国范围内（部分省份 2013 年及 2014 年数据缺失），万人新增企业数最大值为 2015 年的天津的 36.69，最小值为 2012 年的西藏的 0.54。

2011～2015 年，全国万人新增企业数的平均水平呈稳定上升趋势，东北三省亦呈平稳上升趋势；东北三省明显低于全国平均水平；辽宁省呈先升后降趋势，黑龙江省呈先降后升趋势；相对而言，辽宁省较好，黑龙江省与吉林省较弱。

2011～2015 年，东北三省万人新增企业数在全国 31 个省市区 3 年数据集（共 93 个指标值）中相对位置分布情况如图 2 - 26 所示。可见，东北三省 3 年（共 9 个数据）万人新增企业数的百分比排位处于 50% 以下有 7 个，其中有 4 个位于 25% 以下；排位的最大值是 2012 年的辽宁省（74.4%），最小值是 2012 年的黑龙江省（6.2%）。

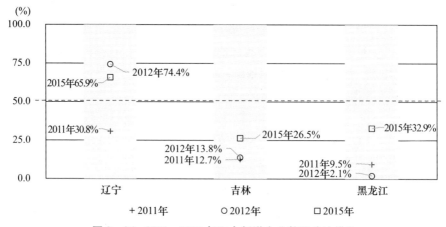

图 2 - 26　2011～2015 年万人新增企业数百分比排位

由表 2 - 37 可知，2011～2015 年，6 省份万人新增企业数由高到低排名依次为：江苏、浙江、辽宁、广东、吉林、黑龙江；东南三省中，江苏省呈明显上升趋势，浙江省呈先上升后下降的趋势，广东省呈先下降后上升的波动趋势；东北三省呈平缓上升趋势，其中辽宁省水平相对较高；东北三省相比于东南三省，仍存在较明显的差距；万人新增企业数增幅最大的是辽宁省（43.59%），降幅最大的是广东省（-0.61%），吉林省和黑龙江省的增幅分别为 10.47% 和 29.50%。

表 2 - 37　2011～2015 年 6 省万人新增企业数的原始值及单年排名

	辽宁	吉林	黑龙江	江苏	浙江	广东	全国平均
	值/序	值/序	值/序	值/序	值/序	值/序	值
2011	4.3288/16	2.5242/23	2.0394/26	13.8010/3	16.2442/1	9.7200/7	5.8318
2012	13.1044/5	2.6865/28	1.1228/30	14.1955/4	14.6120/3	9.0663/9	6.9205
2013	—	—	—	—	—	—	—
2014	—	—	—	—	—	—	—
2015	11.8761/20	3.5815/29	4.4462/28	25.5661/3	19.7050/8	9.4814/22	14.1007
平均	9.7697/13.7	2.9308/26.7	2.5362/28	17.8542/3.3	16.8537/4	9.4226/12.7	8.9510

由表 2 - 38 可知，2011～2015 年，四个区域的万人新增企业数由高到低排名依次为：东部、中部、西部、东北；四个区域均呈上升趋势；东北地区万人新增企业数与东部地区相比，差距明显。

表 2 - 38　2011～2015 年四大经济区万人新增企业数的平均值及排名

	东北		东部		西部		中部	
	平均值	年排名	平均值	年排名	平均值	年排名	平均值	年排名
2011	2.9641	21.7	9.2105	9.5	4.6127	18.9	4.0726	18.2
2012	5.6379	21.0	10.0003	9.7	5.0995	19.8	6.0710	16.3
2013	—	—	—	—	—	—	—	—
2014	—	—	—	—	—	—	—	—
2015	6.6346	25.7	19.3192	10.5	11.7172	18.8	13.9032	14.7
平均	5.0789	22.8	12.8433	9.9	7.1431	19.2	8.0156	16.4

由表 2 - 39 可知，2011～2015 年，七个区域的万人新增企业数由高到低排名依次为：华东、华北、华南、西南、华中、西北、东北；华东地区在呈上升趋势（2015 年略有下降），七个区域均呈平稳上升趋势；就七个区域而言，东北地区处于末位，与最优的华东地区相比，差距较大。

表 2-39　2011~2015 年七大地理区万人新增企业数的平均值及排名

	东北	华北	华东	华南	华中	西北	西南
	值/序	值/序	值/序	值/序	值/序	值/序	值/序
2011	2.964/21.7	5.082/17.2	10.907/5.8	7.383/10.3	3.422/20.5	4.163/18.4	4.878/21.0
2012	5.638/21.0	6.632/16.8	11.089/7.5	7.252/13.0	6.102/17.0	4.876/18.8	5.477/20.6
2013	—	—	—	—	—	—	—
2014	—	—	—	—	—	—	—
2015	6.635/25.7	19.667/10.4	19.206/9.5	11.750/18.7	12.211/17.3	11.147/19.6	12.764/17.4
平均	5.079/22.8	10.461/14.8	13.734/7.6	8.795/14.0	7.245/18.3	6.729/18.9	7.706/19.7

②民间固定资产投资增速（单位:%）。民间固定资产投资增速反映一个地区民间投资的发展速度，是反映该地区营商环境的重要指标，计算公式为本年和上年民间固定资产投资额的差值与上年民间固定资产投资额的比值。总体而言，东北三省的民间固定资产投资增速与全国平均水平差距较大，且差距呈进一步扩大趋势。

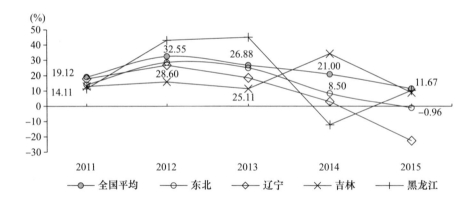

图 2-27　2011~2015 年民间固定资产投资增速基本走势

注：①全国平均指 31 个省市区的平均水平；②全国范围内（可采集到的数据），民间固定资产投资增速最大值为 2012 年西藏的 74.71%，最小值为 2015 年辽宁的 -22.41%。

2011~2015 年，全国和东北地区民间固定资产投资增速均呈先上升后下降趋势，2012 年起呈明显下降趋势，东北地区在 2015 年出现"负增长"；东北地区民间固定资产投资增速明显落后于全国平均水平，并且差距呈进一步扩大趋势；黑龙江省民间固定资产投资增速在 2011~2013 年呈上升趋势，2014 年大幅下降至负值，2015 年有所回升；吉林省在 2014 年明显上升，2015 年明显下降；辽宁省 2012~2015 年整体呈下降趋势，并在 2015 年出现"负增长"。相对而言，黑龙江省较好，吉林省次之，辽宁省较弱。

2011~2015 年，东北三省民间固定资产投资增速在全国 31 个省市区连续 5 年数据集（共 155 个指标值）中相对位置分布情况如图 2-28 所示。可见，东北三省 5 年（共 15 个数据）民间固定资产投资增速的百分比排位位于 50% 以下的有 11 个，其中有 8 个位于 25% 以下；排位的最大值是 2013 年的黑龙江省（95.4%），最小值是 2015 年的辽宁省（0.0%）。

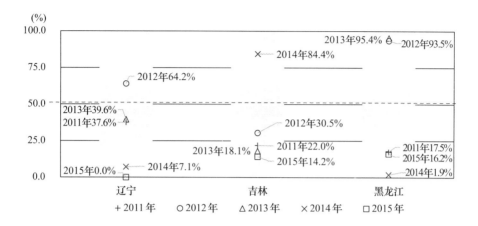

图 2－28　2011～2015 年东北三省民间固定资产投资增速百分比排位

由表 2－40 可知，2011～2015 年，6 省份民间固定资产投资增速由高到低依次为：黑龙江、广东、江苏、浙江、吉林、辽宁；广东省、江苏省民间固定资产投资增速发展呈波动上升趋势，东北三省呈波动下降趋势；民间固定资产投资增速增幅最大的是广东省（2.30%），降幅最大的是辽宁省（－56.32%），且呈明显下降趋势，黑龙江省和吉林省的降幅分别为－2.06% 和－7.60%。

表 2－40　2011～2015 年 6 省民间固定资产投资增速的原始值及单年排名

	辽宁	吉林	黑龙江	江苏	浙江	广东	全国平均
	值/序	值/序	值/序	值/序	值/序	值/序	值
2011	17.89/15	13.00/25	11.43/26	14.70/23	17.46/17	15.64/20	19.11
2012	26.81/18	15.96/28	43.03/8	22.85/22	24.13/21	12.19/29	32.55
2013	18.66/25	11.52/29	45.13/2	22.56/22	18.74/24	33.26/9	26.88
2014	3.12/29	34.41/4	－12.04/31	20.69/18	24.88/12	19.61/21	20.99
2015	－22.42/31	9.05/20	10.49/18	15.55/12	8.92/21	17.08/11	11.67
平均	8.81/23.6	16.79/21.2	19.61/17	19.27/19.4	18.83/19	19.56/18	22.24

由表 2－41 可知，2011～2015 年，四个区域民间固定资产投资增速由高到低依次为：西部、中部、东部、东北；四个区域民间固定资产投资增速普遍呈波动下降趋势，其中东北的降幅最大；东北地区民间固定资产投资增速与西部地区差距较大。

表 2-41　2011~2015 年四大经济区民间固定资产投资增速的平均值及排名

	东北		东部		西部		中部	
	平均值	年排名	平均值	年排名	平均值	年排名	平均值	年排名
2011	14.11	22.0	15.30	19.0	24.76	11.3	16.68	16.8
2012	28.60	18.0	23.82	21.0	42.75	10.8	28.65	17.2
2013	25.11	18.7	21.67	20.3	29.70	13.0	30.79	13.5
2014	8.50	21.3	20.13	17.6	22.35	15.6	25.98	11.5
2015	-0.96	23.0	13.58	14.6	10.95	17.3	16.25	12.2
平均	15.07	20.6	18.90	18.6	26.10	13.6	23.67	14.2

　　由表 2-42 可知，2011~2015 年，七个区域民间固定资产投资增速由高到低依次为：西北、西南、华北、华中、华南、华东、东北；华北地区呈波动上升趋势，其他区域呈波动下降趋势，其中东北的降幅最大；就七个区域而言，东北地区处于末位，与最优的西北地区相比，差距较大。

表 2-42　2011~2015 年七大地理区民间固定资产投资增速的平均值及排名

	东北	华北	华东	华南	华中	西北	西南
	值/序	值/序	值/序	值/序	值/序	值/序	值/序
2011	14.11/22	16.59/16.2	14.9/21.5	21.21/13.7	16.20/16.8	29.29/6.8	20.59/15.6
2012	28.60/18.0	33.89/14.6	17.55/25.2	32.24/15.0	27.21/17.5	52.96/6.6	35.61/14.0
2013	25.11/18.7	24.57/19.2	21.95/19.8	23.46/18.7	29.27/14.8	35.77/7.4	27.41/14.6
2014	8.50/21.3	18.41/16.0	21.42/15.2	15.33/24.7	23.43/14.3	31.55/8.2	21.45/17.8
2015	-0.96/23.0	19.67/9.8	11.97/14.3	16.43/13.3	13.71/15.3	7.20/23.2	10.87/15.0
平均	15.07/20.6	22.63/15.2	17.56/19.2	21.73/17.1	21.96/15.7	31.35/10.4	23.19/15.4

4. 主要结论

　　首先，总体而言，东北三省的政府治理指数明显低于全国平均水平。在反映政府治理水平的 5 个方面（市场干预、政府规模、简政放权、监管水平、营商环境），东北三省全面落后于东南三省，其中，简政放权和营商环境存在的差距最大，且差距呈扩大趋势。

　　其次，动态来看，2011~2015 年，东北地区的指数得分提升缓慢，意味着绝对能力的提升幅度不大，并有趋于水平（停滞）的态势。同时，东北地区的政府治理方面的相对排名也未变化，说明东北地区没有明显的追赶政府治理具有优势的地区。

　　再次，分省来看，辽宁省政府治理水平较高，吉林省次之，黑龙江省较弱。在全国各省相对排名的竞争中，辽宁省有所进步，吉林省和黑龙江省均有退步。辽宁省在政府治理各分项指数上相对均衡，在市场干预、简政放权和营商环境上相对较强，但营商环境尚未能达到全国平均水平；吉林省监管水平相对较强，简政放权和营商环境均较弱；黑龙江省政府规模较合理，简政放权上最弱。

最后，单项指标方面，东北地区的"生产安全事故死亡率"优于全国平均水平，但相对优势也呈现减弱趋势；"社会服务机构规模""万人新增企业数""民间固定资产投资增速"等的发展相对较落后。

（二）企态优化评价报告

1. 企态优化指数总体分析

对企态优化的测度包括国企效率、国企保增值、企业实力、民企规模、民企融资 5 个方面，共 8 项关键指标，汇集中国 31 个省市区 2011～2015 年企态优化方面的指标信息，得到了连续 5 年的企态优化指数得分。在此基础上，形成多年连续排名和单年排名。其中，多年连续排名用于反映各省市区企态优化的绝对发展水平随时间动态变化的情况（31 个省市区 5 年共 155 个排位，最高排名为 1，最低排名为 155），单年排名用于反映各省市区在全国范围内某个单年的相对发展水平（31 个省市区每年 31 个排位，最高排名为 1，最低排名为 31）。具体来说，31 个省市区政府治理的总体情况见表 2-43。

表 2-43 2011～2015 年 31 个省市区企态优化指数得分、连续及单年排名

省市区	2011			2012			2013			2014			2015		
	值	总	年	值	总	年	值	总	年	值	总	年	值	总	年
上海	80.0	6	1	80.8	5	1	82.2	3	1	82.7	2	1	83.7	1	1
浙江	74.5	12	2	74.6	11	2	78.7	9	2	79.2	7	2	81.3	4	2
北京	71.1	18	3	72.8	13	3	71.3	17	3	76.2	10	3	78.9	8	3
江苏	66.8	26	4	64.1	33	7	67.8	21	5	67.4	23	6	72.6	14	4
广东	66.6	27	5	65.4	28	6	69.1	19	4	68.7	20	5	71.7	16	5
海南	63.6	35	8	61.9	37	8	63.2	36	8	71.8	15	4	67.7	22	6
重庆	44.4	83	16	44.9	80	16	48.0	66	15	56.5	45	9	59.3	38	7
天津	65.3	29	6	66.9	25	5	64.8	31	7	59.0	39	8	58.4	41	8
福建	58.6	40	9	57.6	43	9	57.7	42	9	56.0	46	10	53.2	48	9
新疆	64.1	34	7	67.1	24	4	65.1	30	6	64.6	32	7	50.6	53	10
吉林	45.6	78	15	44.4	84	17	44.1	86	21	49.1	59	11	50.3	56	11
湖北	43.7	88	18	46.5	75	15	46.7	73	16	47.1	70	14	48.1	65	12
广西	34.6	137	27	39.6	114	23	44.5	82	20	44.1	85	17	47.7	67	13

续表

省市区	2011			2012			2013			2014			2015		
	值	总	年	值	总	年	值	总	年	值	总	年	值	总	年
湖南	42.0	98	20	40.1	111	22	45.7	77	18	43.0	93	18	47.1	69	14
宁夏	54.7	47	10	49.3	58	12	56.7	44	10	49.1	60	12	46.9	71	15
山东	49.0	62	13	46.8	72	14	44.9	81	19	46.0	76	15	43.6	89	16
云南	52.7	49	11	47.6	68	13	50.4	55	13	49.0	61	13	42.7	95	17
四川	36.9	128	25	37.7	126	25	34.2	143	30	36.7	131	29	42.6	96	18
安徽	44.0	87	17	43.5	90	18	50.8	52	12	40.0	112	24	41.3	101	19
贵州	30.3	147	30	35.8	133	27	38.2	122	25	38.0	123	27	40.5	107	20
山西	41.8	99	21	40.6	106	21	38.5	118	24	40.8	105	21	40.4	109	21
甘肃	41.6	100	22	42.0	97	20	46.7	74	17	40.5	108	22	39.5	115	22
江西	31.5	146	29	34.6	139	28	36.8	130	26	39.9	113	25	38.5	120	23
内蒙古	48.9	63	14	50.0	57	11	51.5	51	11	38.0	125	28	38.0	124	24
青海	51.8	50	12	50.6	54	10	48.3	64	14	45.3	79	16	37.5	127	25
西藏	38.3	121	24	29.4	149	30	34.3	142	29	41.1	102	19	35.3	134	26
陕西	36.9	129	26	38.5	119	24	41.1	103	23	41.0	104	20	35.2	135	27
辽宁	39.2	116	23	36.6	132	26	34.3	141	28	39.1	117	26	34.8	136	28
河北	34.6	140	28	34.0	144	29	34.6	138	27	31.5	145	30	29.8	148	29
黑龙江	42.7	94	19	43.4	91	19	43.3	92	22	40.1	110	23	28.6	150	30
河南	22.4	151	31	21.4	152	31	19.0	153	31	17.5	154	31	17.0	155	31
平均	49.0	78	16	48.7	79	16	50.1	74	16	49.6	76	16	48.5	81	16

注：①对于表中的字段名称，"值"表示各省市区对应年份的指数得分，"总"表示各省市区 2011～2015 年多年连续总排名，"年"表示各省市区 5 个单年的排名；②表中 31 个省市区按照 2015 年的指数得分由高到低（降序）排列。

东北地区的企态优化指数处于全国较靠后的位置，且总体上远落后于东南三省的发展水平。2011～2015 年，6 个省份企态优化指数由高到低依次为：浙江、广东、江苏、吉林、黑龙江、辽宁；东南三省企态优化指数的发展普遍呈上升趋势，明显好于东北三省；东南三省水平较低的江苏省依然明显优于东北地区最优的吉林省；6 省中，企态优化指数年增幅最大的是吉林省（2.59%），降幅最大的是黑龙江省（-8.27%），并且呈明显下降的趋势，辽宁省的降幅为 -2.82%。就 2015 年而言，吉林省企态优化相对较好，在 31 个省域中的单年排名为 11，辽宁省和黑龙江省相对较差，排名分别为 28 和 30，具体如表 2-43 和表 2-44 所示。

2011～2015 年，全国企态优化指数整体呈平稳态势，东北地区企态优化指数稳中有降；东北地区企态优化指数明显低于全国平均水平，并且这种差异呈进一步扩大的趋势；2011～2015 年，吉林省企态优化指数有所提高，且在 2015 年超过了全国平均水平；黑龙江省呈快速下降趋势，辽宁省呈波动下降趋势，两省始终处于全国平均水平之下；就企态优化指数而言，吉林省较好，黑龙江省次之，辽宁省较弱，具体如图 2 - 29 所示。

表 2 - 44　2011~2015 年 6 省企态优化指数值及年排名

	辽宁	吉林	黑龙江	江苏	浙江	广东	全国平均
	值/序	值/序	值/序	值/序	值/序	值/序	值
2011	39.25/23	45.58/15	42.68/19	66.81/4	74.45/2	66.57/5	48.97
2012	36.60/26	44.37/17	43.38/19	64.12/7	74.55/2	65.38/6	48.65
2013	34.35/28	44.08/21	43.30/22	67.85/5	78.68/2	69.09/4	50.09
2014	39.13/26	49.10/11	40.10/23	67.43/6	79.18/2	68.72/5	49.65
2015	34.83/28	50.31/11	28.56/30	72.55/4	81.30/2	71.70/5	48.47
平均	36.83/26.2	46.69/15.0	39.60/22.6	67.75/5.2	77.63/2.0	68.29/5.0	49.17

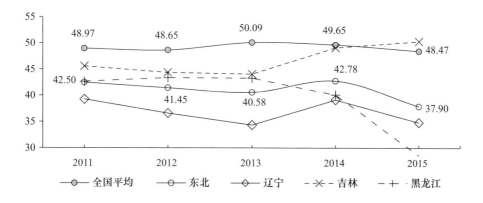

图 2 - 29　2011~2015 年企态优化指数得分基本走势

注：①全国平均指 31 个省市区的平均水平；②全国范围内（可采集到的数据），企态优化指数最大值为 2015 年上海的 83.66，最小值为 2015 年河南的 17.04。

2011~2015 年，东北三省企态优化指数在全国 31 个省市区连续 5 年数据集（共 155 个指标值）中相对位置的分布情况如图 2 - 30 所示。可见，东北三省 5 年企态优化指数的百分比排位普遍处于 50% 之下；排位的最大值是 2015 年的吉林省（64.2%），最小值是 2015 年的黑龙江省（3.2%），具体如图 2 - 30 所示。

2. 全国视角下东北地区企态优化进展分析

2011~2015 年，四大区域企态优化指数由高到低依次为：东部、西部、东北、中部；东部地区和中部地区企态优化指数呈上升趋势，其中中部地区上升幅度最大，东北地区和西部地区企态优化指数呈下降趋势，其中东北地区下降幅度最大；东北地区企态优化指数与东部地区差距较大，如表 2 - 45 所示。

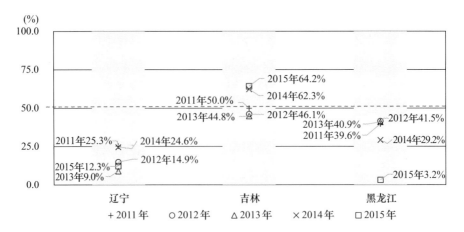

图 2-30　2011~2015 年东北三省企态优化指数百分比排位

表 2-45　2011~2015 年四大经济区企态优化指数平均值及排名

	东北		东部		西部		中部	
	平均值	年排名	平均值	年排名	平均值	年排名	平均值	年排名
2011	42.50	19.0	62.99	8.0	44.60	18.7	37.56	22.7
2012	41.45	20.7	62.48	8.4	44.36	17.9	37.79	22.5
2013	40.58	23.7	63.44	8.5	46.59	17.8	39.60	21.2
2014	42.78	20.0	63.86	8.4	45.32	18.3	38.05	22.2
2015	37.90	23.0	64.08	8.3	42.98	18.7	38.74	20.0
平均	41.04	21.3	63.37	8.3	44.77	18.3	38.35	21.7

注：为确保区分度，对于具有平均意义的排名（序），本研究保留一位小数，以下各表同。

2011~2015 年，七大区域企态优化指数由高到低依次为：华东、华南、华北、西北、西南、东北、华中；七大区域企态优化指数呈分化趋势，西北地区和东北地区的下降趋势较明显；就企态优化指数而言，东北地区处于七个区域的倒数第二位，与华东地区相比，差距较大，如表 2-46 所示。

表 2-46　2011~2015 年七大地理区企态优化指数的平均值及排名

	东北	华北	华东	华南	华中	西北	西南
	值/序	值/序	值/序	值/序	值/序	值/序	值/序
2011	42.50/19.0	52.31/14.4	62.14/7.7	54.94/13.3	34.89/24.5	49.83/15.4	40.52/21.2
2012	41.45/20.7	52.86/13.8	61.23/8.5	55.61/12.3	35.65/24.0	49.49/14.0	39.08/22.2
2013	40.58/23.7	52.16/14.4	63.67/8.0	58.93/10.7	37.07/22.8	51.57/14.0	41.04/22.4
2014	42.78/20.0	49.10/18.0	61.90/9.7	61.52/8.7	36.87/22.0	48.08/15.4	44.27/19.4
2015	37.90/23.0	49.08/17.0	62.60/8.5	62.36/8.0	37.70/20.0	41.95/19.8	44.07/17.6
平均	41.04/21.3	51.10/15.5	62.31/8.5	58.67/10.6	36.44/22.7	48.18/15.7	41.80/20.6

为便于直观分析，将指数信息按空间分类、时间排列、优劣序化等方式整理后，形成多年指数得分、连续排名及单年排名的可视化集成图（见图2-31~图2-33），结合表2-29的信息，以全国四大经济区为划分标准，对东北三省的企态优化方面的进程评价如下：

　　第一，东北地区企态优化水平低于全国平均水平，也低于西部和东部地区，与中部地区接近。从反映西部、中部、东北、东部4大区域的平均得分曲线的变化情况可以看出，东部地区发展相对成熟，基础夯实（2011年为63.0），与其他地区的差距还在进一步拉大（2015年为64.1）。其余三个地区总体水平表现均较为疲弱，地区平均指数得分都没有超过50。其中，西部地区的基础相对较好，指数得分在43~47徘徊；中部地区在波动中有所提升；以2011年为基点（得分42.5），东北地区拥有优于中部地区的起步条件，但表现乏力，在2015年滑落至四个地区的末位（得分37.9）。

　　第二，东北地区企态优化水平快速下降，出现实质性倒退。在企态优化上，中国整体发展比较平稳，但区域间的发展特征不尽相同，中部地区和东部地区指数得分逐年温和上升（平均每年指数得分上升0.3）。西部地区和东北地区呈现波动下跌趋势，尤其东北地区出现快速下滑状况（平均每年指数得分下降1.2，为四个区域中下降最快的地区）。东北地区显得孤立而特别，在与自身历年的比较中，未见到可预期的增长迹象，在与其他省份历年的比较中，相对优势在急速退失，因而就企态优化而言，东北地区的问题不仅是全国范围内相对能力的整体后移，也是自身绝对能力的实质性后退。

　　第三，东北地区企态优化相对水平存在进一步下降风险。2011~2015年，在相对位次的排名竞争中，表现最佳的是中部地区。因为尽管中部地区在平均指标值上增长并不多（年均0.3名），但在相对排名上却进步最快（年均0.7名）。这个事实说明，众多省份在企态优化上处于40分左右的位置，竞争异常激烈。在中部地区6个省域中，单年排名提升的有3个（占50.00%），排名维持不变的有2个（占33.33%），排名退后的有1个（占16.67%），其中排名上升的包括湖北省、湖南省和江西省，相对排名均提升了6名，唯一下降的安徽省排名下降了2名。在西部地区12个省域中，单年排名提升的有4个（占33.33%），排名维持不变的有1个（占8.33%），排名退后的有7个（占58.33%），其中广西壮族自治区相对排名提升14名，青海省下降13名，分别为西部地区上升与下降最快的两个省区。在东部地区10个省域中，单年排名提升的有1个（占10.00%），排名维持不变的有6个（占60.00%），排名退后的有3个（占30.00%），其中海南省相对排名提升2名，山东省下降3名，分别为东部地区上升与下降最快的省份。东北地区的3个省域中，单年排名提升的有1个（占33.33%），排名退后的有2个（占66.67%），排名退后的占比在四大经济区中是最高的，其中吉林省由15名提升到11名，黑龙江省由19名退到30名，辽宁省由23名退到28名。

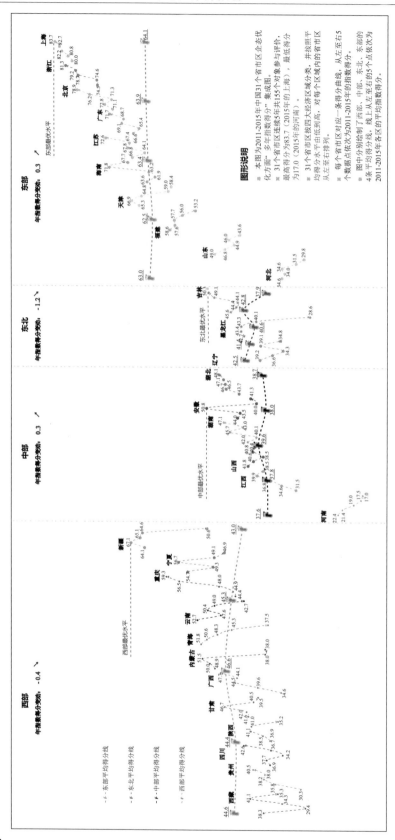

图 2 - 31　2011 ~ 2015 年 31 个省市区企态优化指数得分变动情况

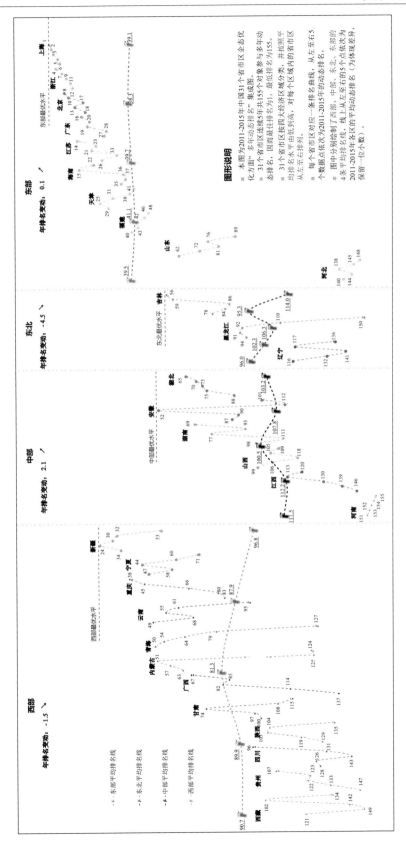

图 2 - 32　2011～2015 年 31 个省市区企态优化多年连续排名变动情况

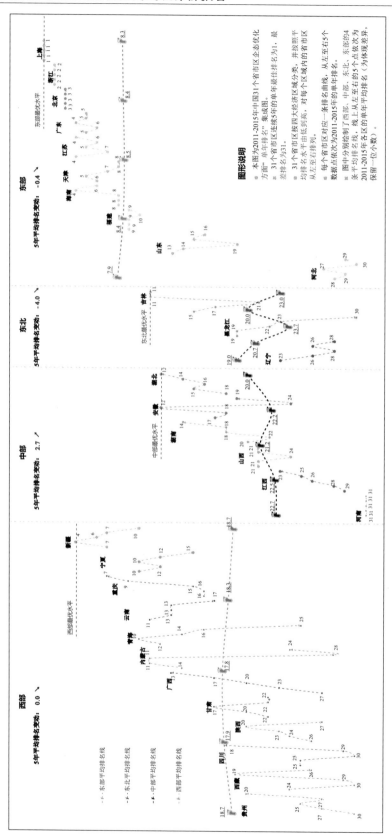

图 2-33　2011~2015 年 31 个省市区企态优化单年排名变动情况

3. 企态优化分项指数分析

东北三省的平均得分雷达图基本上被全国平均得分雷达图所包围，只在国企保增值上略微优于全国平均水平。东南三省的平均得分雷达图将东北三省平均得分雷达图和全国平均得分雷达图均加以包围，说明东南三省平均在企态优化的 5 个分项上均优于东北三省平均和全国平均。东北三省在国企效率和民企融资上与东南三省的差距最大，分别落后了45.45 和 38.34，如表 2 - 47 和图 2 - 34 所示。

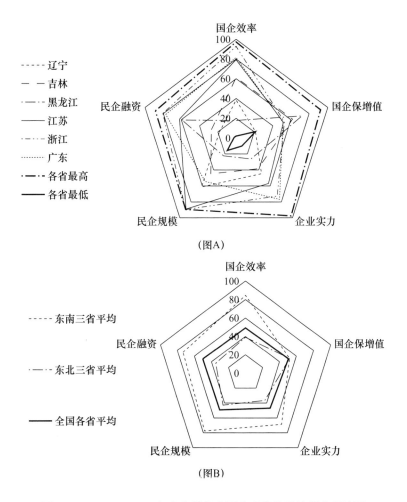

(图A)

(图B)

图 2 - 34　2011 ~ 2015 年企态优化方面分项指数平均得分雷达图

表 2 - 47　2011 ~ 2015 年 6 省企态优化方面分项指数平均得分

	国企效率	国企保增值	企业实力	民企规模	民企融资
辽宁	38.37	21.30	44.77	61.25	18.46
吉林	61.17	61.84	38.57	44.78	27.08

续表

	国企效率	国企保增值	企业实力	民企规模	民企融资
黑龙江	17.82	72.25	26.34	22.36	59.24
江苏	79.35	51.74	56.86	88.86	61.96
浙江	92.86	52.74	72.62	89.46	80.49
广东	81.52	51.29	76.79	54.50	77.35
东北三省平均	39.12	51.80	36.56	42.80	34.93
东南三省平均	84.57	51.92	68.76	77.61	73.27
各省平均	49.21	50.61	46.81	49.18	50.03
各省最高	97.27	92.13	97.59	89.46	88.74
各省最低	2.03	21.30	10.13	15.81	2.17

分省来看，2011～2015 年，东南三省 5 个分项指数的得分均超过了全国平均，发展相对均衡，仅国企保增值优势不太明显；东北三省 2011～2015 年在 5 个分项指数的发展上非常不平衡，其中黑龙江省最为突出，国企保增值得分达到 72.25，国企效率的得分仅为 17.82，吉林省相对均衡，使该省在企态优化总得分上较高（5 年平均为 46.69，接近全国平均水平，见表 2-44）；就东北三省企态优化分项指数而言，吉林省比较均衡，国企效率相对较强，辽宁省民企规模相对较强，民企融资和国企保增值相对薄弱，黑龙江省国企保增值和民企融资相对较强，国企效率、民企规模和企业实力均较为薄弱。总体而言，东北三省在所有 5 个分项指数上全面落后于东南三省，其中，国企效率和民企融资存在的差距最大，国企保增值则较为接近。

2011～2015 年，企态优化下 5 个分项指数的全国年平均值中，企业实力和民企规模呈上升趋势，国企效率和民企融资先上升再下降，国企保增值呈下降趋势；东南三省在国企效率分项指数上均处于全国前列，浙江省在企业实力、民企规模和民企融资上具有优势，广东省在企业实力和民企融资上具有优势，江苏省在民企规模上具有优势；浙江省的优势项目最多，使得浙江省在企态优化指数排名上居于全国第二东北三省 5 个分项指数的得分中，只有企业实力整体呈上升趋势，其他分项指数均有所起伏，具体见表 2-48。

表 2-48　2011～2015 年 6 省企态优化方面分项指数

分项指数	年份	辽宁 值/序	吉林 值/序	黑龙江 值/序	江苏 值/序	浙江 值/序	广东 值/序	全国平均 值
国企效率	2011	50.98/13	52.5/11	18.23/26	76.51/6	92.72/2	80.37/4	43.54
	2012	40.04/19 ▼	59.38/9 ▲	19.13/27 ▲	77.66/6 ▲	92.43/2 ▼	81.26/4 ▲	47.07 ▲
	2013	29.11/23 ▼	66.25/9 ▲	20.04/26 ▲	78.81/6 ▲	92.14/2 ▼	82.16/4 ▲	50.59 ▲
	2014	46.65/17 ▲	70.41/11 ▲	18.81/28 ▼	81.83/6 ▲	93.74/2 ▲	84.07/4 ▲	53.78 ▲
	2015	25.08/25 ▼	57.29/14 ▼	12.91/30 ▼	81.93/4 ▲	93.26/2 ▼	79.74/5 ▼	51.04 ▼

续表

分项指数	年份	辽宁	吉林	黑龙江	江苏	浙江	广东	全国平均
		值/序	值/序	值/序	值/序	值/序	值/序	值
国企保增值	2011	22.66/31	73.60/12	91.96/2	52.28/20	49.60/21	43.86/24	61.08
	2012	20.24/30 ▼	57.03/12 ▼	87.84/2 ▼	41.08/18 ▼	44.95/17 ▼	35.07/23 ▼	51.55 ▼
	2013	22.73/30 ▲	57.77/11 ▲	81.17/3 ▼	52.41/17 ▲	56.78/14 ▲	57.77/12 ▲	51.70 ▲
	2014	21.95/29 ▼	70.80/8 ▲	77.95/4 ▼	48.21/15 ▼	51.39/14 ▼	53.74/12 ▼	47.84 ▼
	2015	18.90/28 ▼	50.00/11 ▼	22.34/23 ▼	64.74/6 ▲	60.96/7 ▲	66.02/5 ▲	40.86 ▼
企业实力	2011	45.22/17	32.24/21	14.34/29	48.34/15	64.17/7	76.23/3	44.01
	2012	39.10/17 ▼	35.47/20 ▲	20.82/25 ▲	49.92/14 ▲	68.80/7 ▲	76.67/3 ▲	45.40 ▲
	2013	40.77/17 ▲	35.16/19 ▼	24.39/24 ▲	50.36/13 ▲	73.58/6 ▲	76.66/3 ▼	45.05 ▼
	2014	44.42/17 ▲	41.69/18 ▲	30.16/22 ▲	63.47/9 ▲	77.89/3 ▲	76.97/4 ▲	47.93 ▲
	2015	54.33/15 ▲	48.27/18 ▲	41.98/20 ▲	72.21/8 ▲	78.67/3 ▲	77.43/4 ▲	51.65 ▲
民企规模	2011	61.58/7	48.08/15	24.29/27	90.97/1	85.96/2	55.91/12	47.74
	2012	66.25/6 ▲	45.13/18 ▼	25.93/27 ▲	91.65/1 ▲	84.95/2 ▼	58.07/12 ▲	49.80 ▲
	2013	62.33/6 ▼	42.28/17 ▼	23.51/29 ▼	85.78/2 ▼	89.90/1 ▲	49.13/13 ▼	46.81 ▼
	2014	64.12/8 ▲	40.87/22 ▼	18.00/30 ▼	86.98/2 ▲	91.92/1 ▲	52.22/14 ▲	49.97 ▲
	2015	51.96/15 ▼	47.52/16 ▲	20.07/30 ▲	88.92/2 ▲	94.59/1 ▲	57.18/12 ▲	51.58 ▲
民企融资	2011	15.80/29	21.47/26	64.58/12	65.97/11	79.80/4	76.50/7	48.47
	2012	17.35/29 ▲	24.83/24 ▲	63.15/11 ▼	60.27/12 ▼	81.63/3 ▲	75.83/7 ▼	49.45 ▲
	2013	16.80/30 ▼	18.93/29 ▼	67.40/14 ▲	71.89/10 ▲	81.00/4 ▼	79.74/6 ▲	56.29 ▲
	2014	18.49/28 ▲	21.73/25 ▲	55.59/12 ▼	56.68/11 ▼	80.95/4 ▼	76.58/8 ▼	48.71 ▼
	2015	23.86/24 ▲	48.45/15 ▲	45.48/16 ▼	54.96/12 ▼	79.04/4 ▼	78.13/6 ▲	47.24 ▼

注：表中符号"▲"表示本年的数据相对于前一年是增长的，符号"▼"表示本年的数据相对于前一年是减少的。

进一步统计升降符（▲或▼）的数量，对不同地区的发展态势及稳定性进行分析和对比可知，2011～2015年，全国5项指数中的4项▲的数量超过半数以上，只有国企保增值▲只在2013年出现；东北三省5个分项指数中的4项▲的总数少于（或等于）东南三省的总数，只有民企融资上升势头优于东南三省（东北三省和东南三省分别为7个和4个▲），东北地区总体发展稳定性低于东南三省；就2015年而言，除民企融资以外，东北三省其余4项得分▲的数量均少于东南三省（企业实力数量相同），2015年的整体发展态势不如东南三省；东北三省▲的总数量为31个，占东北三省升降符总数的51.67%，东南三省▲的总数量为38个，占63.33%，东北三省与东南三省差距较大。

2011～2015年，辽宁省▲的数量为10个，占50.00%，吉林省▲的数量为12个，占60.00%，黑龙江省▲的数量为9个，占45.00%，江苏省▲的数量为14个，占70.00%，浙江省▲的数量为11个，占55.00%，广东省▲的数量为13个，占65.00%，东北三省最优的吉林省上升势头超过了东南三省中上升较慢的浙江省；就东北三省而言，吉林省的发展稳定性较好，辽宁省次之，黑龙江省较弱。

2011～2015年，就东北三省而言，国企效率和国企保增值发展态势较好的是吉林省，企业实力发展态势较好的是黑龙江省，民企规模发展态势较好的是辽宁省和黑龙江省，民企融资发展态势较好的是吉林省和辽宁省。

（1）国企效率

国企效率主要用国企劳均主营业务收入来予以衡量。国企劳均主营业务收入（单位：万元/人）反映一个地区国有控股工业企业单位劳动力的平均主营业务收入状况，是衡量该地区国企效率的核心指标，计算公式为国有控股工业企业主营业务收入与国有控股工业企业就业人数的比值。总体而言，东北三省的国企劳均主营业务收入与全国平均水平差距较大，且有进一步增大的趋势。2011～2015年，全国平均国企劳均主营业务收入整体呈上升趋势，2015年有所回落，东北地区国企劳均主营业务收入在2011～2014年上升，2015年下降；东北地区国企劳均主营业务收入明显落后于全国平均水平，并且差距呈进一步扩大趋势；吉林省总体上与全国平均水平接近，在2011～2014年呈平稳上升趋势，高于全国平均水平，2015年明显下降至全国平均水平之下；黑龙江省和辽宁省与全国平均水平存在一定差距，其中，辽宁省国企劳均主营业务收入整体呈波动下降趋势，黑龙江省在2011～2013年略呈上升趋势，在2013～2015年呈明显下降趋势；就东北三省而言，吉林省较好，辽宁省次之，黑龙江省较弱，具体如图2-35所示。

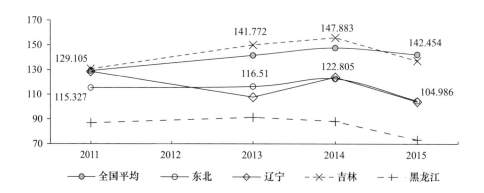

图2-35 2011～2015年国企劳均主营业务收入对比

注：①全国平均指31个省市区的平均水平；②全国范围内（2012年数据缺失），国企劳均主营业务收入最大值为2014年上海的324.300，最小值为2011年西藏的40.482。

2011～2015年，东北三省国企劳均主营业务收入在全国31个省市区4年数据集（共124个指标值）中相对位置分布情况如图2-36所示。可见，东北三省4年（共12个数据）国企劳均主营业务收入的百分比排位位于50%以下的有7个，其中有4个位于25%以下；排位的最大值是2014年的吉林省（72.3%），最小值是2015年的黑龙江省

（4.0%），具体如图 2－36 所示。

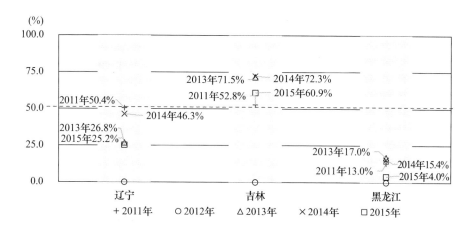

图 2－36　2011～2015 年东北三省国企劳均主营业务收入百分比排位

2011～2015 年，6 省份国企劳均主营业务收入由高到低依次为：浙江、广东、江苏、吉林、辽宁、黑龙江；东南三省国企劳均主营业务收入相对较低的省份依然优于东北地区最高的吉林省；国企劳均主营业务收入增幅最大的是江苏省（5.09%），降幅最大的是辽宁省（－4.72%），吉林省和黑龙江省的增降幅分别为 1.30% 和 －3.90%，具体如表 2－49 所示。

表 2－49　2011～2015 年 6 省国企劳均主营业务收入原始值及单年排名

	辽宁	吉林	黑龙江	江苏	浙江	广东	全国平均
	值/序	值/序	值/序	值/序	值/序	值/序	值
2011	128.46/13	130.63/11	86.89/26	172.34/6	277.22/2	197.28/4	129.10
2012	—	—	—	—	—	—	—
2013	107.89/23	150.14/9	91.49/26	187.20/6	273.42/2	208.89/4	141.77
2014	124.00/17	156.05/11	88.37/28	206.72/6	283.79/2	221.26/4	147.88
2015	104.19/25	137.42/14	73.34/30	207.40/4	280.67/2	193.22/5	142.45
平均	116.14/19.5	143.56/11.3	85.02/27.5	193.41/5.5	278.78/2	205.16/4.3	140.30

2011～2015 年，四大区域国企劳均主营业务收入由高到低依次为：东部、东北、中部、西部；东部、中部和西部地区国企劳均主营业务收入普遍呈上升趋势，其中西部地区上升幅度最大，东北地区呈下降态势；东北地区国企劳均主营业务收入与东部地区差距较大，具体如表 2－50 所示。

表 2－50　2011～2015 年四大经济区国企劳均主营业务收入平均值及排名

	东北		东部		西部		中部	
	平均值	年排名	平均值	年排名	平均值	年排名	平均值	年排名
2011	115.33	17.0	183.31	7.0	100.41	20.7	103.03	21.2
2012	—	—	—	—	—	—	—	—
2013	116.51	19.3	196.86	8.0	115.53	19.8	115.08	20.2
2014	122.81	18.7	207.01	7.5	118.51	20.2	120.63	20.5
2015	104.99	23.0	197.25	7.9	117.54	19.6	119.71	18.8
平均	114.91	19.4	196.11	7.6	113	20.0	114.61	20.2

2011～2015 年，七大区域国企劳均主营业务收入由高到低依次为：华东、华南、华北、西北、华中、东北、西南；东北地区和华北地区在 2015 年均呈明显下降趋势，西北地区 2011～2013 年平稳上升，2013 年起呈缓慢下降趋势，华东、华南、华中、西南地区普遍呈上升趋势，其中西南地区的增幅最大；就七个区域而言，东北地区处于中下水平，与最优的华东地区相比，差距较大，具体如表 2－51 所示。

表 2－51　2011～2015 年七大地理区国企劳均主营业务收入平均值及排名

	东北	华北	华东	华南	华中	西北	西南
	值/序	值/序	值/序	值/序	值/序	值/序	值/序
2011	115.33/16.7	143.22/13.2	187.98/7.3	143.05/13.0	106.46/20.0	112.83/17.2	78.63/26.2
2012	—	—	—	—	—	—	—
2013	116.51/19.3	157.19/14.0	198.91/8.3	156.10/12.0	121.39/18.3	131.14/16.8	91.28/25.0
2014	122.81/18.7	153.89/15.4	210.83/8.8	171.05/10.0	130.81/17.5	127.96/18.0	101.07/24.0
2015	104.99/23.0	143.07/16.0	204.17/8.3	164.56/9.0	132.62/15.8	120.35/19.4	106.97/22.0
平均	114.91/19.4	149.34/14.7	200.47/8.2	158.69/11.0	122.82/17.9	123.07/17.9	94.49/24.3

（2）国企保增值

由于缺乏区域内国家对国企的增资和减资的数据，直接准确计算国企保值增值率存在一定困难。因此，国企保值增值率国企保增值主要用国企利润率来予以衡量。国企利润率（单位：%）反映一个地区国有企业盈利能力，是衡量该地区国有企业保值增值率的核心指标，计算公式为该地区国有控股工业企业利润总额与主营业务收入的比值。

2011～2015 年，全国平均和东北地区国企利润率整体呈下降趋势；东北地区国企利润率与全国平均水平相当，2011～2014 年，东北地区国企利润率高于全国平均水平，2015 年低于全国平均水平；2011～2015 年，黑龙江省国企利润率呈明显下降趋势，2015 年下降幅度增大，从高于全国平均下降到低于全国平均水平；吉林省呈波动下降趋势，在 2014 年小幅上升；辽宁省整体呈波动下降趋势，并在 2015 年出现负值；就东北三省而言，黑龙江省较好，吉林省次之，辽宁省较弱，具体如图 2 - 37 所示。

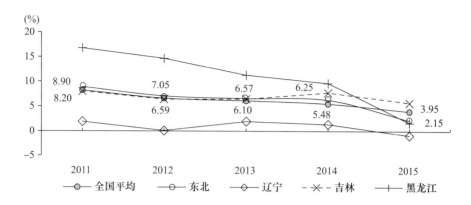

图 2 - 37　2011～2015 年国企利润率基本走势

注：①全国平均指 31 个省市区的平均水平；②全国范围内（可采集到的数据），国企利润率最大值为 2011 年海南的 20.87%，最小值为 2015 年西藏的 - 15.15%。

　　2011～2015 年，东北三省国企利润率在全国 31 个省市区连续 5 年数据集（共 155 个指标值）中相对位置分布情况如图 3 - 10 所示。可见，东北三省 5 年（共 15 个数据）国企利润率的百分比排位位于 50% 以下的有 6 个，且均位于 25% 以下；排位的最大值是 2011 年的黑龙江省（98.7%），最小值是 2015 年的辽宁省（3.8%），具体如图 2 - 38 所示。

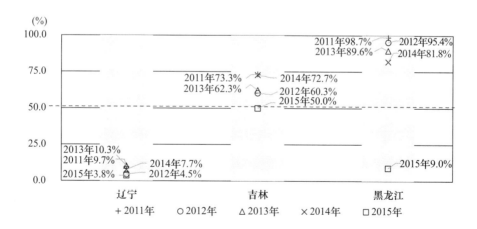

图 2 - 38　2011～2015 年东北三省国企利润率百分比排位

　　2011～2015 年，6 省份国企利润率由高到低依次为：黑龙江、吉林、浙江、江苏、广东、辽宁；东南三省国企利润率发展普遍呈波动上升趋势，东北三省国企利润率发展普遍呈波动下降趋势；国企利润率增幅最大的是广东省（9.92%），降幅最大的是辽宁省

（-37.13%），黑龙江省和吉林省的降幅分别为-22.52%和-7.19%，具体如表2-52所示。

表2-52 2011~2015年6省国企利润率原始值及单年排名

	辽宁	吉林	黑龙江	江苏	浙江	广东	全国平均
	值/序	值/序	值/序	值/序	值/序	值/序	值
2011	1.91/31	8.01/12	16.78/2	5.93/20	5.68/21	5.21/24	8.20
2012	0.08/30	6.39/12	14.68/2	4.98/18	5.30/17	4.49/23	6.59
2013	1.96/30	6.47/11	11.29/3	5.94/17	6.37/14	6.47/12	6.10
2014	1.37/29	7.74/8	9.65/4	5.56/15	5.84/14	6.07/12	5.48
2015	-0.93/28	5.71/11	1.66/23	7.15/6	6.78/7	7.27/5	3.95
平均	0.88/29.6	6.86/10.8	10.81/6.8	5.91/15.2	5.99/14.6	5.90/15.2	6.07

2011~2015年，四大区域国企利润率由高到低依次为：东部、东北、西部、中部；四大区域国企利润率普遍呈波动下降趋势，其中东北地区降幅最大；东北地区国企利润率与东部地区差距较大，具体如表2-53所示。

表2-53 2011~2015年四大经济区国企利润率平均值及排名

	东北		东部		西部		中部	
	平均值	年排名	平均值	年排名	平均值	年排名	平均值	年排名
2011	8.90	15.0	8.12	16.0	9.41	13.4	5.55	21.8
2012	7.05	14.7	6.96	14.8	7.22	15.1	4.50	20.5
2013	6.57	14.7	7.15	13.8	5.97	15.0	4.39	22.3
2014	6.25	13.7	7.50	12.3	4.58	16.4	3.51	22.5
2015	2.15	20.7	7.21	9.3	2.52	17.5	2.29	21.8
平均	6.19	15.7	7.39	13.2	5.94	15.5	4.05	21.8

2011~2015年，七大区域国企利润率由高到低依次为：华南、西北、东北、华北、华东、华中、西南；七大区域普遍呈波动下降趋势，其中西北地区的降幅最大，其次是东北地区；就七大区域而言，东北地区处于中间水平，与最优的华南地区相比，差距较大，具体如表2-54所示。

表2-54 2011~2015年七大地理区国企利润率平均值及排名

	东北	华北	华东	华南	华中	西北	西南
	值/序	值/序	值/序	值/序	值/序	值/序	值/序
2011	8.90/15.0	8.66/14.2	6.53/17.7	9.75/18.3	5.06/23.5	11.66/10.2	7.44/14.8

	东北	华北	华东	华南	华中	西北	西南
	值/序	值/序	值/序	值/序	值/序	值/序	值/序
2012	7.05/14.7	7.58/13.6	5.70/16.2	7.48/17.0	4.20/22.0	9.44/12.0	4.93/17.6
2013	6.57/14.7	6.41/15.6	6.13/16.5	8.30/13.0	4.61/21.8	8.77/10.4	2.71/19.4
2014	6.25/13.7	4.53/19.2	5.80/15.3	9.75/11.7	4.17/20.0	6.39/13.6	3.13/16.8
2015	2.15/20.7	3.50/18.8	5.96/11.7	8.39/7.7	3.11/20.0	2.65/20.0	2.41/13.4
平均	6.19/15.7	6.13/16.3	6.02/15.5	8.74/13.5	4.23/21.5	7.78/13.2	4.12/16.4

（3）企业实力

①百万人上市公司数（单位：个/百万人）。百万人上市公司数反映一个地区单位人口所占有的上市公司数量，是衡量地区企业实力的重要指标，计算公式为地区当年所有上市公司数量与地区总人口（百万人）的比值。

2011～2015年，全国百万人上市公司数的平均水平呈平稳上升趋势，东北地区呈缓慢上升趋势；东北三省明显低于全国平均水平；辽宁省、吉林省和黑龙江省均呈平稳上升趋势；相对而言，辽宁省优势较明显，吉林省次之，黑龙江省较弱。总体而言，东北三省的百万人上市公司数与全国平均水平差距较大，且这种差距呈进一步扩大的趋势，具体如图2-39所示。

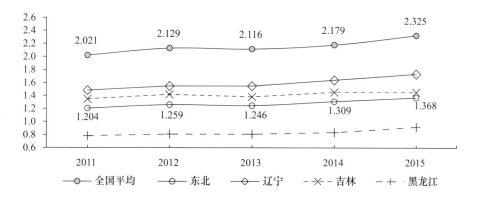

图2-39　2011～2015年百万人上市公司数基本走势

注：①全国平均指31个省市区的平均水平；②全国范围内（可采集到的数据），百万人上市公司数最大值为2015年北京的12.1142，最小值为2011年贵州的0.5477。

2011～2015年，东北三省百万人上市公司数在全国31个省市区连续5年数据集（共155个指标值）中相对位置分布情况如图3-12所示。可见，东北三省5年（共15个数据）百万人上市公司数的百分比排位处于50%以下的数量为8个，其中有5个位于25%以下；排位的最大值是2015年的辽宁省（64.9%），最小值是2011年的黑龙江省（19.4%），具体如图2-40所示。

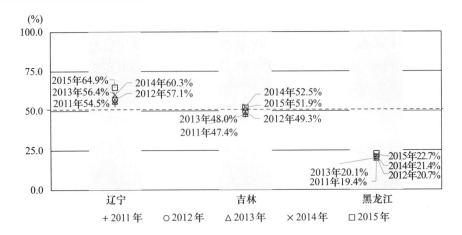

图 2-40　2011~2015 年东北三省百万人上市公司数百分比排位

2011~2015 年，6 省份百万人上市公司数由高到低依次为：浙江、广东、江苏、辽宁、吉林、黑龙江；东南三省整体呈上升趋势，江苏省和浙江省增幅较大；东北三省也呈上升趋势，但增幅低于东南三省；东南三省较低的江苏省依然高于东北地区较高的辽宁省；百万人上市公司数增幅最大的是浙江省（7.91%），最低的是吉林省（1.99%），黑龙江省和辽宁省的增幅分别为 4.33% 和 4.24%，具体如表 2-55 所示。

表 2-55　2011~2015 年 6 省百万人上市公司数原始值及单年排名

	辽宁	吉林	黑龙江	江苏	浙江	广东	全国平均
	值/序	值/序	值/序	值/序	值/序	值/序	值
2011	1.4830/14	1.3459/16	0.7825/25	2.7092/7	4.1003/3	3.2270/4	2.0206
2012	1.5493/14	1.4182/16	0.8086/25	2.9798/6	4.5098/3	3.4831/4	2.1291
2013	1.5490/14	1.3813/16	0.8083/25	2.9601/7	4.4925/3	3.4480/4	2.1158
2014	1.6397/13	1.4535/16	0.8349/25	3.2035/5	4.8293/3	3.6367/4	2.1787
2015	1.7344/12	1.4530/16	0.9182/25	3.4729/5	5.3981/3	3.9174/4	2.3250
平均	1.5911/13.4	1.4104/16.0	0.8305/25.0	3.0651/6.0	4.6660/3.0	3.5424/4.0	2.1539

2011~2015 年，四个区域百万人上市公司数由高到低依次为：东部、西部、东北、中部；四个区域普遍呈上升趋势，其中东部地区增幅最大，中部地区增幅最小；东北地区百万人上市公司数与东部地区差距明显，具体如表 2-56 所示。

2011~2015 年，七个区域百万人上市公司数由高到低依次为：华东、华北、华南、西北、西南、东北、华中；七个区域普遍呈平稳上升趋势，其中华北地区的增幅最大；就七个区域而言，东北地区排名靠后，与最优的华东地区相比，差距较大，具体如表 2-57 所示。

表 2 - 56　2011 ~ 2015 年四大经济区百万人上市公司数平均值及排名

	东北		东部		西部		中部	
	平均值	年排名	平均值	年排名	平均值	年排名	平均值	年排名
2011	1.2038	18.0	3.7963	8.0	1.2543	19.3	1.0021	21.3
2012	1.2587	18.3	4.0241	8.1	1.3152	19.3	1.0336	21.3
2013	1.2462	18.3	4.0019	8.1	1.3072	19.3	1.0245	21.5
2014	1.3094	18.0	4.1461	8.1	1.3225	19.3	1.0468	21.7
2015	1.3685	17.7	4.4794	8.2	1.3763	19.4	1.1099	21.3
平均	1.2773	18.1	4.0896	8.1	1.3151	19.3	1.0434	21.4

表 2 - 57　2011 ~ 2015 年七大地理区百万人上市公司数平均值及排名

	东北	华北	华东	华南	华中	西北	西南
	值/序	值/序	值/序	值/序	值/序	值/序	值/序
2011	1.2038/18.3	2.9290/16.8	3.3892/8.5	2.2340/13.3	0.9510/22	1.4124/15.2	1.2960/20.4
2012	1.2587/18.3	3.1757/16.4	3.5328/8.3	2.3517/13.3	0.9893/22	1.4633/15.6	1.3643/20.6
2013	1.2462/18.3	3.1868/16.2	3.4910/8.5	2.3296/13.7	0.9834/22	1.4584/15.4	1.3516/20.6
2014	1.3094/18.0	3.2554/16.8	3.6383/8.5	2.4333/13.3	1.0016/22	1.4769/15.2	1.3628/20.6
2015	1.3685/17.7	3.5097/17.0	3.9671/8.3	2.5370/13.0	1.0544/22	1.4975/15.4	1.4607/20.8
平均	1.2773/18.1	3.2113/16.6	3.6037/8.4	2.3771/13.3	0.9959/22	1.4617/15.4	1.3671/20.6

　　②上市公司资产比重（单位:%）。上市公司资产比重反映一个地区上市公司资产情况，是衡量该地区企业实力的重要指标，计算公式为地区当年所有上市公司总资产与全社会总资产的比值。2011 ~ 2015 年，全国上市公司资产比重的平均水平呈平稳上升趋势，东北地区呈缓慢上升趋势；东北地区显著低于全国平均水平；辽宁省、吉林省和黑龙江省呈微弱上升的发展趋势，且三省水平相当。总体而言，东北地区的上市公司资产比重显著低于全国平均水平，且差距在不同年度基本保持不变，具体如图 2 - 41 所示。

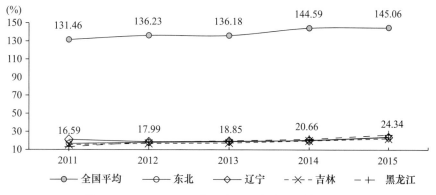

图 2 - 41　2011 ~ 2015 年上市公司资产比重基本走势

　　注：①全国平均指 31 个省市区的平均水平；②全国范围内（可采集到的数据），上市公司资产比重最大值为 2014 年北京的 2952.57%，最小值为 2015 年宁夏的 6.60%。

2011～2015 年，东北三省上市公司资产比重在全国 31 个省市区连续 5 年数据集（共155 个指标值）中相对位置分布情况如图 3 - 14 所示。可见，东北三省 5 年（共 15 个数据）上市公司资产比重百分比排位处于 50% 以下的有 13 个，其中有 5 个位于 25% 以下；排位的最大值是 2015 年的黑龙江省（66.2%），最小值是 2011 年的黑龙江省（8.4%），具体如图 2 - 42 所示。

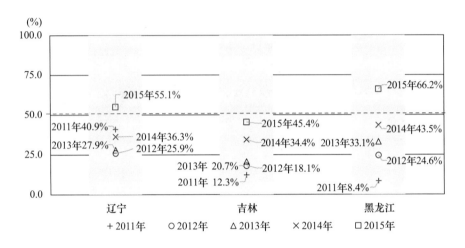

图 2 - 42　2011～2015 年东北三省上市公司资产比重百分比排位

2011～2015 年，6 省份上市公司资产比重由高到低依次为：广东、浙江、江苏、辽宁、黑龙江、吉林；东南三省和东北三省上市公司资产比重均呈上升趋势；东南三省上市公司资产比重较低的江苏省依然高于东北地区最高的辽宁省；上市公司资产比重增幅最大的是黑龙江省（25.83%），最低的是辽宁省（3.26%），吉林省的增幅为 11.24%，具体如表 2 - 58 所示。

表 2 - 58　2011～2015 年 6 省上市公司资产比重原始值及单年排名

	辽宁	吉林	黑龙江	江苏	浙江	广东	全国平均
	值/序	值/序	值/序	值/序	值/序	值/序	值
2011	21.19/17	15.47/26	13.10/28	16.90/23	23.08/15	137.21/4	131.46
2012	18.68/21	16.79/26	18.50/23	18.06/24	25.79/11	161.53/4	136.23
2013	19.30/22	17.40/25	19.86/20	18.50/24	29.08/8	169.29/4	136.18
2014	20.30/21	20.01/22	21.67/18	23.32/15	32.05/9	184.10/4	144.59
2015	23.96/18	22.43/23	26.64/15	29.06/12	37.97/8	204.08/4	145.06
平均	20.69/19.8	18.42/24.4	19.95/20.8	21.17/19.6	29.59/10.2	171.24/4.0	138.71

2011～2015 年，四个区域上市公司资产比重由高到低依次为：东部、西部、中部、

东北；四个区域普遍呈上升趋势，其中东北地区上升幅度最大，中部地区上升幅度最小；东北地区上市公司资产比重与东部地区差距悬殊，具体如表2-59所示。

表2-59　2011～2015年四大经济区上市公司资产比重平均值及排名

	东北		东部		西部		中部	
	平均值	年排名	平均值	年排名	平均值	年排名	平均值	年排名
2011	16.59	24.0	358.74	11.0	25.24	18.4	22.53	15.2
2012	17.99	23.3	374.13	11.0	24.62	17.9	22.06	16.8
2013	18.85	22.3	374.65	10.6	24.43	18.5	20.90	16.8
2014	20.66	20.3	397.68	10.3	26.06	18.8	21.81	17.8
2015	24.34	18.7	395.43	10.5	27.51	18.4	23.25	19.0
平均	19.69	21.7	380.13	10.7	25.57	18.4	22.11	17.1

2011～2015年，七个区域上市公司资产比重由高到低依次为：华北、华东、华南、西南、西北、华中、东北；其中，西南地区呈下降趋势，其他地区呈上升趋势；就七个区域而言，东北地区排名处于末位，与最优的华北地区相比，差距悬殊，具体如表2-60所示。

表2-60　2011～2015年七大地理区上市公司资产比重平均值及排名

	东北	华北	华东	华南	华中	西北	西南
	值/序	值/序	值/序	值/序	值/序	值/序	值/序
2011	16.59/23.7	564.9/16.4	100.12/12.8	79.39/11.7	22.11/15.5	19.62/18.8	35.12/15.0
2012	17.99/23.3	579.24/16.2	109.78/12.8	87.68/12.0	21.36/18.0	20.67/17.2	32.48/14.8
2013	18.85/22.3	577.56/15.6	111.26/12.7	88.96/12.3	20.04/17.8	20.41/17.6	32.15/15.8
2014	20.66/20.3	607.55/15.8	120.71/11.8	98.65/12.0	20.81/19.3	23.28/17.4	32.56/17.0
2015	24.34/18.7	575.96/16.2	142.35/11.7	104.25/11.7	22.26/20.3	26.66/17.8	30.99/16.8
平均	19.69/21.7	581.04/16.0	116.84/12.4	91.79/11.9	21.32/18.2	22.13/17.8	32.66/15.9

（4）民企规模

①民企资产占比（单位:%）。民企资产占比反映一个地区社会总资产中的民企资产情况，是衡量地区民企规模的重要指标，计算公式为地区民企资本与社会总资本的比值。2011～2015年，全国民企资产占比的平均水平呈平稳上升趋势，东北三省呈缓慢上升趋势（2015年略有下降）；辽宁省2011～2014年呈缓慢上升趋势，2015年下降明显，吉林省和黑龙江省呈上升趋势；相对而言，辽宁省较好（高于全国平均水平），吉林省次之，黑龙江省较弱。总体而言，东北地区的民企资产占比略低于全国平均水平，但差距呈进一步扩大趋势，具体如图2-43所示。

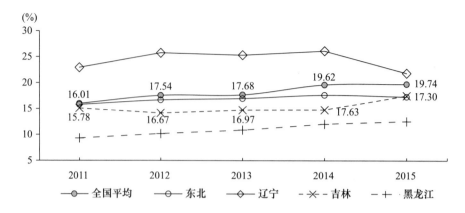

图 2 - 43 2011 ~ 2015 年民企资产占比基本走势

注：①全国平均指 31 个省市区的平均水平；②全国范围内（可采集到的数据），民企资产占比最大值为 2011 年浙江的 38.45%，最小值为 2015 年海南的 3.03%。

2011 ~ 2015 年，东北三省民企资产占比在全国 31 个省市区连续 5 年数据集（共 155 个指标值）中相对位置分布情况如图 2 - 44 所示。可见，东北三省 5 年（共 15 个数据）民企资产占比的百分比排位处于 50% 以下的数量有 9 个，其中有 3 个位于 25% 以下；排位的最大值是 2014 年的辽宁省（78.5%），最小值是 2011 年的黑龙江省（16.8%）。

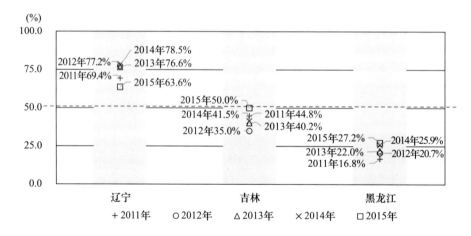

图 2 - 44 2011 ~ 2015 年东北三省民企资产占比百分比排位

2011 ~ 2015 年，6 省份民企资产占比的取值由高到低依次为：浙江、江苏、辽宁、吉林、广东、黑龙江；东南三省中，江苏和广东两省呈上升趋势，浙江省呈下降趋势；东北三省整体呈上升趋势，但增幅明显低于东南三省；民企资产占比增幅最大的是黑龙江省（8.67%），降幅最大的是浙江省（-1.87%），辽宁省的降幅为 -1.18%，吉林省的增幅为 4.01%，具体如表 2 - 61 所示。

表 2–61　2011~2015 年 6 省民企资产占比原始值及单年排名

	辽宁	吉林	黑龙江	江苏	浙江	广东	全国平均
	值/序	值/序	值/序	值/序	值/序	值/序	值
2011	22.92/6	15.10/15	9.31/25	27.38/2	38.46/1	13.41/18	16.01
2012	25.73/6	14.13/20	10.17/25	28.20/3	38.40/1	13.89/21	17.54
2013	25.32/7	14.73/18	10.87/24	27.88/4	37.94/1	14.11/21	17.68
2014	26.11/11	14.76/22	12.04/24	30.53/4	36.88/1	15.61/19	19.62
2015	21.84/12	17.52/18	12.54/25	30.45/6	35.58/2	16.38/19	19.74
平均	24.38/8.4	15.24/18.6	10.98/24.6	28.89/3.8	37.45/1.2	14.68/19.6	18.12

2011~2015 年，四个区域民企资产占比由高到低依次为：中部、东部、东北、西部；四个区域普遍呈上升趋势，其中，中部地区上升幅度最大，东北地区上升幅度最小；东北地区民企资产占比与中部地区差距较大，具体如表 2–62 所示。

表 2–62　2011~2015 年四大经济区民企资产占比平均值及排名

	东北		东部		西部		中部	
	平均值	年排名	平均值	年排名	平均值	年排名	平均值	年排名
2011	15.78	15.0	16.96	16.0	13.35	19.0	19.87	10.7
2012	16.67	17.0	18.07	16.2	14.58	18.9	23.03	9.3
2013	16.97	16.3	17.97	16.5	14.81	18.7	23.29	9.7
2014	17.63	19.0	20.04	15.6	16.33	18.8	26.50	9.5
2015	17.30	18.3	19.86	15.8	16.48	19.0	27.31	9.2
平均	16.87	17.2	18.58	16.0	15.11	18.9	24.00	9.7

2011~2015 年，七个区域民企资产占比由高到低依次为：华中、华东、东北、西南、华北、西北、华南；七个区域普遍呈上升趋势，其中西北地区的增幅最大；就七个区域而言，东北地区处于中上水平，与最优的华中地区相比，差距明显，具体如表 2–63 所示。

表 2　63　2011~2015 年七大地理区民企资产占比平均值及排名

	东北	华北	华东	华南	华中	西北	西南
	值/序	值/序	值/序	值/序	值/序	值/序	值/序
2011	15.78/15.3	12.56/19.4	23.06/9.8	11.61/21.0	21.08/9.0	10.79/22.0	14.94/17.0
2012	16.67/17.0	14.51/19.0	24.24/10.5	12.42/21.7	23.96/7.8	13.06/20.2	15.49/18.0
2013	16.97/16.3	14.85/19.6	23.89/10.5	12.53/21.7	24.32/8.3	14.00/18.6	14.96/19.0
2014	17.63/19.0	17.44/17.8	26.55/9.8	13.82/20.7	27.46/8.3	15.06/20.4	16.46/18.8
2015	17.30/18.3	16.45/18.6	26.44/10.2	14.32/20.3	29.17/7.5	15.38/20.2	16.54/19.0
平均	16.87/17.2	15.16/18.9	24.84/10.2	12.94/21.1	25.2/8.2	13.66/20.3	15.68/18.4

②民企数量占比。民企数量占比反映一个地区的民企数量情况，是衡量地区民企规模的重要指标，计算公式为地区当年私营企业法人单位数与企业法人单位数的比值。2011～2015 年，全国民企数量占比的平均水平呈平缓下降趋势，东北地区呈明显下降趋势；东北地区明显落后于全国平均水平；相对而言，辽宁省较好（高于全国平均水平），吉林省次之，黑龙江省较弱。总体而言，东北地区的民企数量占比明显低于全国平均水平，且差距呈进一步扩大趋势，具体如图 2－45 所示。

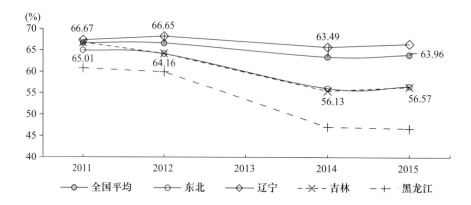

图 2－45　2011～2015 年民企数量占比基本走势

注：①全国平均指 31 个省市区的平均水平；②全国范围内（2013 年数据缺失），民企数量占比最大值为 2015 年浙江的 87.52%，最小值为 2012 年海南的 41.81%。

2011～2015 年，东北三省民企数量占比在全国 31 个省市区连续 5 年数据集（共 133 个指标值）中相对位置分布情况如图 2－46 所示。可见，东北三省 5 年（共 12 个数据）民企数量占比的百分比排位处于 50% 以下的数量有 9 个，其中有 4 个位于 25% 以下；排位的最大值是 2012 年的辽宁省（62.8%），最小值是 2015 年的黑龙江省（3.0%）。

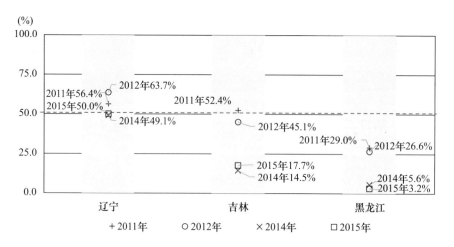

图 2－46　2011～2015 年东北三省民企数量占比百分比排位

2011～2015 年，6 省份民企数量占比由高到低依次为：浙江、江苏、辽宁、广东、吉林、黑龙江；东南三省整体呈下降趋势，其中江苏省和广东省呈下降趋势，浙江省呈上升趋势；东北三省亦呈下降趋势，但降幅明显高于东南三省；民企数量占比最大的是黑龙江省（－5.79%），降幅最小的是江苏省为（－0.27%），辽宁省和吉林省的降幅分别为－0.32% 和 －3.89%，具体如表 2－64 所示。

表 2－64　2011～2015 年 6 省民企数量占比原始值及单年排名

	辽宁	吉林	黑龙江	江苏	浙江	广东	全国平均
	值/序	值/序	值/序	值/序	值/序	值/序	值
2011	67.37/16	66.82/19	60.85/25	83.76/1	82.73/2	68.18/15	66.67
2012	68.27/15	64.24/19	59.98/26	83.57/1	82.82/2	68.54/14	66.65
2013	—	—	—	—	—	—	—
2014	65.79/13	55.5/25	47.1/30	82.42/2	86.78/1	63.07/16	63.49
2015	66.52/13	56.43/24	46.75/30	82.86/2	87.53/1	63.95/17	63.96
平均	66.99/14.3	60.75/21.8	53.67/27.8	83.15/1.5	84.96/1.5	65.94/15.5	65.36

2011～2015 年，四个区域民企数量占比由高到低依次为：东部、中部、西部、东北；四个区域普遍呈下降趋势，其中，东部地区下降幅度最小，东北地区下降幅度最大；东北地区民企数量占比与东部地区存在一定差距，具体如表 2－65 所示。

表 2－65　2011～2015 年四大经济区民企数量占比平均值及排名

	东北		东部		西部		中部	
	平均值	年排名	平均值	年排名	平均值	年排名	平均值	年排名
2011	65.01	20.0	70.58	12.0	64.08	18.3	66.17	16.5
2012	64.16	20.0	70.34	11.9	64.63	17.7	65.82	17.5
2013	—		—		—		—	
2014	56.13	22.7	68.67	11.8	61.35	17.8	62.79	16.2
2015	56.57	22.3	68.96	11.7	62.63	17.3	61.99	17.5
平均	60.47	21.3	69.63	11.8	63.17	17.7	64.19	16.9

2011～2015 年，七个区域民企数量占比由高到低依次为：华东、华北、西北、西南、华中、华南、东北；其中，华北、华南、西南地区呈上升趋势，其他地区呈下降趋势；就七个区域而言，东北地区排名处于末位，与最优的华东地区相比，差距明显，具体如表 2－66 所示。

表 2 - 66　2011 ~ 2015 年七大地理区民企数量占比平均值及排名

	东北	华北	华东	华南	华中	西北	西南
	值/序	值/序	值/序	值/序	值/序	值/序	值/序
2011	65.01/20	64.69/19.8	76.84/5.7	60.39/19.7	67.34/15.5	65.77/17	61.58/19.4
2012	64.16/20	65.21/19.4	76.19/6.7	61.37/17	66.45/16.8	65.97/17	62.17/19.2
2013	—	—	—	—	—	—	—
2014	56.13/22.7	63.94/15.2	75.31/6.2	61.24/17.3	59.15/20.3	59.17/18.8	62.38/17.6
2015	56.57/22.3	65.48/14.6	75.75/6.5	60.98/17.7	57.12/22	59.9/18.4	64.06/16.8
平均	60.47/21.3	64.83/17.3	76.02/6.3	60.99/17.9	62.52/18.6	62.7/17.8	62.55/18.3

③民企就业占比。民企就业占比反映一个地区民营企业创造就业机会的情况，是衡量地区民企规模的重要指标，计算公式为地区民企就业人数与总就业人数的比值。2011 ~ 2015 年，全国民企就业占比的平均水平呈上升趋势（2013 年略有下降），东北地区呈平稳提升趋势（2015 年略有下降）；东北地区略低于全国平均水平；辽宁省呈波动下降趋势（2015 年出现大幅度下降），吉林省呈平稳上升趋势，黑龙江省呈波动上升趋势，总体基本保持不变；相对而言，2011 ~ 2014 年，辽宁省略优于吉林省，2015 年被吉林省反超，黑龙江省则整体较弱。总体而言，东北地区的民企就业占比略低于全国平均水平（2013 年除外），且差距呈进一步扩大趋势，具体如图 2 - 47 所示。

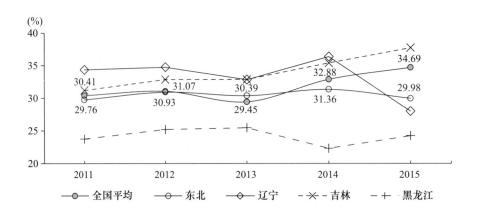

图 2 - 47　2011 ~ 2015 年民企就业占比基本走势

注：①全国平均指 31 个省市区的平均水平；②全国范围内（可采集到的数据），民企就业占比最大值为 2012 年江苏的 56.16%，最小值为 2013 年河南的 13.53%。

2011 ~ 2015 年，东北三省民企就业占比在全国 31 个省市区连续 5 年数据集（共 155 个指标值）中相对位置的分布情况如图 2 - 48 所示。可见，东北三省 5 年（共 15 个数据）民企就业占比的百分比排位处于 50% 以下的数量有 6 个，其中有 3 个位于 25% 以下；排位的最大值是 2014 年的辽宁省（68.1%），最小值是 2014 年的黑龙江省（15.5%）。

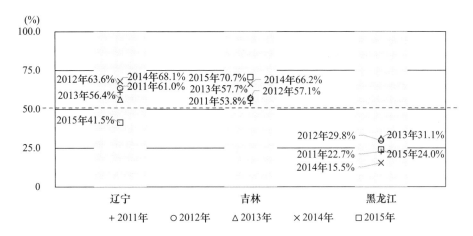

图 2-48 2011~2015 年东北三省民企就业占比百分比排位

2011~2015 年，6 省份民企就业占比由高到低依次为：江苏、广东、浙江、吉林、辽宁、黑龙江；东南三省整体呈上升趋势，江苏和浙江 2013 年的降幅较大；东北三省整体呈上升趋势，但增幅明显低于东南三省；东南三省民企就业占比较低的浙江省依然优于东北地区较高的吉林省；民企就业占比增幅最大的是浙江省（9.26%），降幅最大的是辽宁省（-4.63%），黑龙江省和吉林省的增幅分别为 0.53% 和 5.22%，具体如表 2-67 所示。

表 2-67 2011~2015 年 6 省民企就业占比原始值及单年排名

	辽宁	吉林	黑龙江	江苏	浙江	广东	全国平均
	值/序	值/序	值/序	值/序	值/序	值/序	值
2011	34.35/10	31.20/12	23.74/26	55.58/1	35.53/9	40.52/4	30.41
2012	34.74/8	32.86/13	25.20/23	56.17/1	34.43/10	42.23/4	31.07
2013	32.84/12	32.87/11	25.46/18	45.12/2	38.53/6	34.65/10	29.45
2014	36.37/13	35.38/14	22.31/28	44.85/3	42.38/6	40.06/9	32.88
2015	28.00/21	37.71/14	24.24/24	48.46/5	48.70/3	45.93/9	34.69
平均	33.26/12.8	34.00/12.8	24.19/23.8	50.04/2.4	39.91/6.8	40.68/7.2	31.70

2011~2015 年，四个区域民企就业占比由高到低依次为：东部、西部、东北、中部；四个区域普遍呈上升趋势，其中，中部地区增幅最大，东北地区增幅最小；东北地区民企就业占比与东部地区差距较大，具体如表 2-68 所示。

2011~2015 年，七个区域民企就业占比由高到低依次为：华东、华南、西南、东北、华中、华北、西北；七个区域普遍呈上升趋势，其中华中地区增幅最大；就七个区域而言，东北地区排名居中，与最优的华东地区相比有一定差距，具体如表 2-69 所示。

表 2 - 68　2011～2015 年四大经济区民企就业占比平均值及排名

	东北		东部		西部		中部	
	平均值	年排名	平均值	年排名	平均值	年排名	平均值	年排名
2011	29.76	16.0	34.87	12.0	29.74	17.0	24.64	21.0
2012	30.93	14.7	34.8	12.5	30.32	17.0	26.42	20.5
2013	30.39	13.7	32.91	11.8	28.34	17.9	25.45	20.3
2014	31.36	18.3	36.08	12.4	32.02	17.0	30.03	18.8
2015	29.98	19.7	39.49	12.6	32.69	17.5	33.04	16.8
平均	30.48	16.5	35.63	12.2	30.62	17.3	27.92	19.5

表 2 - 69　2011～2015 年七大地理区民企就业占比平均值及排名

	东北	华北	华东	华南	华中	西北	西南
	值/序	值/序	值/序	值/序	值/序	值/序	值/序
2011	29.76/16.0	24.27/21.6	36.94/10.0	35.47/10.0	26.14/19.8	26.88/20.6	33.00/13.6
2012	30.93/14.7	24.97/22.6	37.25/9.8	36.90/9.3	27.04/19.8	26.22/22.2	34.41/12.4
2013	30.39/13.7	24.05/21.6	35.40/9.3	33.72/11.0	25.39/19.8	23.13/22.8	34.18/13.0
2014	31.36/18.3	28.35/20.6	37.98/10.7	37.61/10.3	30.63/17.8	26.02/22.6	38.04/11.8
2015	29.98/19.7	29.52/20.4	41.85/10.2	41.13/11.3	34.09/15.8	27.19/21.8	38.19/13.6
平均	30.48/16.5	26.23/21.4	37.88/10.0	36.96/10.4	28.66/18.6	25.89/22.0	35.56/12.9

（5）民企融资

民企融资主要运用民企与国企资产负债率比来予以衡量。民企与国企资产负债率比反映一个地区民营企业与国有企业资产负债率的对比情况，是衡量该地区民营企业融资难易的核心指标，计算公式为该地区民企资产负债率与国企资产负债率的比值。2011～2015 年，全国民企与国企资产负债率比呈波动下降趋势，东北地区呈波动上升趋势；东北地区民企与国企资产负债率比明显落后于全国平均水平，但差距存在缩小趋势；黑龙江省民企与国企资产负债率比在 2011～2013 年呈平稳上升趋势，2013～2015 年呈明显下降趋势；吉林省整体呈波动上升趋势，其中 2013 年小幅下降；辽宁省整体呈平稳上升趋势；就东北三省而言，黑龙江省相对较好，吉林省次之，辽宁省较弱。总体而言，东北三省的民企与国企资产负债率比与全国平均水平差距较大，但存在缩小趋势，具体如图 2 - 49 所示。

2011～2015 年，东北三省民企与国企资产负债率比在全国 31 个省市区连续 5 年数据集（共 155 个指标值）中相对位置分布情况如图 2 - 50 所示。可见，东北三省 5 年（共 15 个数据）民企与国企资产负债率比的百分比排位位于 50% 以下的有 11 个，其中有 9 个位于 25% 以下；排位的最大值是 2013 年的黑龙江省（67.5%），最小值是 2011 年的辽宁省（4.5%）。

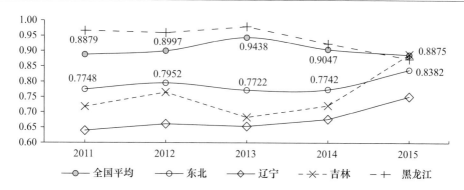

图 2-49 2011～2015 年民企与国企资产负债率比基本走势

注：①全国平均指 31 个省市区的平均水平；②全国范围内（可采集到的数据），民企与国企资产负债率比最大值为 2014 年海南的 1.5652，最小值为 2015 年河南的 0.4210。

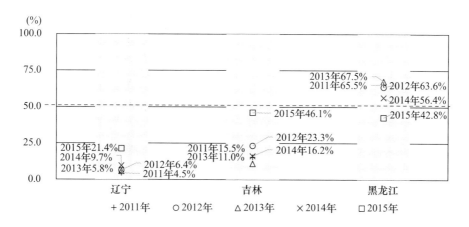

图 2-50 2011～2015 年东北三省民企与国企资产负债率比百分比排位

2011～2015 年，6 省份民企与国企资产负债率比由高到低依次为：浙江、广东、江苏、黑龙江、吉林、辽宁；东南三省民企与国企资产负债率比相对较低的江苏省优于东北地区最高的黑龙江省；民企与国企资产负债率比增幅最大的是吉林省（5.95%），降幅最大的是黑龙江省（-2.40%），并且呈明显下降趋势，辽宁省的增幅为 4.37%，具体如表 2-70 所示。

表 2-70 2011～2015 年 6 省民企与国企资产负债率比原始值及单年排名

	辽宁	吉林	黑龙江	江苏	浙江	广东	全国平均
	值/序	值/序	值/序	值/序	值/序	值/序	值
2011	0.6398/29	0.7183/26	0.9664/12	0.9730/11	1.1212/4	1.0486/7	0.8879
2012	0.6613/29	0.7648/24	0.9596/11	0.9460/12	1.1615/3	1.0340/7	0.8997
2013	0.6536/30	0.6832/29	0.9797/14	1.0010/10	1.1477/4	1.1200/6	0.9438

续表

	辽宁	吉林	黑龙江	江苏	浙江	广东	全国平均
	值/序	值/序	值/序	值/序	值/序	值/序	值
2014	0.6770/28	0.7220/25	0.9238/12	0.9289/11	1.1466/4	1.0505/8	0.9047
2015	0.7515/24	0.8892/15	0.8738/16	0.9208/12	1.1046/4	1.0844/6	0.8875
平均	0.6767/28	0.7555/23.8	0.9406/13.0	0.9539/11.2	1.1363/3.8	1.0675/6.8	0.9047

2011～2015 年，四大区域民企与国企资产负债率比由高到低依次为：东部、西部、东北、中部；东北地区民企与国企资产负债率比整体呈上升趋势，且增幅最大，西部地区略呈波动上升趋势，东部地区、中部地区略呈波动下降趋势；东北地区民企与国企资产负债率比与东部地区差距较大，具体如表 2 –71 所示。

表 2 –71　2011～2015 年四大经济区民企与国企资产负债率比平均值及排名

	东北		东部		西部		中部	
	平均值	年排名	平均值	年排名	平均值	年排名	平均值	年排名
2011	0.7748	22.0	1.0206	10.0	0.8819	15.6	0.7350	23.2
2012	0.7952	21.3	1.0196	10.3	0.9067	15.8	0.7383	23.3
2013	0.7722	24.3	1.0459	11.4	0.9698	15.1	0.8071	21.3
2014	0.7742	21.7	1.0176	12.0	0.9389	13.7	0.7134	24.5
2015	0.8382	18.3	0.9975	11.7	0.8920	15.1	0.7198	23.8
平均	0.7909	21.6	1.0202	11.1	0.9179	15.0	0.7427	23.2

2011～2015 年，七大区域民企与国企资产负债率比由高到低依次为：华南、华北、西北、华东、西南、东北、华中；华北、西北、华东、华中地区从 2013 年起呈明显下降趋势，华南地区、西南地区整体呈波动上升趋势，东北地区整体呈明显上升趋势，且增幅最大；就七个区域而言，东北地区处于中下水平，与最优的华南地区相比，差距较大，具体如表 2 –72 所示。

表 2 –72　2011～2015 年七大地理区民企与国企资产负债率比平均值及排名

	东北	华北	华东	华南	华中	西北	西南
	值/序	值/序	值/序	值/序	值/序	值/序	值/序
2011	0.7748/22.3	0.9811/11.4	0.9508/13.5	1.0547/8.7	0.6477/27.5	0.9678/11.6	0.7990/19.4
2012	0.7952/21.3	0.9726/11.2	0.9662/13.8	1.0566/8.0	0.6541/27.3	0.9637/12.8	0.8481/19.2
2013	0.7722/24.3	1.0029/12.8	1.0175/13.0	1.1238/6.3	0.6963/26.8	1.0075/12.8	0.9253/18.2
2014	0.7742/21.7	0.9269/14.0	0.9359/14.5	1.1674/8.7	0.6272/28.5	0.9478/12.8	0.9447/14.0
2015	0.8382/18.3	0.9624/12.0	0.9173/15.7	1.0780/7.3	0.6360/27.8	0.9177/14.2	0.8632/16.6
平均	0.7909/21.6	0.9692/12.3	0.9575/14.1	1.0961/7.8	0.6523/27.6	0.9609/12.8	0.8761/17.5

4. 主要结论

首先，总体而言，东北三省的企态优化指数明显低于全国平均水平。在反映企态优化水平的 5 个方面（国企效率、国企保增值、企业实力、民企规模、民企融资），东北三省全面落后于东南三省，其中，国企效率和民企融资存在的差距最大。尤其值得关注的是，东北三省的国企效率与东南三省的差距在进一步拉大，这成为东北地区企态优化方面最显著的问题。

其次，动态来看，2011～2015 年，东北地区的指数得分明显下降，意味着绝对能力的不断下降。同时，东北地区的企态优化方面的相对排名也明显下降，说明东北地区企态优化状况在急剧恶化。

再次，分省来看，吉林省企态优化水平较高，黑龙江省次之，辽宁省较弱。在全国各省相对排名的竞争中，吉林省有所进步，黑龙江省和辽宁省均有退步。吉林省在企态优化各分项指数上比较均衡，国企效率相对较强；黑龙江省国企保增值和民企融资相对较强，国企效率、民企规模和企业实力均较为薄弱；辽宁省民企规模相对较强，民企融资和国企保增值相对薄弱。

最后，单项指标方面，东北地区仅有"国企利润率"接近全国平均水平，但近年来也显著下滑；其他各项指标，特别是"百万人上市公司数""上市公司资产比重""民企与国企资产负债率比"等指标的发展均比较落后。

（三）区域开放评价报告

1. 区域开放指数总体分析

对区域开放的测度涵括了贸易开放、投资开放、生产开放、市场开放、区位支撑 5 个方面，共 11 项关键指标。汇集中国 31 个省市区 2011～2015 年区域开放的指标信息，得到连续 5 年的指数得分。在此基础上，形成多年连续排名和单年排名。其中，多年连续排名用于反映各省市区区域开放的绝对发展水平随时间动态变化的情况（31 个省市区 5 年共 155 个排位，最高排名为 1，最低排名为 155），单年排名用于反映各省市区在全国范围内某单年的相对发展水平（31 个省市区每年 31 个排位，最高排名为 1，最低排名为 31）。31 个省市区区域开放的总体情况见表 2 – 73。

辽宁省的区域开放发展指数处于全国中等偏上位置，吉林省和黑龙江省处于中等偏下位置，但均落后于东南三省。2011～2015 年，6 省份区域开放指数由高到低依次为：广东、浙江、江苏、辽宁、黑龙江、吉林；东南三省中浙江省整体呈缓慢上升趋势（2015 年略有下降），其他地区整体呈下降趋势；东南三省水平较低的江苏省持续优于东北三省

表 2 - 73　2011～2015 年 31 个省市区区域开放指数得分、连续及单年排名

省市区	2011			2012			2013			2014			2015		
	值	总	年	值	总	年	值	总	年	值	总	年	值	总	年
上海	94.3	3	1	94.5	2	1	93.6	5	1	94.6	1	1	93.8	4	1
北京	86.9	6	2	85.5	7	2	84.2	9	2	83.9	10	2	84.3	8	2
广东	81.6	12	3	81.5	13	3	81.1	14	3	81.8	11	3	79.2	17	3
浙江	76.1	26	6	76.7	24	5	77.0	22	5	77.5	21	5	77.0	23	4
江苏	77.9	19	5	76.7	25	6	75.4	30	6	75.6	29	6	76.0	27	5
天津	79.3	16	4	79.5	15	4	78.8	18	4	77.7	20	4	75.6	28	6
福建	72.8	34	7	74.9	31	7	73.8	33	7	74.4	32	7	72.1	35	7
辽宁	67.5	40	8	65.3	43	9	64.9	44	9	64.4	46	9	67.9	39	8
重庆	66.7	41	9	68.3	38	8	68.9	37	8	69.4	36	8	66.3	42	9
山东	62.3	48	11	61.9	49	10	61.6	50	10	59.2	55	11	59.7	53	10
海南	64.5	45	10	61.6	51	11	60.0	52	11	62.6	47	10	59.6	54	11
安徽	51.0	66	12	50.9	68	14	52.0	60	12	56.1	56	12	55.2	57	12
湖北	50.4	69	13	51.6	63	13	51.0	65	14	50.9	67	14	53.3	59	13
江西	50.0	70	14	51.8	62	12	51.1	64	13	53.4	58	13	51.9	61	14
广西	39.7	87	19	42.1	78	17	38.7	91	17	41.7	81	16	44.0	73	15
四川	41.7	79	16	43.8	75	15	44.7	72	15	43.3	76	15	43.9	74	16
河北	46.0	71	15	42.2	77	16	41.7	80	16	40.9	84	18	38.7	90	17
湖南	34.8	109	22	34.3	112	23	35.9	104	21	37.0	100	21	38.5	93	18
陕西	38.6	92	20	38.1	95	20	37.8	97	19	41.2	83	17	37.8	96	19
河南	37.6	98	21	39.7	86	18	38.2	94	18	37.2	99	20	36.9	101	20
山西	32.3	115	23	31.6	119	24	31.1	120	24	35.2	105	22	36.1	103	21
吉林	41.6	82	17	35.2	106	21	36.3	102	20	34.9	108	23	32.7	114	22
云南	31.7	118	24	34.7	110	22	34.5	111	23	33.2	113	24	32.2	116	23
黑龙江	40.3	85	18	38.7	89	19	35.2	107	22	38.8	88	19	32.2	117	24
贵州	23.6	130	27	25.2	126	26	20.7	138	29	21.3	136	27	24.0	128	25
内蒙古	29.1	121	25	25.1	127	27	26.4	123	25	25.8	124	25	23.4	131	26
新疆	21.5	135	28	21.7	134	28	22.4	132	27	19.5	140	29	19.2	141	27
宁夏	18.6	144	30	16.6	146	30	15.7	148	30	20.0	139	28	18.7	143	28
西藏	25.5	125	26	28.3	122	25	23.9	129	26	22.0	133	26	13.6	150	29
甘肃	18.9	142	29	16.7	145	29	21.1	137	28	14.7	149	30	13.1	152	30
青海	16.4	147	31	13.3	151	31	8.6	154	31	8.2	155	31	9.5	153	31
平均	49.0	77	16	48.6	77	16	47.9	79	16	48.3	77	16	47.3	80	16

注：①对于表中的字段名称，"值"表示各省市区对应年份的指数得分，"总"表示各省市区 2011～2015 年多年连续总排名，"年"表示各省市区 5 个单年的排名；②表中 31 个省市区按照 2015 年单年的指数得分由高到低（降序）排列。

最优的辽宁省；区域开放指数年均增幅最大的是浙江省（0.28%），降幅最大的是吉林省（-5.35%），辽宁省的增幅为0.16%，黑龙江省的降幅为-5.04%。就2015年而言，辽宁省的区域开放发展相对较好，在31个省域中的单年排名为8；吉林省和黑龙江省相对较差，排名分别为22和24，具体如表2-73和表2-74所示。

表2-74　2011~2015年6省区域开放指数的值及单年排名

	辽宁	吉林	黑龙江	江苏	浙江	广东	全国平均
	值/序	值/序	值/序	值/序	值/序	值/序	值
2011	67.46/8	41.64/17	40.30/18	77.91/5	76.13/6	81.59/3	49.01
2012	65.32/9	35.19/21	38.73/19	76.71/6	76.73/5	81.53/3	48.65
2013	64.94/9	36.34/20	35.17/22	75.36/6	76.98/5	81.12/3	47.94
2014	64.41/9	34.89/23	38.83/19	75.59/6	77.50/5	81.76/3	48.27
2015	67.88/8	32.74/22	32.17/24	76.04/5	76.97/4	79.17/3	47.30
平均	66.00/8.6	36.16/20.6	37.04/20.4	76.32/5.6	76.86/5	81.03/3	48.23

2011~2015年，全国区域开放整体呈缓慢下降趋势，东北地区亦呈缓慢下降态势，且低于全国平均水平，差距呈进一步扩大的趋势。辽宁省的区域开放明显高于全国平均水平，2011~2014年呈缓慢下降趋势，2015年有所回升，黑龙江省呈波动下降趋势，吉林省整体呈下降态势，2012年降幅明显。相对而言，辽宁省区域开放较好，黑龙江省次之，吉林省较弱，如图2-51所示。

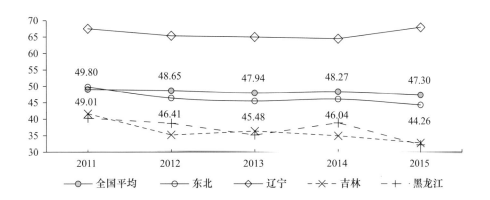

图2-51　2011~2015年区域开放指数基本走势

注：①全国平均指31个省市区的平均水平；②全国范围内（可采集到的数据），区域开放指数最大值为2014年上海的94.56，最小值为2014年青海的8.22。

2011~2015年，东北三省区域开放指数在全国31个省市区连续5年数据集（共155

个指标值）中相对位置分布情况如图 2 - 52 所示。可见，东北三省 5 年（共 15 个数据）区域开放指数的百分比排位处于 50% 以下的有 10 个，其中位于 25% 以下的有 1 个。此外，排位的最大值是 2015 年的辽宁省（75.3%），最小值是 2015 年的黑龙江省（24.6%）。

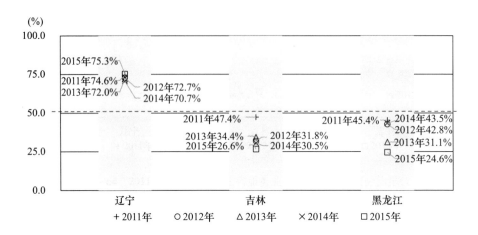

图 2 - 52　2011～2015 年区域开放指数百分比排位

2. 全国视角下东北地区区域开放进展分析

2011～2015 年，四大区域区域开放指数由高到低依次为：东部、东北、中部、西部；中部地区整体呈上升趋势，其他地区整体呈下滑态势，以东北地区降幅最大；东北地区 2015 年被中部地区反超，且与东部地区仍有明显差距，如表 2 - 75 所示。

表 2 - 75　2011～2015 年四大经济区区域开放指数的平均值及排名

	东北		东部		西部		中部	
	平均值	年排名	平均值	年排名	平均值	年排名	平均值	年排名
2011	49.80	14.0	74.17	6.0	31.00	23.7	42.69	17.5
2012	46.41	16.3	73.50	6.5	31.16	23.2	43.31	17.3
2013	45.48	17.0	72.72	6.5	30.26	23.2	43.22	17.0
2014	46.04	17.0	72.81	6.7	30.02	23.0	44.99	17.0
2015	44.26	18.0	71.59	6.6	28.81	23.2	45.30	16.3
平均	46.40	16.5	72.96	6.5	30.25	23.2	43.90	17.0

注：为确保区分度，对于具有平均意义的排名（序），本书保留一位小数，以下各表同。

2011～2015 年，七大区域区域开放指数由高到低依次为：华东、华南、华北、东北、华中、西南、西北；七大区域的发展总体比较平稳，其中，西北地区整体呈缓慢下降趋势，其他地区均呈小幅度波动变化；就七个区域而言，东北地区排名居中，与华东地区相比，差距明显，如表2-76所示。

表2-76　2011~2015年七大地理区区域开放的平均值及排名

	东北	华北	华东	华南	华中	西北	西南
	值/序	值/序	值/序	值/序	值/序	值/序	值/序
2011	49.80/14.3	54.72/13.8	72.41/7.0	61.91/10.7	43.21/17.5	22.80/27.6	37.85/20.4
2012	46.41/16.3	52.76/14.6	72.62/7.2	61.73/10.3	44.34/16.5	21.26/27.6	40.07/19.2
2013	45.48/17.0	52.44/14.2	72.22/6.8	59.94/10.3	44.03/16.5	21.10/27.0	38.53/20.2
2014	46.04/17.0	52.70/14.2	72.89/7.0	62.01/9.7	44.66/17.0	20.70/27.0	37.85/20.0
2015	44.26/18.0	51.61/14.4	72.31/6.5	60.92/9.7	45.13/16.3	19.66/27.0	36.00/20.4
平均	46.40/16.5	52.85/14.2	72.49/6.9	61.30/10.1	44.27/16.8	21.11/27.2	38.06/20.0

　　为便于直观分析，将指数信息按空间分类、时间排列、优劣序化等方式整理后，形成多年连续排名及单年排名的可视化集成图（见图2-53~图2-55），结合表2-73的信息，以全国四大经济区为划分标准，对东北三省的区域开放的进程评价如下：

　　第一，东北地区区域开放指数得分下跌明显，下跌速度为四大区域之首。从四大区域平均得分曲线的变化情况可以看出，中国在区域开放上成效并不显著，仅中部地区整体水平有所提升，西部、东部和东北的得分均在下滑。具体而言，中部仅在2013年有微弱的下降，随后在2014年回升并在2015年继续发力；西部仅在2012年小幅上升，随后持续走低，发展劲头不足；东部、东北在2014年有小幅提升，但并未将势头延续到2015年，出现倒退现象，二者又以东北后退步伐明显，以每年一个较大跨度（年均下降1.4分，为四个区域之首）的速度下滑。

　　第二，东北地区区域开放绝对水平倒退较快，年均连续排名下降5.25名。从四大区域连续排名曲线的变化情况可以看出，仅中部地区呈上升趋势，其他地区呈下降趋势，下降最快的是东北地区，连续排名年均下跌5.25名，而东部和西部地区分别下跌1.48名和0.8名。具体来说，东北三省中，黑龙江省从2011年的85名降至2013年的107名后，阻力重重，先进后退，2015年更是降至排名新低（117名），吉林省与黑龙江省情况类似，辽宁省则表现较为明朗，从2011年的40名降至2014年的46名后，在2015年上升至39名，成为东北唯一出现增长的省份，与东部平均水平较为接近。

　　第三，东北地区区域开放相对水平呈现下降趋势，且下降幅度较大。从四大区域单年排名曲线的变化情况可以看出，在相对位次的排名竞争中，东北和东部地区呈下降趋势，尤其东北地区的下降幅度较大，2015年较2011年下降3.7名，东部的下降幅度为0.2名，而中部和西部的提升幅度分别为1.2名和0.5名。对东北三省而言，辽宁省单年排名维持不变，黑龙江省由18名退到24名，吉林省由17名退到22名，成为全国倒退幅度最大的两个省份。

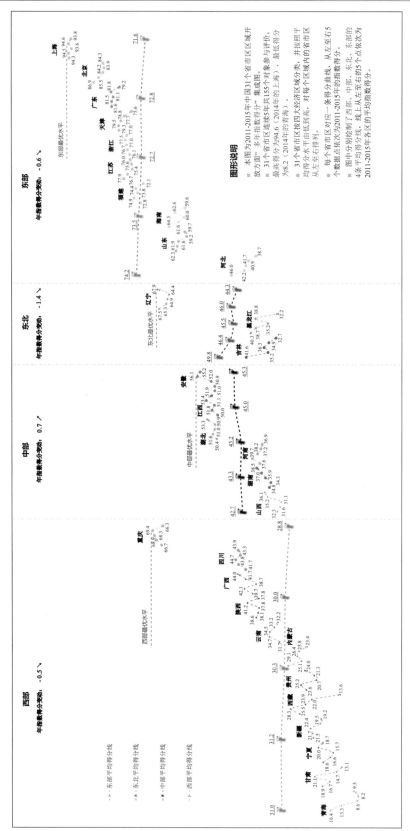

图 2−53 2011～2015 年 31 个省市区区域开放指数得分变动情况

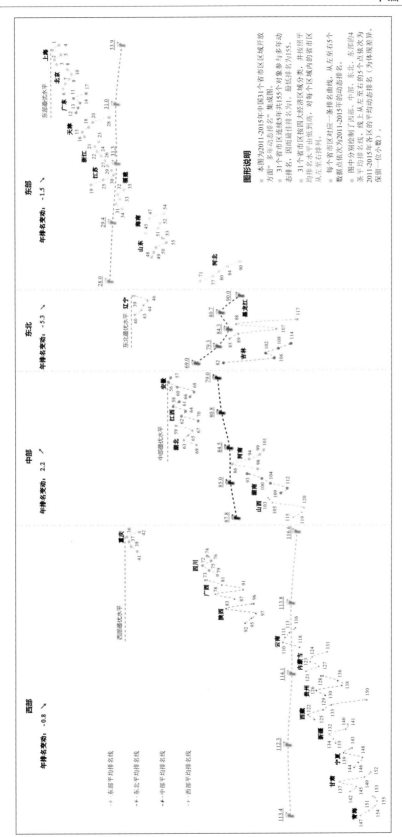

图 2－54　2011～2015 年 31 个省市区区域开放多年连续排名变动情况

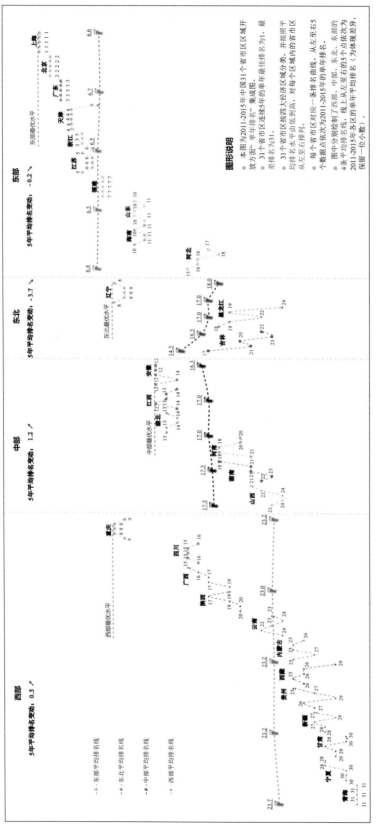

图 2-55 2011～2015 年 31 个省市区区域开放单年排名变动情况

3. 区域开放分项指数分析

2011～2015 年，东北三省仅生产开放略高于全国平均水平，其他方面的发展均低于全国平均和东南三省，表现较弱。东南三省的平均得分显著高于全国平均和东北三省，优势明显。分省看，东南三省 5 个分项指数的发展相对均衡，东北三省中辽宁省和黑龙江省在 5 个分项指数的发展相对均衡，吉林省发展不均衡，生产开放得分最高为 47.88，投资开放最低为 21.66。就东北三省而言，辽宁省各分项发展较好，超过全国平均水平，但生产开放和区位支撑相对较弱；吉林省和黑龙江省发展较弱，未能超越全国平均水平，具体地，吉林省的投资开放较弱，黑龙江的市场开放较弱。总体来看，东北三省在生产开放上的发展相对较好，但整体与东南三省的差距明显，具体如表 2 - 77 和图 2 - 56 所示。

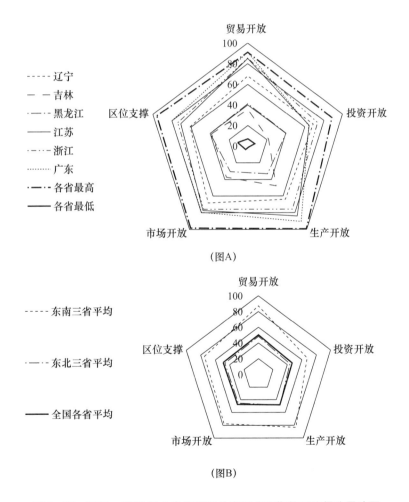

图 2 - 56　2011～2015 年 6 省区域开放方面分项指数平均得分雷达图

表 2-77 2011~2015 年 6 省区域开放方面分项指数平均得分

	贸易开放	投资开放	生产开放	市场开放	区位支撑
辽宁	68.07	68.70	63.95	68.24	61.05
吉林	35.60	21.66	47.88	37.16	38.50
黑龙江	41.24	40.29	33.20	30.47	39.99
江苏	85.12	64.56	83.97	77.26	70.70
浙江	85.49	73.30	75.82	75.80	73.90
广东	91.10	64.09	90.55	79.45	79.98
东北三省平均	48.30	43.55	48.34	45.29	46.52
东南三省平均	87.24	67.32	83.45	77.50	74.86
各省平均	50.10	46.73	47.95	47.32	49.05
各省最高	91.10	88.69	99.33	98.23	95.76
各省最低	7.07	7.31	1.14	4.03	10.99

2011~2015 年，全国区域开放 5 个方面中"投资开放""区位支撑"总体呈上升趋势，"市场开放"呈逐年下降态势，前进动力不足，"贸易开放"和"生产开放"总体呈下降趋势。除"投资开放"以外，东南三省各分项指数均处于全国前列（从年排名得出），尤其是广东省"贸易开放"5 年均位于全国首位；东南三省"贸易开放""生产开放"和"市场开放"整体呈下降趋势，"市场开放"仅广东省呈波动上升态势，"投资开放"方面，广东省呈波动下降趋势，2015 年降幅较大，其他两省呈上升趋势，"区位支撑"方面仅江苏省呈现下降态势；就东北三省 5 个分项指数而言，仅辽宁省的排名相对靠前，吉林省和黑龙江省均处于全国中下水平，其中吉林省"生产开放"仅在 2011 年处于前列，随后迅速下滑，东北三省"市场开放"均呈下降趋势，表现较差，如表 2-78所示。

表 2-78 2011~2015 年 6 省区域开放方面分项指数

分项指数	年份	辽宁 值/序	吉林 值/序	黑龙江 值/序	江苏 值/序	浙江 值/序	广东 值/序	全国平均 值
贸易开放	2011	67.77/8	37.54/20	54.85/16	86.45/5	86.49/4	95.52/1	52.78
	2012	66.21/9 ▼	37.77/21 ▲	47.99/16 ▼	86.41/3 ▼	85.92/4 ▼	92.16/1 ▼	51.29 ▼
	2013	64.29/10 ▼	36.92/21 ▼	40.47/17 ▼	85.08/4 ▼	85.17/3 ▲	89.59/1 ▼	49.85 ▼
	2014	63.66/10 ▼	38.25/20 ▲	39.14/18 ▼	84.13/4 ▼	85.26/3 ▲	89.83/1 ▲	50.07 ▲
	2015	78.43/6 ▲	27.50/22 ▼	23.78/24 ▼	83.54/4 ▼	84.58/3 ▼	88.38/1 ▼	46.51 ▼
投资开放	2011	72.33/5	17.67/27	34.12/18	62.24/9	67.51/7	62.05/10	42.34
	2012	66.10/8 ▼	18.92/27 ▲	34.81/23 ▲	58.02/10 ▼	71.05/7 ▲	63.31/9 ▲	45.82 ▲
	2013	67.60/8 ▲	24.01/27 ▲	33.55/22 ▼	66.71/10 ▲	74.53/5 ▲	66.91/9 ▲	47.48 ▲
	2014	72.31/8 ▲	21.52/28 ▼	53.03/12 ▲	67.09/10 ▲	77.38/5 ▲	68.85/9 ▲	49.98 ▲
	2015	65.17/7 ▼	26.20/27 ▲	45.94/19 ▼	68.72/5 ▲	76.05/4 ▼	59.33/12 ▼	48.03 ▼

分项指数	年份	辽宁 值/序	吉林 值/序	黑龙江 值/序	江苏 值/序	浙江 值/序	广东 值/序	全国平均 值
生产开放	2011	63.76/13	75.50/8	31.49/20	86.17/5	77.41/7	93.37/2	49.96
	2012	60.52/12 ▼	41.06/18 ▼	32.37/20 ▲	84.45/5 ▼	76.86/7 ▼	91.65/2 ▼	47.99 ▼
	2013	61.58/9 ▲	46.47/18 ▲	32.42/19 ▲	83.60/6 ▼	76.07/8 ▼	90.82/2 ▼	47.59 ▼
	2014	62.78/10 ▲	42.13/16 ▼	34.74/19 ▲	83.05/6 ▼	75.46/8 ▼	89.31/2 ▼	47.04 ▼
	2015	71.11/9 ▲	34.24/20 ▼	34.96/18 ▲	82.60/6 ▼	73.30/8 ▼	87.61/2 ▼	47.18 ▲
市场开放	2011	71.26/8	41.94/20	36.42/25	78.62/4	76.56/6	78.49/5	52.42
	2012	70.15/7 ▼	40.82/18 ▼	34.64/24 ▼	78.27/5 ▼	76.34/6 ▼	80.97/4 ▲	49.27 ▼
	2013	67.11/7 ▼	36.17/18 ▼	30.99/24 ▼	76.60/5 ▼	75.43/6 ▼	78.34/4 ▼	45.72 ▼
	2014	66.28/8 ▼	33.75/19 ▼	29.61/24 ▼	76.51/5 ▼	75.32/6 ▼	80.14/2 ▲	45.35 ▼
	2015	66.37/8 ▲	33.10/20 ▼	20.71/25 ▼	76.31/5 ▼	75.33/6 ▲	79.32/2 ▼	43.84 ▼
区位支撑	2011	62.17/9	35.55/21	44.63/16	76.08/5	72.67/6	78.53/4	47.54
	2012	63.61/9 ▲	37.39/21 ▲	43.82/16 ▼	76.41/5 ▲	73.47/6 ▲	79.56/4 ▲	48.85 ▲
	2013	64.11/9 ▲	38.12/22 ▲	38.44/21 ▼	64.83/8 ▼	73.71/5 ▲	79.95/4 ▲	49.04 ▲
	2014	57.00/10 ▼	38.79/20 ▲	37.61/22 ▼	67.16/8 ▲	74.06/5 ▲	80.67/4 ▲	48.91 ▼
	2015	58.34/12 ▲	42.65/17 ▲	35.47/24 ▼	69.02/8 ▲	75.57/5 ▲	81.20/4 ▲	50.93 ▲

注：表中符号"▲"表示本年的数据相对于前一年是增长的，符号"▼"表示本年的数据相对于前一年是减少的。

进一步统计升降符（▲或▼）的数量，对不同地区的发展态势进行分析和对比可知，2011～2015年，全国5项指数▲的数量少于▼的数量，发展态势较差；除"贸易开放"和"生产开放"以外，东北地区▼的数量均多于东南三省，其中以"区位支撑"的差距最大（东北地区为5个，东南三省为1个），发展势头不如东南三省，而"生产开放"▲的数量明显多于东南三省；总体而言，东北三省▲的总数量与东南三省大体相当，东北地区为26个，占东北三省升降符总数的43.3%，东南三省为25个，占41.7%。

2011～2015年，辽宁省▲的数量为10个，占辽宁省升降符总数的50%，吉林省▲的数量为10个，占50%，黑龙江省▲的数量为6个，占30%，江苏省▲的数量为6个，占30%，浙江省▲的数量为9个，占45%，广东省▲的数量为10个，占50%；就东北三省而言，辽宁省和吉林省的发展态势相对较好，黑龙江省较弱。2011～2015年，东北三省中，"贸易开放""投资开放"和"区位支撑"发展态势较好的是吉林省，"市场开放"发展态势较好的是辽宁省，"生产开放"发展态势较好的是黑龙江省。

（1）贸易开放

①对外贸易依存度。对外贸易依存度反映一个地区对国际市场的依赖程度，是衡量地区对外开放程度的重要指标，计算公式是进出口总额与地区GDP之比。2011～2015年，全国对外贸易依存度平均水平呈下行态势，东北地区亦呈下行态势，且低于全国平均水平；2011～2014年，东北三省对外贸易依存度平缓下降，2015年降幅增大，黑龙江省尤为明显；就东北三省而言，辽宁省发展相对较好，黑龙江省次之，吉林省较弱；据最新数

据显示，2016 年辽宁省对外贸易依存度略微上升，吉林省基本不变，黑龙江省有所下降。总体而言，东北地区对外贸易依存度低于全国平均水平，且这种差距在不同年度基本保持不变，如图 2-57 所示。

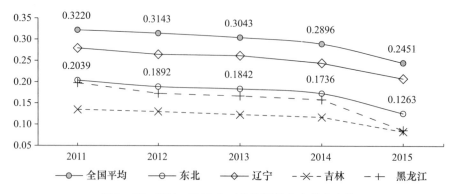

图 2-57　2011～2015 年对外贸易依存度基本走势

注：①全国平均指 31 个省市区的平均水平；②全国范围内（可采集到的数据），对外贸易依存度最大值为 2011 年北京的 1.5482，最小值为 2011 年青海的 0.0357。

2011～2015 年，东北三省对外贸易依存度在全国 31 个省市区连续 5 年数据集（共 155 个指标值）中相对位置分布情况如图 4-8 所示。可见，东北三省 5 年（共 15 个数据）对外贸易依存度的百分比排位位于 50% 以下的有 6 个，其中，位于 25% 以下的有 2 个。此外，排位最大值是 2011 年的辽宁省（69.4%），最小值是 2015 年的吉林省（22.7%）。

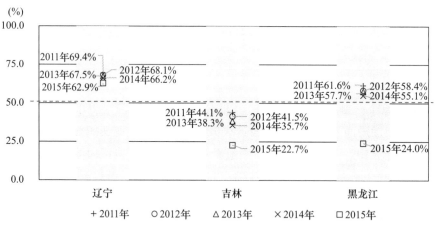

图 2-58　2011～2015 年东北三省对外贸易依存度百分比排位

2011～2015 年，6 省份对外贸易依存度由高到低依次为：广东、江苏、浙江、辽宁、黑龙江、吉林；东南三省对外贸易依存度虽呈下降趋势，但明显高于东北三省和全国平均水平；据最新数据显示，2016 年 6 省相对水平基本保持不变；东北三省中对外贸易依存度较高的辽宁省持续低于东南三省中较低的浙江省；对外贸易依存度降幅最大的是黑龙江省（-14.03%），最小的是浙江省（-4.64%）。辽宁省和吉林省的降幅分别为-6.33%和-9.50%，如表2-79所示。

表2-79 2011~2015年6省对外贸易依存度的原始值及单年排名

	辽宁	吉林	黑龙江	江苏	浙江	广东	全国平均
	值/序	值/序	值/序	值/序	值/序	值/序	值
2011	0.2791/10	0.1348/18	0.1978/12	0.7096/4	0.6183/5	1.1088/3	0.3220
2012	0.2645/12	0.1299/19	0.1733/14	0.6399/4	0.5689/5	1.0885/3	0.3143
2013	0.2618/11	0.1232/20	0.1674/14	0.5766/4	0.5536/6	1.0875/3	0.3043
2014	0.2446/11	0.1174/22	0.1589/15	0.5319/5	0.5429/4	0.9753/3	0.2896
2015	0.2084/11	0.0836/23	0.0868/22	0.4846/5	0.5036/4	0.8746/2	0.2451
平均	0.2517/11	0.1178/20.4	0.1568/15.4	0.5885/4.4	0.5574/4.8	1.0269/2.8	0.2951

2011~2015年，四个区域对外贸易依存度由高到低依次为：东部、东北、西部、中部；除中部呈上升趋势外，其他地区普遍呈下降趋势，其中，东北地区降幅最大（-9.52%）。东北地区的对外贸易依存度与东部地区差距明显，如表2-80所示。

表2-80 2011~2015年四大经济区对外贸易依存度的平均值及排名

	东北		东部		西部		中部	
	平均值	年排名	平均值	年排名	平均值	年排名	平均值	年排名
2011	0.2039	13.0	0.7379	6.0	0.1126	21.8	0.1069	22.2
2012	0.1892	15.0	0.6916	6.6	0.1342	21.3	0.1082	21.7
2013	0.1842	15.0	0.6598	6.8	0.1357	20.8	0.1091	22.3
2014	0.1736	16.0	0.6128	6.7	0.1382	20.7	0.1118	22.2
2015	0.1263	18.7	0.5257	6.5	0.1095	21.3	0.1081	19.8
平均	0.1754	15.6	0.6456	6.6	0.1260	21.2	0.1088	21.6

2011~2015年，七个区域对外贸易依存度由高到低依次为：华东、华南、华北、东北、西南、华中、西北；华中地区整体呈上升趋势，西南地区波动较为明显，其他地区普遍呈下降趋势，其中东北地区降幅最大（-9.52%）。就七个区域而言，东北地区排名居中，与最优的华东地区相比，差距较大，如表2-81所示。

表2-81 2011~2015年七大地理区对外贸易依存度的平均值及排名

	东北	华北	华东	华南	华中	西北	西南
	值/序	值/序	值/序	值/序	值/序	值/序	值/序
2011	0.2039/13.3	0.4837/15.6	0.6327/7.5	0.5214/10.7	0.1062/22.5	0.1034/23.4	0.1303/18.8

	东北	华北	华东	华南	华中	西北	西南
	值/序	值/序	值/序	值/序	值/序	值/序	值/序
2012	0.1892/15.0	0.4500/16.6	0.5880/7.3	0.5160/9.7	0.1066/22.0	0.0948/24.4	0.1898/17.0
2013	0.1842/15.0	0.4316/16.8	0.5545/7.5	0.5080/10.3	0.1073/22.5	0.1004/23.6	0.1882/16.6
2014	0.1736/16.0	0.3946/16.8	0.5291/7.3	0.4708/9.0	0.1120/22.3	0.1046/23.2	0.1852/17.6
2015	0.1263/18.7	0.3037/17.0	0.4800/6.7	0.4330/8.0	0.1103/19.5	0.0879/22.8	0.1282/19.8
平均	0.1754/15.6	0.4127/16.6	0.5569/7.3	0.4898/9.5	0.1085/21.8	0.0982/23.5	0.1643/18.0

②净出口贡献率（单位:%）。净出口贡献率反映的是商品和服务在国际市场的竞争能力，是衡量地区贸易开放的重要指标，计算公式为净出口（地区 GDP 与资本形式总额及最终消费支出的差值）与地区 GDP 的比值。2011～2015 年，全国净出口贡献率平均水平呈缓慢下降趋势且持续为负值；东北地区净出口贡献率略高于全国平均水平，且2013～2015 年上升趋势明显；辽宁省持续高于全国平均水平和东北地区平均水平，且在 2015 年有明显上升，具有较强的竞争优势，吉林省整体呈上升趋势，但在 2015 年略有下降，黑龙江省呈下降趋势；就东北三省而言，辽宁省发展较好，2011～2012 年黑龙江省优于吉林省，2013～2015 年吉林省反超黑龙江省。总体而言，东北地区的净出口贡献率略高于全国平均水平，且优势呈逐步扩大的趋势，如图 2－59 所示。

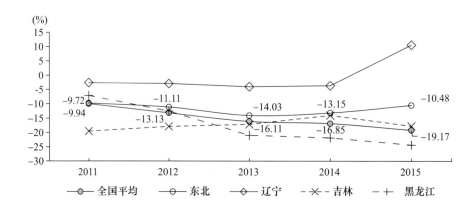

图 2－59 2011～2015 年净出口贡献率基本走势

注：①全国平均指 31 个省市区的平均水平；②全国范围内（可采集到的数据），净出口贡献率最大值为 2011 年广东的 11.52%，最小值为 2015 年青海的 －101.08%。

2011～2015 年，东北三省净出口贡献率在全国 31 个省市区连续 5 年数据集（共 155个指标值）中相对位置分布情况如图 2－60 所示。可见，东北三省 5 年（共 15 个数据）净出口贡献率的百分比排位位于 50% 以下的有 9 个，其中有 1 个位于 25% 以下。此外，排位的最大值是 2015 年的辽宁省（99.3%），最小值是 2015 年的吉林省（22.0%），具体如图 2-60 所示。

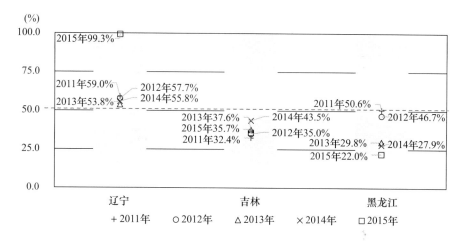

图 2-60　2011～2015 年东北三省净出口贡献率百分比排位

2011～2015 年，6 省份净出口贡献率由高到低依次为：广东、浙江、江苏、辽宁、吉林、黑龙江；东南三省呈下降趋势，但均在全国平均水平之上；2011～2012 年广东省的净出口贡献率高于浙江省和江苏省，广东省 2011～2013 年呈缓慢下降趋势，2014 年略有回升后，2015 年继续下行；2011～2014 年东北三省明显低于东南三省，2015 年辽宁省有较大涨幅，且跃居全国第一；净出口贡献率增幅最大的是辽宁省（128.38%），降幅最大的是黑龙江省（-60.74%），如表 2-82 所示。

表 2-82　2011～2015 年 6 省净出口贡献率的原始值及单年排名

	辽宁	吉林	黑龙江	江苏	浙江	广东	全国平均
	值/序	值/序	值/序	值/序	值/序	值/序	值
2011	-2.5676/14	-19.5080/26	-7.0911/17	6.9474/3	7.8383/2	11.5239/1	-9.9440
2012	-2.8933/15	-17.9154/21	-12.5086/16	7.5576/3	7.7750/2	8.6418/1	-13.1306
2013	-3.9954/15	-17.1563/18	-20.9482/20	6.9380/2	7.2372/1	6.3010/3	-16.1123
2014	-3.6163/13	-14.0183/17	-21.8056/22	6.4855/4	7.4187/3	7.5645/2	-16.8514
2015	10.6175/1	-17.7448/18	-24.3199/22	6.3814/4	7.1605/3	7.1788/2	-19.1683
平均	-0.4910/11.6	-17.2685/20	-17.3347/19.4	6.8620/3.2	7.4859/2.2	8.2420/1.8	-15.0413

2011～2015 年，四个区域净出口贡献率由高到低依次为：东部、中部、东北、西部；2011～2013 年，四个区域呈缓慢下降趋势，西部地区下降幅度较大；2014～2015 年，东北地区与东部地区略有回升，西部地区呈现缓慢下降态势，中部地区虽在 2014 年略有回升，但在 2015 年又出现明显下降；东北地区相比于东部地区差距明显，但在 2015 年差距

有所减小，如表2-83所示。

表2-83 2011~2015年四大经济区净出口贡献率的平均值及排名

	东北		东部		西部		中部	
	平均值	年排名	平均值	年排名	平均值	年排名	平均值	年排名
2011	-9.7222	19.0	2.0348	7.0	-22.8464	23.8	-4.2146	13.3
2012	-11.1057	17.3	0.2011	8.0	-28.3086	23.5	-6.0067	13.7
2013	-14.0333	17.7	-1.3578	8.0	-32.6359	22.8	-8.6951	14.8
2014	-13.1467	17.3	-1.2436	9.0	-35.0851	22.3	-8.2494	14.5
2015	-10.4824	13.7	-0.7774	8.5	-40.6387	22.8	-11.2221	16.2
平均	-11.6981	17.0	-0.2286	8.2	-31.9029	23.0	-7.6776	14.5

2011~2015年，七个区域净出口贡献率由高到低依次为：华东、华中、华北、东北、华南、西南、西北；七个区域总体呈波动下降趋势，其中华东地区优势明显；就七个区域而言，东北地区排名居中，总体呈下降趋势，虽2015年略有回升，但与华东地区相比，差距仍然较明显，如表2-84所示。

表2-84 2011~2015年七大地理区净出口贡献率的平均值及排名

	东北	华北	华东	华南	华中	西北	西南
	值/序	值/序	值/序	值/序	值/序	值/序	值/序
2011	-9.722/19.0	-6.483/14.8	4.022/5.3	-9.203/15.0	-4.313/13.0	-22.430/24.4	-22.761/22.8
2012	-11.106/17.3	-10.327/15.8	4.357/4.8	-15.069/17.0	-5.552/13.8	-29.441/24.0	-26.723/22.0
2013	-14.033/17.7	-14.756/16.4	3.640/4.5	-13.387/16.3	-7.497/14.8	-37.167/24.0	-29.891/21.2
2014	-13.147/17.3	-11.869/16.0	3.637/5.5	-12.325/16.0	-6.551/14.0	-44.369/24.6	-32.081/20.8
2015	-10.482/13.7	-12.238/16.2	3.186/5.8	-12.320/14.3	-9.394/15.5	-56.116/26.2	-33.115/20.6
平均	-11.698/17.0	-11.135/15.8	3.768/5.2	-12.461/15.7	-6.661/14.2	-37.904/24.6	-28.914/21.5

（2）投资开放

①人均实际利用外资额（单位：美元/人）。人均实际利用外资额是指国外商业公司在一个地区的投资项目中，已经到账并投入到商业运作应用的资金在该地区的人均分配情况，它反映了地区人口吸收并有效利用外资的平均水平，是衡量区域开放的重要指标，计算公式为实际利用外资额与地区常住人口的比值。2011~2015年，全国人均实际利用外资额的平均水平呈小幅上升态势，东北地区呈先平稳上升后明显下降的趋势；2011~2014年东北地区持续高于全国平均水平，但2015年下跌到全国平均水平以下；吉林省与黑龙江省普遍呈上升趋势，辽宁省总体呈下降态势，尤其是2015年下降明显；就东北三省而言，辽宁省发展相对较好（2015年除外），黑龙江省次之，吉林省较弱。总体而言，

2011～2014 年东北地区的人均实际利用外资额高于全国平均水平，2015 年出现大幅下降，低于全国平均水平，如图 2 - 61 所示。

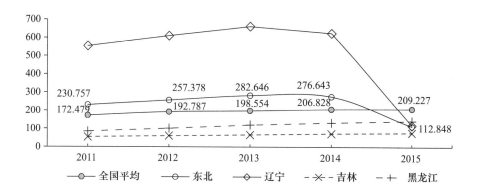

图 2 - 61　2011～2015 年人均实际利用外资额基本走势

注：①全国平均指 31 个省市区的平均水平；②全国范围内（缺少 2015 年宁夏数据），人均实际利用外资额最大值为 2015 年天津的 1366. 16，最小值为 2012 年甘肃的 2. 37。

2011～2015 年，东北三省人均实际利用外资额在全国 31 个省市区连续 5 年数据集（共 154 个指标值）中相对位置分布情况如图 2 - 62 所示。可见，东北三省 5 年（共 15 个数据）人均实际利用外资额的百分比排位位于 50% 以下的数量有 9 个，其中有 1 个位于25% 以下；此外，排位的最大值是 2013 年的辽宁省（94.7%），最小值是 2011 年的吉林省（23.5%）。

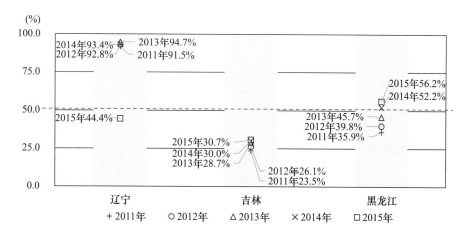

图 2 - 62　2011～2015 年东北三省人均实际利用外资额百分比排位

2011～2015 年，6 省份人均实际利用外资额由高到低依次为：辽宁、江苏、浙江、广东、黑龙江、吉林；东南三省中浙江省呈逐年上升趋势，广东省总体呈上升趋势（2015

年略有下降），江苏省在 2012 年表现出上升特征，2013～2015 年呈明显的下滑趋势；东北地区相对较弱的吉林省持续低于东南三省中较弱的广东省；人均实际利用外资额增幅最大的是黑龙江省（17.18%），降幅最大的是辽宁省（-19.66%），吉林省的增幅是10.85%，如表 2-85 所示。

表 2-85　2011～2015 年 6 省人均实际利用外资额的原始值及单年排名

	辽宁	吉林	黑龙江	江苏	浙江	广东	全国平均
	值/序	值/序	值/序	值/序	值/序	值/序	值
2011	553.671/2	53.883/23	84.717/18	406.782/4	213.546/7	207.505/8	172.479
2012	610.461/3	59.951/23	101.720/18	451.510/4	238.621/7	222.287/8	192.787
2013	661.503/3	66.139/23	120.295/18	418.935/4	257.530/6	234.424/7	198.554
2014	624.535/3	72.654/23	132.740/18	353.947/5	286.806/6	250.573/7	206.828
2015	118.329/20	77.278/23	142.937/15	304.347/5	306.197/4	247.719/6	209.227
平均	513.700/6.2	65.981/23	116.482/17.4	387.104/4.4	260.540/6	232.502/7.2	195.889

2011～2015 年，四大区域人均实际利用外资额由高到低依次为：东部、东北、中部、西部；东部与中部呈现增长趋势，西部地区呈波动下降趋势，东北地区在 2011～2013 年表现出上升趋势，2014～2015 年呈明显的下降态势；东北地区人均实际利用外资额持续低于东部地区，如表 2-86 所示。

表 2-86　2011～2015 年四大经济区人均实际利用外资额的平均值及排名

	东北		东部		西部		中部	
	平均值	年排名	平均值	年排名	平均值	年排名	平均值	年排名
2011	230.757	14.0	319.849	8.0	72.570	22.5	97.541	16.8
2012	257.378	14.7	356.316	8.1	78.289	22.8	116.941	16.2
2013	282.646	14.7	376.360	7.8	60.855	23.4	135.564	15.5
2014	276.643	14.7	394.154	7.8	60.291	23.9	152.786	14.5
2015	112.848	19.3	426.976	7.2	60.729	23.5	166.746	12.7
平均	232.054	15.5	374.731	7.8	66.645	23.2	133.916	15.1

2011～2015 年，七个区域人均实际利用外资额由高到低依次为：华北、华东、东北、华南、华中、西南、西北；华北、华东、华南和华中普遍呈逐年上升趋势，西北地区呈波动上升趋势，西南和东北呈波动下降趋势；就七个区域而言，东北地区处于中上水平，但与最优的华北地区相比，差距较大，如表 2-87 所示。

表 2 - 87　　2011～2015 年七大地理区人均实际利用外资额的平均值及排名

	东北	华北	华东	华南	华中	西北	西南
	值/序	值/序	值/序	值/序	值/序	值/序	值/序
2011	230.76/14.3	317.99/12.0	258.47/8.8	134.33/14.7	104.12/16.0	28.43/26.4	110.44/20.0
2012	257.38/14.7	351.75/11.8	294.84/8.5	141.10/15.3	122.01/15.5	33.70/26.6	119.32/20.2
2013	282.65/14.7	379.50/11.6	311.65/7.7	150.52/15.0	139.71/15.3	32.12/26.6	73.78/21.8
2014	276.64/14.7	397.96/12.0	322.43/7.7	160.26/13.7	158.24/14.0	31.04/27.2	77.69/22.6
2015	112.85/19.3	452.08/12.6	329.26/6.7	167.93/13.0	175.12/11.8	38.65/26.3	68.69/22.6
平均	232.05/15.5	379.85/12.0	303.33/7.9	150.83/14.3	139.84/14.5	32.54/26.6	89.98/21.4

②服务业利用外资占比（单位:%）。服务业利用外资占比反映地区服务业吸引外商投资的能力，是衡量地区投资开放程度的重要指标，计算公式为地区服务业实际利用外商投资额与实际利用外商直接投资额的比值。2011～2015 年，全国服务业利用外资占比平均水平整体呈缓慢上升趋势（2015 年出现小幅度下跌）；2012～2015 年东北地区呈上升趋势，但低于全国平均水平；2012～2014 年辽宁省呈缓慢上升趋势，在 2015 年出现较大幅度的上升，且高于全国平均水平，吉林省与黑龙江省整体呈现波动上升趋势；就东北三省而言，辽宁省的发展相对较好，黑龙江省次之，吉林省较弱。总体而言，东北地区服务业利用外资占比低于全国平均水平，但两者之间的差距呈现缩小趋势，如图 2 - 63 所示。

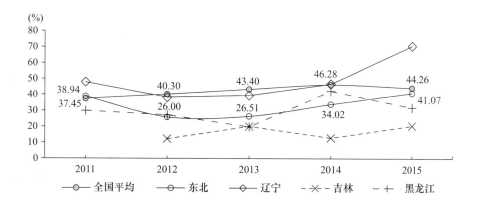

图 2 - 63　　2011～2015 年服务业利用外资占比基本走势

注：①全国平均指 31 个省市区的平均水平；②全国范围内（吉林 2011 年及其他部分省份数据缺失），服务业利用外资占比最大值为 2014 年海南的 97.09%，最小值为 2015 年甘肃的 0.45%。

2011～2015 年，东北三省服务业利用外资占比在全国 31 个省市区连续 5 年数据集（共 129 个指标值）中相对位置分布情况如图 2 - 64 所示。可见，东北三省 5 年（共 14 个数据）服务业利用外资占比的百分比排位位于 50% 以下的有 9 个，其中有 5 个位于 25% 以下；此外，排位的最大值是 2015 年的辽宁省（87.5%），最小值是 2012 年的吉林省

（5.4%）。

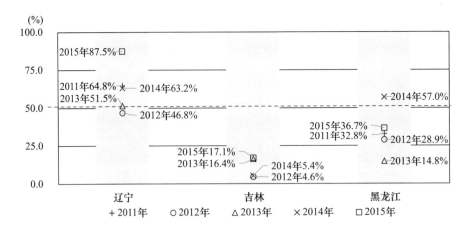

图 2 - 64 2011～2015 年东北三省服务业利用外资占比百分比排位

2011～2015 年，6 省份服务业利用外资占比由高到低依次为：浙江、辽宁、广东、江苏、黑龙江、吉林；2011～2015 年江苏省和浙江省整体呈上升趋势，广东省 2011～2014 年呈上升趋势，2015 年出现较大幅度下跌；2011～2014 年东北三省与东南三省中最优的浙江省差距明显；2015 年辽宁省有较大的提升，且位于 6 省之首；服务业利用外资占比增幅最大的是吉林省（16.77%，但吉林省的波动幅度较大），降幅最大的是广东省（-2.40%），辽宁省与黑龙江省的增幅分别为 11.88% 和 1.67%，如表 2 - 88 所示。

表 2 - 88 2011～2015 年 6 省服务业利用外资占比的原始值及单年排名

	辽宁	吉林	黑龙江	江苏	浙江	广东	全国平均
	值/序	值/序	值/序	值/序	值/序	值/序	值
2011	47.9246/5	—	29.9556/14	36.5196/11	46.2842/6	38.9153/8	37.4458
2012	38.3892/12	12.2943/24	27.3057/18	31.2546/16	—	40.1542/11	40.2955
2013	39.5184/14	20.1705/23	19.8365/24	41.9830/12	55.6331/9	45.1110/11	43.3994
2014	46.8100/12	12.9247/26	42.3268/16	43.5334/15	61.9827/5	47.6399/11	46.2798
2015	70.7070/4	20.5408/22	31.9607/18	46.6161/12	57.0566/8	35.1849/16	44.2614
平均	48.6698/9.4	16.4826/23.8	30.2771/18	39.9814/13.2	55.2392/7	41.4011/11.4	42.4361

2011～2015 年，四个区域服务业利用外资占比从高到低依次为：东部、西部、东北、中部；2011～2015 年四大区域整体呈上升态势，东北虽与东部仍然有差距，但差距正进一步缩小，如表 2 - 89 所示。

表 2-89　2011~2015 年四大经济区服务业利用外资占比的平均值及排名

	东北		东部		西部		中部	
	平均值	年排名	平均值	年排名	平均值	年排名	平均值	年排名
2011	38.9401	10.0	50.8622	8.0	35.6270	12.4	21.4844	19.8
2012	25.9964	18.0	55.0334	8.9	41.9121	12.4	23.1827	19.7
2013	26.5085	20.3	57.9116	8.6	44.6841	13.4	25.9446	20.7
2014	34.0205	18.0	60.3460	9.4	42.4368	14.9	34.0897	18.5
2015	41.0695	14.7	53.7498	10.9	36.0997	14.3	38.6264	14.4
平均	32.9046	16.6	55.7930	9.2	40.2558	13.4	28.3221	18.8

2011~2015 年，七个区域服务业利用外资占比由高到低依次为：西南、华南、华东、华北、东北、西北、华中；其中除西北地区呈波动下跌趋势外，其他地区整体呈缓慢上升趋势。就七个区域而言，东北地区处于中下水平，2012~2015 年东北地区虽呈缓慢上升趋势，但与华南、西南及华东地区相比，差距明显，如表 2-90 所示。

表 2-90　2011~2015 年七大地理区服务业利用外资占比的平均值及排名

	东北	华北	华东	华南	华中	西北	西南
	值/序	值/序	值/序	值/序	值/序	值/序	值/序
2011	38.940/9.5	37.755/16.0	46.450/8.7	34.609/10.5	22.139/19.5	31.133/13.7	46.642/8.3
2012	25.996/18.0	38.977/15.0	51.010/10.2	52.039/8.3	26.022/19.0	27.978/16.7	58.540/6.7
2013	26.508/20.3	40.033/16.8	52.062/10.0	55.479/9.3	28.373/19.8	42.216/13.0	57.713/9.0
2014	34.021/18.0	46.222/13.8	56.449/10.3	66.640/6.7	27.174/21.8	29.189/19.3	60.500/9.3
2015	41.070/14.7	41.826/14.4	51.004/10.8	60.514/8.3	34.410/16.3	5.568/24.5	57.423/7.0
平均	32.905/16.6	41.096/15.2	51.408/10.0	55.231/8.5	27.267/19.4	28.763/16.9	56.164/8.1

（3）生产开放

生产开放主要用外资工业企业产值占比来予以衡量。外资工业企业产值占比（单位:%）反映一个地区生产开放的水平，是衡量地区区域开放程度的核心指标，计算公式为地区外商投资工业企业产值（包括外商及港澳台商投资工业企业产值）与地区工业总产值的比值。2011~2015 年，全国外资工业企业产值占比平均水平呈缓慢下降趋势，东北三省在 2012 年大幅下降，2013~2015 年略有提升；东北地区明显落后于全国平均水平，但差距在缩小；东北三省中，辽宁省呈平稳上升趋势，吉林省下降趋势明显，在 2012 年跌幅较大，黑龙江省略有提升；相对而言，辽宁省的发展较好，吉林省次之，黑龙江省较弱。总体而言，东北三省外资工业企业产值占比与全国平均水平相差较大，但差距在不断缩小，如图 2-65 所示。

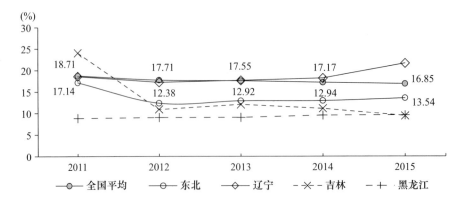

图 2－65　2011～2015 年外资工业企业产值占比基本走势

注：①全国平均指 31 个省市区的平均水平；②全国范围内（可采集到的数据），外资工业企业产值占比最大值为 2013 年上海的 62.50%，最小值为 2011 年新疆的 0.90%。

2011～2015 年，东北三省外资工业企业产值占比在全国 31 个省市区连续 5 年数据集（共 155 个指标值）中相对位置分布情况如图 2－66 所示。可见，东北三省 5 年（共 15 个数据）外资工业企业产值占比的百分比排位位于 50% 以下的有 9 个。此外，排位的最大值是 2011 年的吉林省（76.6%），最小值是 2011 年的黑龙江省（37.0%）。

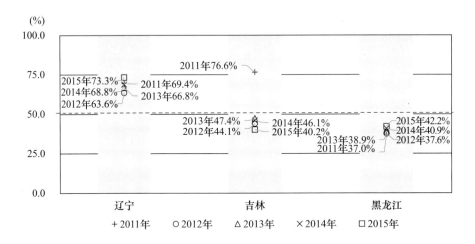

图 2－66　2011～2015 年东北三省外资工业企业产值占比百分比排位

2011～2015 年，6 省份外资工业企业产值占比由高到低依次为：广东、江苏、浙江、辽宁、吉林、黑龙江；东南三省普遍呈下降趋势，下降幅度高于全国平均水平，整体发展水平明显高于东北地区；东北地区水平较高的辽宁省持续低于东南三省较弱的浙江省，东南三省中最优的广东省是辽宁省发展水平的 2.5 倍以上；辽宁省和黑龙江省呈平稳上升趋势，吉林省呈波动下降趋势，降幅明显（－15.20%），如表 2－91 所示。

表2-91　2011~2015年6省外资工业企业产值占比的原始值及单年排名

	辽宁	吉林	黑龙江	江苏	浙江	广东	全国平均
	值/序	值/序	值/序	值/序	值/序	值/序	值
2011	18.568/13	24.039/8	8.824/20	40.791/5	27.041/7	52.098/2	18.715
2012	17.220/12	10.897/18	9.016/20	38.091/5	26.176/7	49.394/2	17.714
2013	17.661/9	12.071/18	9.026/19	36.753/6	24.939/8	48.085/2	17.550
2014	18.161/10	11.130/16	9.530/19	35.894/6	23.984/8	45.716/2	17.173
2015	21.634/9	9.420/20	9.576/18	35.185/6	22.547/8	43.057/2	16.849
平均	18.649/10.6	13.511/16	9.194/19.2	37.343/5.6	24.937/7.6	47.670/2	17.600

2011~2015年，四个区域外资工业企业产值占比由高到低依次为：东部、东北、中部、西部；四个区域普遍呈下降趋势，其中东北地区下降幅度最大。东北与东部地区的差距明显，如表2-92所示。

表2-92　2011~2015年四大经济区外资工业企业产值占比的平均值及排名

	东北		东部		西部		中部	
	平均值	年排名	平均值	年排名	平均值	年排名	平均值	年排名
2011	17.144	14.0	35.811	7.0	8.473	22.4	11.489	19.7
2012	12.378	16.7	34.304	6.6	8.390	22.6	11.380	18.2
2013	12.919	15.3	33.661	7.1	8.345	22.7	11.423	17.8
2014	12.940	15.0	32.802	7.0	8.085	23.2	11.415	17.2
2015	13.543	15.7	31.264	7.2	8.391	22.8	11.394	17.2
平均	13.785	15.3	33.568	6.9	8.337	22.7	11.420	18.0

2011~2015年，七个区域外资工业企业产值占比由高到低依次为：华东、华南、华北、东北、华中、西南、西北；西南呈波动增长趋势，西北趋于平稳，其他区域普遍呈下降趋势。就七个区域而言，东北地区排名居中，与最优的华东地区差距明显，如表2-93所示。

表2-93　2011~2015年七大地理区外资工业企业产值占比的平均值及排名

	东北	华北	华东	华南	华中	西北	西南
	值/序	值/序	值/序	值/序	值/序	值/序	值/序
2011	17.14/13.7	21.82/14.8	34.12/7.8	30.32/8.0	12.34/18.8	4.90/25.8	10.02/21.2
2012	12.38/16.7	21.05/14.6	32.74/7.7	28.70/7.0	12.10/17.5	4.27/27.2	10.89/20.0
2013	12.92/15.3	21.47/14.4	31.99/8.2	27.66/7.7	12.09/16.5	3.47/28.2	11.47/19.8
2014	12.94/15.0	20.84/14.0	31.23/8.2	27.50/7.3	11.67/17.0	4.31/27.0	10.24/21.4
2015	13.54/15.7	20.49/13.6	30.03/8.5	25.53/7.7	11.49/17.0	4.89/26.8	10.42/21.0
平均	13.78/15.3	21.14/14.3	32.02/8.1	27.94/7.5	11.94/17.4	4.37/27.0	10.61/20.7

（4）市场开放

①单位 GDP 外商投资企业数（单位：户/亿元）。单位 GDP 外商投资企业数反映地区吸引外商投资的能力，是衡量地区对外开放程度的重要指标，计算公式为地区外商投资企业数与地区 GDP 的比值。2011～2015 年，全国单位 GDP 外商投资企业数平均水平呈下降趋势，东北地区同样呈现下降趋势，且始终低于全国平均水平；就东北三省而言，辽宁省发展较好，优于全国平均水平，虽 2011～2014 年呈缓慢下降趋势，但 2015 年略有回升，吉林省及黑龙江省的水平相当，且呈下降态势。总体而言，东北地区单位 GDP 外商投资企业数明显低于全国平均水平，且这种差距在不同年度基本保持不变，如图 2-67 所示。

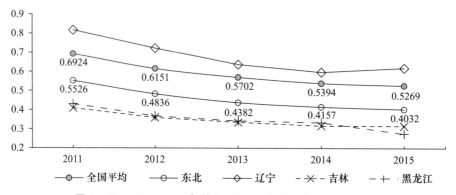

图 2-67 2011～2015 年单位 GDP 外商投资企业数基本走势

注：①全国平均指 31 个省市区的平均水平；②全国范围内（可采集到的数据），单位 GDP 外商投资企业数最大值为 2011 年上海的 3.0732，最小值为 2014 年新疆的 0.1429。

2011～2015 年，东北三省单位 GDP 外商投资企业数在全国 31 个省市区连续 5 年数据集（共 155 个指标值）中相对位置分布情况如图 2-68 所示。可见，东北三省 5 年（共 15 个数据）单位 GDP 外商投资企业数的百分比排位位于 50% 以下的有 7 个。此外，排位的最大值是 2011 年的辽宁省（79.2%），最小值是 2015 年的黑龙江省（25.3%）。

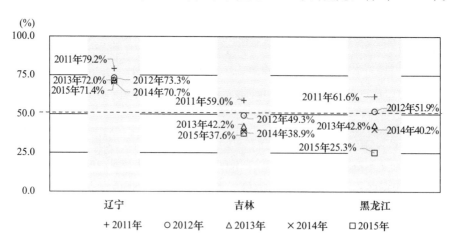

图 2-68 2011～2015 年东北三省单位 GDP 外商投资企业数百分比排位

2011～2015 年，6 省份单位 GDP 外商投资企业数由高到低依次为：广东、江苏、浙江、辽宁、黑龙江、吉林；东南三省呈缓慢下降趋势，但仍优于全国平均水平；东北三省中水平较高的辽宁省低于东南三省中较低的浙江省；单位 GDP 外商投资企业数降幅最大的是黑龙江省（－9.05%），最小的是浙江省（－3.92%），辽宁省和吉林省的降幅分别为－6.06% 和－5.68%，如表 2－94 所示。

表 2－94　2011～2015 年 6 省单位 GDP 外商投资企业数的原始值及单年排名

	辽宁	吉林	黑龙江	江苏	浙江	广东	全国平均
	值/序	值/序	值/序	值/序	值/序	值/序	值
2011	0.8172/9	0.4094/18	0.4313/17	1.0784/6	0.9062/8	1.8245/2	0.6924
2012	0.7228/9	0.3600/19	0.3680/17	0.9335/6	0.8537/8	1.7271/2	0.6151
2013	0.6371/9	0.3351/18	0.3424/17	0.8538/6	0.8165/7	1.6189/2	0.5702
2014	0.5970/9	0.3166/17	0.3335/16	0.7933/6	0.7718/7	1.5419/2	0.5394
2015	0.6190/9	0.3155/15	0.2751/20	0.7637/7	0.7643/6	1.5268/2	0.5269
平均	0.6786/9	0.3473/17.4	0.3500/17.4	0.8845/6.2	0.8225/7.2	1.6479/2	0.5888

2011～2015 年，四个区域单位 GDP 外商投资企业数由高到低依次为：东部、东北、中部、西部；四个区域普遍呈缓慢下降趋势，其中，降幅最大的是西部（－8.64%），最小的是东部（－4.75%）。东北地区略优于中部和西部，但相比东部地区差距明显，如表 2－95 所示。

表 2－95　2011～2015 年四大经济区单位 GDP 外商投资企业数平均值及排名

	东北		东部		西部		中部	
	平均值	年排名	平均值	年排名	平均值	年排名	平均值	年排名
2011	0.5526	15.0	1.3032	7.0	0.3709	20.8	0.3872	22.3
2012	0.4836	15.0	1.2006	7.1	0.2967	21.6	0.3416	20.2
2013	0.4382	14.7	1.1234	7.0	0.2769	21.6	0.3010	20.5
2014	0.4157	14.0	1.0627	7.1	0.2594	21.8	0.2889	20.3
2015	0.4032	14.7	1.0555	6.8	0.2427	22.0	0.2762	20.0
平均	0.4587	14.6	1.1491	7.0	0.2893	21.5	0.3190	20.7

2011～2015 年，七个区域单位 GDP 外商投资企业数由高到低依次为：华东、华南、华北、东北、华中、西南、西北；七大区域普遍呈下降趋势，其中，降幅最大的是西南地区（－9.62%），最小的是华东地区（－4.17%）。就七个区域而言，东北地区排名居中，与最优的华东地区相比，差距明显，如表 2－96 所示。

表2-96 2011~2015年七大地理区单位GDP外商投资企业数的平均值及排名

	东北	华北	华东	华南	华中	西北	西南
	值/序	值/序	值/序	值/序	值/序	值/序	值/序
2011	0.5526/14.7	0.7161/17.8	1.2335/9.0	1.1315/9.0	0.4065/20.8	0.3281/23.2	0.4327/16.6
2012	0.4836/15.0	0.6300/16.8	1.1327/9.2	1.0346/10.0	0.3727/18.8	0.2751/22.8	0.3398/18.6
2013	0.4382/14.7	0.5755/17.2	1.0733/8.8	0.9557/10.0	0.3227/19.0	0.2559/22.8	0.3217/18.6
2014	0.4157/14.0	0.5451/17.0	1.0277/9.0	0.8872/10.0	0.3076/18.8	0.2426/23.0	0.2953/19.0
2015	0.4032/14.7	0.5398/16.2	1.0280/8.5	0.8726/9.3	0.2861/19.5	0.2327/23.0	0.2662/19.8
平均	0.4587/14.6	0.6013/17.0	1.0990/8.9	0.9763/9.7	0.3391/19.4	0.2669/23.0	0.3311/18.5

②货运活跃度（单位：亿吨公里/平方公里）。货运活跃度反映一个地区的市场开放水平，是衡量区域开放的必要指标，计算公式为货物周转量与地区面积的比值，其中货物周转量是实际运送货物吨数与货物平均运距的乘积。2011~2015年，全国货运活跃度的平均水平呈先下降后上升的波动趋势，东北地区总体呈上升趋势，但明显低于全国平均水平；就东北三省而言，辽宁省发展较好，吉林省和黑龙江省的水平相当，吉林省略优于黑龙江省。总体而言，东北地区的货运活跃度明显低于全国平均水平，但差距呈现进一步缩小趋势，以2013年的差距最小，具体如图2-69所示。

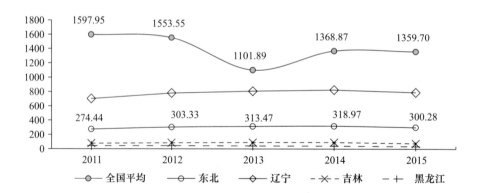

图2-69 2011~2015年货运活跃度基本走势

注：①全国平均指31个省市区的平均水平；②全国范围内（可采集到的数据），货运活跃度最大值为2012年上海的32132.17，最小值为2011年西藏的0.33。

2011~2015年，东北三省货运活跃度在全国31个省市区连续5年数据集（共155个指标值）中相对位置分布情况如图4-20所示。可见，东北三省5年（共15个数据）货运活跃度的百分比排位处于50%以下的有10个，其中位于25%以下有5个。此外，排位的最大值是2014年的辽宁省（87.6%），最小值是2011年的黑龙江省（11.0%），如图2-70所示。

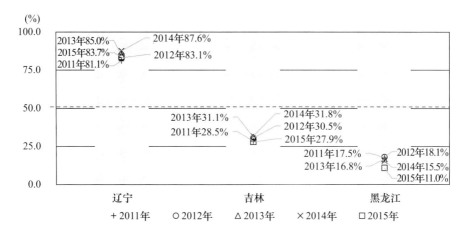

图 2-70　2011~2015 年东北三省货运活跃度百分比排位

2011~2015 年，6 省份货运活跃度由高到低依次为：浙江、江苏、辽宁、广东、吉林、黑龙江；东南三省普遍呈上升趋势，明显优于吉林省和黑龙江省，2015 年东北三省和江苏省表现出下降特征；东南三省水平较低的广东省总体上优于东北地区较低的黑龙江省；货运活跃度增幅最大的是广东省（28.88%），降幅最大的是黑龙江省（-5.37%），辽宁省的增幅为 3.14%，吉林省的降幅为 -0.47%。据最新数据显示，东北三省和广东省 2016 年的货运活跃度有所提升，江苏省和浙江省出现小幅下降，具体如表 2-97 所示。

表 2-97　2011~2015 年 6 省货运活跃度的原始值及单年排名

	辽宁	吉林	黑龙江	江苏	浙江	广东	全国平均
	值/序	值/序	值/序	值/序	值/序	值/序	值
2011	702.54/5	77.51/22	43.28/26	683.50/6	818.47/3	384.25/12	1597.95
2012	780.80/4	85.17/22	44.03/27	776.43/5	870.46/3	532.34/11	1553.55
2013	808.26/6	89.72/22	42.44/26	974.91/3	848.46/5	513.55/10	1101.89
2014	826.18/6	90.92/22	39.82/26	1023.37/3	904.24/5	823.65/7	1368.87
2015	790.81/6	76.06/23	33.98/28	812.40/5	935.52/3	828.17/4	1359.70
平均	781.72/5.4	83.88/22.2	40.71/26.6	854.12/4.4	875.43/3.8	616.39/8.8	1396.39

2011~2015 年，四个区域货运活跃度由高到低依次为：东部、中部、东北、西部；2011~2014 年，东北、中部和西部整体呈上升趋势，且中部的上升幅度最大，2015 年表现出下降特征。东北地区货运活跃度与东部地区差距显著，具体如表 2-98 所示。

表 2-98　2011~2015 年四大经济区货运活跃度的平均值及排名

	东北		东部		西部		中部	
	平均值	年排名	平均值	年排名	平均值	年排名	平均值	年排名
2011	274.44	18.0	4589.50	7.0	80.52	24.2	308.65	13.8
2012	303.33	17.7	4406.31	7.2	89.31	24.1	352.51	13.7

	东北		东部		西部		中部	
	平均值	年排名	平均值	年排名	平均值	年排名	平均值	年排名
2013	313.47	18.0	3002.72	7.5	82.61	24.2	366.62	12.8
2014	318.97	18.0	3804.61	7.0	88.91	24.3	394.19	13.5
2015	300.28	19.0	3810.70	6.6	87.52	24.0	348.76	14.2
平均	302.10	18.1	3922.77	7.1	85.77	24.1	354.15	13.6

2011～2015 年，七个区域货运活跃度由高到低依次为：华东、华北、华南、东北、华中、西南、西北；除华北和华东整体呈下降趋势外，其他地区普遍呈上升趋势，其中，华南地区增幅较大。就七个区域而言，东北地区排名居中，与表现最优的华东地区相比，差距显著，具体如表2-99 所示。

表2-99　2011～2015 年七大地理区货运活跃度的平均值及排名

	东北	华北	华东	华南	华中	西北	西南
	值/序	值/序	值/序	值/序	值/序	值/序	值/序
2011	274/17.7	2151/11.8	5869/5.8	306/14.0	263/15.0	68/25.0	87/24.4
2012	303/17.7	1712/12.0	5916/6.0	381/14.0	300/15.0	77/24.8	93/24.2
2013	314/18.0	868/11.8	4358/5.7	284/15.7	272/14.5	71/24.8	87/24.0
2014	319/18.0	971/12.4	5531/6.0	472/12.7	291/15.3	74/24.8	97/24.2
2015	300/19.0	746/12.6	5702/6.2	445/12.0	283/15.3	70/25.0	99/23.4
平均	302/18.1	1290/12.1	5475/5.9	378/13.7	282/15.0	72/24.9	93/24.0

③客运活跃度（单位：亿人公里/平方公里）。客运活跃度反映一个地区的市场开放水平，是衡量区域开放的必要指标，计算公式为客运周转量与地区面积的比值，其中客运周转量是指在一定时期内运送旅客数量与平均运距的乘积。2011～2015 年，全国客运活跃度的平均水平呈下降趋势，东北地区亦呈下降趋势，且明显低于全国平均水平，以2012 年差距最大；东北三省呈缓慢下降趋势，吉林省下降幅度最大；就东北三省而言，辽宁省发展较好，吉林省次之，黑龙江省较弱。总体而言，东北地区的客运活跃度明显低于全国平均水平，但差距进一步缩小，具体如图2-71 所示。

2011～2015 年，东北三省客运活跃度在全国 31 个省市区连续 5 年数据集（共 155 个指标值）中相对位置分布情况如图2-72 所示。可见，东北三省 5 年（共 15 个数据）客运活跃度的百分比排位处于 50% 以下的有 10 个，其中位于 25% 以下的有 5 个。此外，排位的最大值是 2014 年的辽宁省（64.2%），最小值是 2013 年的黑龙江省（12.9%）。

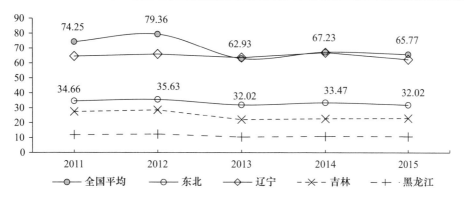

图 2－71　2011～2015 年客运活跃度基本走势

注：①全国平均指 31 个省市区的平均水平；②全国范围内（可采集到的数据），客运活跃度最大值为 2015 年上海的 339.42，最小值为 2011 年西藏的 0.27。

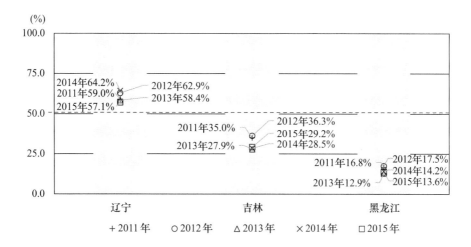

图 2－72　2011～2015 年东北三省客运活跃度百分比排位

2011～2015 年，6 省份客运活跃度由高到低依次为：江苏、广东、浙江、辽宁、吉林、黑龙江；东南三省均呈下降趋势，广东省的降幅最大；东南三省明显优于东北三省，且东南三省水平相对较低的浙江省优于东北地区较高的辽宁省；据最新数据显示，2016年东南三省与东北三省的客运活跃度均有所上升，以广东省的增幅最大。东北三省与东南三省差距依然明显，具体如表 2－100 所示。

表 2－100　2011～2015 年 6 省的客运活跃度的原始值及单年排名

	辽宁	吉林	黑龙江	江苏	浙江	广东	全国平均
	值/序	值/序	值/序	值/序	值/序	值/序	值
2011	64.537/14	27.524/21	11.909/27	167.947/4	122.872/6	144.697/5	74.245
2012	65.969/14	28.613/21	12.304/27	183.929/4	124.891/7	166.845/5	79.357
2013	63.583/11	22.076/22	10.407/27	134.111/4	97.166/6	99.106/5	62.933

	辽宁	吉林	黑龙江	江苏	浙江	广东	全国平均
	值/序	值/序	值/序	值/序	值/序	值/序	值
2014	66.929/12	22.650/22	10.842/27	142.948/4	102.063/7	128.846/5	67.225
2015	62.374/14	22.962/22	10.720/27	142.799/4	103.557/5	99.973/6	65.767
平均	64.679/13	24.765/21.6	11.236/27	154.347/4	110.110/6.2	127.893/5.2	69.905

2011~2015 年，四个区域客运活跃度由高到低依次为：东部、中部、东北、西部；四大区域普遍呈下降趋势，其中东部下降趋势较为明显。东北地区客运活跃度与东部地区差距较大，具体如表 2-101 所示。

表 2-101　2011~2015 年四大经济区客运活跃度的平均值及排名

	东北		东部		西部		中部	
	平均值	年排名	平均值	年排名	平均值	年排名	平均值	年排名
2011	34.657	21.0	148.196	7.0	21.414	23.8	76.447	12.3
2012	35.629	20.7	158.375	7.5	23.292	23.8	81.656	12.2
2013	32.022	20.0	123.907	7.8	18.223	23.8	66.184	12.2
2014	33.474	20.3	131.797	7.8	19.466	23.8	71.995	12.0
2015	32.019	21.0	129.805	7.6	20.078	23.7	67.289	12.2
平均	33.560	20.5	138.416	7.6	20.495	23.8	72.714	12.2

2011~2015 年，七个区域客运活跃度由高到低依次为：华东、华北、华中、华南、东北、西南、西北；七个区域普遍呈下降趋势，华南、华北降幅较为明显，西南降幅最小。就七个区域而言，东北地区处于中下水平，与表现最优的华东地区相比，差距较大，具体如表 2-102 所示。

表 2-102　2011~2015 年七大地理区客运活跃度的平均值及排名

	东北	华北	华东	华南	华中	西北	西南
	值/序	值/序	值/序	值/序	值/序	值/序	值/序
2011	34.657/20.7	121.070/13.2	138.312/7.5	78.027/13.3	78.980/11.0	15.530/25.2	26.949/22.6
2012	35.629/20.7	128.330/13.2	147.900/7.3	86.673/13.0	83.152/11.3	16.260/25.4	30.048/22.6
2013	32.022/20.0	96.949/13.4	123.843/7.5	52.228/14.7	70.140/11.0	13.888/24.8	24.073/22.4
2014	33.474/20.3	96.818/13.0	133.308/7.7	63.485/14.7	76.549/10.8	14.822/25.0	25.768/22.4
2015	32.019/21.0	97.753/13.0	131.970/7.2	54.263/15.0	73.116/11.0	14.486/25.2	26.891/22.0
平均	33.560/20.5	108.180/13.2	135.066/7.4	66.935/14.1	76.387/11.0	14.997/25.1	26.746/22.4

（5）区位支撑

①城市化水平（单位:%）。城市化水平反映一个地区的城市化发展程度，是衡量区域开放的重要指标，计算公式为地区城镇人口与总人口的比值。2011～2015年，全国城市化水平的平均表现整体呈上升趋势，东北地区呈缓慢上升趋势且明显高于全国平均水平，但这种优势呈进一步缩小的趋势。就东北三省而言，辽宁省发展较好，黑龙江省次之，吉林省较弱。据最新数据显示，辽宁省和吉林省2016年的城市化水平有所提升。总体而言，东北地区城市化水平明显高于全国平均水平，但这种优势呈减弱趋势，具体如图2-73所示。

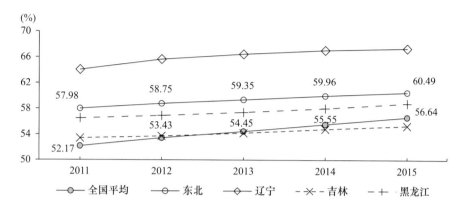

图 2-73　2011～2015 年城市化水平基本走势

注：①全国平均指31个省市区的平均水平；②全国范围内（可采集到的数据），城市化水平最大值为2013年上海的89.60%，最小值为2011年西藏的22.71%。

2011～2015年，东北三省城市化水平在全国31个省市区连续5年数据集（共155个指标值）中相对位置分布情况如图2-74所示。可见，东北三省5年（共15个数据）城市化水平的百分比排位全部位于50%以上。此外，排位的最大值是2015年的辽宁省（87.6%），最小值是2011年的吉林省（52.5%）。

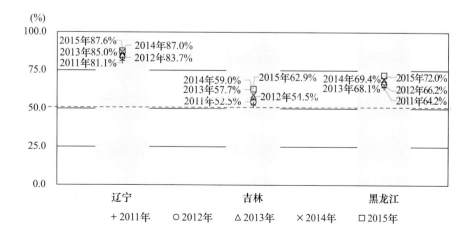

图 2-74　2011～2015 年东北三省城市化水平百分比排位

2011~2015 年，6 省份城市化水平由高到低依次为：广东、辽宁、江苏、浙江、黑龙江、吉林；东南三省呈平稳上升态势，其中江苏省增幅较大，据最新数据显示，2016 年浙江省和广东省的城市化水平有所提升；吉林省和黑龙江省的城市化水平低于东南三省中较低的浙江省；城市化水平增幅最大的是江苏省（1.87%），最小的是广东省（0.83%），辽宁省、黑龙江省和吉林省的增幅分别为 1.29%、1.02% 和 0.89%，具体如表 2 - 103 所示。

表 2 - 103 2011~2015 年 6 省城市化水平的原始值及单年排名

	辽宁	吉林	黑龙江	江苏	浙江	广东	全国平均
	值/序	值/序	值/序	值/序	值/序	值/序	值
2011	64.050/5	53.400/12	56.500/10	61.900/7	62.300/6	66.500/4	52.1694
2012	65.650/5	53.700/12	56.900/11	63.000/7	63.200/6	67.400/4	53.4287
2013	66.450/5	54.200/13	57.400/11	64.110/6	64.000/7	67.760/4	54.4510
2014	67.050/5	54.810/14	58.010/11	65.210/6	64.870/7	68.000/4	55.5484
2015	67.350/5	55.310/14	58.800/11	66.520/6	65.800/7	68.710/4	56.6442
平均	66.110/5	54.284/13	57.522/10.8	64.148/6.4	64.034/6.6	67.674/4	54.4483

2011~2015 年，四个区域城市化水平由高到低依次为：东部、东北、中部、西部；四个区域普遍呈上升趋势，其中西部上升幅度最大，东北上升幅度最小。东北地区城市化水平与东部地区差距较大，具体如表 2 - 104 所示。

表 2 - 104 2011~2015 年四大经济区城市化水平的平均值及排名

	东北		东部		西部		中部	
	平均值	年排名	平均值	年排名	平均值	年排名	平均值	年排名
2011	57.983	9.0	65.185	8.0	42.814	22.2	46.280	20.3
2012	58.750	9.3	66.108	8.1	44.259	22.2	47.975	20.0
2013	59.350	9.7	66.916	8.1	45.434	22.3	49.260	19.8
2014	59.957	10.0	67.620	8.1	46.885	22.3	50.552	19.7
2015	60.487	10.0	68.383	7.9	48.245	22.3	51.957	19.8
平均	59.305	9.6	66.842	8.1	45.528	22.2	49.205	19.9

2011~2015 年，七个区域城市化水平由高到低依次为：华北、华东、东北、华南、华中、西北、西南；七个区域普遍呈平稳上升态势，西南地区增幅最大。就七个区域而言，东北地区处于中上水平，与最优的华北地区相比，差距较大，具体如表 2 - 105 所示。

表 2-105　2011~2015 年七大地理区城市化水平的平均值及排名

	东北	华北	华东	华南	华中	西北	西南
	值/序	值/序	值/序	值/序	值/序	值/序	值/序
2011	57.983/9	63.720/10	61.225/10	52.933/15	45.800/21	44.806/21	38.264/25
2012	58.750/9	64.710/10	62.338/10	54.177/15	47.523/20	46.172/22	39.796/25
2013	59.350/10	65.540/10	63.348/10	55.103/15	48.785/20	47.286/22	41.052/25
2014	59.957/10	66.250/10	64.273/10	55.923/15	50.093/20	48.742/22	42.678/24
2015	60.487/10	67.160/10	65.005/9	56.963/15	51.553/20	49.974/22	44.342/24
平均	59.305/10	65.476/10	63.238/10	55.020/15	48.751/20	47.396/22	41.226/25

②运网密度（单位：公里/平方公里）。运网密度反映一个地区交通运输的发展水平，是衡量区域开放程度的重要指标，计算公式为地区交通线路总长度与地区总面积的比值。2011~2015 年，全国运网密度的平均水平呈上升态势，东北地区呈平稳上升趋势；东北地区整体水平明显低于全国平均水平；东北三省均呈上升趋势，尤其辽宁省上升明显；就东北三省而言，辽宁省发展较好，吉林省次之，黑龙江省较弱。总体而言，东北地区的运网密度明显低于全国平均水平，且这种差距在不同年度基本保持不变，具体如图 2-75 所示。

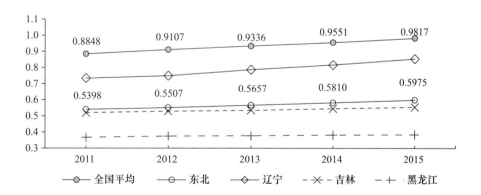

图 2-75　2011~2015 年运网密度基本走势

注：①全国平均指 31 个省市区的平均水平；②全国范围内（可采集到的数据），运网密度最大值为 2015 年上海的 2.4976，最小值为 2011 年西藏的 0.0518。

2011~2015 年，东北三省运网密度在全国 31 个省市区连续 5 年数据集（共 155 个指标值）中相对位置分布情况如图 2-76 所示。可见，东北三省 5 年（共 15 个数据）运网密度的百分比排位均位于 50% 以下，其中有 6 个位于 25% 以下。此外，排位最大值是2015 年的辽宁省（46.7%），最小值是 2011 年的黑龙江省（16.2%）。

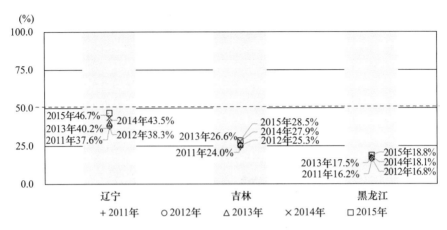

图 2-76　2011~2015 年东北三省运网密度百分比排位

2011~2015 年，6 省份运网密度由高到低依次为：江苏、广东、浙江、辽宁、吉林、黑龙江；东南三省整体呈平稳上升趋势，江苏省发展较好，浙江省与广东省基本持平；东南三省中水平较低的广东省优于东北地区较高的辽宁省；运网密度增幅最大的是辽宁省（4.09%），最小的是江苏省（0.99%），黑龙江省和吉林省的增幅分别为 1.19% 和 1.71%，具体如表 2-106 所示。

表 2-106　2011~2015 年 6 省运网密度的原始值及单年排名

	辽宁	吉林	黑龙江	江苏	浙江	广东	全国平均
	值/序	值/序	值/序	值/序	值/序	值/序	值
2011	0.7342/19	0.5187/23	0.3664/26	1.7569/2	1.1688/9	1.1431/11	0.8848
2012	0.7494/19	0.5286/23	0.3742/26	1.7755/2	1.1854/10	1.1680/12	0.9107
2013	0.7866/19	0.5339/23	0.3767/26	1.7979/2	1.2058/11	1.2158/10	0.9336
2014	0.8168/19	0.5444/23	0.3817/26	1.8130/2	1.2178/11	1.2703/10	0.9551
2015	0.8545/18	0.5541/23	0.3838/26	1.8263/2	1.2355/11	1.2922/10	0.9817
平均	0.7883/18.8	0.5359/23	0.3766/26	1.7939/2	1.2027/10.4	1.2179/10.6	0.9331

2011~2015 年，四个区域运网密度由高到低依次为：东部、中部、东北、西部；四个区域普遍呈平稳上升的趋势，西部地区上升幅度最大。东北地区与东部地区相比，差距较大，具体如表 2-107 所示。

表 2-107　2011~2015 年四大经济区运网密度的平均值及排名

	东北		东部		西部		中部	
	平均值	年排名	平均值	年排名	平均值	年排名	平均值	年排名
2011	0.5398	23.0	1.3059	9.0	0.4926	22.8	1.1396	10.2
2012	0.5507	22.7	1.3399	9.4	0.5108	22.6	1.1750	10.5

	东北		东部		西部		中部	
	平均值	年排名	平均值	年排名	平均值	年排名	平均值	年排名
2013	0.5657	22.7	1.3729	9.1	0.5270	22.7	1.1984	10.8
2014	0.5810	22.7	1.4013	9.0	0.5461	22.7	1.2163	11.0
2015	0.5975	22.3	1.4277	9.3	0.5720	22.7	1.2499	10.7
平均	0.5669	22.6	1.3696	9.2	0.5297	22.7	1.1958	10.6

　　2011～2015年，七个区域运网密度由高到低依次为：华东、华中、华北、华南、西南、东北、西北；七个区域普遍呈平稳上升趋势，其中西北地区增幅最大。就七大区域而言，东北地区排名靠后，与最优的华东地区相比，差距较大，具体如表2-108所示。

表2-108　2011～2015年七大地理区运网密度的平均值及排名

	东北	华北	华东	华南	华中	西北	西南
	值/序	值/序	值/序	值/序	值/序	值/序	值/序
2011	0.5398/22.7	0.9440/14.4	1.4472/7.5	0.7664/18.3	1.2050/8.5	0.3244/25.8	0.7327/18.6
2012	0.5507/22.7	0.9619/14.4	1.5009/7.0	0.7917/18.7	1.2252/9.8	0.3449/25.6	0.7527/18.2
2013	0.5657/22.7	0.9877/14.2	1.5365/7.0	0.8193/18.0	1.2418/10.3	0.3579/25.8	0.7743/18.2
2014	0.5810/22.7	1.0058/14.0	1.5581/7.2	0.8546/18.0	1.2639/10.3	0.3719/25.8	0.8016/18.2
2015	0.5975/22.3	1.0238/14.4	1.5948/7.2	0.8780/18.0	1.2898/10.0	0.3830/26.0	0.8489/18.0
平均	0.5669/22.6	0.9846/14.3	1.5275/7.2	0.8220/18.2	1.2451/9.80	0.3564/25.8	0.7821/18.2

　　③国际旅游收入占比（单位:%）。国际旅游收入占比反映一个地区的对外开放程度，是衡量地区区域开放程度的重要指标，计算公式为地区向国际旅游者提供商品和各种服务所得外汇收入与GDP的比值。2011～2015年，全国国际旅游收入占比的平均水平整体呈下降趋势，东北地区亦呈下降趋势；东北地区明显低于全国平均水平，且这种差距越发明显；辽宁省和黑龙江省呈下降趋势，其中辽宁省2014年下降幅度最大，吉林省呈现微弱上升趋势，在2013年反超黑龙江省；就东北三省而言，2011～2013年，辽宁省发展较好，黑龙江省次之，吉林省较弱，2014～2015年三省之间的差距缩小；据最新数据显示，2016年吉林省和黑龙江省的国际旅游收入比有所提升。总体而言，东北地区国际旅游收入占比明显低于全国平均水平，且这种差距呈进一步扩大趋势，具体如图2-77所示。

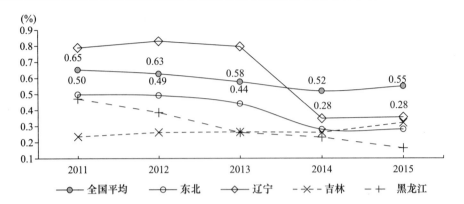

图 2 - 77　2011 ~ 2015 年国际旅游收入占比基本走势

注：①全国平均指 31 个省市区的平均水平；②全国范围内（可采集到的数据），国际旅游收入占比最大值为 2011 年北京的 2.15%，最小值为 2014 年甘肃的 0.01%。

2011 ~ 2015 年，东北三省国际旅游收入占比在全国 31 个省市区连续 5 年数据集（共 155 个指标值）中相对位置分布情况如图 2 - 78 所示。可见，东北三省 5 年（共 15 个数据）国际旅游收入占比的百分比排位处于 50% 以下的有 10 个，其中有 1 个位于 25% 以下。此外，排位的最大值是 2012 年的辽宁省（73.3%），最小值是 2015 年的黑龙江省（20.7%）。

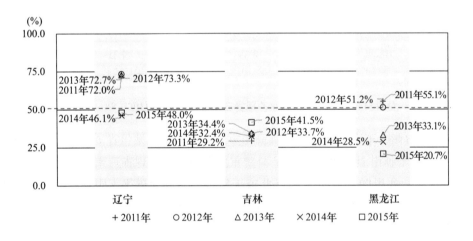

图 2 - 78　2011 ~ 2015 年东北三省国际旅游收入占比百分比排位

2011 ~ 2015 年，6 省份国际旅游收入占比由高到低依次为：广东、浙江、辽宁、江苏、黑龙江、吉林；东南三省中，广东省呈逐年下降趋势，浙江省呈波动上升态势，江苏省呈波动下降趋势；东北地区水平较高的辽宁省与东南三省中较低的江苏省差距不大；国际旅游收入占比增幅最大的是吉林省（9.05%），降幅最大的是黑龙江省（- 16.34%），辽宁省降幅为 - 13.73%；据最新数据显示，东南三省 2016 年国际旅游收入比有所提升，具体如表 2 - 109 所示。

表 2 - 109　2011～2015 年 6 省国际旅游收入占比的原始值及单年排名

	辽宁	吉林	黑龙江	江苏	浙江	广东	全国平均
	值/序	值/序	值/序	值/序	值/序	值/序	值
2011	0.7884/10	0.2355/23	0.4710/16	0.7435/11	0.9076/9	1.6880/3	0.6513
2012	0.8292/9	0.2616/23	0.3852/17	0.7356/11	0.9381/8	1.7268/2	0.6261
2013	0.7953/9	0.2635/20	0.2602/21	0.2491/22	0.8890/8	1.6217/1	0.5761
2014	0.3472/14	0.2599/19	0.2302/21	0.2862/17	0.8798/8	1.5496/1	0.5186
2015	0.3555/15	0.3207/18	0.1632/24	0.3133/19	0.9859/8	1.5299/1	0.5487
平均	0.6231/11.4	0.2682/20.6	0.3020/19.8	0.4656/16	0.9201/8.2	1.6232/1.6	0.5842

2011～2015 年，四个区域国际旅游收入占比由高到低依次为：东部、西部、东北、中部；其中，东部和中部地区呈缓慢下降趋势，西部总体呈稳定状态，东北地区下降明显；东北地区国际旅游收入占比与东部地区相比，差距较大，具体如表 2 - 110 所示。

表 2 - 110　2011～2015 年四大经济区国际旅游收入占比的平均值及排名

	东北		东部		西部		中部	
	平均值	年排名	平均值	年排名	平均值	年排名	平均值	年排名
2011	0.4983	16.0	1.1210	9.0	0.4716	19.1	0.3045	21.0
2012	0.4920	16.3	1.0648	9.2	0.4471	19.1	0.3202	21.0
2013	0.4397	16.7	0.9306	10.2	0.4519	18.3	0.3020	20.7
2014	0.2791	18.0	0.8749	10.0	0.4201	17.8	0.2415	21.5
2015	0.2798	19.0	0.8913	10.5	0.4681	17.5	0.2731	20.7
平均	0.3978	17.3	0.9765	9.8	0.4518	18.4	0.2883	21.0

2011～2015 年，七个区域国际旅游收入占比由高到低依次为：华南、华东、华北、西南、东北、西北、华中；七个区域普遍呈下降趋势，东北下降幅度最大；就七个区域而言，东北地区处于中下水平，与最优的华南地区相比，差距较大，具体如表 2 - 111 所示。

表 2 - 111　2011～2015 年七大地理区国际旅游收入占比的平均值及排名

	东北	华北	华东	华南	华中	西北	西南
	值/序	值/序	值/序	值/序	值/序	值/序	值/序
2011	0.4983/16.3	0.7802/15.6	0.9640/10.0	1.0769/8.3	0.2508/22.8	0.2535/23.8	0.7020/14.8
2012	0.4920/16.3	0.7439/14.8	0.9480/10.0	1.0385/8.7	0.2431/23.3	0.2563/23.6	0.6314/15.2
2013	0.4397/16.7	0.7052/13.6	0.7988/11.5	0.9842/7.3	0.2170/23.5	0.2374/23.4	0.6430/15.2
2014	0.2791/18.0	0.6178/15.0	0.7772/10.5	0.8791/7.7	0.1930/23.0	0.2120/23.2	0.6037/14.6
2015	0.2791/19.0	0.6149/16.2	0.8354/10.5	0.8861/7.7	0.2133/22.0	0.2440/22.8	0.6702/14.0
平均	0.3978/17.3	0.6924/15.0	0.8647/10.5	0.9729/7.9	0.2234/22.9	0.2406/23.4	0.6501/14.8

4. 主要结论

首先，东北三省的区域开放指数低于全国平均水平，且这种差距呈现进一步扩大的趋势。在反映区域开放的 5 个方面（贸易开放、投资开放、生产开放、市场开放、区位支撑），除辽宁省的投资开放优于江苏省和广东省外，东北三省其他方面落后于东南三省，尤其值得关注的是，东北三省的区位支撑与东南三省差距明显，成为东北地区区域开放方面最显著的问题。

其次，动态来看，2011～2015 年，东北地区的指数得分提升缓慢，意味着绝对能力的提升幅度不大。同时，东北地区的区域开放方面的相对排名在急速下滑（辽宁省略有提升），意味着全国范围内相对优势在急剧退失。

再次，分省来看，辽宁省的区域开放水平较高，黑龙江省在 2012 年和 2014 年的区域开放优于吉林省，其他年份吉林省略优于黑龙江省。在全国各省相对排名的竞争中，吉林省和黑龙江省有所退步，辽宁省基本保持不变。辽宁省和黑龙江省在区域开放各分项指数上发展比较均衡，投资开放相对较好，吉林省关于各分项指数呈不均衡发展，生产开放较好，投资开放较薄弱。

最后，单项指标方面，东北三省仅"净出口贡献率""城市化水平"相对于全国平均水平有一定的优势；其他各项指标，尤其"运网密度""国际旅游收入占比""国际旅游收入占比"的发展比较落后。

（四）产业发展评价报告

1. 产业发展指数总体分析

对产业发展的测度包括产业均衡、服务业发展、重化工调整、金融深化、现代农业五个方面，共 10 项关键指标，汇集中国 31 个省市区 2011～2015 年产业发展方面的指标信息，得到了连续 5 年的产业发展指数得分。在此基础上，形成多年连续排名和单年排名。其中，多年连续排名用于反映各省市区产业发展的绝对发展水平随时间动态变化的情况（31 个省市区 5 年共 155 个排位，最高排名为 1，最低排名为 155），单年排名用于反映各省市区在全国范围内某个单年的相对发展水平（31 个省市区每年 31 个排位，最高排名为 1，最低排名为 31）。具体而言，31 个省市区产业发展的总体情况见表 2 - 112。

东北地区的产业发展指数处于全国中等偏上的位置，但总体上还落后于东南三省的发展水平。2011～2015 年，6 省份产业发展平均指数由高到低依次为：浙江、江苏、广东、黑龙江、辽宁、吉林；除浙江省外，东南其余两省和东北三省均呈上升趋势；东南三省

表 2 – 112 2011～2015 年 31 个省市区产业发展指数得分、连续及单年排名

省市区	2011			2012			2013			2014			2015		
	值	总	年	值	总	年	值	总	年	值	总	年	值	总	年
上海	77.7	2	1	73.4	7	1	70.5	15	1	73.9	6	1	78.7	1	1
浙江	75.7	3	2	72.2	10	2	69.8	18	2	70.8	14	4	73.9	5	2
北京	75.2	4	3	72.1	11	3	67.8	24	4	71.6	12	2	73.2	8	3
江苏	70.1	16	4	68.1	23	4	66.8	28	5	71.0	13	3	72.7	9	4
天津	67.5	26	5	67.5	25	5	68.1	22	3	69.3	19	5	69.9	17	5
黑龙江	54.3	57	10	52.8	66	12	54.3	56	11	62.7	33	7	69.1	20	6
广东	64.3	30	6	62.4	34	6	61.9	36	6	66.0	29	6	68.6	21	7
福建	63.4	32	7	60.8	39	7	59.0	43	8	61.8	37	8	67.0	27	8
安徽	48.3	78	13	45.5	93	15	48.7	76	13	53.3	63	13	63.5	31	9
四川	44.6	99	16	49.2	75	13	47.5	82	14	52.0	67	14	62.0	35	10
辽宁	51.0	71	11	52.8	65	11	54.4	55	10	55.4	50	11	61.7	38	11
重庆	50.5	73	12	54.6	54	8	57.1	47	9	57.1	48	10	59.2	41	12
山东	54.7	53	9	53.5	61	10	53.5	62	12	53.7	60	12	58.5	44	13
海南	55.1	52	8	54.1	58	9	59.2	42	7	60.7	40	9	58.4	45	14
江西	41.5	111	20	45.2	94	16	44.3	101	19	48.7	77	17	57.4	46	15
湖北	41.9	109	19	40.8	112	21	46.3	86	16	50.3	74	16	56.1	49	16
吉林	47.2	85	15	47.4	84	14	47.4	83	15	50.9	72	15	55.4	51	17
河南	44.3	100	17	43.9	104	19	46.2	88	17	45.6	91	21	53.9	59	18
河北	47.8	80	14	41.8	110	20	44.1	103	20	47.6	81	18	53.0	64	19
西藏	36.3	130	23	44.6	97	17	43.6	106	21	45.9	89	19	51.9	68	20
湖南	44.2	102	18	44.6	98	18	42.2	108	22	45.9	90	20	51.4	69	21
新疆	35.6	137	25	37.4	124	23	45.0	95	18	43.8	105	23	51.0	70	22
山西	35.0	140	27	36.0	133	24	36.9	127	26	37.8	119	25	48.2	79	23
陕西	36.2	131	24	38.9	115	22	38.2	117	24	45.5	92	22	46.2	87	24
青海	30.4	145	29	28.4	151	29	39.3	114	23	37.6	121	27	45.0	96	25
广西	37.5	123	22	35.8	136	25	37.2	126	25	38.2	116	24	42.3	107	26
云南	30.8	144	28	29.8	147	28	36.4	129	27	37.7	120	26	39.6	113	27
宁夏	35.2	139	26	34.6	141	26	35.2	138	28	35.8	135	29	38.0	118	28
甘肃	27.3	153	30	23.2	155	31	29.5	148	31	29.4	149	30	37.3	125	29
内蒙古	37.5	122	21	32.9	142	27	32.3	143	29	36.0	132	28	36.4	128	30
贵州	25.0	154	31	27.7	152	30	30.1	146	30	29.4	150	31	35.9	134	31
平均	47.9	87	16	47.5	87	16	48.8	82	16	51.1	74	16	56.0	58	16

注：①对于表中的字段名称，"值"表示各省市区对应年份的指数得分，"总"表示各省市区 2011～2015 年多年连续总排名，"年"表示各省市区 5 个单年的排名；②表中 31 个省市区按照 2015 年的指数得分由高到低（降序）排列。

水平较低的省份广东省平均得分也优于东北三省最优的黑龙江省，但黑龙江省在 2015 年超过了广东省；6 省中，产业发展指数年均增幅最大的是黑龙江省（6.80%），最低的是浙江省（-0.59%），辽宁省和吉林省的增幅分别为 5.21% 和 4.34%。就 2015 年而言，黑龙江省和辽宁省产业发展相对较好，在 31 个省市区域中的单年排名分别为 6 和 11，吉林省相对较差，排名为 17，具体如表 2-112 和表 2-113 所示。

表 2-113 2011~2015 年 6 省产业发展指数的值及单年排名

	辽宁	吉林	黑龙江	江苏	浙江	广东	全国平均
	值/序	值/序	值/序	值/序	值/序	值/序	值
2011	51.02/11	47.20/15	54.31/10	70.09/4	75.70/2	64.28/6	47.93
2012	52.78/11	47.41/14	52.76/12	68.11/4	72.18/2	62.42/6	47.48
2013	54.43/10	47.43/15	54.32/11	66.79/5	69.76/2	61.85/6	48.80
2014	55.45/11	50.89/15	62.72/7	71.02/3	70.77/4	66.01/6	51.15
2015	61.65/11	55.40/17	69.10/6	72.74/4	73.91/2	68.63/7	55.98
平均	55.06/10.8	49.67/15.2	58.64/9.2	69.75/4.0	72.47/2.4	64.64/6.2	50.27

2011~2015 年，全国产业发展呈平稳上升趋势，东北地区亦呈稳步上升趋势，且高于全国平均水平；东北三省均呈上升趋势。相对而言，黑龙江省较好，辽宁省次之，吉林省较弱，但也与全国平均水平接近，具体如图 2-79 所示。

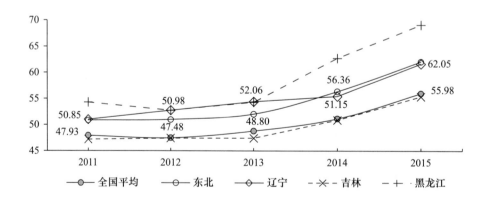

图 2-79 2011~2015 年产业发展指数基本走势

注：①全国平均指 31 个省市区的平均水平；②全国范围内（可采集到的数据），产业发展指数最大值为 2015 年上海的 78.68，最小值为 2012 年甘肃的 23.23。

2011~2015 年，东北三省产业发展指数在全国 31 个省市区连续 5 年数据集（共 155 个指标值）中相对位置分布情况如图 2-80 所示。可见，东北三省 5 年（共 15 个数据）

产业发展总指数的百分比排位处于 50% 以下的数量有 3 个；排位的最大值是 2015 年的黑龙江省（87.6%），最小值是 2011 年的吉林省（45.4%）。

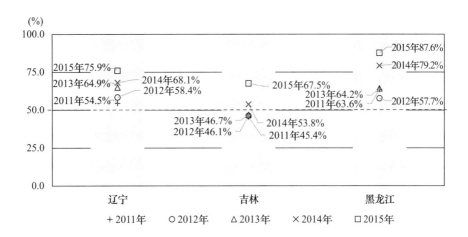

图 2-80 2011~2015 年产业发展指数百分比排位

2. 全国视角下东北地区产业发展进展分析

2011~2015 年，四个区域产业发展总指数由高到低依次为：东部、东北、中部、西部；四个区域普遍呈上升趋势，其中中部地区上升幅度最大，东部地区上升幅度最小。东北地区产业发展指数与东部地区相比，存在一定差距，具体如表 2-114 所示。

表 2-114 2011~2015 年四大经济区产业发展平均值及排名

	东北		东部		西部		中部	
	平均值	年排名	平均值	年排名	平均值	年排名	平均值	年排名
2011	50.85	12.0	65.16	6.0	35.56	23.9	42.52	19.0
2012	50.98	12.3	62.58	6.7	36.42	23.3	42.65	18.8
2013	52.06	12.0	62.06	6.8	39.28	23.3	44.11	18.8
2014	56.36	11.0	64.64	6.8	40.71	23.6	46.93	18.7
2015	62.05	11.3	67.40	7.6	45.40	23.7	55.07	17.0
平均	54.46	11.7	64.37	6.8	39.47	23.5	46.25	18.5

注：为确保区分度，对于具有平均意义的排名（序），本研究保留一位小数，以下各表同。

2011~2015 年，七个区域产业发展由高到低依次为：华东、东北、华南、华北、华中、西南、西北；七个区域普遍呈上升趋势，其中西南地区的增幅最大。就七个区域而言，东北地区排名靠前，但与最优的华东地区相比，存在较大差距，具体如表 2-115 所示。

表 2 – 115　2011～2015 年七大地理区产业发展指数的平均值及排名

	东北	华北	华东	华南	华中	西北	西南
	值/序	值/序	值/序	值/序	值/序	值/序	值/序
2011	50.85/12.0	52.62/14.0	64.99/6.0	52.30/12.0	42.95/18.5	32.92/26.8	37.43/22.0
2012	50.98/12.3	50.06/15.8	62.24/6.5	50.75/13.3	43.62/18.5	32.49/26.2	41.18/19.2
2013	52.06/12.0	49.85/16.4	61.37/6.8	52.75/12.7	44.75/18.5	37.45/24.8	42.93/20.2
2014	56.36/11.0	52.47/15.6	64.08/6.8	54.99/13.0	47.60/18.5	38.43/26.2	44.42/20.0
2015	62.05/11.3	56.16/16.0	69.05/6.2	56.42/15.7	54.68/17.5	43.48/25.6	49.74/20.0
平均	54.46/11.7	52.23/15.6	64.35/6.5	53.44/13.3	46.72/18.3	36.95/25.9	43.14/20.3

　　为便于直观分析，将指数信息按空间分类、时间排列、优劣序化等方式整理后，形成多年连续排名及单年排名的可视化集成图（见图 2–81～图 2–83），结合表 2–112 的信息，以全国四大经济区为划分标准，对东北三省的产业发展方面的进程评价如下：

　　第一，东北地区产业发展水平高于全国平均，但低于东部地区。从反映西部、中部、东北、东部 4 大区域的平均得分曲线的变化情况可以看出，东部地区发展相对成熟，基础夯实（2011 年为 65.2），但与其他地区的差距在缩小（2015 年为 67.4）。其余三个地区平均水平都较低，但上升势头都较猛，5 年的发展并没有改变三个地区的相对水平。其中，西部地区的基础最差（2011 年为 35.6），尽管经过 5 年的快速发展，但指数得分仍然没有超过 50；中部地区在波动中有所提升，指数得分在 2015 年成功超过 50；以 2011 年为基点（得分 50.8），东北地区拥有优于全国平均水平的起步条件，并将这种优势保持到了 2015 年（得分 62.0）。

　　第二，东北地区产业发展连续排名提升不明显，低于中部和西部地区。四个区域中上升最快的为中部地区，连续排名年均提高 12.8 名。中部地区上升最快的是江西省（从 2011 年的 111 名发展至 2015 年的 46 名），上升最慢的是湖南省（由 2011 年的 102 名发展至 2015 年的 69 名）。西部地区上升最快的是新疆维吾尔自治区（从 2011 年的 137 名发展至 2015 年的 70 名），以 67 名的位次提升成为全国发展最快的省份，唯一下降的是内蒙古自治区（由 2011 年的 122 名发展至 2015 年的 128 名）。东部地区各省份排名均相对稳定，只有河北省的排名升幅较大（由 2011 年的 80 名发展至 2015 年的 64 名）。东北地区连续排名的上升速度高于东部地区，但低于西部和中部地区。在东北三省中，黑龙江省上升最快，从 2011 年的 57 名稳步发展至 2015 年的 20 名，辽宁省与吉林省的升幅尚可，均有年均 8 名以上的升幅。

　　第三，东北三省在产业发展上出现分化。2011～2015 年，在相对位次的排名竞争中，只有东部地区总体呈下降趋势。在东部地区的 10 个省域中，单年排名或者不变（5 个，占 50.00%），或者退后（5 个，占 50.00%），没有排名提升的省区，其中海南省相对排

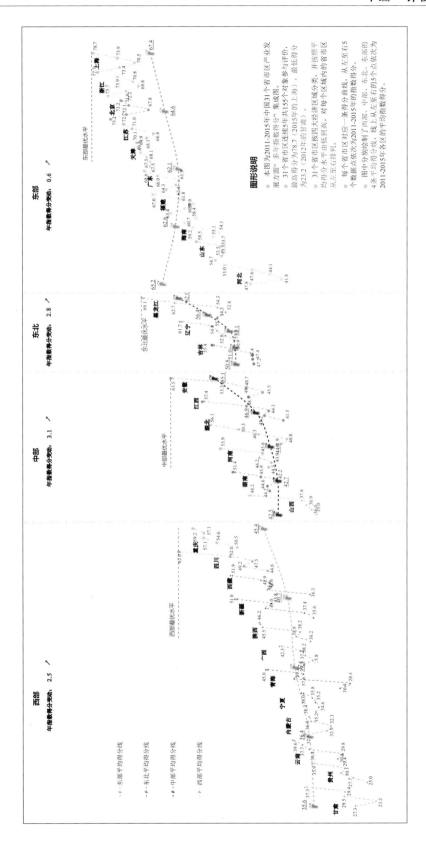

图 2－81　2011～2015 年 31 个省市区产业发展指数得分变动情况

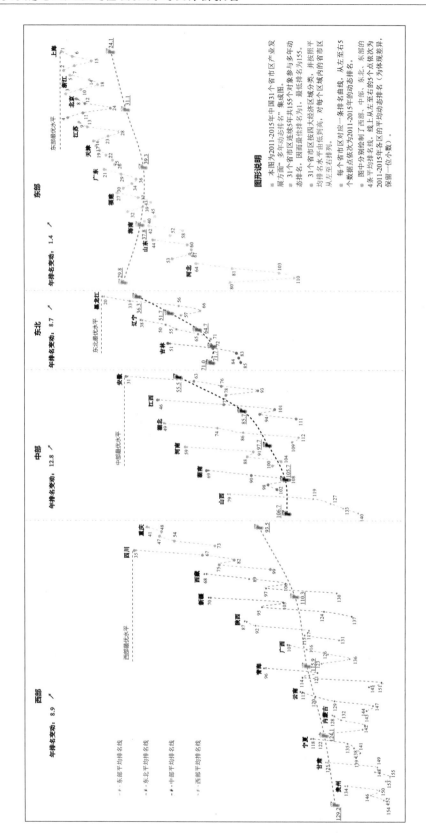

图 2 - 82 2011～2015 年 31 个省市区产业发展多年连续排名变动情况

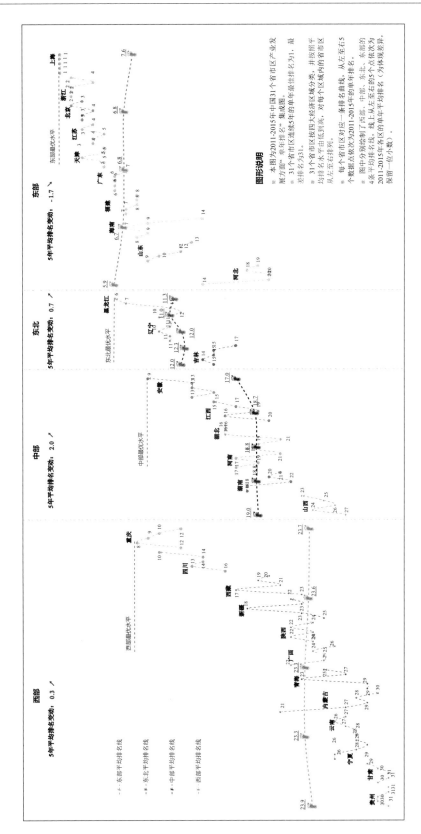

图2-83　2011~2015年31个省市区产业发展单年排名变动情况

名下降 6 名，为东部地区下降最快的省份。上升最快的是中部地区，在中部地区 6 个省域中，单年排名提升的有 4 个（占 66.67%），排名退后的有 2 个（占 33.33%），其中江西省相对排名提升 5 名，湖南省退后 3 名，分别为中部地区上升与为下降最快的省区。在西部地区 12 个省域中，单年排名提升的有 6 个（占 50.00%），排名退后的有 3 个（占 25.00%），其中四川省相对排名提升 6 名，内蒙古自治区下降 9 名，分别为西部地区上升与下降最快的两个省区。东北地区的 3 个省域中，单年排名提升、退后、不变的各占1/3，分化较严重，其中黑龙江省由 10 名提升至 6 名，吉林省由 15 名退至 17 名，辽宁省保持在 11 名上。

3. 产业发展分项指数分析

2011～2015 年，东北三省现代农业的平均水平超过了全国平均水平和东南三省平均水平，表现出较强的竞争力；产业均衡和重化工调整的平均水平超过了全国平均水平，但低于东南三省的平均水平；服务业发展和金融深化的平均水平低于东南三省和全国平均水平，表现较弱。东南三省的平均得分雷达图基本包围东北三省平均得分雷达图和全国平均得分雷达图，只在现代农业上略低于东北三省。分省看，除广东省的现代农业得分低于全国平均水平外，东南三省 5 个分项指数的 5 年平均得分都超过了全国平均水平，发展相对均衡。东北三省在 5 个分项指数的发展上非常不平衡，其中吉林省最为突出，现代农业得分达到 75.24，服务业发展的得分仅为 24.09。就东北三省而言，辽宁省服务业发展和金融深化相对较好，但未能超越全国平均水平；吉林省重化工调整相对较好，产业均衡、服务业发展、金融深化均较弱；黑龙江省相对均衡，且在产业均衡和现代农业上较好。总体来看，东北三省在现代农业上具有一定优势，在服务业发展和金融深化上和东南三省的差距较大，具体如表 2－116 和图 2－84 所示。

表 2－116　2011～2015 年 6 省产业发展方面分项指数平均得分

	产业均衡	服务业发展	重化工调整	金融深化	现代农业
辽宁	60.91	44.59	43.77	46.88	79.18
吉林	35.18	24.09	75.05	38.78	75.24
黑龙江	71.26	43.24	52.56	40.03	86.11
江苏	85.30	61.33	65.30	54.54	82.30
浙江	91.13	62.16	80.50	73.34	55.19
广东	73.91	60.62	87.45	59.36	41.88
东北三省平均	55.78	37.31	57.13	41.90	80.18
东南三省平均	83.44	61.37	77.75	62.41	59.79
各省平均	52.55	50.05	49.46	50.20	49.08

续表

	产业均衡	服务业发展	重化工调整	金融深化	现代农业
各省最高	99.13	75.69	87.45	82.03	86.11
各省最低	7.53	24.09	7.36	31.28	6.20

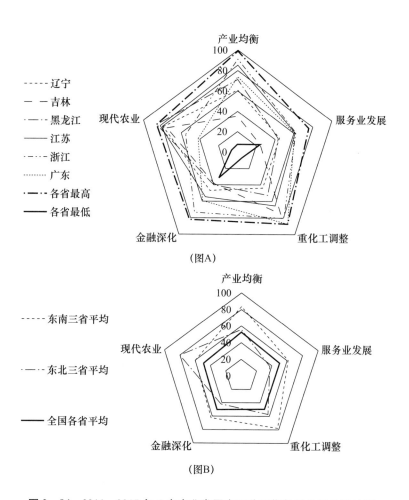

图 2-84 2011～2015 年 6 省产业发展方面分项指数平均得分雷达图

2011～2015 年，产业发展下 5 个分项指数的全国年平均值中，产业均衡、重化工调整和现代农业呈上升趋势，服务业发展和金融深化有所波动；东南三省在除现代农业外的其余 4 个分项指数上处于全国前列；江苏省和浙江省在各分项上均排名靠前，因此江苏省和浙江省在产业发展排名上居全国前五位。在东北三省 5 个分项指数的得分中，只有重化工调整和现代农业整体呈稳定上升趋势，其他分项指数均有所波动，具体如表 2-117 所示。

表 2 – 117　2011～2015 年 6 省产业发展方面分项指数

分项指数	年份	辽宁	吉林	黑龙江	江苏	浙江	广东	全国平均
		值/序	值/序	值/序	值/序	值/序	值/序	值
产业均衡	2011	52.11/13	23.90/22	62.78/10	83.57/5	91.40/3	72.96/7	46.88
	2012	55.56/13▲	25.71/23▲	66.56/11▲	85.26/5▲	91.26/3▼	73.07/7▲	49.46▲
	2013	65.09/13▲	35.83/23▲	71.84/10▲	84.88/5▼	91.13/4▼	73.44/8▲	53.38▲
	2014	64.64/13▼	41.65/21▲	74.94/9▲	85.54/5▲	90.91/4▼	75.10/8▲	55.05▲
	2015	67.14/13▲	48.80/20▲	80.15/8▲	87.25/5▲	90.97/4▲	74.96/11▼	57.99▲
服务业发展	2011	39.50/20	31.29/30	46.52/15	61.90/11	71.81/5	64.90/8	50.36
	2012	39.36/19▼	19.53/31▼	34.04/22▼	52.99/12▼	56.34/9▼	53.06/11▼	44.79▼
	2013	49.63/19▲	26.93/29▲	35.18/27▲	68.31/8▲	68.76/7▲	69.16/6▲	54.21▲
	2014	38.42/23▼	16.21/31▼	47.57/15▲	63.07/3▼	54.77/9▼	55.84/7▼	46.33▼
	2015	56.03/16▲	26.48/31▲	52.91/21▲	60.38/9▼	59.13/11▲	60.11/10▲	54.53▲
重化工调整	2011	42.57/18	67.26/6	40.23/20	62.96/7	80.34/3	87.03/1	45.86
	2012	43.36/20▲	71.42/5▲	47.14/19▲	64.41/8▲	80.52/3▲	86.66/1▼	47.24▲
	2013	44.01/21▲	74.96/5▲	55.44/14▲	65.15/8▲	79.24/3▼	87.05/1▲	49.29▲
	2014	44.24/20▲	77.93/4▲	57.03/16▲	65.91/11▲	80.19/2▲	87.56/1▲	50.77▲
	2015	44.66/21▲	83.66/4▲	62.99/14▲	68.08/11▲	82.22/4▲	88.94/1▲	54.15▲
金融深化	2011	46.51/22	46.90/21	44.83/24	64.19/8	84.18/3	62.36/10	54.61
	2012	47.49/15▲	46.56/16▼	33.32/30▼	58.34/7▼	79.09/2▼	60.31/5▼	49.69▼
	2013	33.52/19▼	23.23/26▼	22.34/28▼	34.01/18▼	53.15/3▼	37.72/17▼	37.63▼
	2014	49.02/17▲	39.90/24▲	42.45/23▲	56.53/10▲	70.75/3▲	65.99/5▲	50.73▲
	2015	57.87/15▲	37.31/30▼	57.21/17▲	59.62/13▲	79.54/4▲	70.41/6▲	58.34▲
现代农业	2011	74.41/3	66.65/7	77.22/2	77.83/1	50.79/11	34.16/17	41.97
	2012	78.11/3▲	73.83/4▲	82.71/1▲	79.57/2▲	53.72/12▲	39.00/18▲	46.20▲
	2013	79.88/3▲	76.19/6▲	86.80/1▲	81.62/2▲	56.54/12▲	41.90/20▲	49.49▲
	2014	80.93/3▲	78.78/7▲	91.62/1▲	84.08/2▲	57.24/12▲	45.57/21▲	52.84▲
	2015	82.57/4▲	80.76/6▲	92.22/1▲	88.39/2▲	57.69/12▲	48.75/19▲	54.87▲

注：表中符号"▲"表示本年的数据相对于前一年是增长的，符号"▼"表示本年的数据相对于前一年是减少的。

　　进一步统计升降符（▲或▼）的数量，对不同地区的发展态势及稳定性进行分析和对比可知，2011～2015 年，全国 5 个分项指数▲的数量均超过半数，表现出较稳定的上升趋势；东北地区 5 个分项指数中，金融深化和现代农业▲的总数与东南三省的总数相等，产业均衡、服务业发展和重化工调整▲的总数多于东南三省的总数，东北地区总体发展的稳定性高于东南三省；东北三省▲的总数量为 48 个，占东北三省升降符总数的80.00%，东南三省▲的总数量为 40 个，占 66.67%，两个地区的发展均具有较高稳定性。

2011～2015 年，黑龙江省▲的数量为 17 个，占 85.00%，辽宁省▲的数量为 16 个，占 80.00%，吉林省▲的数量为 15 个，占 75.00%，江苏省和广东省▲的数量均为 14 个，占 70.00%，浙江省▲的数量为 12 个，占 60.00%，东北三省最优的黑龙江省上升态势超过了东南三省中上升最快的江苏省和广东省；就东北三省而言，黑龙江省发展的稳定性相对较好，辽宁省和吉林省也不错。2011～2015 年，就东北三省而言，产业均衡发展态势较好的是吉林省和黑龙江省，服务业发展态势较好的是黑龙江省，金融深化发展态势较好的是辽宁省，三省在重化工调整和现代农业上的发展态势均较好。

（1）产业均衡

产业均衡主要用产业分布泰尔指数来予以衡量。产业分布泰尔指数是衡量一个地区产业结构失衡的核心指标，是一个逆向指标，指标值越大意味着地区产业结构越不合理。2011～2015 年，全国和东北地区的产业分布泰尔指数均呈下降趋势；由于黑龙江省 2011～2013 年的数据缺失，考虑到黑龙江省 2014～2015 年的较低取值和数据延续性，东北地区的产业分布泰尔指数总体上应该略低于全国平均水平；吉林省、辽宁省产业分布泰尔指数均呈下降趋势，且吉林省的下降趋势比辽宁省更加明显；2015 年黑龙江省产业分布泰尔指数呈下降趋势，辽宁省次之，吉林省较弱。总体而言，东北三省的产业分布泰尔指数略低于全国平均水平，呈下降的发展趋势，如图 2 - 85 所示。

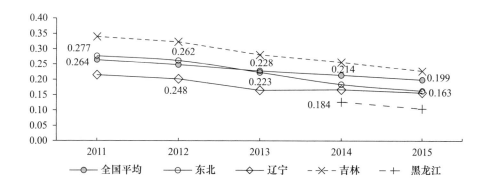

图 2 - 85 2011～2015 年产业分布泰尔指数基本走势

注：①全国平均指 31 个省市区的平均水平；②全国范围内（黑龙江省 2011～2013 年的数据缺失），产业分布泰尔指数最大值为 2011 年贵州的 0.639，最小值为 2011 年上海的 0.016。

2011～2015 年，东北三省产业分布泰尔指数在全国 31 个省市区连续 5 年数据集（共 149 个指标值）中相对位置分布情况如图 2 - 86 所示。可见，东北三省 5 年（共 12 个数据）产业分布泰尔指数的百分比排位处于 50% 以下的有 5 个，其中 25% 以下的有 1 个；排位的最大值是 2011 年的吉林省（20.5%），最小值是 2015 年的黑龙江省（79.0%）。

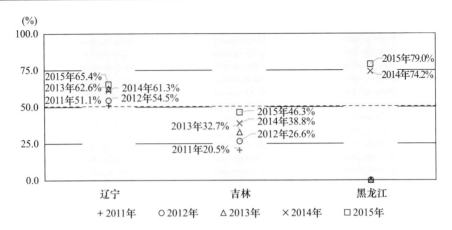

图 2 - 86　2011 ~ 2015 年东北三省产业分布泰尔指数百分比排位

2011 ~ 2015 年，6 省份产业分布泰尔指数由低到高依次为：浙江、江苏、黑龙江、广东、辽宁、吉林；江苏省、广东省产业分布泰尔指数呈下降趋势，浙江省呈上升趋势，东南三省明显优于东北三省；东南三省中产业分布泰尔指数相对较低的浙江省优于东北地区较低的黑龙江省；产业分布泰尔指数增幅最大的是浙江省（0.86%），降幅最大的是吉林省（-8.25%），辽宁省的降幅为 -6.69%，具体如表 2 - 118 所示。

表 2 - 118　2011 ~ 2015 年 6 省产业分布泰尔指数的原始值及单年排名

	辽宁	吉林	黑龙江	江苏	浙江	广东	全国平均
	值/序	值/序	值/序	值/序	值/序	值/序	值
2011	0.2147/12	0.3398/21	—	0.0894/5	0.0549/3	0.1351/7	0.2641
2012	0.2015/12	0.3231/21	—	0.0820/5	0.0555/3	0.1346/7	0.2475
2013	0.1651/12	0.2813/21	—	0.0837/5	0.0561/4	0.1332/8	0.2284
2014	0.1668/13	0.2572/20	0.1275/9	0.0807/5	0.0571/4	0.1268/8	0.2142
2015	0.1573/13	0.2277/19	0.1045/8	0.0732/5	0.0568/4	0.1274/11	0.1992
平均	0.1811/12.4	0.2858/20.4	0.1160/8.5	0.0818/5.0	0.0561/3.6	0.1314/8.2	0.2306

2011 ~ 2015 年，四个区域产业分布泰尔指数由低到高依次为：东部、东北、中部、西部；四个区域产业分布泰尔指数普遍呈下降趋势，其中东北地区降幅最大，东部地区降幅最小。东北地区产业分布泰尔指数与东部地区相比，差距较大，具体如表 2 - 119 所示。

2011 ~ 2015 年，七个区域产业分布泰尔指数由低到高依次为：华东、华北、华南、东北、华中、西南、西北；七个区域普遍呈下降趋势，其中东北地区降幅最大，华南地区降幅最小。就七个区域而言，东北地区排名居中，与表现最优的华东地区相比，差距较大，具体如表 2 - 120 所示。

表 2-119　2011~2015 年四大经济区产业分布泰尔指数的平均值及排名

	东北		东部		西部		中部	
	平均值	年排名	平均值	年排名	平均值	年排名	平均值	年排名
2011	0.2772	16.5	0.1001	5.6	0.4016	23.4	0.2582	15.8
2012	0.2623	16.5	0.0948	5.6	0.3874	23.3	0.2407	15.0
2013	0.2232	16.5	0.0869	5.6	0.3617	23.0	0.2216	15.5
2014	0.1838	14.0	0.0842	5.8	0.3404	24.0	0.2145	16.8
2015	0.1631	13.3	0.0806	6.1	0.3185	24.0	0.1962	16.7
平均	0.2139	15.1	0.0893	5.7	0.3626	23.5	0.2262	16.0

表 2-120　2011~2015 年七大地理区产业分布泰尔指数的平均值及排名

	东北	华北	华东	华南	华中	西北	西南
	值/序	值/序	值/序	值/序	值/序	值/序	值/序
2011	0.2772/16.5	0.2205/13.0	0.1147/6.8	0.2043/11.7	0.2389/14.3	0.3968/24.0	0.4052/22.8
2012	0.2623/16.5	0.2019/11.8	0.1079/6.5	0.2077/13.3	0.2279/14.5	0.4063/24.5	0.3673/21.6
2013	0.2232/16.5	0.1779/11.8	0.1020/6.8	0.1936/13.0	0.2129/14.8	0.3727/23.8	0.3505/21.8
2014	0.1838/14.0	0.1714/12.6	0.0963/7.0	0.1873/13.3	0.2075/16.3	0.3572/25.3	0.3237/22.4
2015	0.1631/13.3	0.1678/12.6	0.0891/7.0	0.1822/14.3	0.1932/16.0	0.3249/25.0	0.2989/22.6
平均	0.2139/15.1	0.1879/12.4	0.1020/6.8	0.1950/13.1	0.2161/15.2	0.3728/24.5	0.3491/22.2

（2）服务业发展

①服务业增加值比重（单位:%）。服务业增加值比重反映了一个地区的服务业发展程度，是衡量经济发展和现代化水平的必要指标，计算公式为地区服务业增加值与GDP的比值。2011~2015 年，全国服务业增加值比重呈稳步上升趋势，东北地区亦呈上升趋势；东北地区服务业增加值比重明显低于全国平均水平，但差距逐步变小；东北三省服务业增加值比重均呈上升趋势，其中，黑龙江省、辽宁省的上升趋势比吉林省更明显；相对而言，黑龙江省较好，辽宁省次之，吉林省相对较弱。总体而言，东北地区的服务业增加值比重明显低于全国平均水平，呈平稳上升的发展趋势，具体如图 2-87 所示。

2011~2015 年，东北三省服务业增加值比重在全国 31 个省市区连续 5 年数据集（共155 个指标值）中相对位置分布情况如图 2-88 所示。可见，东北三省 5 年（共 15 个数据）服务业增加值比重的百分比排位处于 50% 以下的有 10 个，其中，有 5 个处于 25% 以下；排位的最大值是 2015 年的黑龙江省（87.0%），最小值是 2012 年的吉林省（9.7%）。

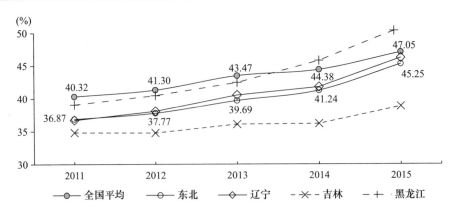

图 2-87 2011～2015 年服务业增加值比重基本走势

注：①全国平均指 31 个省市区的平均水平；②全国范围内（可采集到的数据），服务业增加值比重最大值为 2015 年北京的 79.65%，最小值为 2011 年河南的 29.67%。

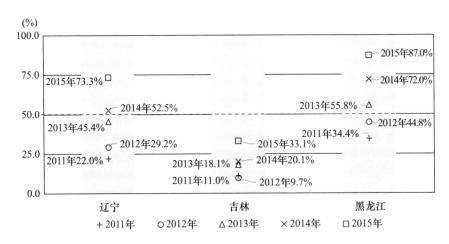

图 2-88 2011～2015 年东北三省服务业增加值比重百分比排位

2011～2015 年，6 省份服务业增加值比重由高到低依次为：广东、浙江、江苏、黑龙江、辽宁、吉林；东南三省服务业增加值比重整体呈上升趋势，且相对于东北三省而言，水平较高；东南三省中水平较低的江苏省优于东北地区水平较高的黑龙江省；2015 年黑龙江省的服务业增加值比重要高于东南三省；服务业增加值比重增幅最大的是黑龙江省（7.45%），辽宁省位居第二，为 6.46%，最小的是吉林省（2.88%），具体如表 2-121 所示。

表 2-121 2011～2015 年 6 省份服务业增加值比重的原始值及单年排名

	辽宁	吉林	黑龙江	江苏	浙江	广东	全国平均
	值/序	值/序	值/序	值/序	值/序	值/序	值
2011	36.71/18	34.82/22	39.09/14	42.44/9	43.88/8	45.29/7	40.32
2012	38.07/19	34.76/25	40.47/12	43.5/9	45.24/8	46.47/7	41.3

	辽宁	吉林	黑龙江	江苏	浙江	广东	全国平均
	值/序	值/序	值/序	值/序	值/序	值/序	值
2013	40.54/19	36.08/27	42.44/14	45.52/10	47.54/7	48.83/5	43.47
2014	41.77/18	36.17/30	45.77/10	47.01/8	47.85/7	48.99/6	44.38
2015	46.19/13	38.83/30	50.73/7	48.61/11	49.76/9	50.61/8	47.05
平均	40.66/17.4	36.13/26.8	43.70/11.4	45.42/9.4	46.85/7.8	48.04/6.6	43.3

2011～2015 年，四个区域服务业增加值比重由高到低依次为：东部、西部、东北、中部；四个区域服务业增加值比重均呈现稳步增长的趋势，其中中部地区增幅最大。东北地区服务业增加值与东部地区相比，差距较大，具体如表 2 - 122 所示。

表 2 - 122 2011～2015 年四大经济区服务业增加值比重的原始值及排名

	东北		东部		西部		中部	
	平均值	年排名	平均值	年排名	平均值	年排名	平均值	年排名
2011	36.87	18.0	46.95	9.0	38.62	17.8	34.37	23.2
2012	37.77	18.7	48.06	9.2	39.45	17.1	35.48	23.8
2013	39.69	20.0	50.05	9.6	41.64	16.4	38.06	23.8
2014	41.24	19.3	50.84	9.3	42.20	17.6	39.57	22.3
2015	45.25	16.7	52.89	10.4	44.58	17.8	43.14	21.3
平均	40.16	18.5	49.76	9.5	41.3	17.3	38.12	22.9

2011～2015 年，七个区域服务业增加值比重由高到低依次为：华北、华东、华南、西南、东北、西北、华中；七个区域普遍呈现稳步增长的趋势，其中东北地区增幅最大。就七个区域而言，东北地区排名靠后，与表现最佳的华北地区相比，差距较大，具体如表 2 - 123 所示。

表 2 - 123 2011～2015 年七大地理区服务业增加值比重的原始值及排名

	东北	华北	华东	华南	华中	西北	西南
	值/序	值/序	值/序	值/序	值/序	值/序	值/序
2011	36.87/18.0	45.40/14.2	42.39/12.7	41.65/12.7	34.61/22.5	36.25/20.6	42.64/12.8
2012	37.77/18.7	46.57/14.0	43.52/13.2	42.93/12.0	35.37/23.8	37.16/19.8	43.36/12.2
2013	39.69/20.0	48.16/14.2	45.35/14.3	46.04/10.3	38.07/24.0	39.8/19.0	45.25/11.4
2014	41.24/19.3	49.76/13.0	46.36/13.8	46.24/11.3	39.39/22.8	40.46/20.6	45.35/12.4
2015	45.25/16.7	53.13/12.8	48.68/14.5	47.56/14.3	41.64/23.5	44.1/18.4	47.04/13.2
平均	40.16/18.5	48.60/13.6	45.26/13.7	44.88/12.1	37.81/23.3	39.55/19.7	44.73/12.4

②服务业增长率（单位:%）。服务业增长率反映一个地区第三产业增加值的变动情况，是衡量该地区服务业发展的必要指标，计算公式为本年与上年第三产业增加值的差值与上年第三产业增加值的比值。2011~2015年，全国平均和东北地区服务业增长率均呈波动下降趋势；东北地区服务业增长率2011年高于全国平均水平，2012~2015年落后于全国平均水平；黑龙江省服务业增长率整体呈波动下降趋势，2012年大幅下降，2014年小幅上升；吉林省呈波动下降趋势，在2013年和2015年小幅上升；辽宁省整体呈波动下降趋势，在2014年出现大幅下降；就东北三省而言，辽宁省较好，黑龙江省次之，吉林省较弱。总体而言，东北三省的服务业增长率与全国平均水平差距较小，均呈波动下降的趋势，具体如图2-89所示。

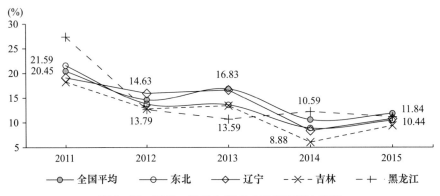

图2-89 2011~2015年服务业增长率基本走势

注：①全国平均指31个省市区的平均水平；②全国范围内（可采集到的数据），服务业增长率最大值为2013年重庆的32.79%，最小值为2015年内蒙古的2.71%。

2011~2015年，东北三省服务业增长率在全国31个省市区连续5年数据集（共155个指标值）中相对位置分布情况如图2-90所示。可见，东北三省5年（共15个数据）服务业增长率的百分比排位位于50%以下的有10个，其中有5个位于25%以下；排位的最大值是2011年的黑龙江省（97.4%），最小值是2014年的吉林省（0.6%）。

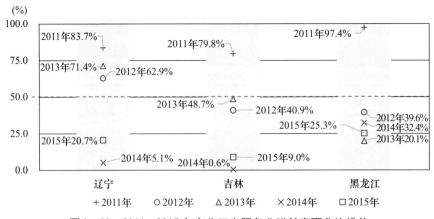

图2-90 2011~2015年东北三省服务业增长率百分比排位

2011～2015 年，6 省份服务业增长率由高到低依次为：黑龙江、江苏、辽宁、广东、浙江、吉林；东南三省和东北三省服务业增长率均呈波动下降趋势。服务业增长率降幅最大的是黑龙江省（－14.80%），并且呈明显下降趋势，辽宁省和吉林省的降幅分别为－10.93% 和 －12.17%，具体如表 2－124 所示。

表 2－124　2011～2015 年 6 省服务业增长率的原始值及单年排名

	辽宁	吉林	黑龙江	江苏	浙江	广东	全国平均
	值/序	值/序	值/序	值/序	值/序	值/序	值
2011	19.12/16	18.28/20	27.36/4	21.66/10	17.54/24	16.35/27	20.45
2012	15.95/9	12.78/23	12.65/24	12.84/22	10.58/28	10.05/30	14.63
2013	16.63/11	13.43/23	10.72/30	15.65/18	14.46/21	15.02/20	16.83
2014	8.37/24	6.05/31	12.22/11	12.51/7	7.09/28	8.92/23	10.59
2015	10.76/21	9.39/27	11.16/16	11.39/15	11.04/17	10.93/19	11.84
平均	14.16/16.2	11.99/24.8	14.82/17.0	14.81/14.4	12.14/23.6	12.25/23.8	14.87

2011～2015 年，四大区域服务业增长率由高到低依次为：西部、中部、东北、东部；四大区域服务业增长率普遍呈波动下降趋势，其中东北地区降幅最大。东北地区服务业增长率与西部地区差距较大，具体如表 2－125 所示。

表 2－125　2011～2015 年四大经济区服务业增长率平均值及排名

	东北		东部		西部		中部	
	平均值	年排名	平均值	年排名	平均值	年排名	平均值	年排名
2011	21.59	13.0	18.69	19.0	21.91	13.9	19.90	16.5
2012	13.79	18.7	12.44	22.0	16.61	10.6	14.71	15.5
2013	13.59	21.3	14.60	20.7	18.96	12.3	17.91	12.8
2014	8.88	22.0	9.76	19.4	10.98	15.3	12.05	8.7
2015	10.44	21.3	10.74	19.8	11.67	16.1	14.68	6.8
平均	13.66	19.3	13.25	20.2	16.03	13.7	15.85	12.1

2011～2015 年，七大区域服务业增长率由高到低依次为：西南、华中、西北、华南、东北、华东、华北；七大区域服务业增长率普遍呈波动下降趋势，其中东北地区的降幅最大。就七大区域而言，东北地区处于中下水平，与最优的西南地区相比，差距较大，具体如表 2－126 所示。

表 2-126 2011~2015 年七大地理区服务业增长率平均值及排名

	东北	华北	华东	华南	华中	西北	西南
	值/序	值/序	值/序	值/序	值/序	值/序	值/序
2011	21.59/13.3	18.82/19.0	18.31/19.5	18.34/20.3	21.16/13.0	22.08/13.6	23.04/12.6
2012	13.79/18.7	13.55/18.6	12.27/23.3	14.02/16.3	14.23/17.3	16.11/11.2	18.22/6.6
2013	13.59/21.3	12.24/26.0	14.67/19.3	18.46/11.0	19.32/10.8	19.92/10.6	19.91/11.4
2014	8.88/22.0	9.23/20.6	10.65/15.8	9.55/20.7	13.28/3.5	10.30/18.0	11.65/13.2
2015	10.44/21.3	10.49/21.2	12.37/13.3	9.81/24.7	12.98/9.0	11.80/17.6	13.70/9.6
平均	13.66/19.3	12.87/21.1	13.65/18.3	14.04/18.6	16.20/10.7	16.04/14.2	17.30/10.7

③金融业增加值比重（单位:%）。金融业增加值比重反映了金融业的相对规模，是衡量金融业在国民经济中的地位和金融业发育程度的重要指标，尤其代表了生产性服务业的发展水平，计算公式为地区金融业增加值与 GDP 的比值。2011~2015 年，全国金融业增加值比重呈平稳上升趋势，东北地区亦呈上升趋势，但低于全国平均水平；东北三省金融业增加值比重均呈上升趋势，2011~2014 年，东北三省上升趋势大致相同，2015 年，辽宁省的上升趋势比吉林省、黑龙江省更加显著；相对而言，辽宁省较好，黑龙江省次之，吉林省较弱；据最新数据显示，2016 年辽宁省金融业增加值比重为 8.07%，从数据上看，辽宁省的金融业增加值比重将赶超全国平均水平。总体而言，东北三省的金融业增加值比重明显低于全国平均水平，呈平稳上升的发展趋势，具体如图 2-91 所示。

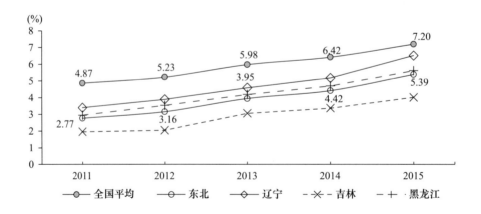

图 2-91 2011~2015 年金融业增加值比重基本走势

注：①全国平均指 31 个省市区的平均水平；②全国范围内（可采集到的数据），金融业增加值比重最大值为 2015 年北京的 17.06%，最小值为 2011 年吉林的 1.96%。

2011~2015 年，东北三省金融业增加值比重在全国 31 个省市区连续 5 年数据集（共 155 个指标值）中相对位置分布情况如图 2-92 所示。可见，东北三省 5 年（共 15 个数据）金融业增加值比重的百分比排位处于 50% 以下的有 13 个，其中有 9 个处于 25% 以下；排位的最大值是 2015 年的辽宁省（70.1%），最小值是 2011 年的吉林省（0.0%），吉林省也成为 5 年间金融增加值比重最低的省份。

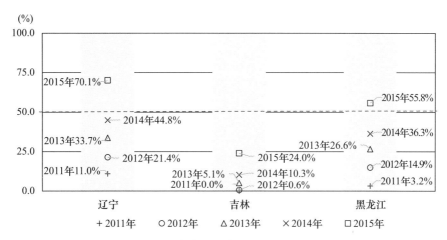

图 2－92　2011～2015 年东北三省金融业增加值比重百分比排位

2011～2015 年，6 省份金融业增加值比重由高到低依次为：浙江、广东、江苏、辽宁、黑龙江、吉林；广东省、江苏省的金融业增加值比重呈增长态势，浙江省缓慢下降，相对于东北三省而言，东南三省水平较高；东南三省中水平较低的江苏省优于东北三省中水平较高的辽宁省。金融业增加值比重增幅最大的是吉林省（26.15%），辽宁省和黑龙江省次之，分别为 22.96% 和 22.67%，降幅最大的是浙江省（－4.43%），具体如表 2－127 所示。

表 2－127　2011～2015 年 6 省金融业增加值比重的原始值及单年排名

	辽宁	吉林	黑龙江	江苏	浙江	广东	全国平均
	值/序	值/序	值/序	值/序	值/序	值/序	值
2011	3.40/22	1.96/31	2.95/28	5.29/8	8.28/3	5.86/7	4.87
2012	3.90/20	2.05/31	3.54/24	5.80/8	7.78/4	6.08/7	5.23
2013	4.59/22	3.06/31	4.19/25	6.63/8	7.40/6	6.60/9	5.98
2014	5.18/21	3.37/31	4.70/25	7.26/7	6.89/9	6.56/11	6.42
2015	6.52/16	4.02/30	5.62/24	7.56/9	6.82/12	7.91/8	7.20
平均	4.72/20.2	2.89/30.8	4.20/25.2	6.51/8.0	7.43/6.8	6.60/8.4	5.94

2011～2015 年，四个区域金融业增加值比重由高到低依次为：东部、西部、中部、东北；四个区域金融业增加值比重均呈稳步增长趋势，其中东北地区增幅最大，东部地区增幅最小。东北地区金融业增加值比重与东部地区相比，差距较大，具体如表 2－128 所示。

表 2 - 128   2011 ~ 2015 年四大经济区金融业增加值比重的原始值及排名

	东北		东部		西部		中部	
	平均值	年排名	平均值	年排名	平均值	年排名	平均值	年排名
2011	2.77	27.0	6.74	9.9	4.60	14.9	3.36	22.8
2012	3.16	25.0	7.08	10.1	4.99	15.3	3.67	22.8
2013	3.95	26.0	7.70	10.6	5.83	14.8	4.45	22.3
2014	4.42	25.7	8.11	11.5	6.27	14.1	4.93	22.5
2015	5.39	23.3	8.84	12.1	6.93	14.7	5.90	21.5
平均	3.94	25.4	7.69	10.8	5.72	14.8	4.46	22.4

2011 ~ 2015 年，七个区域金融业增加值比重由高到低依次为：华北、华东、西南、西北、华南、华中、东北；七个区域服务业增加值比重均呈稳步增长趋势，其中东北地区增幅最大，华东地区增幅最小。就七个区域而言，东北处于末位，与表现最佳的华北地区相比，差距较大，具体如表 2 - 129 所示。

表 2 - 129   2011 ~ 2015 年七大地理区金融业增加值比重的原始值及排名

	东北	华北	华东	华南	华中	西北	西南
	值/序	值/序	值/序	值/序	值/序	值/序	值/序
2011	2.77/27.0	6.22/14.2	6.21/11.2	4.61/13.0	3.07/25.3	4.17/17.4	5.49/10.0
2012	3.16/25.0	6.77/14.2	6.39/11.8	5.02/13.3	3.29/25.8	4.69/17.2	5.76/10.0
2013	3.95/26.0	7.50/13.8	6.97/12.3	5.96/13.0	3.90/26.0	5.93/14.2	6.24/12.2
2014	4.42/25.7	8.09/13.4	7.36/13.5	6.06/14.3	4.39/26.3	6.49/12.8	6.61/11.8
2015	5.39/23.3	9.06/13.2	7.97/15.2	6.84/13.7	5.21/25.0	7.30/13.4	7.18/12.2
平均	3.94/25.4	7.53/13.8	6.98/12.8	5.70/13.5	3.97/25.7	5.72/15.0	6.26/11.2

（3）重化工调整

①重化工业比重（单位:%）。重化工业比重是衡量一个地区重化工业发展程度的重要指标，是一个逆向指标，指标值越小，效果越佳，计算公式为地区重化工业总产值占规模以上工业总产值的比重。2011 ~ 2015 年，全国重化工业比重呈稳步下降趋势，东北地区亦呈下降趋势；东北地区重化工业比重低于全国平均水平，且差距呈扩大趋势；黑龙江省、吉林省重化工业比重均呈下降趋势，且黑龙江省下降趋势较为明显，辽宁省重化工业比重基本稳定；相对而言，黑龙江省较好，吉林省次之，辽宁省较弱。总体而言，东北地区重化工业比重低于全国平均水平，呈逐步下降的发展趋势，具体如图 2 - 93 所示。

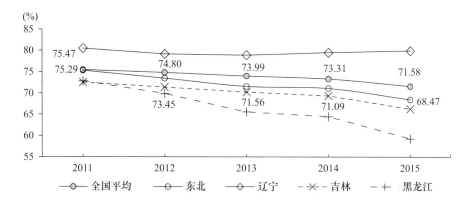

图 2-93 2011~2015 年重化工业比重基本走势

注：①全国平均指 31 个省市区的平均水平；②全国范围内（可采集到的数据），重化工业比重最大值为 2012 年山西的 95.22%，最小值为 2015 年福建的 50.59%。

2011~2015 年，东北三省重化工业比重在全国 31 个省市区连续 5 年数据集（共 155 个指标值）中相对位置分布情况如图 2-94 所示。可见，东北三省 5 年（共 15 个数据）重化工业比重的百分比排位处于 50% 以下的有 6 个；排位的最大值是 2015 年的黑龙江省（95.5%），最小值是 2011 年的辽宁省（24.1%）。

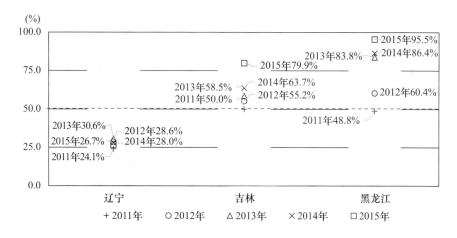

图 2-94 2011~2015 年东北三省重化工业比重百分比排位

2011~2015 年，6 省份重化工业比重由低到高依次为浙江、广东、黑龙江、吉林、江苏、辽宁；东南三省均呈下降趋势，相对于东北三省而言，重化工业比重较低；东南三省中表现较好的浙江省优于东北三省中表现较佳的黑龙江省；重化工业比重年均降幅最大的是黑龙江省（-4.67%），最小的是广东省（-0.10%），吉林省和辽宁省的降幅分别为 -2.16% 和 -0.18%，具体如表 2-130 所示。

表 2 - 130   2011 ~ 2015 年 6 省重化工业比重的原始值及单年排名

	辽宁	吉林	黑龙江	江苏	浙江	广东	全国平均
	值/序	值/序	值/序	值/序	值/序	值/序	值
2011	80.48/23	72.53/14	72.85/16	75.26/17	61.08/2	62.05/3	75.47
2012	79.14/21	71.36/14	69.86/13	74.16/17	60.71/2	62.53/3	74.80
2013	78.89/23	70.24/14	65.56/4	73.62/18	60.75/2	62.01/3	73.99
2014	79.48/23	69.35/14	64.43/5	73.42/16	61.16/3	61.78/4	73.31
2015	79.91/25	66.26/11	59.26/3	72.50/17	60.43/4	61.81/5	71.58
平均	79.58/23.0	69.95/13.4	66.39/8.2	73.79/17.0	60.83/2.6	62.04/3.6	73.83

2011 ~ 2015 年，四个区域重化工业比重由低到高依次为：东部、东北、中部、西部；四个区域重化工业比重均呈稳步下降的趋势，其中东北地区降幅最大，东部地区降幅最小。东北地区重化工业比重与东部地区相比，差距不大，具体如表 2 - 131 所示。

表 2 - 131   2011 ~ 2015 年四大经济区重化工业比重的平均值及排名

	东北		东部		西部		中部	
	平均值	年排名	平均值	年排名	平均值	年排名	平均值	年排名
2011	75.29	18.0	72.67	14.0	78.37	18.4	74.40	13.5
2012	73.45	16.0	71.80	13.8	78.50	19.6	73.09	12.5
2013	71.56	13.7	70.93	14.1	78.05	19.9	72.18	12.5
2014	71.09	14.0	71.25	14.5	76.63	19.7	71.22	12.2
2015	68.47	13.0	70.04	15.0	74.45	19.3	69.97	12.7
平均	71.97	14.9	71.34	14.3	77.20	19.4	72.17	12.7

2011 ~ 2015 年，七个区域重化工业比重由低到高依次为：华东、华中、华南、西南、东北、华北、西北；七个区域均呈现稳步下降趋势，其中东北地区降幅最大，华南地区降幅最小。就七个区域而言，东北地区排名靠后，与重化工业比重最低的华东地区相比，差距较大，具体如表 2 - 132 所示。

表 2 - 132   2011 ~ 2015 年七大地理区重化工业比重的平均值及排名

	东北	华北	华东	华南	华中	西北	西南
	值/序	值/序	值/序	值/序	值/序	值/序	值/序
2011	75.29/17.7	84.08/24.4	67.99/9.3	69.01/9.0	70.82/10.8	88.11/28.0	70.87/11.0
2012	73.45/16.0	84.26/25.0	66.96/8.8	69.22/10.0	68.96/9.5	87.37/28.0	71.02/12.4
2013	71.56/13.7	83.48/25.0	66.81/10.0	67.86/10.7	67.76/9.0	86.49/27.6	70.71/12.8
2014	71.09/14/0	83.37/25.2	66.62/10.0	69.31/12.3	66.67/8.5	84.72/27.4	68.94/12.0
2015	68.47/13.0	81.89/25.4	65.65/11.0	68.40/12.0	65.37/9.0	81.79/26.6	66.92/11.8
平均	71.97/14.9	83.42/25.0	66.81/9.8	68.76/10.8	67.92/9.4	85.70/27.5	69.69/12.0

②产能过剩产业比重（单位：%）。产能过剩产业比重是衡量一个地区重化工业内部结构的重要指标，是一个逆向指标，指标值越小，效果越佳，计算公式为地区产能过剩产业主营业务收入占重化工业主营业务收入的比重。2011～2015年，全国和东北地区的产能过剩产业比重均呈稳步下降趋势；东北地区产能过剩产业比重低于全国平均水平，且差距基本保持稳定；吉林省和黑龙江省产能过剩产业比重均呈下降趋势，且吉林省下降趋势较为明显，辽宁省产能过剩产业比重先上升后下降；相对而言，吉林省较好，辽宁省次之，黑龙江省较弱。总体而言，东北地区产能过剩产业比重低于全国平均水平，且呈下降趋势，具体如图2-95所示。

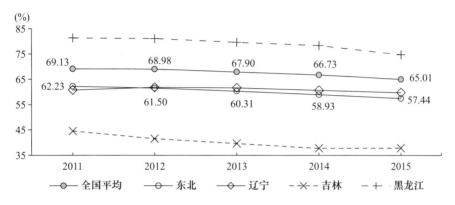

图2-95　2011～2015年产能过剩产业比重基本走势

注：①全国平均指31个省市区的平均水平；②全国范围内（可采集到的数据），产能过剩产业比重最大值为2011年新疆的97.41%，最小值为2015年上海的28.21%。

2011～2015年，东北三省产能过剩产业比重在全国31个省市区连续5年数据集（共155个指标值）中相对位置分布情况如图2-96所示。可见，东北三省5年（共15个数据）产能过剩产业比重的百分比排位处于50%以下的有5个；排位的最大值是2014年的吉林省（91.0%），最小值是2011年的黑龙江省（28.0%）。

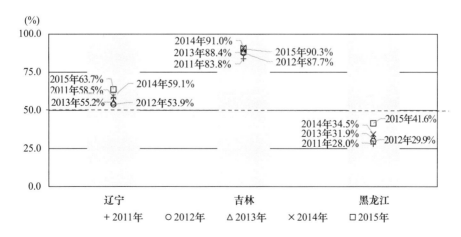

图2-96　2011～2015年东北三省产能过剩产业比重百分比排位

2011～2015 年，6 省份产能过剩产业比重由低到高依次为广东、吉林、江苏、浙江、辽宁、黑龙江；东南三省均呈下降趋势，相对于东北三省而言，产能过剩产业比重较低；东南三省中表现较好的广东省优于东北三省中表现较佳的吉林省。产能过剩产业比重年均降幅最大的是吉林省（－3.77%），最小的是辽宁省（－0.42%），黑龙江省的降幅为－2.04%，具体如表 2－133 所示。

表 2－133　2011～2015 年 6 省产能过剩产业比重的原始值及单年排名

	辽宁	吉林	黑龙江	江苏	浙江	广东	全国平均
	值/序	值/序	值/序	值/序	值/序	值/序	值
2011	60.77/12	44.53/5	81.38/22	44.49/4	53.03/7	37.38/2	69.13
2012	61.84/13	41.53/4	81.14/22	45.09/5	53.22/7	37.39/3	68.98
2013	61.63/14	39.63/4	79.67/22	45.33/6	55.09/8	37.40/3	67.9
2014	60.67/15	37.74/4	78.39/21	44.43/6	53.22/7	36.69/3	66.73
2015	59.75/15	37.81/4	74.74/21	42.94/6	50.10/7	33.75/3	65.01
平均	60.93/13.8	40.25/4.2	79.06/21.6	44.46/5.4	52.93/7.2	36.52/2.8	67.55

2011～2015 年，四个区域产能过剩产业比重由低到高依次为：东部、东北、中部、西部；四个区域产能过剩产业比重均呈稳步下降的趋势，其中中部地区降幅最大，西部地区降幅最小。东北地区产能过剩产业比重与东部地区相比，差距较大，具体如表 2－134 所示。

表 2－134　2011～2015 年四大经济区产能过剩产业比重的原始值及排名

	东北		东部		西部		中部	
	平均值	年排名	平均值	年排名	平均值	年排名	平均值	年排名
2011	62.23	13.0	54.87	9.0	81.77	22.0	71.06	16.8
2012	61.50	13.0	55.05	9.3	81.72	22.1	70.46	16.5
2013	60.31	13.3	54.45	9.6	80.48	21.9	68.96	16.2
2014	58.93	13.3	53.89	9.9	79.29	21.9	66.91	15.7
2015	57.44	13.3	51.21	9.8	78.87	22.3	64.11	15.2
平均	60.08	13.2	53.89	9.6	80.42	22.0	68.30	16.1

2011～2015 年，七个区域产能过剩产业比重由低到高依次为：华东、东北、华南、华中、西南、华北、西北；七个区域均呈现稳步下降趋势，其中华中地区降幅最大，西北地区降幅最小。就七个区域而言，东北地区排名靠前，与产能过剩产业比重最低的华东地区相比，差距较大，具体如表 2－135 所示。

表2-135 2011~2015年七大地理区产能过剩产业比重的原始值及排名

	东北	华北	华东	华南	华中	西北	西南
	值/序	值/序	值/序	值/序	值/序	值/序	值/序
2011	62.23/13.0	73.02/17.8	52.32/8.0	61.16/13.0	67.51/14.8	91.48/27.2	73.27/17.2
2012	61.50/13.0	72.64/17.2	52.89/8.5	61.48/13.3	66.94/14.5	92.33/27.6	71.89/16.8
2013	60.31/13.3	71.58/17.0	52.62/9.0	60.62/13.3	65.07/14.3	91.89/27.6	69.75/16.4
2014	58.93/13.3	70.54/17.2	51.34/8.8	60.97/13.7	62.96/14.0	91.40/27.6	67.86/16.4
2015	57.44/13.3	67.90/16.6	48.89/8.8	58.43/14.0	59.97/13.5	90.92/27.6	68.10/17.2
平均	60.08/13.2	71.13/17.2	51.61/8.6	60.53/13.5	64.49/14.2	91.60/27.5	70.18/16.8

（4）金融深化

①银行信贷占比（单位：%）。银行信贷占比反映一个地区的银行信贷规模，是衡量该地区产业发展的重要指标，计算公式为银行信贷与地区GDP比值的百分数。2011~2015年，全国和东北地区的银行信贷占比均呈平稳上升趋势；东北地区银行信贷占比明显低于全国平均水平；东北三省银行信贷占比均呈平稳上升趋势，据收集到的数据显示，东北三省2016年银行信贷占比均有较大幅度的提升；相对而言，辽宁省较好，吉林省次之，黑龙江省较弱。总体而言，东北三省的银行信贷占比明显低于全国平均水平，且差距保持稳定，具体如图2-97所示。

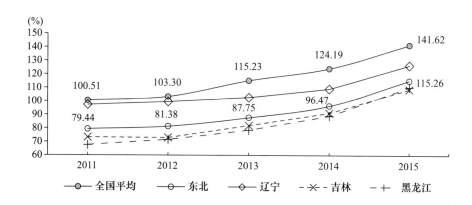

图2-97 2011~2015年银行信贷占比基本走势

注：①全国平均指31个省市区的平均水平；②全国范围内（可采集到的数据），银行信贷占比最大值为2015年北京的254.44%，最小值为2011年新疆的40.64%。

2011~2015年，东北三省银行信贷占比在全国31个省市区连续5年数据集（共155个指标值）中相对位置分布情况如图2-98所示。可见，东北三省5年（共15个数据）银行信贷占比的百分比排位处于50%以下的有12个，其中有6个处于25%以下；排位的最大值是2015年的辽宁省（64.9%），最小值是2011年的黑龙江省（5.8%）。

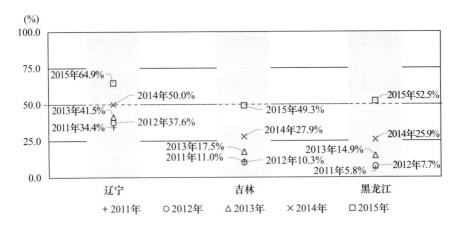

图 2-98 2011~2015 年东北三省银行信贷占比百分比排位

2011~2015 年，6 省份银行信贷占比由高到低依次为：浙江、广东、辽宁、江苏、吉林、黑龙江；东南三省银行信贷占比普遍呈上升趋势，且上升趋势均较为稳定，浙江省略有下降，江苏省和广东省均有较大幅度的提升。2011~2013 年，东南三省中水平较低的江苏省优于东北地区水平较高的辽宁省；银行信贷占比增幅最大的是黑龙江省（15.78%），最小的是浙江省（2.14%），辽宁省和吉林省的增幅分别为 7.50% 和 12.12%，具体如表 2-136 所示。

表 2-136 2011~2015 年 6 省银行信贷占比的原始值及单年排名

	辽宁	吉林	黑龙江	江苏	浙江	广东	全国平均
	值/序	值/序	值/序	值/序	值/序	值/序	值
2011	97.35/16	73.31/24	67.66/26	97.47/15	164.26/3	99.88/14	100.51
2012	99.53/15	72.99/24	71.62/26	100.66/14	164.38/3	103.83/12	103.30
2013	102.69/19	81.99/26	78.58/28	103.49/18	165.79/3	109.63/17	115.23
2014	109.17/18	91.19/25	89.04/26	106.89/19	170.68/5	114.86/17	124.19
2015	126.56/18	108.86/25	110.36/23	112.48/21	178.30/7	131.38/15	141.62
平均	107.06/17	85.67/25	83.45/26	104.20/17	168.68/4	111.92/15	116.97

2011~2015 年，四个区域银行信贷占比由高到低依次为：东部、西部、中部、东北；东部地区优势明显，中部地区呈波动上升趋势，西部和东北地区呈平稳上升趋势，且西部增幅最大。东北地区银行信贷占比与东部地区相比，差距较大，具体如表 2-137所示。

2011~2015 年，七个区域银行信贷占比由高到低依次为：华北、西北、华东、西南、华南、东北、华中；七个区域普遍呈上升趋势，其中西北增幅最大。就七个区域而言，东北地区排名靠后，与最优的华北地区相比，差距较大，具体如表 2-138 所示。

表 2 - 137　2011～2015 年四大经济区银行信贷占比的平均值及年排名

	东北		东部		西部		中部	
	平均值	年排名	平均值	年排名	平均值	年排名	平均值	年排名
2011	79.44	22.0	124.07	11.1	93.47	16.5	85.87	20.2
2012	81.38	21.7	123.08	11.3	97.82	16.4	92.29	20.2
2013	87.75	24.3	130.32	12.5	122.58	12.9	89.09	23.8
2014	96.47	23.0	135.70	13.3	135.71	12.4	95.81	24.2
2015	115.26	22.0	155.87	13.0	153.41	13.1	107.49	23.8
平均	92.06	22.6	133.81	12.2	120.60	14.3	94.11	22.4

表 2 - 138　2011～2015 年七大地理区银行信贷占比的平均值及年排名

	东北	华北	华东	华南	华中	西北	西南
	值/序	值/序	值/序	值/序	值/序	值/序	值/序
2011	79.44/22	119.87/12.8	121.15/12.2	98.96/14.3	71.13/25	97.31/14.6	96.68/15.6
2012	81.38/22	125.80/12.8	120.93/11.7	97.02/15.7	74.04/25	103.58/14.2	99.72/15.8
2013	87.75/24	123.52/14.8	123.96/14.3	109.88/16.7	79.43/27	132.32/10.4	127.68/10.4
2014	96.47/23	131.57/15.4	128.22/15.2	116.04/16.7	85.04/28	147.21/10.0	141.77/9.6
2015	115.26/22	152.67/15.0	140.92/15.8	139.61/15.7	95.15/28	170.89/9.4	156.36/11.2
平均	92.06/23	130.69/14.2	127.04/13.8	112.30/15.8	80.96/27.0	130.26/11.7	124.44/12.5

②直接融资占比（单位:%）。直接融资占比反映一个地区对于融资结构的调整程度，是衡量地区金融深化程度的重要指标，计算公式为当年上市公司融资额与当年上市公司融资额和银行贷款之和的比值。2011～2015 年，全国和东北地区的直接融资占比均呈波动下降趋势；东北地区直接融资占比明显低于全国平均水平；辽宁省和吉林省均呈下降趋势，其中，吉林省下降明显，黑龙江省在 2012 年缓慢下降，2012～2015 年呈平稳上升趋势；相对而言，黑龙江省较好，辽宁省次之，黑龙江省较弱。总体而言，东北三省的直接融资占比明显低于全国平均水平，且差距基本保持不变，具体如图 2 - 99 所示。

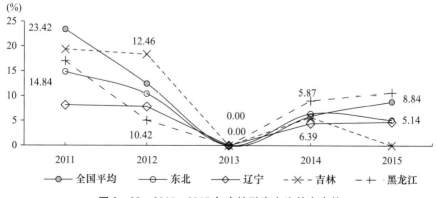

图 2 - 99　2011～2015 年直接融资占比基本走势

注：①全国平均指 31 个省市区的平均水平；②全国范围内（2012 年 11 月～2013 年 12 月暂停 IPO，此时间段内没有新股发行上市。http://money.163.com/15/0704/20/ATN5TNCM00254IU1.html），直接融资比最大值为 2012 年西藏的 63.835%，部分省份存在某年内未有上市企业的情况，故最小值为 0%。

2011～2015 年，东北三省直接融资占比在全国 31 个省市区连续 5 年数据集（共 155 个指标值）中相对位置分布情况如图 2 - 100 所示。可见，东北三省 5 年（共 15 个数据）直接融资占比的百分比排位处于 50% 以下的有 6 个；排位的最大值是 2011 年的吉林省（81.1%），最小值是 2013 年的东北三省和 2015 年的吉林省（0%）。

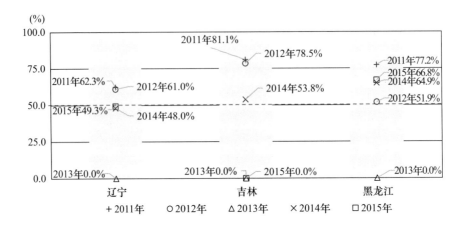

图 2 - 100　2011～2015 年东北三省直接融资占比百分比排位

2011～2015 年，6 省份直接融资占比由高到低依次为：江苏、广东、浙江、吉林、黑龙江、辽宁；东南三省整体呈下降趋势，其中浙江省在 2015 年略有上升，广东省呈波动下降趋势；东南三省中水平较低的浙江省优于东北地区水平较高的吉林省。直接融资占比降幅最大的是吉林省（ - 25.00% ），最小的是黑龙江省（ - 9.33% ），辽宁省的降幅为 - 10.45% ，具体如表 2 - 139 所示。

表 2 - 139　2011～2015 年 6 省直接融资占比的原始值及单年排名

	辽宁	吉林	黑龙江	江苏	浙江	广东	全国平均
	值/序	值/序	值/序	值/序	值/序	值/序	值
2011	8.14/24	19.37/18	17.02/20	49.90/2	39.61/6	37.19/7	23.42
2012	7.83/19	18.36/8	5.08/21	19.89/6	19.98/4	19.97/5	12.46
2013	0/1	0/1	0/1	0/1	0/1	0/1	0
2014	4.45/15	5.66/11	9.05/6	11.79/5	8.86/7	18.97/3	5.87
2015	4.74/17	0/26	10.67/10	11.91/9	16.07/5	13.64/6	8.84
平均	5.03/15.2	8.68/12.8	8.36/11.6	18.70/4.6	16.9/4.6	17.95/4.4	10.12

2011～2015 年，四大区域直接融资占比由高到低依次为：东部、中部、东北、西部；四个区域均呈波动下降趋势，其中中部地区降幅最大，西部地区降幅最小；东北地区直接

融资占比与东部地区相比，差距较大，具体如表 2-140 所示。

表 2-140 2011~2015 年四大经济区直接融资占比平均值及排名

	东北		东部		西部		中部	
	平均值	年排名	平均值	年排名	平均值	年排名	平均值	年排名
2011	14.84	20.7	36.49	9.2	12.65	21.3	27.47	13.3
2012	10.42	16.0	14.90	12.5	12.08	18.1	10.16	16.0
2013	0	1	0	1	0	1	0	1
2014	6.39	10.7	10.23	10.2	3.69	19.1	2.72	18.7
2015	5.14	17.7	13.91	12.8	5.57	18.5	8.77	13.0
平均	7.36	13.2	15.10	9.1	6.80	15.6	9.82	12.4

2011~2015 年，七个区域直接融资占比由高到低依次为：华东、华南、华中、华北、西南、东北、西北；除西南地区呈波动上升外，其余六个区域普遍呈下降趋势，并且华北和华东地区持续下降；就七个区域而言，东北地区排名靠后，与最优的华东地区相比，差距较大，具体如表 2-141 所示。

表 2-141 2011~2015 年七大地理区直接融资占比的平均值及排名

	东北	华北	华东	华南	华中	西北	西南
	值/序	值/序	值/序	值/序	值/序	值/序	值/序
2011	14.84/20.7	29.84/13.4	37.76/8.2	26.86/13.3	27.31/13.3	16.23/19.4	6.96/24.4
2012	10.42/16.0	9.77/19.6	12.51/13.3	14.07/12.7	14.00/11.8	7.32/19.8	19.25/15.2
2013	0/1	0/1	0/1	0/1	0/1	0/1	0/1
2014	6.39/10.7	4.27/17.4	6.26/12.5	17.76/5.7	2.88/18.3	5.36/18.4	2.48/19.8
2015	5.14/17.7	8.53/18.8	16.58/9.3	6.89/15.0	8.98/12.5	2.90/20.8	9.07/15.8
平均	7.36/13.2	10.48/14	14.62/8.9	13.12/9.5	10.63/11.4	6.36/15.9	7.55/15.2

（5）现代农业

①农业综合机械化水平。农业综合机械化水平是对机器（装备）在农业中使用程度、作用大小和使用效果的一种表达和度量，是衡量该地区现代农业发展的重要指标，计算公式为 0.4 倍机耕面积加 0.3 倍机播面积加 0.3 倍机收面积与农作物播种面积的比值。2011~2015 年，全国和东北地区农业综合机械化水平均呈平稳上升趋势；东北地区农业综合机械化水平明显高于全国平均水平；东北三省的农业综合机械化水平均呈平稳上升趋势；相对而言，黑龙江省较好，吉林省次之，辽宁省较弱。总体而言，东北三省的农业综合机械化水平明显高于全国平均水平，且差距保持稳定，具体如图

2 - 101 所示。

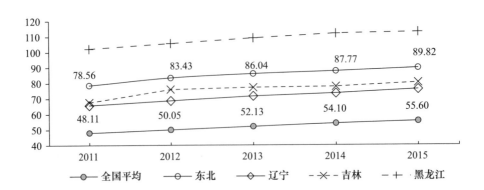

图 2 - 101　2011～2015 年农业综合机械化水平基本走势

注：①全国平均指 31 个省市区的平均水平；②全国范围内（可采集到的数据），农业综合机械化水平最大值为 2015 年黑龙江的 112.98，最小值为 2011 年贵州的 7.80。

2011～2015 年，东北三省农业综合机械化水平在全国 31 个省市区连续 5 年数据集（共 155 个指标值）中相对位置分布情况如图 2 - 102 所示。可见，东北三省 5 年（共 15 个数据）农业综合机械化水平的百分比排位均处于 75% 以上；排位的最大值是 2015 年的黑龙江省（100%），黑龙江省也成为 5 年间农业机械化水平最高的省份，最小值是 2011 年的辽宁省（76.6%）。

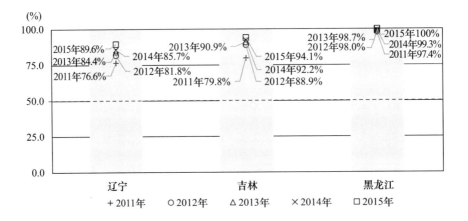

图 2 - 102　2011～2015 年东北三省农业综合机械化水平百分比排位

2011～2015 年，6 省份农业综合机械化水平由高到低依次为：黑龙江、吉林、辽宁、江苏、广东、浙江；浙江省和广东省整体呈上升趋势，其中浙江省在 2015 年略有下降，江苏省整体呈波动下降趋势，其中 2012～2015 年略有上升；2012～2015 年，东北地区中水平较低的辽宁省优于东南地区水平较高的江苏省；农业综合机械化水平增幅最大的是吉林省（4.69%），降幅最大的是江苏省（-0.53%），辽宁省和黑龙江省的增幅分别为3.92%和2.63%，具体如表2-142所示。

表2-142 2011~2015年6省农业综合机械化水平原始值及单年排名

	辽宁	吉林	黑龙江	江苏	浙江	广东	全国平均
	值/序	值/序	值/序	值/序	值/序	值/序	值
2011	65.77/6	67.69/5	102.23/1	70.46/4	37.02/22	37.93/21	48.11
2012	68.68/5	75.96/3	105.67/1	65.39/7	39.12/23	39.90/21	50.05
2013	71.69/5	77.26/4	109.17/1	68.00/6	40.15/23	41.21/21	52.13
2014	73.48/6	77.80/4	112.03/1	68.54/8	40.40/25	42.29/23	54.10
2015	76.08/6	80.40/5	112.98/1	68.97/8	39.45/24	43.32/23	55.60
平均	71.14/5.6	75.82/4.2	108.42/1.0	68.27/6.6	39.23/23.4	40.93/21.8	52.00

2011~2015年，四个区域农业综合机械化水平取值由高到低依次为：东北、中部、东部、西部；四个区域普遍呈上升趋势，东部地区在2015年略有下降，其中西部地区增幅最大，东部地区增幅最小；中部地区与东北地区相比，差距较大，具体如表2-143所示。

表2-143 2011~2015年四大经济区农业综合机械化水平的平均值及排名

	东北		东部		西部		中部	
	平均值	年排名	平均值	年排名	平均值	年排名	平均值	年排名
2011	78.56	4.0	50.03	15.0	38.47	20.3	48.95	15.3
2012	83.43	3.0	50.69	15.7	40.20	20.2	51.99	14.7
2013	86.04	3.3	51.93	16.0	42.62	19.8	54.53	14.7
2014	87.77	3.7	52.80	16.9	45.22	19.2	57.18	14.3
2015	89.82	4.0	51.77	17.4	48.06	19.1	59.96	13.5
平均	85.13	3.6	51.45	16.2	42.91	19.7	54.52	14.5

2011~2015年，七个区域农业综合机械化水平由高到低依次为：东北、华北、西北、华东、华中、华南、西南；七个区域普遍呈上升趋势，华北和华南地区在2015年略有下降，其中华中地区增幅最大；就七大区域而言，东北排名首位，农业综合机械化水平排名第二的华北地区与东北地区相比，差距较大，具体如表2-144所示。

表2-144 2011~2015年七大地理区的农业综合机械化水平的平均值及排名

	东北	华北	华东	华南	华中	西北	西南
	值/序	值/序	值/序	值/序	值/序	值/序	值/序
2011	78.56/4.0	62.18/9.2	51.99/13.5	33.78/24.0	43.76/17.8	48.62/16.4	22.67/26.4

	东北	华北	华东	华南	华中	西北	西南
	值/序	值/序	值/序	值/序	值/序	值/序	值/序
2012	83.43/3.0	63.77/9.2	52.46/14.2	35.86/24.0	47.05/17.5	50.23/16.4	24.15/26.4
2013	86.04/3.3	65.30/9.4	53.68/14.5	38.53/23.7	49.66/17.3	52.97/16.0	26.04/26.4
2014	87.77/3.7	66.79/9.6	54.55/15.5	41.04/23.7	52.47/16.8	56.61/14.6	27.29/26.6
2015	89.82/4.0	65.70/11	55.16/15.5	40.73/23.0	55.78/15.5	61.34/14.0	28.54/27.0
平均	85.13/3.6	64.75/9.7	53.57/14.6	37.99/23.7	49.75/17.0	53.95/15.5	25.74/26.6

②农业劳动生产率（单位：万元/人）。农业劳动生产率是指单位农业劳动者在单位时间内（一般指一年内）生产的产品价值，是衡量该地区农业发展的重要指标，计算公式为地区第一产业增加值与第一产业从业人员数的比值。2011～2015年，全国和东北地区农业劳动生产率均呈平稳上升趋势；东北地区农业劳动生产率明显高于全国平均水平；东北三省的农业劳动生产率均呈平稳上升趋势；相对而言，黑龙江省和辽宁省大体相同，吉林省较弱。总体而言，东北三省的农业劳动生产率略高于全国平均水平，且这种差距呈进一步扩大趋势，具体如图2-103所示。

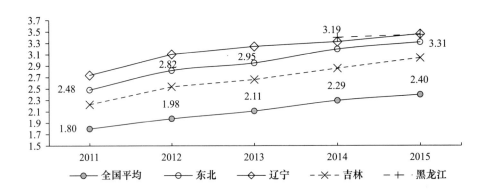

图2-103　2011～2015年农业劳动生产率基本走势

注：①全国平均指31个省市区的平均水平；②全国范围内（黑龙江省2011年、2012年、2013年数据缺失），农业劳动生产率最大值为2015年江苏的4.55，最小值为2011年贵州的0.60。

2011～2015年，东北三省农业劳动生产率在全国31个省市区连续5年数据集（共152个指标值）中相对位置分布情况如图2-104所示。可见，东北三省5年（共12个数据）农业劳动生产率的百分比排位除三年数据缺失外均处于50%以上；排位的最大值是2015年的辽宁省（94.7%），最小值是2011年的黑龙江省（56.9%）。

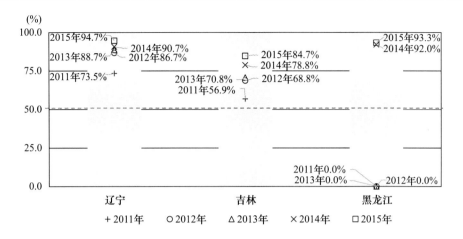

图 2 - 104　2011～2015 年东北三省农业劳动生产率百分比排位

2011～2015 年，6 省份农业劳动生产率由高到低依次为：江苏、黑龙江、浙江、辽宁、吉林、广东；东南三省普遍呈平稳上升趋势，据最新数据显示，江苏省 2016 年（4.8447）继续保持平稳上升；东南三省农业劳动生产率相对较高的江苏省优于东北地区较高的黑龙江省；农业劳动生产率增幅最大的是江苏省（12.99%），最小的是浙江省（6.45%），辽宁省和吉林省的增幅分别为 6.59% 和 9.14%，具体如表 2 - 145 所示。

表 2 - 145　2011～2015 年 6 省农业劳动生产率的原始值及年排名

| | 辽宁 | 吉林 | 黑龙江 | 江苏 | 浙江 | 广东 | 全国平均 |
	值/序	值/序	值/序	值/序	值/序	值/序	值
2011	2.7369/5	2.2259/10	—	2.9958/2	2.9573/3	1.8673/13	1.7979
2012	3.1032/3	2.5352/9	—	3.4529/1	3.1952/2	2.0074/13	1.9757
2013	3.2409/4	2.6600/10	—	3.6268/1	3.4724/2	2.1189/14	2.1103
2014	3.3228/5	2.8561/10	3.3976/4	3.9553/1	3.5421/2	2.2908/15	2.2926
2015	3.4581/4	3.0394/8	3.4465/5	4.5526/1	3.7202/2	2.4341/14	2.3953
平均	3.1724/4.2	2.6633/9.4	3.422/4.5	3.7167/1.2	3.3774/2.2	2.1437/13.8	2.1174

2011～2015 年，四个区域农业劳动生产率由高到低依次为：东北、东部、中部、西部；四个区域的农业劳动生产率均呈平稳上升趋势，其中西部地区增幅最大，东部地区增幅最小；东部地区农业劳动生产率与东北地区相比，仍存在差距，具体如表 2 - 146 所示。

表 2 - 146　2011 ～ 2015 年四大经济区农业劳动生产率的平均值及排名

	东北		东部		西部		中部	
	平均值	年排名	平均值	年排名	平均值	年排名	平均值	年排名
2011	2.4814	8.0	2.4895	7.0	1.3115	21.4	1.3901	19.8
2012	2.8192	6.0	2.6541	7.6	1.4842	21.3	1.547	20.2
2013	2.9505	7.0	2.8224	7.6	1.6079	21.1	1.648	20.3
2014	3.1921	6.3	3.0146	8.2	1.7294	22.2	1.7658	21.5
2015	3.3147	5.7	3.1198	8.4	1.8233	22.1	1.8722	21.7
平均	3.0019	6.4	2.8201	7.8	1.5913	21.6	1.6446	20.7

　　2011 ～ 2015 年，七个区域农业劳动生产率由高到低依次为：东北、华东、华南、华北、华中、西北、西南；七个区域普遍呈平稳上升趋势，其中西南地区增幅最大；就七个区域而言，东北地区排名靠前；农业劳动生产率排名第二的华东地区与东北地区相比仍存在差距，具体如表 2 - 147 所示。

表 2 - 147　2011 ～ 2015 年七大地理区的农业劳动生产率的平均值及排名

	东北	华北	华东	华南	华中	西北	西南
	值/序	值/序	值/序	值/序	值/序	值/序	值/序
2011	2.4814/7.5	1.9548/13.2	2.4753/8.3	2.0352/13.0	1.5231/17.3	1.4112/20.4	1.0188/24.8
2012	2.8192/6.0	2.1654/13.4	2.6015/8.7	2.1858/13.0	1.6951/17.8	1.5997/19.8	1.1724/25.0
2013	2.9505/7.0	2.3702/12.4	2.7232/9.3	2.3258/13.3	1.8016/17.8	1.7347/19.2	1.2718/25.2
2014	3.1921/6.3	2.4855/13.6	2.9341/9.7	2.4858/14.0	1.9282/19.5	1.8414/20.6	1.417/25.6
2015	3.3147/5.7	2.4845/14.0	3.0639/10.0	2.6501/13.3	2.0746/19.3	1.8751/21.4	1.5760/25.0
平均	3.0019/6.4	2.2921/13.3	2.7596/9.2	2.3366/13.3	1.8045/18.3	1.6924/20.3	1.2912/25.1

4. 主要结论

　　首先，东北地区的产业发展指数高于全国平均水平。在反映产业发展水平的 5 个方面（产业均衡、服务业发展、重化工调整、金融深化、现代农业），东北三省在现代农业上具有一定优势，但在其他 4 个方面均较东南三省存在一定差距，尤其在服务业发展和金融深化上和东南三省的差距较大，且低于全国平均水平。

　　其次，动态来看，2011 ～ 2015 年，东北地区的指数得分明显上升，意味着绝对能力的不断提高。同时，东北地区的产业发展方面的相对排名也有所上升，说明东北地区产业发展状况相对于全国其他地区有所提升。

　　再次，分省来看，黑龙江省产业发展水平最高，辽宁省次之，吉林省最低。在全国各省相对排名的竞争中，黑龙江省有所进步，辽宁省和吉林省均有退步。黑龙江省的产业均衡和现代农业较好，辽宁省的服务业发展和金融深化较好，吉林省重化工调整相对较好，但在产业均衡、服务业发展、金融深化方面均较弱。

最后，单项指标方面，东北地区"农业综合机械化水平""农业劳动生产率"相对于全国平均水平具有一定优势；其他各项指标，特别是"服务业增加值比重""服务业增长率""银行信贷占比""直接融资占比"等指标的发展均比较落后。

（五）创新创业评价报告

1. 创新创业指数总体分析

对创新创业的测度涵括了研发基础、人才基础、技术转化、技术产出、创业成效5个方面，共11项关键指标。汇集中国31个省市区2011～2015年创新创业的指标信息，得到连续5年的指数得分。在此基础上，形成多年连续排名和单年排名。其中，多年连续排名用于反映各省市区创新创业的绝对发展水平随时间动态变化的情况（31个省市区5年共155个排位，最高排名为1，最低排名为155），单年排名用于反映各省市区在全国范围内某个单年的相对发展水平（31个省市区每年31个排位，最高排名为1，最低排名为31）。具体而言，31个省市区创新创业指数得分、连续及单年排名见表2－148。

表2－148　2011～2015年31个省市区创新创业指数得分、连续及单年排名

省市区	2011			2012			2013			2014			2015		
	值	总	年	值	总	年	值	总	年	值	总	年	值	总	年
北京	77.0	14	2	77.7	12	2	81.7	6	1	84.6	2	1	84.9	1	1
广东	74.8	20	4	76.4	16	4	73.9	22	4	78.8	10	3	83.1	3	2
江苏	79.9	9	1	82.0	4	1	76.1	17	2	80.8	8	2	82.0	5	3
浙江	75.8	18	3	77.1	13	3	72.6	26	5	78.3	11	4	81.0	7	4
天津	68.9	33	6	70.7	31	6	75.0	19	3	74.5	21	5	76.7	15	5
上海	73.2	24	5	73.1	25	5	71.9	27	6	71.8	28	6	73.6	23	6
山东	62.8	41	7	64.9	37	7	61.5	44	7	66.0	36	7	71.5	29	7
安徽	55.6	61	10	58.7	51	10	58.5	54	8	63.6	39	8	70.8	30	8
福建	58.2	56	9	61.4	45	9	58.2	55	9	61.3	46	10	70.4	32	9
重庆	55.0	63	11	53.5	65	12	57.3	57	10	59.5	50	12	67.1	34	10
湖北	52.9	67	12	56.8	59	11	55.1	62	12	62.1	43	9	66.7	35	11
四川	52.0	70	13	53.3	66	13	51.7	71	13	58.6	52	13	64.1	38	12
陕西	48.2	74	14	51.4	72	14	50.8	73	14	56.6	60	14	62.9	40	13

续表

省市区	2011			2012			2013			2014			2015		
	值	总	年	值	总	年	值	总	年	值	总	年	值	总	年
辽宁	60.6	47	8	62.6	42	8	57.1	58	11	59.8	49	11	59.9	48	14
湖南	43.3	86	15	47.0	78	16	47.7	75	15	52.8	68	15	58.5	53	15
河南	33.9	114	18	32.2	117	21	42.4	87	17	46.6	79	16	54.4	64	16
江西	27.6	132	24	34.2	113	20	36.0	106	21	42.2	88	19	52.4	69	17
黑龙江	37.3	103	17	47.2	77	15	43.8	84	16	45.9	81	17	47.5	76	18
广西	29.3	130	23	35.0	109	17	38.8	98	19	40.2	93	20	46.1	80	19
甘肃	30.3	125	20	30.7	123	25	32.3	116	24	34.3	111	27	45.5	82	20
河北	26.1	137	26	31.2	122	24	31.5	121	25	38.1	100	22	45.1	83	21
宁夏	29.8	128	21	31.7	120	23	33.6	115	23	36.3	104	24	42.1	89	22
山西	31.8	119	19	31.8	118	22	38.0	101	20	37.4	102	23	42.1	90	23
吉林	38.6	99	16	34.9	110	18	39.2	97	18	43.5	85	18	41.9	91	24
贵州	26.8	133	25	34.3	112	19	35.6	107	22	39.4	96	21	41.4	92	25
云南	22.4	143	28	26.5	135	28	30.2	126	26	35.0	108	26	39.8	94	26
新疆	29.4	129	22	28.9	131	26	30.2	127	27	36.0	105	25	39.5	95	27
青海	22.0	146	29	17.7	151	31	19.7	150	30	22.4	144	29	30.7	124	28
海南	25.1	139	27	26.7	134	27	24.8	140	28	24.2	141	28	25.6	138	29
内蒙古	21.6	147	30	26.2	136	29	22.0	145	29	20.4	149	30	23.9	142	30
西藏	16.4	152	31	21.4	148	30	15.9	153	31	15.6	154	31	12.2	155	31
平均	44.7	89	16	47.0	83	16	47.2	82	16	50.5	73	16	54.9	63	16

注：①对于表中的字段名称，"值"表示各省市区对应年份的指数得分，"总"表示各省市区 2011~2015 年多年连续总排名，"年"表示各省市区 5 个单年的排名；②表中 31 个省市区按照 2015 年单年指数得分由高到低（降序）排列。

东北地区的创新创业发展指数处于全国中等偏下的位置，总体上落后于东南三省。2011~2015 年，6 省份创新创业指数由高到低依次为：江苏、广东、浙江、辽宁、黑龙江、吉林；东南三省普遍呈波动上升趋势，2013 年均有小幅下跌；东南三省发展水平较弱的浙江省明显优于东北地区较优的辽宁省；创新创业指数增幅最大的是黑龙江省（6.82%），降幅最大的是辽宁省（-0.28%），吉林省的增幅为 2.14%。就 2015 年而言，辽宁省的创新创业发展相对较好，在 31 个省域中的单年排名为 14，黑龙江省和吉林省相对较差，排名分别为 18 和 24，具体如表 2-148 和表 2-149 所示。

表 2 - 149　2011～2015 年 6 省创新创业指数的值及单年排名

	辽宁	吉林	黑龙江	江苏	浙江	广东	全国平均
	值/序	值/序	值/序	值/序	值/序	值/序	值
2011	60.59/8	38.56/16	37.32/17	79.94/1	75.77/3	74.85/4	44.73
2012	62.59/8	34.92/18	47.24/15	82.01/1	77.10/3	76.45/4	47.02
2013	57.07/11	39.22/18	43.79/16	76.13/2	72.63/5	73.90/4	47.20
2014	59.85/11	43.46/18	45.89/17	80.77/2	78.32/4	78.76/3	50.54
2015	59.91/14	41.86/24	47.51/18	81.98/3	81.00/4	83.08/2	54.95
平均	60.00/10.4	39.60/18.8	44.35/16.6	80.17/1.8	76.96/3.8	77.41/3.4	48.89

2011～2015 年，全国创新创业的平均水平呈平稳上升趋势，东北地区波动明显，以 2013 年为拐点，东北地区的创新创业指数低于全国平均水平，且差距呈现进一步扩大趋势；东北三省中，辽宁省优于全国平均水平，吉林省和黑龙江省均低于全国平均水平，三个省份发展水平的波动比较明显，较之于全国整体水平的持续提升，相对优势不断减弱，具体如图 2 - 105 所示。

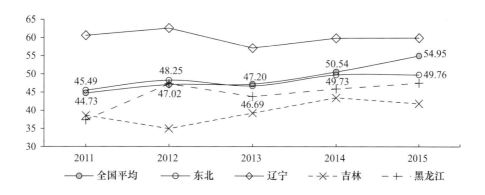

图 2 - 105　2011～2015 年创新创业指数基本走势

注：①全国平均指 31 个省市区的平均水平；②全国范围内（可采集到的数据），创新创业指数占比最大值为 2015 年北京的 84.89，最小值为 2015 年西藏的 12.15。

2011～2015 年，东北三省创新创业指数在全国 31 个省市区连续 5 年数据集（共 155 个指标值）中相对位置分布情况如图 2 - 106 所示。可见，东北三省 5 年（共 15 个数据）创新创业指数的百分比排位位于 50% 以下的有 8 个；此外，排位的最大值是 2012 年的辽宁省（73.3%），最小值是 2012 年的吉林省（29.2%）。

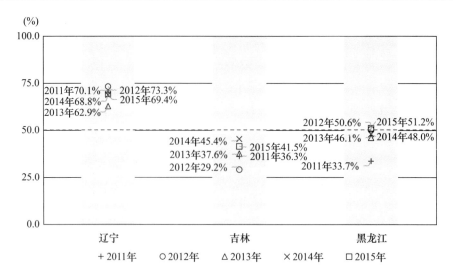

图 2 - 106   2011 ~ 2015 年创新创业指数百分比排位

2. 全国视角下东北地区创新创业进展分析

2011 ~ 2015 年，四大区域创新创业指数由高到低依次为：东部、东北、中部、西部；四大区域普遍呈上升趋势，其中，中部和西部增幅较大；东北地区略优于中部地区，但与东部地区相比，差距明显，具体如表 2 - 150 所示。

表 2 - 150   2011 ~ 2015 年四大经济区创新创业指数的平均值及排名

	东北		东部		西部		中部	
	平均值	年排名	平均值	年排名	平均值	年排名	平均值	年排名
2011	45.49	14.0	62.18	9.0	31.93	22.3	40.86	16.3
2012	48.25	13.7	64.13	8.8	34.24	22.3	43.44	16.7
2013	46.69	15.0	62.73	9.0	34.84	22.3	46.28	15.5
2014	49.73	15.3	65.83	8.8	37.87	22.7	50.80	15.0
2015	49.76	18.7	69.40	8.7	42.94	21.9	57.48	15.0
平均	47.99	15.3	64.86	8.9	36.36	22.3	47.77	15.7

注：为确保区分度，对于具有平均意义的排名（序），本研究保留一位小数，以下各表同。

2011 ~ 2015 年，七大区域创新创业指数由高到低依次为：华东、华北、东北、华中、华南、西南、西北；七大区域整体均呈上升趋势，其中华中地区上升幅度最大，华东、华南和东北呈波动变化（2013 年有小幅下跌）；就七大区域而言，东北地区处于中上水平，与最优的华东地区相比，差距明显，具体如表 2 - 151 所示。

表 2 – 151　2011 ~ 2015 年七大地理区创新创业指数的平均值及排名

	东北	华北	华东	华南	华中	西北	西南
	值/序	值/序	值/序	值/序	值/序	值/序	值/序
2011	45. 49/13. 7	45. 08/16. 6	67. 57/5. 8	43. 10/18. 0	39. 45/17. 3	31. 93/21. 2	34. 52/21. 6
2012	48. 25/13. 7	47. 57/16. 6	69. 53/5. 8	46. 07/16. 0	42. 53/17. 0	32. 10/23. 8	37. 79/20. 4
2013	46. 69/15. 0	49. 64/15. 6	66. 47/6. 2	45. 85/17. 0	45. 30/16. 3	33. 32/23. 6	38. 15/20. 4
2014	49. 73/15. 3	51. 00/16. 2	70. 31/6. 2	47. 74/17. 0	50. 93/14. 8	37. 13/23. 8	41. 62/20. 6
2015	49. 76/18. 7	54. 54/16. 0	74. 90/6. 2	51. 62/16. 7	57. 98/14. 8	44. 13/22. 0	44. 90/20. 8
平均	47. 99/15. 3	49. 57/16. 2	69. 76/6. 0	46. 87/16. 9	47. 24/16. 0	35. 72/22. 9	39. 40/20. 8

为便于直观分析，将指数信息按空间分类、时间排列、优劣序化等方式整理后，形成多年指数得分、连续排名及单年排名的可视化集成图（见图 2 – 107 ~ 图 2 – 109），结合表 2 – 148 的信息，以全国四大经济区为划分标准，对东北三省的创新创业方面的进程评价如下：

第一，东北地区创新创业指数得分有所提升，但提升幅度较低，且未突破 50 分。从四大区域平均得分曲线的变化情况可以看出，中国的创新创业有一定成效，四大区域均呈现上升趋势，其中上升幅度最大的为中部地区，年均提升 4.15 分，东部、西部和东北地区的年均提升幅度分别为 1.8 分、2.75 分和 1.08 分，可以看出东北地区的提升幅度最小。此外，虽然四个区域的创新创业有所提升，但除东部地区外，其他地区的指数得分均未达到 50 分（中点线），尤其东北地区以 2011 年为基点（45.5 分），拥有优于中部地区的起步条件，但表现乏力，发展后劲不足。

第二，东北地区创新创业绝对水平提升不明显，为四个区域中增幅最低。从四大区域连续排名曲线的变化情况可以看出，四大区域的连续排名均呈现上升趋势，其中提升最大的是中部，年均提升 9.9 名，东部、西部和东北地区的年均提升幅度分别为 3.9 名、7.8 名和 2.8 名，可以看出东北地区为四个区域中增幅最低。具体而言，东北三省中，黑龙江表现稍好，但趋势不明朗，从 2011 年的 103 名上升至 2012 年的 77 名后，阻力重重，先退后进，2015 年才回到 76 名，难以持续进展，吉林与黑龙江情况类似，而辽宁虽然前期基础较好（2011 年 47 名），却是 5 年间 31 个省市区中仅有的两个倒退省份（西藏与辽宁）之一。

第三，东北地区创新创业相对水平出现倒退，且倒退幅度较大。从四大区域单年排名曲线的变化情况可以看出，在相对位次的排名竞争中，只有东北地区总体呈下降趋势，2015 年较 2011 年下降 5 名，而东部、中部和西部的排名提升幅度分别为 0.3 名、1.3 名和 0.4 名。对东北三省而言，吉林省的下降幅度最大（由 16 名退到 24 名，倒退 8 名），辽宁省倒退 6 名，黑龙江省倒退 1 名，呈现出"倒退范围广、倒退幅度大"的特征。

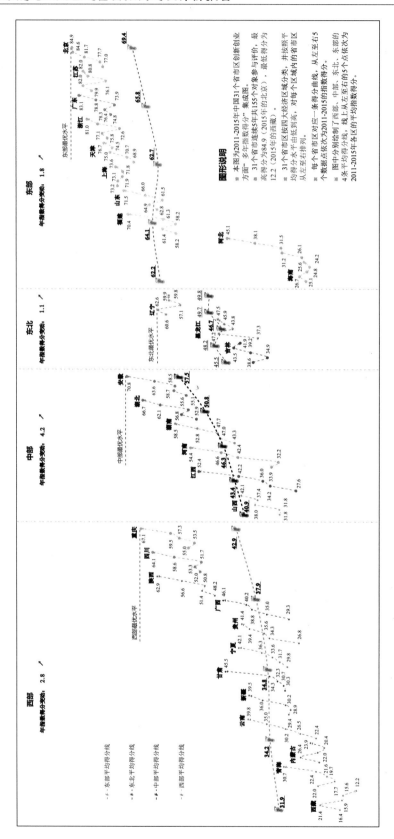

图 2 - 107 2011～2015 年 31 个省市区创新创业指数得分变动情况

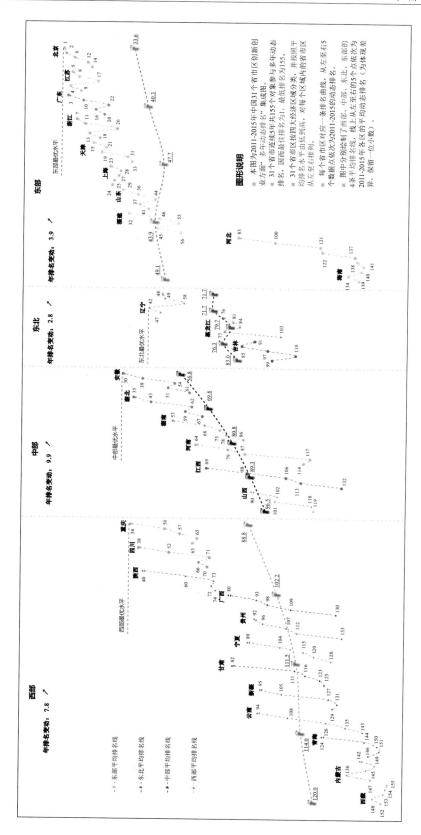

图 2 - 108　2011～2015 年 31 个省市区创新创业多年连续排名变动情况

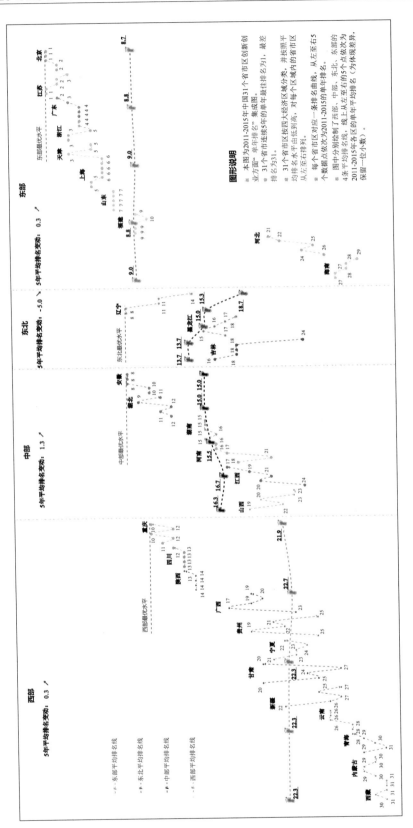

图 2-109　2011~2015 年 31 个省市区创新创业单年排名变动情况

3. 创新创业分项指数分析

2011～2015 年，东北三省的人才基础超过全国平均水平，表现相对较好，其他方面低于全国平均水平和东南三省平均水平，尤其是技术产出表现较弱。东南三省在 5 个分项指标上的发展水平均优于全国平均和东北平均水平。分省看，东南三省 5 个分项指数的发展相对均衡，广东省与浙江省的科技转化略低，广东省技术产出接近全国最优水平，浙江省仅创业成效接近全国最优水平，江苏省科技转化接近全国最优水平。东北三省 5 个分项指数的发展差距较大，其中吉林省最为突出。就东北三省而言，辽宁省创业成效相对较强，技术产出相对薄弱，吉林省人才基础相对较强，科技转化明显落后，黑龙江省人才基础和科技转化相对较强，技术产出较为薄弱。总体来看，东北三省在人才基础上具有一定优势，在技术产出上和东南三省的差距较大，具体如表 2－152 和图 2－110 所示。

表 2－152　2011～2015 年 6 省创新创业方面分项指数平均得分

	研发基础	人才基础	科技转化	技术产出	创业成效
辽宁	66.20	64.83	55.56	45.41	68.01
吉林	37.16	69.80	18.18	37.66	35.21
黑龙江	39.76	62.96	59.56	26.19	33.28
江苏	81.21	78.64	82.23	80.70	78.06
浙江	80.68	80.05	68.97	73.17	81.95
广东	80.21	75.92	67.19	89.67	74.05
东北三省平均	47.71	65.86	44.43	36.42	45.50
东南三省平均	80.70	78.20	72.80	81.18	78.02
各省平均	49.60	49.14	48.08	48.86	48.75
各省最高	97.71	98.21	82.23	89.67	81.95
各省最低	2.64	11.98	10.08	10.18	23.03

2011～2015 年，全国在反映创新创业 5 个方面的整体进展良好，均呈上升趋势，尤其是"人才基础"与"科技转化"两个方面，5 年间水平持续提升，近 3 年来，"技术产出"的发展势头良好。东南三省的 5 个分项指数均处于全国前列，仅 2015 年浙江省"科技转化"的排位处于全国中等水平（从年排名得出）；东南三省 5 个分项指数的得分整体呈上升趋势，仅江苏省"科技转化"与浙江省"创业成效"呈下降趋势；东北三省 5 个分项指数中，仅"人才基础"的发展相对较好，其余 5 个分项指数的发展水平较低，具

体如表2－153所示。

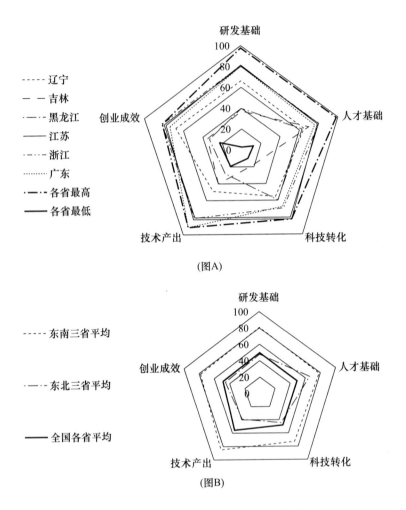

图2－110　2011～2015年6省区创新创业方面分项指数平均得分雷达图

进一步统计升降符（▲或▼）的数量，对不同地区的发展态势进行分析和对比可知，2011～2015年，全国5项指数▲的数量均超过半数以上，发展势头良好；东北地区5个分项指数▲的数量均少于（或等于）东南三省的数量，以"研发基础"的差距最大（东南三省为10个，东北三省为5个），发展稳定性低于东南三省；除"科技转化"和"创业成效"外，东北三省2015年其余4项得分▲的数量均少于东南三省（科技转化数量相同），2015年的整体发展态势不如东南三省；东北三省▲的总数量为34个，占东北三省升降符总数的56.67%，东南三省▲的总数量为46个，占76.67%，差距较大。

表 2-153 2011~2015 年 6 省区创新创业方面分项指数

分项指数	年份	辽宁	吉林	黑龙江	江苏	浙江	广东	全国平均
		值/序	值/序	值/序	值/序	值/序	值/序	值
研发基础	2011	70.11/8	25.79/22	40.79/15	79.47/4	78.36/5	77.60/6	45.51
	2012	68.79/9 ▼	28.98/25 ▲	42.08/17 ▲	80.83/5 ▲	80.93/4 ▲	79.18/6 ▲	48.03 ▲
	2013	70.28/9 ▲	43.45/19 ▲	41.67/21 ▼	81.85/5 ▲	81.38/6 ▲	81.98/4 ▲	51.56 ▲
	2014	66.92/10 ▼	42.45/19 ▼	39.84/21 ▼	81.94/4 ▲	81.61/5 ▲	78.73/6 ▼	51.90 ▲
	2015	54.91/13 ▼	45.14/18 ▲	34.42/23 ▼	81.97/5 ▲	81.12/6 ▼	83.53/3 ▲	51.00 ▼
人才基础	2011	58.00/9	68.85/7	60.97/8	72.28/5	77.32/4	69.33/6	43.37
	2012	63.99/9 ▲	70.58/7 ▲	64.76/8 ▲	78.25/5 ▲	78.70/4 ▲	74.22/6 ▲	47.46 ▲
	2013	65.66/8 ▲	68.30/7 ▼	64.05/9 ▼	79.98/5 ▲	80.06/4 ▲	77.96/6 ▲	49.72 ▲
	2014	69.19/9 ▲	70.45/8 ▲	63.66/12 ▼	81.00/5 ▲	81.13/4 ▲	78.43/6 ▲	51.70 ▲
	2015	67.33/11 ▼	70.82/9 ▲	61.34/15 ▼	81.66/5 ▲	83.02/4 ▲	79.67/6 ▲	53.44 ▲
科技转化	2011	54.84/8	15.18/26	37.09/15	82.00/1	65.08/5	59.24/7	37.30
	2012	59.25/9 ▲	14.36/27 ▼	62.15/7 ▲	86.97/1 ▲	71.85/4 ▲	60.49/8 ▲	43.89 ▲
	2013	53.95/14 ▼	19.47/29 ▲	64.73/11 ▲	84.48/1 ▼	70.99/5 ▼	69.39/7 ▲	48.82 ▲
	2014	44.86/21 ▼	18.00/29 ▼	59.84/13 ▼	78.14/2 ▼	66.77/7 ▼	67.17/6 ▼	49.65 ▲
	2015	64.89/18 ▲	23.90/29 ▲	73.98/9 ▲	79.54/7 ▲	70.18/13 ▲	79.66/6 ▲	60.76 ▲
技术产出	2011	48.76/16	33.66/23	23.54/26	79.24/3	67.10/7	87.49/1	46.84
	2012	45.07/17 ▼	36.14/21 ▲	25.32/26 ▲	80.92/3 ▲	69.09/6 ▲	88.97/1 ▲	45.87 ▼
	2013	45.39/17 ▲	39.34/20 ▲	25.97/27 ▲	79.77/4 ▼	73.81/7 ▲	89.99/1 ▲	48.94 ▲
	2014	42.66/18 ▼	39.22/21 ▼	28.20/25 ▲	81.27/5 ▲	75.19/6 ▲	90.38/1 ▲	49.76 ▲
	2015	45.16/18 ▲	39.97/22 ▲	27.91/26 ▼	82.29/4 ▲	80.68/6 ▲	91.54/1 ▲	52.92 ▲
创业成效	2011	71.23/6	49.34/17	24.21/29	86.70/2	91.00/1	80.58/3	50.64
	2012	75.86/5 ▲	24.54/28 ▼	41.88/22 ▲	83.06/2 ▼	84.95/1 ▼	79.39/3 ▼	49.85 ▼
	2013	50.07/9 ▼	25.55/24 ▼	22.51/29 ▼	54.58/4 ▼	56.92/2 ▼	50.18/8 ▼	36.95 ▼
	2014	75.61/4 ▲	47.17/17 ▲	37.92/23 ▲	81.53/2 ▲	86.90/1 ▲	79.09/3 ▲	49.70 ▲
	2015	67.28/8 ▼	29.47/30 ▼	39.88/26 ▲	84.45/2 ▲	89.98/1 ▲	81.00/3 ▲	56.62 ▲

注:表中符号"▲"表示本年的数据相对于前一年是增长的,符号"▼"表示本年的数据相对于前一年是减少的。

2011~2015 年,辽宁省▲的数量为 10 个,占辽宁省升降符总数的 50%;吉林省▲的数量为 12 个,占 60%;黑龙江省▲的数量为 12 个,占 60%;江苏省▲的数量为 15 个,占 75%;浙江省▲的数量为 15 个,占 75%;广东省▲的数量为 16 个,占 80%。东北三省最优的吉林省和黑龙江省依然落后于东南三省；就东北三省而言，吉林省和黑龙江省的发展稳定性相对较好，辽宁省较弱。2011～2015年，东北三省中"研发基础"发展态势较好的是吉林省，"人才基础"发展态势较好的是辽宁省和吉林省，"科技转化"和"创业成效"发展态势较好的是黑龙江省，"技术产出"发展态势较好的是吉林省和黑龙江省。

（1）研发基础

①研发（R&D）投入强度（单位:%）。研发（R&D）投入强度反映一个地区科技研发基础的水平，是衡量地区在科技创新方面努力程度的重要指标，计算公式为地区研发（R&D）经费支出与地区GDP的比值。2011～2015年，全国研发（R&D）投入强度的平均水平呈平稳上升趋势，东北地区呈现先上升后下降的小幅波动趋势；东北地区研发（R&D）投入强度明显低于全国平均水平；东北三省中，辽宁省总体呈下降趋势，2015年下降明显，黑龙江省呈现先上升后下降的小幅波动趋势，吉林省呈平稳上升趋势；辽宁省发展相对较好，黑龙江省次之，吉林省相对较弱；据最新数据显示，辽宁省2016年研发（R&D）投入强度增幅较大。总体而言，东北三省的研发（R&D）投入强度与全国平均水平差距较大，且差距呈现进一步扩大的趋势，具体如图2-111所示。

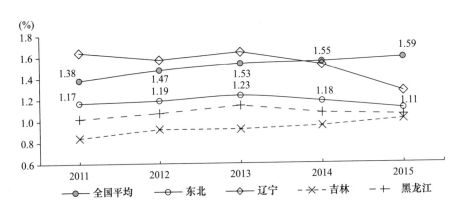

图2-111　2011～2015年研发（R&D）投入强度基本走势

注：①全国平均指31个省市区的平均水平；②全国范围内（可采集到的数据），研发（R&D）投入强度最大值为2015年北京的6.01%，最小值为2011年西藏的0.19%。

2011～2015年，东北三省研发（R&D）投入强度在全国31个省市区连续5年数据集（共155个指标值）中相对位置分布情况如图2-112所示。可见，东北三省5年（共15个数据）研发（R&D）投入强度的百分比排位位于50%以下的数量有10个；此外，排位的最大值是2011年和2013年的辽宁省（66.8%），最小值是2011年的吉林省（29.2%）。

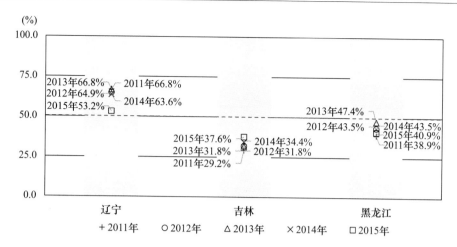

图 2 - 112　2011～2015 年东北三省研发（R&D）投入强度百分比排位

2011～2015 年，6 省份研发（R&D）投入强度由高到低依次为：江苏、广东、浙江、辽宁、黑龙江、吉林；东南三省呈平稳上升趋势，发展势头良好，整体发展水平明显高于东北三省；东北三省发展水平最好的辽宁省持续低于东南三省最差的浙江省，东南三省平均水平是东北三省的 2 倍以上；研发（R&D）投入强度增幅最大的是浙江省（6.9%），降幅最大的是辽宁省（-5.6%），吉林省和黑龙江省的增幅分别为 5.1% 和 0.7%，具体如表 2 - 154 所示。

表 2 - 154　2011～2015 年 6 省研发（R&D）投入强度的原始值及单年排名

	辽宁	吉林	黑龙江	江苏	浙江	广东	全国平均
	值/序	值/序	值/序	值/序	值/序	值/序	值
2011	1.64/10	0.84/20	1.02/16	2.17/4	1.85/8	1.96/6	1.38
2012	1.57/11	0.92/20	1.07/17	2.38/4	2.08/6	2.17/5	1.47
2013	1.64/11	0.92/22	1.14/17	2.49/4	2.16/6	2.31/5	1.53
2014	1.52/12	0.95/22	1.07/19	2.54/4	2.26/6	2.37/5	1.55
2015	1.27/15	1.01/22	1.05/19	2.57/4	2.36/6	2.47/5	1.59
平均	1.53/11.8	0.93/21.2	1.07/17.6	2.43/4	2.14/6.4	2.26/5.2	1.50

2011～2015 年，四大区域研发（R&D）投入强度由高到低依次为：东部、中部、东北、西部；四大区域中，除东北地区呈波动下降外，其他区域研发（R&D）投入强度普遍呈平稳上升趋势，东北与东部地区差距明显，具体如表 2 - 155 所示。

2011～2015 年，七大区域研发（R&D）投入强度由高到低依次为：华北、华东、华中、东北、华南、西北、西南；七大区域中，除东北地区呈波动下降外，其他区域均呈上升态势；就七大区域而言，东北地区排名居中，与最优的华北地区差距较大，具体如

表 2 - 156 所示。

表 2-155　2011～2015 年四大经济区研发（R&D）投入强度的平均值及排名

	东北		东部		西部		中部	
	平均值	年排名	平均值	年排名	平均值	年排名	平均值	年排名
2011	1.17	15.0	2.18	10.0	0.86	21.8	1.18	15.2
2012	1.19	16.0	2.36	9.2	0.90	21.9	1.28	15.2
2013	1.23	16.7	2.45	9.1	0.92	22.2	1.37	14.8
2014	1.18	17.7	2.50	9.1	0.93	22.0	1.40	14.7
2015	1.11	18.7	2.56	8.8	0.97	21.7	1.43	15.0
平均	1.18	16.9	2.41	9.2	0.92	21.9	1.33	15.0

表 2-156　2011～2015 年七大经济区研发（R&D）投入强度的平均值及排名

	东北	华北	华东	华南	华中	西北	西南
	值/序	值/序	值/序	值/序	值/序	值/序	值/序
2011	1.17/15.3	2.16/14.2	1.94/7.7	1.02/20.3	1.16/15.8	0.99/20.0	0.83/21.6
2012	1.19/16.0	2.28/13.4	2.15/7.2	1.13/19.7	1.24/16.3	1.01/20.4	0.88/22.0
2013	1.23/16.7	2.37/13.0	2.27/6.8	1.18/19.7	1.29/16.0	1.04/21.2	0.89/22.2
2014	1.18/17.7	2.37/13.0	2.34/6.8	1.19/19.7	1.34/15.8	1.04/21.0	0.90/22.0
2015	1.11/18.7	2.41/13.2	2.40/6.8	1.19/20.3	1.39/15.3	1.06/20.8	0.99/21.0
平均	1.18/16.9	2.32/13.4	2.22/7.1	1.14/19.9	1.28/15.8	1.03/20.7	0.90/21.8

②科技创新支出强度（单位:%）。科技创新支出强度反映一个地区对科技创新的投入和重视程度，是衡量地区创新创业的重要指标。2011～2015 年，全国科技创新支出强度的平均水平整体呈上升趋势，东北地区呈下降趋势；东北地区明显低于全国平均水平；辽宁省呈明显下降趋势，黑龙江省略呈下降趋势，吉林省在 2011～2013 年呈明显上升趋势，2013～2015 年呈下降趋势；就东北三省而言，辽宁省发展相对较好，2011～2012 年黑龙江省优于吉林省，2013～2015 年吉林省反超黑龙江省。总体而言，东北地区的科技创新支出强度明显低于全国平均水平，且差距呈进一步扩大趋势，具体如图 2-113 所示。

2011～2015 年，东北三省科技创新支出强度在全国 31 个省市区连续 5 年数据集（共 155 个指标值）中相对位置分布情况如图 2-114 所示。可见，东北三省 5 年（共15 个数据）科技创新支出强度的百分比排位处于 50% 以下的有 8 个，其中，有 2 个低于 25%。此外，排位的最大值是 2013 年的辽宁省（75.9%），最小值是 2011 年的吉林省（15.5%）。

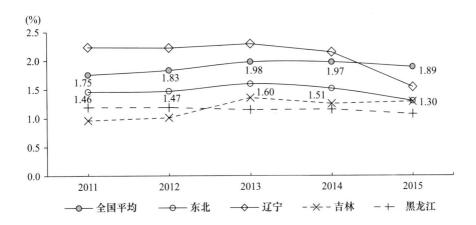

图 2 - 113 2011 ~ 2015 年科技创新支出强度基本走势

注：①全国平均指 31 个省市区的平均水平；②全国范围内（可采集到的数据），科技创新支出强度最大值为 2014 年北京的 6.25%，最小值为 2014 年西藏的 0.37%。

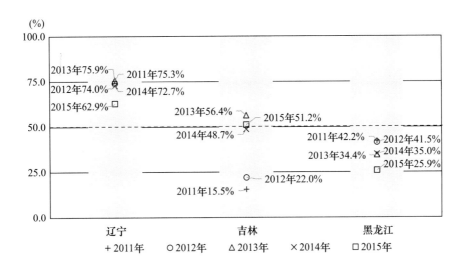

图 2 - 114 2011 ~ 2015 年东北三省科技创新支出强度百分比排位

2011 ~ 2015 年，6 省份科技创新支出强度由高到低依次为：浙江、江苏、广东、辽宁、吉林、黑龙江；东南三省的发展普遍呈上升趋势，明显好于东北三省，2013 ~ 2015 年江苏省和浙江省表现较为稳定，广东省波动较大；东南三省中水平较低的广东省优于东北地区较高的辽宁省；科技创新支出强度增幅最大的是广东省（11.54%），降幅最大的是辽宁省（-7.78%），黑龙江省的降幅为 -2.57%，吉林省的增幅为 8.44%，具体如表 2 - 157 所示。

2011 ~ 2015 年，四个区域科技创新支出强度由高到低依次为：东部、中部、东北、西部；中部和西部普遍呈上升趋势，其中中部增幅最大，东北和东部表现出先升后降的变化特征，总体呈下降态势；东北地区科技创新支出强度与东部地区差距较大，具体如

表2-158所示。

表2-157 2011~2015年6省科技创新支出强度的原始值及单年排名

	辽宁	吉林	黑龙江	江苏	浙江	广东	全国平均
	值/序	值/序	值/序	值/序	值/序	值/序	值
2011	2.23/8	0.96/25	1.19/15	3.43/4	3.74/3	3.04/6	1.75
2012	2.22/8	1.01/24	1.19/17	3.66/4	3.99/3	3.34/6	1.83
2013	2.29/8	1.36/16	1.15/22	3.88/5	4.06/4	4.10/3	1.98
2014	2.14/9	1.25/17	1.15/24	3.86/4	4.03/3	3.00/6	1.97
2015	1.54/12	1.29/17	1.07/24	3.84/4	3.77/5	4.44/2	1.88
平均	2.08/9	1.17/19.8	1.15/20.4	3.73/4.2	3.92/3.6	3.58/4.6	1.88

表2-158 2011~2015年四大经济区科技创新支出强度的平均值及排名

	东北		东部		西部		中部	
	平均值	年排名	平均值	年排名	平均值	年排名	平均值	年排名
2011	1.46	16.0	3.10	8.0	0.90	23.3	1.37	14.8
2012	1.47	16.3	3.22	7.4	0.97	23.4	1.42	15.3
2013	1.60	15.3	3.37	7.9	1.04	24.3	1.71	13.3
2014	1.51	16.7	3.27	8.6	1.05	23.6	1.88	12.8
2015	1.30	17.7	3.08	9.6	1.09	21.7	1.76	14.5
平均	1.47	16.4	3.21	8.3	1.01	23.2	1.63	14.2

2011~2015年，七个区域科技创新支出强度由高到低依次为：华东、华北、华南、东北、华中、西北、西南；华东、华北、东北普遍呈波动下降趋势，华中、西南、西北、华南呈上升趋势；就七个区域而言，东北地区排名居中，与最优的华东地区相比，差距较大，具体如表2-159所示。

表2-159 2011~2015年七大地理区科技创新支出强度的平均值及排名

	东北	华北	华东	华南	华中	西北	西南
	值/序	值/序	值/序	值/序	值/序	值/序	值/序
2011	1.46/16.0	2.40/15.2	3.18/5.8	1.80/12.7	1.18/16.3	0.88/22.8	0.87/24.0
2012	1.47/16.3	2.42/14.2	3.32/5.7	2.03/10.7	1.23/17.3	0.96/23.2	0.92/25.0
2013	1.60/15.3	2.66/13.8	3.39/6.2	2.39/10.3	1.43/15.8	1.01/25.0	0.99/25.0
2014	1.51/16.7	2.75/14.4	3.35/6.2	1.98/12.3	1.69/14.5	1.02/25.0	0.99/23.4
2015	1.30/17.7	2.30/17.2	3.11/6.3	2.22/16.0	1.66/14.5	1.13/21.4	1.08/21.2
平均	1.47/16.4	2.51/15.0	3.27/6.0	2.09/12.4	1.44/15.7	1.00/23.5	0.97/23.7

（2）人才基础

①研发（R&D）人员占比（单位：%）。研发（R&D）人员占比反映一个地区的研究与开发人员实力，是衡量地区创新能力的重要指标，计算公式为地区研发人员的总数与常住人口的比值。2011～2015 年，全国研发（R&D）人员占比的平均水平呈上升趋势，东北地区总体趋势变化不明显；东北地区明显低于全国平均水平，且这种差距呈进一步扩大的趋势；吉林省研发（R&D）人员占比呈上升趋势，黑龙江省呈下降趋势，辽宁省2011～2014 年略微上升，2015 年下降明显；据最近数据显示，辽宁省 2016 年有较大幅度的提升（0.3152%）；就东北三省而言，辽宁省发展相对较好，吉林省次之，黑龙江省较弱。总体而言，东北地区的研发（R&D）人员占比明显低于全国平均水平，且差距呈进一步扩大的趋势，具体如图 2 - 115 所示。

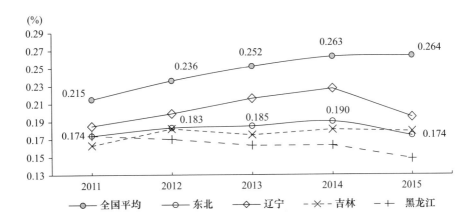

图 2 - 115　2011～2015 年研发（R&D）人员占比基本走势

注：①全国平均指 31 个省市区的平均水平；②全国范围内（可采集到的数据），研发（R&D）人员占比最大值为 2013 年北京的 1.145%，最小值为 2015 年西藏的 0.034%。

2011～2015 年，东北三省研发（R&D）人员占比在全国 31 个省市区连续 5 年数据集（共 155 个指标值）中相对位置分布情况如图 2 - 116 所示。可见，东北三省 5 年（共 15 个数据）科技创新支出强度的百分比排位普遍处于 50% 以下的仅 1 个。其中，排位的最大值是 2014 年的辽宁省（70.1%），最小值是 2015 年的黑龙江省（47.4%）。

2011～2015 年，6 省份研发（R&D）人员占比由高到低依次为：浙江、江苏、广东、辽宁、吉林、黑龙江；东南三省普遍呈上升趋势，明显优于东北三省；东南三省中水平较低的广东省明显优于东北地区较高的辽宁省；研发（R&D）人员占比增幅最大的是江苏省（12.58%），降幅最大的是黑龙江省（- 3.63%），辽宁省和吉林省的增幅分别为1.36% 和 2.45%，具体如表 2 - 160 所示。

2011～2015 年，四个区域研发（R&D）人员占比由高到低依次为：东部、东北、中部、西部；东部、中部和西部普遍呈稳定上升趋势，其中东部上升趋势最明显，东北地区

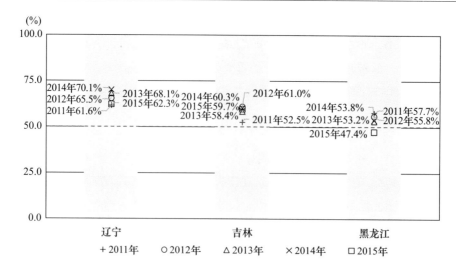

图 2 - 116　2011 ~ 2015 年东北三省科研（R&D）人员占比百分比排位

表 2 - 160　2011 ~ 2015 年 6 省研发（R&D）人员占比的原始值及单年排名

	辽宁	吉林	黑龙江	江苏	浙江	广东	全国平均
	值/序	值/序	值/序	值/序	值/序	值/序	值
2011	0.1848/11	0.1630/13	0.1737/12	0.4339/5	0.4644/4	0.3911/6	0.2149
2012	0.1986/11	0.1817/12	0.1698/14	0.5075/5	0.5078/4	0.4647/6	0.2365
2013	0.2161/11	0.1745/14	0.1634/15	0.5872/4	0.5657/5	0.4714/6	0.2521
2014	0.2268/11	0.1809/14	0.1634/16	0.6266/4	0.6144/5	0.4726/6	0.2630
2015	0.1948/13	0.1790/14	0.1485/18	0.6523/5	0.6584/4	0.4624/6	0.2643
平均	0.2042/11.4	0.1758/13.4	0.1638/15.0	0.5615/4.6	0.5621/4.4	0.4524/6.0	0.2461

在 2011 ~ 2014 年呈上升态势，2015 年下滑明显；东北地区研发（R&D）人员占比与东部地区差距较大，具体如表 2 - 161 所示。

表 2 - 161　2011 ~ 2015 年四大经济区科研（R&D）人员占比的平均值及排名

	东北		东部		西部		中部	
	平均值	年排名	平均值	年排名	平均值	年排名	平均值	年排名
2011	0.1738	12.0	0.4207	9.0	0.0940	22.8	0.1342	16.7
2012	0.1834	12.3	0.4649	8.5	0.1038	22.8	0.1478	16.7
2013	0.1847	13.3	0.4948	8.5	0.1116	22.7	0.1625	16.5
2014	0.1904	13.7	0.5164	8.3	0.1168	22.7	0.1692	16.7
2015	0.1741	15.0	0.5281	8.0	0.1154	22.8	0.1675	16.2
平均	0.1813	13.3	0.4850	8.4	0.1083	22.8	0.1562	16.5

2011~2015 年，七个区域研发（R&D）人员占比由高到低依次为：华北、华东、华南、东北、华中、西北、西南；七大区域普遍呈上升趋势，但东北在 2015 年有所下降；就七个区域而言，东北地区排名居中，与最优的华北地区相比，差距较大，具体如表 2-162 所示。

表 2-162 2011~2015 年七大地理区研发（R&D）人员占比的平均值及排名

	东北	华北	华东	华南	华中	西北	西南
	值/序	值/序	值/序	值/序	值/序	值/序	值/序
2011	0.1738/12.0	0.3937/12.4	0.3607/6.8	0.1797/19.3	0.1343/17.3	0.1105/21.0	0.0755/25.0
2012	0.1834/12.3	0.4276/12.6	0.3999/6.5	0.2098/19.3	0.1461/17.3	0.1198/20.8	0.0861/25.2
2013	0.1847/13.3	0.4465/12.8	0.4415/6.3	0.2118/19.3	0.1605/16.8	0.1247/21.4	0.0960/24.4
2014	0.1904/13.7	0.4607/13.0	0.4661/6.5	0.2142/19.0	0.1671/16.5	0.1310/21.6	0.1030/24.0
2015	0.1741/15.0	0.4698/12.2	0.4786/6.3	0.2090/19.3	0.1676/16.0	0.1244/22.2	0.1062/23.8
平均	0.1813/13.3	0.4397/12.6	0.4294/6.5	0.2049/19.3	0.1551/16.8	0.1221/21.4	0.0934/24.5

②高校 R&D 人员平均强度（单位：人/单位高校）。高校 R&D 人员平均强度反映一个地区高校参与科研人员数量的平均水平，是衡量地区创新创业的重要指标，计算公式为地区高校 R&D 人员总数与高校总数的比值。2011~2015 年，全国高校 R&D 人员平均强度的平均水平整体呈上升趋势，东北地区也表现出上升的特征；东北地区优于全国平均水平，但优势在逐渐减弱；2011~2013 年吉林省呈明显下降趋势，2014 年及 2015 年呈上升趋势，且明显高于全国平均水平，黑龙江省 2011 年及 2013 年呈上升趋势，2014 年及 2015 年呈略微下降趋势，辽宁省整体呈上升趋势；就东北三省而言，吉林省发展较好，黑龙江省次之，辽宁省较弱。总体而言，东北地区的高校 R&D 人员平均强度整体高于全国平均水平，但优势在逐渐减弱，具体如图 2-117 所示。

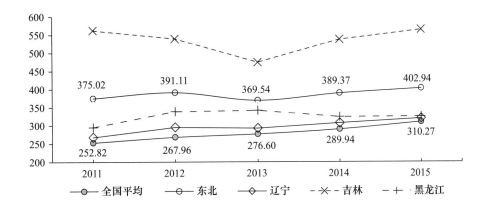

图 2-117 2011~2015 年高校 R&D 人员平均强度基本走势

注：①全国平均指 31 个省市区的平均水平；②全国范围内（可采集到的数据），高校 R&D 人员平均强度最大值为 2015 年北京的 887.30，最小值为 2015 年青海的 111.33。

2011～2015 年，东北三省高校 R&D 人员平均强度在全国 31 个省市区连续 5 年数据集（共 155 个指标值）中相对位置分布情况如图 2－118 所示。可见，东北三省 5 年（共 15 个数据）科技创新支出强度的百分比排位全部处于 50% 以上，其中有 10 个处于 75% 以上；此外，排位的最大值是 2015 年的吉林省（93.5%），最小值是 2011 年的辽宁省（59.0%）。

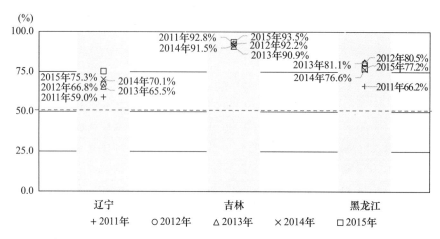

图 2－118　2011～2015 年东北三省高校 R&D 人员平均强度百分比排位

2011～2015 年，6 省份高校 R&D 人员平均强度由高到低依次为：吉林、浙江、江苏、广东、黑龙江、辽宁；东南三省普遍呈上升的发展趋势；东北三省在整体上呈上升态势，其中，吉林省高于东南三省，但差距在进一步缩小，辽宁省持续低于东南三省，黑龙江省 2011～2013 年低于浙江省，2014 年及 2015 年普遍低于东南三省；高校 R&D 人员平均强度增幅最大的是广东省（11.92%），最低的是吉林省（0.10%），黑龙江省和辽宁省的增幅分别为 2.52% 和 4.85%，具体如表 2－163 所示。

表 2－163　2011～2015 年 6 省高校 R&D 人员平均强度的原始值及单年排名

	辽宁	吉林	黑龙江	江苏	浙江	广东	全国平均
	值/序	值/序	值/序	值/序	值/序	值/序	值
2011	267.813/11	562.070/3	295.167/8	286.477/9	315.784/5	271.545/10	252.819
2012	295.366/11	539.070/3	338.886/5	317.869/8	328.245/6	296.036/10	267.955
2013	292.600/11	474.155/3	341.850/7	335.538/8	352.873/5	319.210/10	276.596
2014	306.952/10	537.241/3	323.901/9	356.547/7	369.952/6	338.363/8	289.935
2015	319.741/11	564.224/3	324.864/10	370.086/8	427.800/6	401.021/7	310.268
平均	296.494/10.8	535.352/3.0	324.934/7.8	333.304/8.0	358.931/5.6	325.235/9.0	279.515

2011～2015 年，四个区域高校 R&D 人员平均强度由高到低依次为：东北、东部、西部、中部；四个区域普遍呈上升趋势，其中东部上升幅度最大，2011～2014 年东北持续高于东部、中部和西部；东北地区高校 R&D 人员平均强度相对优势在减弱，2015 年被东部反超，具体如表 2－164 所示。

表 2-164　2011~2015 年四大经济区高校 R&D 人员平均强度的平均值及排名

	东北		东部		西部		中部	
	平均值	年排名	平均值	年排名	平均值	年排名	平均值	年排名
2011	375.0164	7.0	318.7093	12.0	201.2578	19.1	185.0250	20.2
2012	391.1074	6.3	338.2955	12.4	215.0518	18.8	194.9531	21.2
2013	369.5351	7.0	359.2915	12.1	224.9279	18.7	195.6381	21.7
2014	389.3648	7.3	381.6869	11.2	232.9402	18.9	201.2909	22.5
2015	402.9432	8.0	419.9554	10.2	241.3365	20.0	218.9790	21.7
平均	385.5934	7.2	363.5877	11.7	223.1028	19.1	199.1772	21.4

2011~2015 年，七个区域高校 R&D 人员平均强度由高到低依次为：东北、华北、华东、华南、西南、华中、西北；七个区域普遍呈上升趋势，其中华东的上升幅度最大；就七个区域而言，东北地区处于首位，与第二位的华北相比，优势在逐渐减弱，具体如表 2-165 所示。

表 2-165　2011~2015 年七大地理区高校 R&D 人员平均强度的平均值及排名

	东北	华北	华东	华南	华中	西北	西南
	值/序	值/序	值/序	值/序	值/序	值/序	值/序
2011	375.0/7.3	316.3/14.2	287.1/12.5	238.2/15.7	185.1/21.5	170.8/22.8	219.9/16.2
2012	391.1/6.3	332.0/15.8	301.6/13.0	252.2/15.3	195.0/21.5	193.5/21.4	231.9/16.2
2013	369.5/7.0	350.4/16.0	319.6/12.2	266.4/15.7	195.0/21.8	188.6/22.6	254.8/15.0
2014	389.4/7.3	362.8/16.6	340.1/11.5	263.1/15.7	202.8/22.3	193.0/23.0	279.9/14.2
2015	402.9/8.0	377.9/16.2	379.6/10.7	310.7/14.0	222.1/21.0	200.8/23.6	283.6/16.6
平均	385.6/7.2	347.9/15.8	325.6/12.0	266.1/15.3	200.0/21.6	189.4/22.7	254.0/15.6

（3）技术转化

①技术市场成交额占比（单位:%）。技术市场成交额占比反映一个地区科技创新成果对地区 GDP 的贡献程度，是衡量地区创新创业的重要指标，计算公式为地区技术市场成交总额与地区 GDP 的比值。2011~2015 年，全国技术市场成交额占比的平均水平呈明显上升趋势，东北地区略呈上升趋势；东北地区明显落后于全国平均水平；辽宁省整体呈上升趋势，仅在 2013 年下降明显，吉林省略呈下降趋势，黑龙江省整体呈上升趋势；就东北三省而言，2011 年及 2012 年，辽宁省发展相对较好，2013~2015 年辽宁省和黑龙江省水平相当，吉林省较弱。总体而言，东北地区的技术市场成交额占比与全国平均水平差距较大，且差距呈进一步增大的趋势，具体如图 2-119 所示。

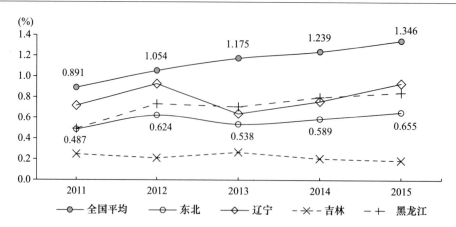

图 2-119　2011~2015 年技术市场成交额占比基本走势

注：①全国平均指 31 个省市区的平均水平；②全国范围内（可采集到的数据），技术市场成交额占比最大值为 2015 年北京的 15.007%，最小值为 2014 年海南的 0.019%。

2011~2015 年，东北三省技术市场成交额占比在全国 31 个省市区连续 5 年数据集（共 155 个指标值）中相对位置分布情况如图 2-120 所示。可见，东北三省 5 年（共 15 个数据）技术市场成交额占比的百分比排位于 50% 以下的数量有 5 个，其中，有 1 个位于 25% 以下；此外，排位的最大值是 2015 年的辽宁省（76.5%），最小值是 2015 年的吉林省（24.8%）。

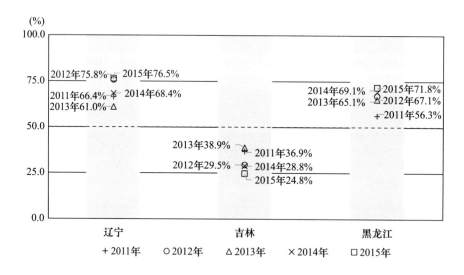

图 2-120　2011~2015 年东北三省技术市场成交额占比百分比排位

2011~2015 年，6 省份技术市场成交额占比由高到低依次为：辽宁、江苏、黑龙江、广东、吉林、浙江；东南三省总体呈上升趋势，其中广东省和浙江省波动上升；东南三省中水平较低的浙江省总体低于东北地区较低的吉林省；技术市场成交额占比增幅最大的是广东省（19.01%），降幅最大的是吉林省（-6.06%），黑龙江省和辽宁省的增幅分别为17.76%和7.47%，具体如表2-166所示。

表2-166　2011~2015年6省技术市场成交额占比的原始值及单年排名

	辽宁	吉林	黑龙江	江苏	浙江	广东	全国平均
	值/序	值/序	值/序	值/序	值/序	值/序	值
2011	0.7183/7	0.2485/17	0.4933/12	0.6789/9	0.2225/19	0.5169/11	0.8908
2012	0.9284/7	0.2104/22	0.7336/10	0.7416/9	0.2346/21	0.6395/12	1.0537
2013	0.6403/13	0.2674/20	0.7076/11	0.8916/8	0.2169/23	0.8516/9	1.1749
2014	0.7597/12	0.2070/22	0.7998/11	0.8345/9	0.2172/20	0.6094/14	1.2392
2015	0.9330/9	0.1882/23	0.8437/12	0.8171/13	0.2287/21	0.9100/10	1.3458
平均	0.7959/9.6	0.2243/20.8	0.7156/11.2	0.7928/9.6	0.2240/20.8	0.7055/11.2	1.1409

2011~2015年，四个区域技术市场成交额占比由高到低依次为：东部、西部、东北、中部；四个区域普遍呈上升趋势，其中，中部上升幅度最大，东部上升幅度最小；东北地区技术市场成交额占比与最优的东部地区差距较大，具体如表2-167所示。

表2-167　2011~2015年四大经济区技术市场成交额占比的平均值及排名

	东北		东部		西部		中部	
	平均值	年排名	平均值	年排名	平均值	年排名	平均值	年排名
2011	0.4867	12.0	1.7772	14.0	0.5102	16.9	0.3135	17.7
2012	0.6241	13.0	2.0435	13.9	0.6395	16.4	0.3781	17.8
2013	0.5384	14.7	2.1735	14.2	0.7671	16.8	0.5764	15.7
2014	0.5888	15.0	2.2053	14.5	0.8398	16.6	0.6862	15.3
2015	0.6550	14.7	2.3530	14.1	0.9154	17.3	0.8018	15.0
平均	0.5786	13.9	2.1105	14.1	0.7344	16.8	0.5512	16.3

2011~2015年，七个区域技术市场成交额占比由高到低依次为：华北、西北、华东、华中、东北、西南、华南；七个区域普遍呈上升趋势，其中华中地区增幅最大；就七个区域而言，东北地区处于中下水平，与最优的华北地区相比，差距较大，具体如表2-168所示。

表2-168　2011~2015年七大地理区技术市场成交额占比的平均值及排名

	东北	华北	华东	华南	华中	西北	西南
	值/序	值/序	值/序	值/序	值/序	值/序	值/序
2011	0.4867/12.0	2.7188/15.4	0.7177/13.3	0.2340/22.3	0.3140/18.3	0.8064/13.0	0.3436/16.8

	东北	华北	华东	华南	华中	西北	西南
	值/序	值/序	值/序	值/序	值/序	值/序	值/序
2012	0.6241/13.0	3.3231/12.0	0.7636/13.7	0.2262/23.7	0.3789/18.5	0.9650/13.8	0.3804/17.5
2013	0.5384/14.7	3.4612/13.6	0.7984/14.5	0.3419/21.3	0.5881/16.8	1.2580/14.6	0.4668/15.5
2014	0.5888/15.0	3.5471/14.8	0.8271/13.3	0.2340/24.0	0.7307/16.5	1.3405/13.8	0.5957/14.8
2015	0.6550/14.7	3.7343/14.0	0.8737/14.3	0.3375/22.3	0.8860/16.0	1.6017/14.2	0.4828/15.8
平均	0.5786/13.9	3.3569/14.0	0.7961/13.8	0.2747/22.7	0.5796/17.2	1.1943/13.9	0.4539/16.1

②科技人员专利申请强度（单位：件/人年）。科技人员专利申请强度反映一个地区的科技创新能力，是衡量地区创新创业水平的必要指标，计算公式为地区科技人员专利申请数量与 R&D 人员的比值。2011～2015 年，全国科技人员专利申请强度的平均水平呈上升态势，东北地区整体呈波动上升趋势；东北地区明显低于全国平均水平，且这种差距在进一步扩大；2011 年及 2012 年辽宁省高于全国平均水平，2013～2015 年低于全国水平，黑龙江省呈现持续稳步上升趋势，2012 年超越全国平均水平，吉林省呈上升趋势，但落后于全国平均水平；就东北三省而言，黑龙江省相对较好，辽宁省次之，吉林省较弱。总体而言，东北地区科技人员专利申请强度明显低于全国平均水平，且差距在逐年增大，具体如图 2－121 所示。

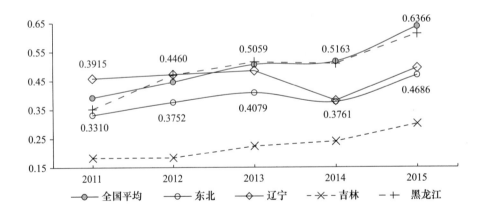

图 2－121　2011～2015 年科技人员专利申请强度基本走势

注：①全国平均指 31 个省市区的平均水平；②全国范围内（可采集到的数据），科技人员专利申请强度最大值为 2015 年重庆的 1.3458，最小值为 2011 年内蒙古的 0.1392。

2011～2015 年，东北三省科技人员专利申请强度在全国 31 个省市区连续 5 年数据集（共 155 个指标值）中相对位置分布情况如图 2－122 所示。可见，东北三省 5 年（共 15 个数据）科技人员专利申请强度的百分比排位处于 50% 以下的有 8 个，其中，有 5 个位于25%以下；此外，排位的最大值是2015年的黑龙江省（74.6%），最小值是2011年的吉林省（5.8%）。

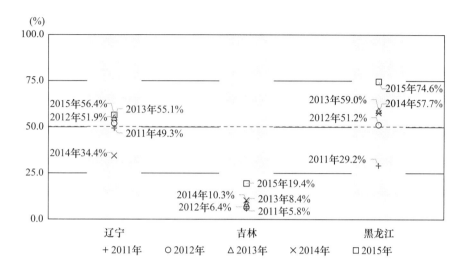

图 2－122　2011～2015 年东北三省科技人员专利申请强度百分比排位

2011～2015 年，6 省份科技人员专利申请强度由高到低依次是：江苏、浙江、广东、黑龙江、辽宁、吉林；东南三省中，江苏省呈波动下降的发展态势，浙江省波动上升，广东省持续上升；东南三省中水平较低的广东省优于东北地区最高的黑龙江省；科技人员专利申请强度增幅最大的是黑龙江省（18.45%），降幅最大的是江苏省（－4.75%），辽宁省和吉林省的增幅分别为 1.94% 和 16.06%，具体如表 2－169 所示。

表 2－169　2011～2015 年 6 省科技人员专利申请强度的原始值及单年排名

	辽宁	吉林	黑龙江	江苏	浙江	广东	全国平均
	值/序	值/序	值/序	值/序	值/序	值/序	值
2011	0.4582/11	0.1829/28	0.3518/15	1.0164/1	0.6980/3	0.4778/10	0.3915
2012	0.4720/10	0.1836/28	0.4701/11	1.1760/1	0.8967/2	0.4662/12	0.4460
2013	0.4848/16	0.2239/29	0.5149/14	1.0822/1	0.9453/2	0.5267/11	0.5059
2014	0.3802/23	0.2397/29	0.5085/15	0.8458/3	0.7726/5	0.5492/14	0.5163
2015	0.4938/21	0.3004/29	0.6115/17	0.8232/6	0.8425/5	0.7095/11	0.6366
平均	0.4578/16.2	0.2261/28.6	0.4914/14.4	0.9887/2.4	0.8310/3.4	0.5459/11.6	0.4993

2011～2015 年，四个区域科技人员专利申请强度由高到低依次是：东部、西部、中部、东北；东北与东部呈波动上升态势，西部和中部呈稳步上升趋势，其中西部上升幅度最大；东北地区科技人员专利批准强度与东部地区差距较大，具体如表 2－170 所示。

表2-170 2011~2015年四大经济区科技人员专利申请强度的平均值及排名

	东北		东部		西部		中部	
	平均值	年排名	平均值	年排名	平均值	年排名	平均值	年排名
2011	0.3310	18.0	0.4939	12.0	0.3392	19.1	0.3554	16.3
2012	0.3752	16.3	0.5372	12.8	0.4003	18.2	0.4206	16.8
2013	0.4079	19.7	0.5834	12.9	0.4935	15.8	0.4508	19.7
2014	0.3761	22.3	0.5376	14.7	0.5507	14.8	0.4823	17.5
2015	0.4686	22.3	0.6360	14.9	0.6984	14.5	0.5982	17.7
平均	0.3918	19.7	0.5576	13.4	0.4964	16.5	0.4615	17.6

2011~2015年，七个区域科技人员专利申请强度由高到低依次为：华东、西南、华南、西北、华中、东北、华北；东北、华北、华东地区呈波动上升趋势，华南、华中、西北和西南地区普遍呈平稳上升趋势，其中西北地区增幅最大；就七大区域而言，东北地区排名靠后，东北地区与最优的华东地区相比，差距较大，具体如表2-171所示。

表2-171 2011~2015年七大地理区科技人员专利申请强度的平均值及排名

	东北	华北	华东	华南	华中	西北	西南
	值/序	值/序	值/序	值/序	值/序	值/序	值/序
2011	0.3310/18.0	0.3053/20.2	0.6111/6.8	0.3185/19.3	0.3159/17.8	0.2571/22.6	0.4888/11.6
2012	0.3752/16.3	0.3302/20.6	0.7031/6.7	0.3549/20.3	0.3600/19.5	0.3455/19.6	0.5296/13.4
2013	0.4079/19.7	0.3963/20.6	0.7208/7.7	0.4791/15.3	0.3845/22.8	0.4387/17.4	0.5970/12.8
2014	0.3761/22.3	0.3829/21.8	0.6420/10.3	0.5515/14.7	0.4516/18.0	0.4740/16.8	0.6561/11.6
2015	0.4686/22.3	0.4544/23.2	0.7516/9.5	0.7522/13.3	0.5710/18.8	0.6434/14.4	0.7579/13.8
平均	0.3918/19.7	0.3738/21.3	0.6857/8.2	0.4913/16.6	0.4166/19.4	0.4317/18.2	0.6039/12.6

③科技人员专利批准强度（单位：件/人年）。科技人员专利批准强度反映一个地区科技创新强度，是衡量地区创新创业水平的必要指标，计算公式为地区科技人员专利批准数与R&D人员的比值。可见，东北三省5年（共15个数据）科技人员专利批准强度的百分比排位处于50%以下的有8个，其中有4个位于25%以下；此外，排位的最大值是2015年的黑龙江省（75.3%），最小值是2011年的吉林省（7.1%）。总体而言，东北地区科技人员专利批准强度明显低于全国平均水平，且差距逐年拉大，具体如图2-123所示。

2011~2015年，全国科技人员专利批准强度的平均水平呈波动上升趋势，东北地区亦呈现波动上升态势；东北地区明显低于全国平均水平，且差距呈进一步扩大的趋势；辽宁省2011~2014年呈下降趋势，2015年提升明显，吉林省呈平稳上升趋势，黑龙江省呈波动上升趋势；就东北三省而言，黑龙江省发展较好，辽宁省次之，吉林省较弱。

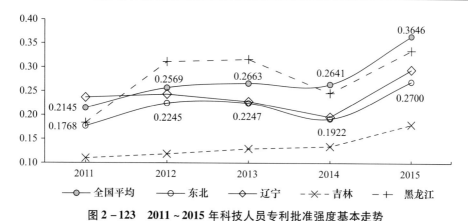

图 2-123 2011~2015 年科技人员专利批准强度基本走势

注：①全国平均指 31 个省市区的平均水平；②全国范围内（可采集到的数据），科技人员专利批准强度最大值为 2012 年浙江的 0.6777，最小值为 2011 年内蒙古的 0.0819。

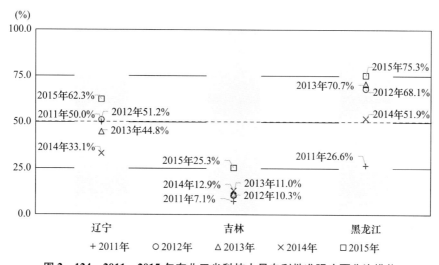

图 2-124 2011~2015 年东北三省科技人员专利批准强度百分比排位

2011~2015 年，6 省份科技人员专利批准强度由高到低依次为：浙江、江苏、广东、黑龙江、辽宁、吉林；江苏省整体呈下降趋势，浙江省和广东省总体呈上升趋势；东南三省中水平较低的广东省优于东北地区较高的辽宁省；科技人员专利批准强度增幅最大的是黑龙江省（20.54%），降幅最大的是江苏省（-4.37%），辽宁省和吉林省的增幅分别为 6.14% 和 16.03%，具体如表 2-172 所示。

表 2-172 2011~2015 年 6 省科技人员专利批准强度的原始值及单年排名

	辽宁	吉林	黑龙江	江苏	浙江	广东	全国平均
	值/序	值/序	值/序	值/序	值/序	值/序	值
2011	0.2368/09	0.1098/26	0.1837/15	0.5829/1	0.5132/2	0.3126/7	0.2145

	辽宁	吉林	黑龙江	江苏	浙江	广东	全国平均
	值/序	值/序	值/序	值/序	值/序	值/序	值
2012	0.2434/12	0.1187/27	0.3113/09	0.6716/2	0.6777/1	0.3120/8	0.2569
2013	0.2282/18	0.1295/28	0.3163/08	0.5141/2	0.6506/1	0.3397/6	0.2663
2014	0.1961/24	0.1345/28	0.2460/16	0.4010/4	0.5572/1	0.3550/7	0.2641
2015	0.2950/21	0.1802/29	0.3347/15	0.4810/8	0.6443/1	0.4807/9	0.3646
平均	0.2399/16.8	0.1345/27.6	0.2784/12.6	0.5301/3.4	0.6086/1.2	0.3600/7.4	0.2733

2011~2015 年，四个区域科技人员专利批准强度由高到低依次为：东部、中部、西部、东北；中部和西部普遍呈上升趋势，其中西部上升趋势显著，东部和东北地区呈波动上升状态；东北地区科技人员专利批准强度与东部地区差距较大，具体如表 2-173 所示。

表 2-173　2011~2015 年四大经济区科技人员专利批准强度的平均值及排名

	东北		东部		西部		中部	
	平均值	年排名	平均值	年排名	平均值	年排名	平均值	年排名
2011	0.1768	17.0	0.2885	10.0	0.1718	19.8	0.1956	17.5
2012	0.2245	16.0	0.3352	11.2	0.2095	19.8	0.2372	16.5
2013	0.2247	18.0	0.3281	11.4	0.2367	18.4	0.2431	17.8
2014	0.1922	22.7	0.3095	12.1	0.2498	17.3	0.2532	16.5
2015	0.2700	21.7	0.4007	13.5	0.3672	16.1	0.3464	17.2
平均	0.2176	19.0	0.3324	11.7	0.2470	18.3	0.2551	17.1

2011~2015 年，七个区域科技人员专利批准强度由高到低依次为：华东、西南、华南、华中、东北、西北、华北；东北、华东呈波动上升趋势，华北、华南、华中、西北、西南呈平稳上升趋势；就七个区域而言，东北地区处于中下水平，与最优的华东地区相比，差距较大，具体如表 2-174 所示。

表 2-174　2011~2015 年七大地理区科技人员专利批准强度的平均值及排名

	东北	华北	华东	华南	华中	西北	西南
	值/序	值/序	值/序	值/序	值/序	值/序	值/序
2011	0.1768/16.7	0.1431/21.2	0.3842/5.0	0.1880/19.0	0.1664/18.3	0.1264/23.8	0.2476/12.2
2012	0.2245/16.0	0.1760/21.2	0.4449/5.8	0.2053/19.0	0.2124/17.5	0.1515/24.2	0.3034/11.8
2013	0.2247/18.0	0.1975/20.8	0.4082/6.8	0.2416/17.3	0.2187/19.0	0.1961/21.8	0.3127/12.0
2014	0.1922/22.7	0.2036/21.8	0.3609/8.0	0.2674/15.0	0.2435/16.8	0.2076/21.2	0.3228/10.6
2015	0.2720/21.7	0.2686/22.4	0.4561/9.3	0.3675/16.0	0.3507/16.5	0.3299/17.6	0.4517/12.2
平均	0.2176/19.0	0.1978/21.5	0.4109/7.0	0.2540/17.3	0.2383/17.6	0.2023/21.7	0.3276/11.8

（4）技术产出

①高新技术产业收入占比（单位:%）。高新技术产业收入占比反映一个地区对高新技术产业的投入和重视程度，是衡量该地区创新创业的重要指标，计算公式为地区高新技术产业主营业务收入与 GDP 的比值。2011～2015 年，全国高新技术产业收入占比的平均水平与东北地区呈平缓上升态势（2015 年东北地区略有下降）；东北地区高新技术产业收入占比明显低于全国平均水平，且差距在不同年度基本保持稳定；2015年辽宁省水平明显下降，黑龙江省呈缓慢上升趋势，吉林省呈明显上升趋势；相对而言，吉林省的发展较好，辽宁省次之，黑龙江省较弱。总体而言，东北地区的高新技术产业收入占比明显低于全国平均水平，且差距在不同年度基本保持稳定，具体如图 2－125 所示。

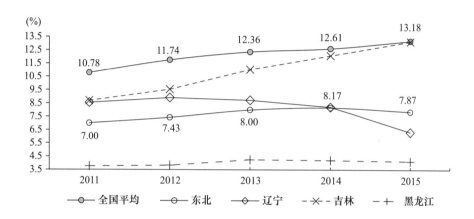

图 2－125　2011～2015 年高新技术产业收入占比基本走势

注：①全国平均指 31 个省市区的平均水平；②全国范围内（可采集到的数据），高新技术产业收入占比最大值为 2015 年广东的 45.75%，最小值为 2012 年新疆的 0.23%。

2011～2015 年，东北三省高新技术产业收入占比在全国 31 个省市区连续 5 年数据集（共 155 个指标值）中相对位置分布情况如图 2－126 所示。可见，东北三省 5 年（共 15 个数据）高新技术产业收入占比的百分比排位处于 50% 以下的有 10 个，其中，大部分处于 25%～50%，有 2 个处于 25% 以下；此外，排位的最大值是 2015 年的吉林省（66.2%），最小值是 2011 年的黑龙江省（22.7%）。

2011～2015 年，6 省份高新技术产业收入占比由高到低依次为：广东、江苏、浙江、吉林、辽宁、黑龙江；东南三省整体保持稳定状态，其中广东省与江苏省明显优于浙江省，但 2014 年江苏省表现出微弱的下降特征；2011～2013 年，东南三省中水平较低的浙江省优于东北地区水平最高的吉林省；高新技术产业收入占比增幅最大的是浙江省（2.62%），降幅最大的是辽宁省（-6.48%），并且呈下降趋势，黑龙江省和吉林省的增幅分别为 2.45% 和 12.83%，具体如表 2－175 所示。

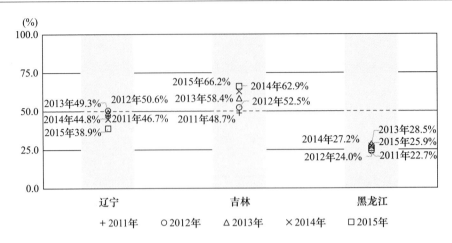

图 2 - 126　2011～2015 年东北三省高新技术产业收入占比百分比排位

表 2 - 175　2011～2015 年 6 省高新技术产业收入占比的原始值及单年排名

	辽宁	吉林	黑龙江	江苏	浙江	广东	全国平均
	值/序	值/序	值/序	值/序	值/序	值/序	值
2011	8.5415/13	8.6869/12	3.7570/22	39.4948/2	11.1616/10	43.6525/1	10.7804
2012	8.9111/15	9.5375/13	3.8286/24	42.2944/2	11.4723/11	43.8891/1	11.7441
2013	8.7245/17	11.0257/13	4.2467/23	42.0103/2	11.6057/12	44.8348/1	12.3565
2014	8.2151/19	12.0835/13	4.2050/23	40.1207/2	11.9294/14	44.7264/1	12.6048
2015	6.3265/21	13.1441/13	4.1253/25	40.6897/2	12.3304/15	45.7450/1	13.1827
平均	8.1438/17	10.8955/12.8	4.0325/23.4	40.9220/2	11.6999/12.4	44.5695/1	12.1337

2011～2015 年，四个区域高新技术产业收入占比由高到低依次为：东部、中部、东北、西部；东部地区优势明显，东北与东部基本保持稳定状态，中部和西部呈上升趋势，其中，中部上升趋势较明显；东北地区高技术产业收入占比与东部地区差距较大，具体如表 2 - 176 所示。

表 2 - 176　2011～2015 年四大经济区高新技术产业收入占比的平均值及排名

	东北		东部		西部		中部	
	平均值	年排名	平均值	年排名	平均值	年排名	平均值	年排名
2011	6.9951	16.0	21.3849	8.0	4.5490	22.3	7.4618	16.5
2012	7.4257	17.3	22.1614	8.6	5.3015	22.2	9.4265	15.3
2013	7.9990	17.7	22.0578	9.1	6.1307	22.2	10.8181	14.3
2014	8.1678	18.3	21.4565	9.5	6.6910	22.0	11.8982	13.7
2015	7.8653	19.7	21.3937	9.8	7.4077	21.9	13.7065	12.7
平均	7.6906	17.7	21.6908	9.1	6.0160	22.1	10.6622	14.5

2011~2015 年，七个区域高新技术产业收入占比由高到低依次为：华东、华南、华中、华北、西南、东北、西北；七大区域普遍呈缓慢上升趋势，其中，华中地区呈现显著上升态势，华东地区优势明显；就七大区域而言，东北地区排名靠后，与最优的华东地区相比，差距较大，具体如表 2-177 所示。

表 2-177　2011~2015 年七大地理区高新技术产业收入占比的平均值及排名

	东北	华北	华东	华南	华中	西北	西南
	值/序	值/序	值/序	值/序	值/序	值/序	值/序
2011	6.995/15.7	10.687/15.8	20.812/7.8	17.302/14.7	8.796/14.3	2.644/25.8	6.918/18.6
2012	7.426/17.3	11.741/16.2	21.506/8.5	18.464/13.3	10.736/13.3	2.837/25.8	8.306/18.0
2013	7.999/17.7	12.339/16.0	21.246/8.3	18.842/14.7	12.418/12.5	2.942/26.4	9.795/17.4
2014	8.168/18.3	12.005/16.0	21.068/8.3	19.128/14.3	13.255/12.5	3.166/26.0	10.715/17.6
2015	7.865/19.7	11.535/17.0	21.536/8.3	20.205/13.7	15.385/11.0	4.392/25.2	10.812/18.2
平均	7.691/17.7	11.661/16.2	21.233/8.3	18.788/14.1	12.118/12.7	3.196/25.8	9.309/18.0

②新产品销售收入占比（单位:%）。新产品销售收入占比反映一个地区企业对自身扩张和可持续发展的重视程度，是衡量企业持续创新的重要指标，计算公式为新产品销售收入与高新技术产品主营业务收入的比值。2011~2015 年，全国新产品销售收入占比的平均水平整体呈上升趋势（2012 年有所下降），东北地区呈稳定发展趋势；东北地区新产品销售收入占比明显低于全国平均水平，且这种差距在 2013 年之后基本保持不变；黑龙江省呈上升趋势，吉林省总体呈下降趋势，辽宁省 2015 年提升显著；相对而言，辽宁省发展较好，黑龙江省次之，吉林省较弱。总体而言，东北地区的新产品销售收入占比明显低于全国平均水平，且这种差距在 2013 年之后基本保持不变，具体如图 2-127 所示。

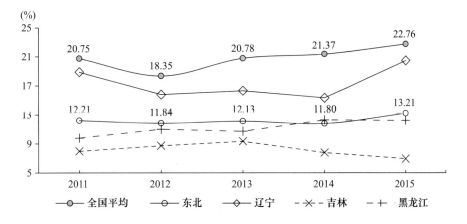

图 2-127　2011~2015 年新产品销售收入占比基本走势

注：①全国平均指 31 个省市区的平均水平；②全国范围内（可采集到的数据），新产品销售收入占比最大值为 2011 年浙江的 51.2954%，最小值为 2015 年西藏的 0.3381%。

2011~2015 年，东北三省新产品销售收入占比在全国 31 个省市区连续 5 年数据集（共 155 个指标值）中相对位置分布情况如图 2－128 所示。可见，东北三省 5 年（共 15 个数据）新产品销售收入占比的百分比排位位于 50% 以下的有 14 个，其中有 7 个位于 25% 以下；此外，排位的最大值是 2015 年的辽宁省（54.2%），最小值是 2015 年的吉林省（11.7%）。

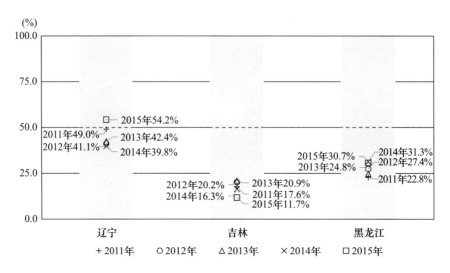

图 2－128　2011~2015 年东北三省新产品销售收入占比百分比排位

2011~2015 年，6 省份新产品销售收入占比由高到低依次为：浙江、广东、江苏、辽宁、黑龙江、吉林；东南三省、辽宁省和黑龙江省新产品销售收入占比整体呈波动上升趋势，吉林省呈波动下降趋势；东南三省水平相对较低的江苏省优于东北地区较好的辽宁省；新产品销售收入占比增幅最大的是浙江省（15.55%），降幅最大的是吉林省（－3.23%），辽宁省和黑龙江省增幅分别为 2.11% 和 6.24%，具体如表 2－178 所示。

表 2－178　2011~2015 年 6 省新产品销售收入占比的原始值及单年排名

	辽宁	吉林	黑龙江	江苏	浙江	广东	全国平均
	值/序	值/序	值/序	值/序	值/序	值/序	值
2011	18.8749/19	7.9737/26	9.7879/23	25.2433/10	31.6282/7	31.6880/6	20.7457
2012	15.7941/16	8.7241/24	11.0016/21	25.6695/10	34.1339/4	34.0148/5	18.3478
2013	16.3078/17	9.3377/26	10.7315/25	24.7618/9	41.7139/4	35.0498/6	20.7826
2014	15.3302/19	7.7830/25	12.2920/23	26.8011/9	43.1526/5	35.7991/6	21.3658
2015	20.4670/16	6.9421/28	12.2319/24	27.4929/13	51.2954/1	37.0146/6	22.7559
平均	17.3548/17.4	8.1521/25.8	11.2090/23.2	25.9937/10.2	40.3848/4.2	34.7133/5.8	20.7959

2011~2015 年，四个区域新产品销售收入占比由高到低依次为：东部、中部、西部、

东北；东北、东部和中部新产品销售收入占比普遍呈上升趋势，其中东北上升幅度最小，西部在 2012 年明显下降，之后平稳上升；东北地区新产品销售收入占比与东部地区相比差距较大，具体如表 2 - 179 所示。

表 2 - 179　2011~2015 年四大经济区新产品销售收入占比的平均值及排名

	东北		东部		西部		中部	
	平均值	年排名	平均值	年排名	平均值	年排名	平均值	年排名
2011	12.2121	23.0	25.4021	12.0	21.6143	15.5	15.5148	19.7
2012	11.8399	20.3	25.5276	10.7	15.4676	18.3	15.3959	18.2
2013	12.1257	22.7	27.8627	11.2	15.7326	19.6	23.4107	13.5
2014	11.8018	22.3	28.6917	10.7	16.2736	19.0	23.2733	13.7
2015	13.2137	22.7	29.4204	11.5	18.4759	19.0	24.9795	14.2
平均	12.2386	22.1	27.3809	11.3	17.5338	18.3	20.5149	15.8

2011~2015 年，七个区域新产品销售收入占比由高到低依次为：华东、华中、华北、西北、西南、华南、东北；华东、西北呈波动上升趋势，华北、华中呈平稳上升趋势，东北、华南基本保持稳定，西南呈明显下降趋势；就七个区域而言，东北地区排名靠后，与最优的华东地区相比，差距较大，具体如表 2 - 180 所示。

表 2 - 180　2011~2015 年七大地理区新产品销售收入占比的平均值及排名

	东北	华北	华东	华南	华中	西北	西南
	值/序	值/序	值/序	值/序	值/序	值/序	值/序
2011	12.212/22.7	18.782/18.4	26.238/10.7	15.815/19.7	14.706/20.5	24.322/13.6	25.452/12.6
2012	11.840/20.3	18.733/16.4	26.470/9.3	16.055/19.3	14.561/18.8	16.879/17.0	17.994/15.8
2013	12.126/22.7	22.153/17.0	25.983/11.3	18.301/18.3	27.710/10.5	18.781/17.6	16.315/18.0
2014	11.802/22.3	23.722/15.6	26.037/11.0	17.073/19.3	27.615/11.0	20.174/16.6	17.046/17.3
2015	13.214/22.7	23.948/15.4	29.385/11.5	16.549/20.7	28.428/11.8	25.595/14.2	15.681/20.4
平均	12.239/22.1	21.468/16.6	26.823/10.8	16.759/19.5	22.604/14.5	21.150/15.8	18.558/16.8

（5）创业成效

①千人私营企业数（单位：个/千人）。千人私营企业数反映地区对私营企业发展的重视程度，是衡量地区创业成效的重要指标，计算公式为地区私营企业单位法人数与地区人口（千人）的比值。2011~2015 年，全国千人私营企业数的平均水平呈明显上升趋势，东北地区呈缓慢上升趋势；东北地区明显低于全国平均水平，但辽宁省显著高于全国平均水平，吉林省处于平缓上升态势，2013~2014 年黑龙江省表现出缓慢下降特征，2015 年略有回升；就东北三省而言，辽宁省表现较好，吉林省与黑龙江省相对较弱。总体而言，

东北地区的千人私营企业数明显低于全国平均水平，且差距呈进一步扩大趋势，具体如图2–129所示。

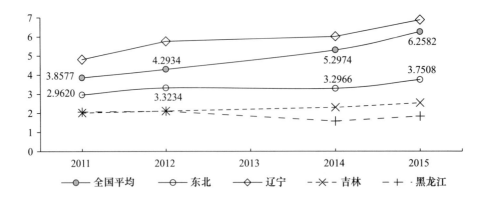

图2–129　2011~2015年千人私营企业数基本走势

注：①全国平均指31个省市区的平均水平；②全国范围内（2013年数据缺失），千人私营企业数最大值为2015年北京的20.8216，最小值为2011年西藏的0.5124。

2011~2015年，东北三省千人私营企业数在全国31个省市区连续5年数据集（共124个指标值）中相对位置分布情况如图2–130所示。可见，东北三省4年（共12个数据）千人私营企业数的百分比排位处于50%以下的有8个，其中有6个处于25%以下；此外，排位的最大值是2015年的辽宁省（78.8%），最小值是2014年的黑龙江省（4.8%）。

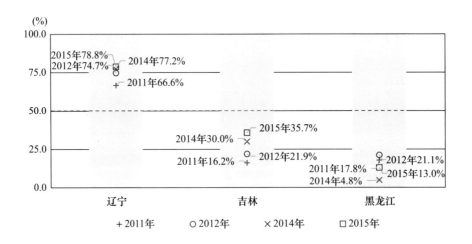

图2–130　2011~2015年东北三省千人私营企业数百分比排位

2011~2015年，6省份千人私营企业数由高到低依次为：浙江、江苏、广东、辽宁、吉林、黑龙江；东南三省普遍呈上升趋势，浙江省优势相对明显，广东省呈平缓上升趋势；东南三省相对较低的广东省略高于东北地区较高的辽宁省；千人私营企业数增幅最大的是浙江省（22.09%），降幅最大的是黑龙江省（-2.82%），辽宁省和吉林省的增幅分别为10.80%和6.49%，具体如表2-181所示。

表2-181 2011~2015年6省千人私营企业数的原始值及单年排名

	辽宁	吉林	黑龙江	江苏	浙江	广东	全国平均
	值/序	值/序	值/序	值/序	值/序	值/序	值
2011	4.8060/9	2.0151/23	2.0650/21	9.1771/4	9.9800/3	5.1188/6	3.8577
2012	5.7578/7	2.1095/23	2.1031/24	10.3175/4	11.1754/3	5.7236/8	4.2934
2013	—						
2014	6.0135/9	2.2985/25	1.5777/31	12.2630/4	17.0231/2	6.4819/8	5.2974
2015	6.8820/10	2.5385/27	1.8318/30	14.4229/3	18.7977/2	7.1025/9	6.2582
平均	5.8648/8.8	2.2404/24.5	1.8944/26.5	11.5451/3.8	14.2441/2.5	6.1067/7.8	4.9267

2011~2015年，四个区域千人私营企业数由高到低依次为：东部、东北、中部、西部；四个区域整体呈上升趋势，其中，东部上升趋势较明显，且显著优于其他三个区域；东北地区千人私营企业数与东部地区差距较大，具体如表2-182所示。

表2-182 2011~2015年四大经济区千人私营企业数的平均值及排名

	东北		东部		西部		中部	
	平均值	年排名	平均值	年排名	平均值	年排名	平均值	年排名
2011	2.9620	18.0	7.2551	8.0	2.0333	21.3	2.2919	18.2
2012	3.3234	18.0	7.8671	8.3	2.3747	21.3	2.6599	17.2
2013	—		—		—		—	
2014	3.2966	21.7	9.7547	8.2	3.1079	20.3	3.2477	17.7
2015	3.7508	22.3	11.1365	8.1	3.9129	20.2	4.0719	17.7
平均	3.3332	19.9	9.0033	8.1	2.8572	20.8	3.0679	17.7

2011~2015年，七个区域千人私营企业数由高到低依次为：华东、华北、华南、东北、西南、华中、西北；七个区域普遍呈上升趋势，华东与华北优势明显；千人私营企业数增长幅度最大的是西南地区（30.49%），最低的是东北地区（6.66%）；就七个区域而言，东北地区排名居中，与最优的华东地区相比，差距较大，具体如表2-183所示。

表2－183　2011～2015年七大地理区千人私营企业数的平均值及排名

	东北	华北	华东	华南	华中	西北	西南
	值/序	值/序	值/序	值/序	值/序	值/序	值/序
2011	2.9620/17.7	5.5348/10.8	7.5672/6.0	2.9821/16.7	2.2483/19.5	2.0312/21.6	1.9059/23.4
2012	3.3234/18.0	5.8798/11.0	8.3235/6.2	3.4439/16.7	2.5940/18.8	2.3221/21.4	2.2936/23.6
2013	—						
2014	3.2966/21.7	7.7779/11.2	10.0469/6.3	4.1086/15.7	3.0121/19.8	2.8530/20.0	3.3037/22.2
2015	3.7508/22.3	9.2021/11.0	11.5203/6.2	4.7806/16.3	3.5976/20.5	3.5472/20.2	4.2301/21.0
平均	3.3332/19.9	7.0987/11.0	9.3645/6.2	3.8288/16.3	2.8630/19.6	2.6884/20.8	2.9333/22.6

②百万人非主板上市企业数（单位：个/百万人）。百万人非主板上市企业数反映一个地区企业创新创业的活力与氛围，是衡量地区创新创业水平的重要指标，本项目采用的计算公式为百万人中小板上市企业数和百万人创业板上市企业数之和。2011～2015年，全国百万人非主板上市企业数的平均水平呈先下降后上升趋势，东北地区整体呈波动下降趋势；东北地区均低于全国平均水平（2014年除外）；辽宁省百万人非主板上市企业数呈明显下降趋势，黑龙江省呈上升趋势，吉林省呈波动下降趋势；相对而言，辽宁省发展相对较好（2015年被黑龙江省反超），吉林省2011年、2014年优于黑龙江省，2012年、2015年被黑龙江省反超。总体而言，东北三省的百万人非主板上市企业数低于全国平均水平（2014年除外），且差距相对较明显，具体如图2－131所示。

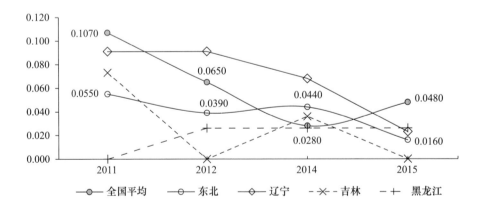

图2－131　2011～2015年百万人非主板上市企业数基本走势

注：①全国平均指31个省市区的平均水平；②全国范围内（2013年数据缺失），百万人非主板上市企业数最大值为2011年浙江的0.6041，部分省份存在某年内未有上市企业的情况，故最小值为0。

2011～2015年，东北三省百万人非主板上市企业数在全国31个省市区4年数据集（共124个指标值）中相对位置分布情况如图2－132所示。可见，东北三省4年（共12

个数据）百万人非主板上市企业数的百分比排位处于50%以下有3个，且均位于25%以下；此外，排位的最大值是2011年的辽宁省（84.4%），最小值是2011年的黑龙江省、2012年和2015年的吉林省（0.0%）。

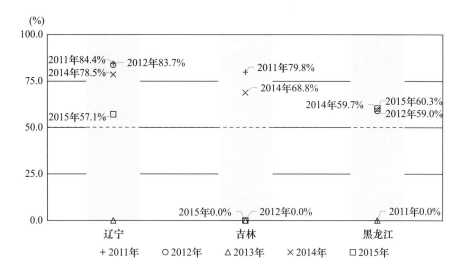

图2-132 2011～2015年百万人非主板上市企业数百分比排位

2011～2015年，6省份百万人非主板上市企业数由高到低依次为：浙江、广东、江苏、辽宁、吉林、黑龙江；2011～2014年东南三省普遍呈下降趋势，但仍明显优于东北三省，2015年又表现出微弱的上升特征；东南三省中水平较低的江苏省优于东北地区最高的辽宁省；百万人非主板上市企业数降幅最大的是吉林省（-25.00%），最小的是广东省（-9.74%），具体如表2-184所示。

表2-184 2011～2015年6省百万人非主板上市企业数的原始值及单年排名

	辽宁	吉林	黑龙江	江苏	浙江	广东	全国平均
	值/序	值/序	值/序	值/序	值/序	值/序	值
2011	0.0913/11	0.0727/14	0.0000/23	0.4431/2	0.6041/1	0.4379/3	0.1072
2012	0.0911/7	0.0000/21	0.0261/16	0.2399/4	0.2921/2	0.2549/3	0.0655
2013	—	—	—	—	—	—	—
2014	0.0683/4	0.0363/6	0.0261/12	0.1005/3	0.1634/2	0.2051/1	0.0284
2015	0.0228/17	0.0000/20	0.0262/16	0.1505/4	0.2347/2	0.2673/1	0.0478
平均	0.0547/8	0.0218/12.4	0.0157/13.6	0.1868/2.8	0.2589/1.6	0.233/1.8	0.0498

2011～2015年，四个区域百万人非主板上市企业数由高到低依次为：东部、中部、东

北、西部；东北呈缓慢下降趋势；2011～2014年，东部、中部和西部普遍呈下降趋势，2015年有一定幅度上升，其中东北下降幅度最大（-17.52%），西部下降幅度最小（-8.36%）；东北地区百万人非主板上市企业数与东部地区相比差距较大，具体如表2-185所示。

表2-185 2011～2015年四大经济区百万人非主板上市企业数的平均值及排名

	东北		东部		西部		中部	
	平均值	年排名	平均值	年排名	平均值	年排名	平均值	年排名
2011	0.0547	16.0	0.2153	11.0	0.0332	19.3	0.1015	12.0
2012	0.0391	14.7	0.1146	11.4	0.0497	15.6	0.0285	16.0
2013	—	—	—	—	—	—	—	—
2014	0.0436	7.3	0.0543	11.3	0.0096	15.5	0.0152	14.0
2015	0.0164	17.7	0.0848	11.4	0.0221	17.3	0.0535	9.2
平均	0.0307	11.3	0.0938	9.2	0.0229	13.7	0.0397	10.4

2011～2015年，七个区域百万人非主板上市企业数由高到低依次为：华东、华南、华中、东北、西南、西北、华北；西北呈下降趋势，西南呈波动上升趋势，其他地区呈波动下降趋势；就七个区域而言，东北地区排名居中，与最优的华东地区相比，差距较大，具体如表2-186所示。

表2-186 2011～2015年七大地理区百万人非主板上市企业数的平均值及排名

	东北	华北	华东	华南	华中	西北	西南
	值/序	值/序	值/序	值/序	值/序	值/序	值/序
2011	0.0547/16.0	0.0303/19.0	0.2739/7.3	0.2291/9.7	0.0853/13.0	0.0574/17.0	0.0099/21.4
2012	0.0391/14.7	0.0188/18.4	0.1302/10.3	0.1297/9.0	0.0386/14.0	0.0232/17.2	0.0756/14.8
2013	—	—	—	—	—	—	—
2014	0.0436/7.3	0.0054/16.2	0.0545/10.8	0.0684/12.3	0.0187/12.5	0.0140/13.8	0.0092/16.2
2015	0.0164/17.7	0.0190/16.2	0.1009/8.0	0.0961/13.3	0.0503/9.8	0.0130/17.6	0.0359/16.2
平均	0.0307/11.3	0.0147/14.2	0.1119/7.5	0.1046/9.1	0.0386/10.1	0.0215/13.3	0.0261/13.9

4. 主要结论

首先，总体而言，东北地区的创新创业指数整体低于全国平均水平，且这种差距呈进一步扩大的趋势。在反映创新创业水平的5个方面（研发基础、人才基础、科技转化、技术产出、创业成效），东北地区全面落后于东南三省，尤其值得关注的是，东北地区的技术产出和创业成效较东南三省差距明显，成为东北地区创新创业方面的最显著问题。

其次，动态来看，2011～2015 年，东北地区的指数得分提升缓慢，意味着绝对能力的提升幅度不大，并有趋于水平（停滞）的态势，同时，东北地区的创新创业方面的相对排名在急速下滑，意味着相对于全国的比较优势在急剧退失。

再次，分省来看，辽宁省创新创业水平较高，黑龙江次之，吉林省较弱。在全国各省相对排名的竞争中，东北地区均有退步。东北地区在创新创业各分项指数上均呈现不均衡发展，其中辽宁省的创业成效相对较好，技术产出较弱；吉林省的人才基础较好，研发基础和创业成效相对薄弱；黑龙江省的人才基础和科技转化较好，技术产出较弱。

最后，单项指标方面，东北地区的"高校 R&D 人员平均强度"优于全国平均水平，但相对优势也呈现减弱趋势；"科技人员专利申请强度""科技人员专利批准强度""高新技术产业收入占比""新产品销售收入占比"等的发展相对较落后。

（六）社会民生评价报告

1. 社会民生指数总体分析

对社会民生的测度涵括了居民收入、居民消费、社会保障、社会公平、生态环境 5 个方面，共 13 项关键指标。汇集中国 31 个省市区 2011～2015 年社会民生的指标信息，得到连续 5 年的指数得分。在此基础上，形成多年连续排名和单年排名。其中，多年连续排名用于反映各省市区社会民生的绝对发展水平随时间动态变化的情况（31 个省市区 5 年共 155 个排位，最高排名为 1，最低排名为 155），单年排名用于反映各省市区在全国范围内在某个单年的相对发展水平（31 个省市区每年 31 个排位，最高排名为 1，最低排名为 31）。具体而言，31 个省市区社会民生的总体情况见表 2–187。

东北地区的社会民生处于全国中等偏下的位置，总体落后于东南三省的发展。2011～2015 年，6 省份社会民生指数由高到低依次为：浙江、江苏、广东、辽宁、吉林、黑龙江；东南三省普遍呈上升趋势，明显优于东北三省。东南三省社会民生指数整体水平最低的广东省持续优于东北三省整体最优的辽宁省。社会民生指数增幅最大的是黑龙江省（18.74%），最小的是浙江省（5.75%），辽宁省和吉林省的增幅分别为 9.73% 和 15.56%。就 2015 年而言，辽宁省、吉林省和黑龙江省的社会民生相对较差，在 31 个省域中的单年排名分别为 18、21 和 20，具体如表 2–187 和表 2–188 所示。

表 2–187　2011～2015 年 31 个省市区社会民生指数得分、连续及单年排名

省市区	2011			2012			2013			2014			2015		
	值	总	年	值	总	年	值	总	年	值	总	年	值	总	年
浙江	63.0	23	2	64.9	17	2	69.2	11	2	73.9	3	1	77.5	1	1

续表

省市区	2011			2012			2013			2014			2015		
	值	总	年	值	总	年	值	总	年	值	总	年	值	总	年
福建	50.8	65	6	58.3	37	6	64.8	18	4	70.4	8	3	74.9	2	2
广东	54.9	47	5	58.6	34	4	62.8	24	5	69.7	10	4	73.2	4	3
北京	63.1	22	1	65.9	16	1	69.9	9	1	70.7	7	2	72.4	5	4
江苏	57.5	41	3	61.9	28	3	66.6	13	3	68.0	12	5	72.1	6	5
海南	35.6	119	14	41.0	101	12	51.7	62	10	62.3	26	7	66.4	14	6
山东	48.0	76	7	53.7	52	7	59.6	32	7	62.0	27	8	65.9	15	7
上海	56.6	44	4	58.5	36	5	61.2	30	6	64.3	20	6	64.4	19	8
内蒙古	39.9	106	10	44.9	88	11	51.2	63	11	58.1	38	9	63.6	21	9
江西	37.3	113	12	40.3	103	13	45.9	82	14	52.5	57	14	62.4	25	10
重庆	37.9	112	11	45.6	84	10	47.6	77	13	54.1	49	11	61.5	29	11
山西	34.2	128	15	39.8	107	15	48.2	75	12	53.1	54	12	60.9	31	12
四川	29.0	141	21	35.6	120	20	44.1	90	19	52.0	60	15	58.6	33	13
陕西	32.3	132	17	37.1	114	17	43.8	93	20	50.2	68	17	58.6	35	14
天津	47.3	78	8	51.0	64	8	53.9	50	8	54.6	48	10	57.9	39	15
河北	36.4	118	13	40.1	105	14	45.7	83	15	49.1	72	20	57.7	40	16
安徽	32.2	133	18	36.7	116	19	43.4	96	21	49.5	71	19	57.3	42	17
辽宁	40.8	102	9	47.0	79	9	52.7	56	9	53.0	55	13	56.6	43	18
宁夏	28.0	144	23	35.1	122	21	45.5	85	16	50.1	70	18	55.3	45	19
黑龙江	31.5	134	19	37.0	115	18	44.8	89	18	50.3	67	16	55.1	46	20
吉林	33.2	130	16	38.9	109	16	45.3	87	17	48.5	74	21	53.9	51	21
湖南	28.8	142	22	33.1	131	24	38.0	111	24	42.7	98	27	53.6	53	22
青海	25.3	150	27	30.0	139	27	34.6	126	29	42.4	99	28	52.5	58	23
湖北	27.9	145	24	33.3	129	23	39.5	108	23	46.0	81	23	52.3	59	24
河南	31.1	135	20	34.2	127	22	40.3	104	22	46.0	80	22	51.8	61	25
贵州	25.9	149	26	30.1	138	26	34.8	124	28	43.6	94	25	50.8	66	26
广西	24.9	153	29	28.8	143	29	27.6	146	31	42.4	100	29	50.2	69	27
云南	25.0	151	28	29.3	140	28	35.0	123	27	43.5	95	26	48.7	73	28
西藏	26.6	148	25	30.3	136	25	36.5	117	25	43.9	92	24	45.4	86	29
甘肃	19.9	155	31	25.0	152	31	35.3	121	26	38.6	110	30	44.0	91	30
新疆	23.4	154	30	27.1	147	30	30.3	137	30	34.6	125	31	42.8	97	31
平均	37	113	16	41.7	98	16	47.4	79	16	52.9	60	16	58.7	41	16

注：①对于表中的字段名称，"值"表示各省市区对应年份的指数得分，"总"表示各省市区2011～2015年多年连续总排名，"年"表示各省市区5个单年的排名；②表中31个省市区按照2015年的指数得分由高到低（降序）排列。

表 2 - 188　2011～2015 年 6 省社会民生指数的值及单年排名

	辽宁	吉林	黑龙江	江苏	浙江	广东	全国平均
	值/序	值/序	值/序	值/序	值/序	值/序	值
2011	40.77/9	33.20/16	31.51/19	57.46/3	63.01/2	54.88/5	37.04
2012	47.01/9	38.95/16	37.00/18	61.93/3	64.95/2	58.62/4	41.72
2013	52.72/9	45.29/17	44.78/18	66.65/3	69.17/2	62.83/5	47.41
2014	53.01/13	48.54/21	50.30/16	68.02/5	73.87/1	69.73/4	52.91
2015	56.64/18	53.87/21	55.13/20	72.09/5	77.51/1	73.23/3	58.65
平均	50.03/11.6	43.97/18.2	43.74/18.2	65.23/3.8	69.70/1.6	63.86/4.2	47.55

2011～2015 年，全国社会民生的平均水平与东北地区总体呈上升趋势，但东北地区整体低于全国平均水平，且这种差距呈进一步扩大趋势；东北三省均呈明显的上升态势，辽宁省持续高于东北地区平均水平，发展相对较好，2011～2013 年吉林省略高于黑龙江省，2013～2015 年黑龙江省实现反超，具体如图 2 - 133 所示。

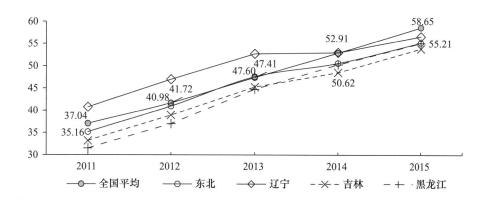

图 2 - 133　2011～2015 年社会民生指数基本走势

注：①全国平均指 31 个省市区的平均水平；②全国范围内（可采集到的数据），社会民生指数最大值为 2015 年浙江的 77.51，最小值为 2011 年甘肃的 19.91。

2011～2015 年，东北三省社会民生指数在全国 31 个省市区连续 5 年数据集（共 155 个指标值）中相对位置分布情况如图 2 - 134 所示。可见，东北三省 5 年（共 15 个数据）社会民生指数的百分比排位处于 50% 以下的有 8 个，其中有 2 个处于 25% 以下；此外，排位的最大值是 2015 年的辽宁省（72.7%），最小值是 2011 年的黑龙江省（13.6%）。

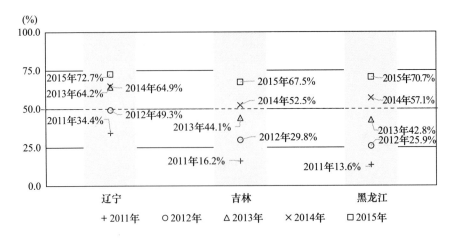

图 2-134　2011~2015 年社会民生指数百分比排位

2. 全国视角下东北地区社会民生进展分析

2011~2015 年，四大区域社会民生指数由高到低依次为：东部、东北、中部、西部；四大区域普遍呈平稳上升趋势，其中增幅最大的是西部（21.72%），最小的是东部（8.25%）；东北地区略优于中部和西部，但相比东部地区，差距明显，具体如表 2-189 所示。

表 2-189　2011~2015 年四大经济区社会民生指数的平均值及排名

	东北		东部		西部		中部	
	平均值	年排名	平均值	年排名	平均值	年排名	平均值	年排名
2011	35.16	15.0	51.31	6.0	28.18	23.2	31.93	18.5
2012	40.98	14.3	55.40	6.2	33.24	22.9	36.23	19.3
2013	47.60	14.7	60.54	6.1	38.85	22.9	42.55	19.3
2014	50.62	16.7	64.50	6.6	46.14	21.9	48.30	19.5
2015	55.21	19.7	68.24	6.7	52.67	21.7	56.37	18.3
平均	45.91	16.0	60.00	6.4	39.81	22.5	43.08	19.0

注：为确保区分度，对于具有平均意义的排名（序），本研究保留一位小数，以下各表同。

2011~2015 年，七大区域社会民生指数由高到低依次为：华东、华北、华南、东北、华中、西南、西北；七大区域普遍呈平稳上升趋势，其中，增幅最大的是西北地区（24.08%），最小的是华东地区（8.45%）；就七个区域而言，东北地区排名居中，但与华东地区相比，差距明显，具体如表 2-190 所示。

表 2 - 190　2011～2015 年七大地理区社会民生指数的平均值及排名

	东北	华北	华东	华南	华中	西北	西南
	值/序	值/序	值/序	值/序	值/序	值/序	值/序
2011	35.16/14.7	44.18/9.4	51.34/6.7	38.47/16.0	31.29/19.5	25.79/25.6	28.88/22.2
2012	40.98/14.3	48.35/9.8	55.68/7.0	42.78/15.0	35.22/20.5	30.86/25.2	34.17/21.8
2013	47.60/14.7	53.76/9.4	60.79/7.2	47.41/15.3	40.94/20.8	37.89/24.2	39.59/22.4
2014	50.62/16.7	57.13/10.6	64.67/7.0	58.13/13.3	46.81/21.5	43.19/24.8	47.44/20.2
2015	55.21/19.7	62.50/11.2	68.69/6.7	63.26/12.0	55.02/20.3	50.63/23.4	53.00/21.4
平均	45.91/16.0	53.18/10.1	60.23/6.9	50.01/14.3	41.86/20.5	37.68/24.6	40.62/21.6

为便于直观分析，将指数信息按空间分类、时间排列、优劣序化等方式整理后，形成多年连续排名及单年排名的可视化集成图（见图 2 - 135～图 2 - 137），结合表 2 - 187 的信息，以全国四大经济区为划分标准，对东北三省的产业发展方面的进程评价如下：

第一，东北地区社会民生指数得分提升明显，但提升幅度相对较低。从四大区域平均得分曲线的变化情况可以看出，中国在社会民生上的成效明显，四个区域均呈上升趋势，其中中部和西部地区的提升幅度最大，年均提升 6.13 分，东部和东北地区的提升幅度分别为 4.23 分和 5 分。具体而言，东北地区以 2011 年为基点（35.2 分），拥有优于西部和中部的起步条件，但增长幅度相对较低，西部与其差距在不断缩小，中部更是在 2015 年实现反超。

第二，东北地区社会民生绝对水平提升明显，但提升速度相对较缓慢。从四大区域连续排名曲线的变化情况可以看出，四个区域均呈现上升趋势，其中上升最快的为中部地区，连续排名年均提高 21.9 名，而东部、西部和东北地区分别提升 12.2 名、20.7 名和 18.8 名，可以看出东北地区的提升速度相对较缓慢。东北三省中，辽宁发展水平较高，但增长幅度相对较小（59 名的位次改进，增速居全国 24 位），黑龙江发展水平略次于辽宁，但增长幅度较大（88 名的位次改进，增速居全国第 9 位），吉林发展水平相对较弱，但有着相对较高的增长速度（79 名的位次改进，居全国 16 位）。

第三，东北地区社会民生相对水平出现倒退，且倒退幅度较大。从四大区域单年排名曲线的变化情况可以看出，在相对位次的排名竞争中，东部和东北地区呈下降趋势，2015 年较 2011 年下降幅度分别为 0.4 名和 5 名，而中部和西部分别提升 0.2 名和 1.5 名。对东北三省而言，辽宁省的下降幅度最大（由 9 名下降到第 18 名，倒退 9 名），吉林省倒退 5 名（由 16 名下降到 21 名），黑龙江省下降 1 名（由 19 名下降到 20 名），呈现出"倒退范围广、倒退幅度大"的特征。

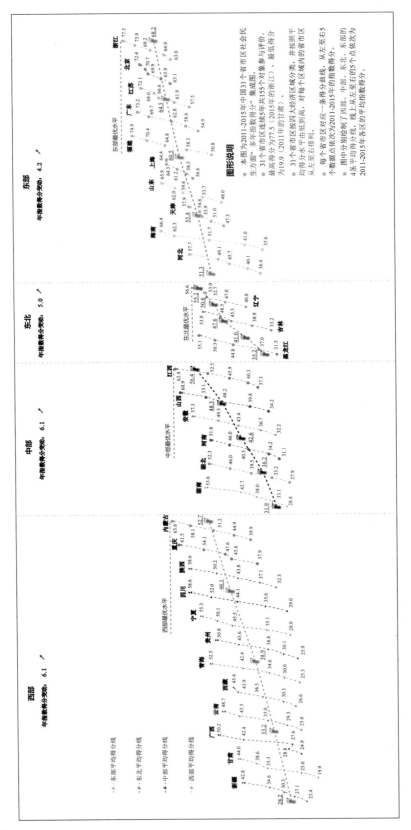

图 2-135　2011～2015 年 31 个省市区社会民生指数得分变动情况

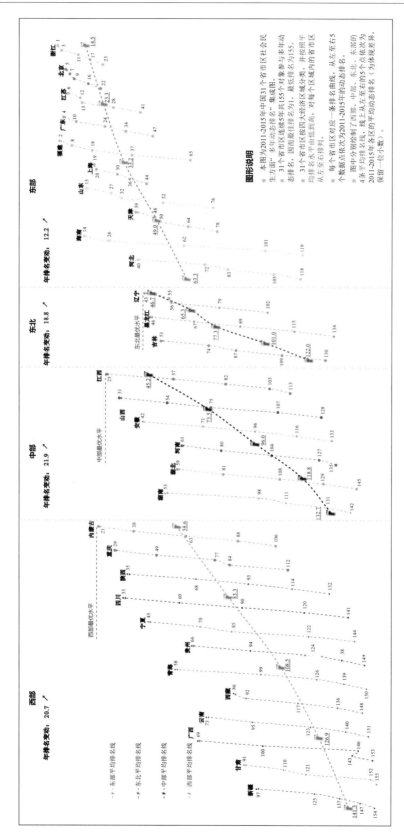

图 2-136 2011~2015 年 31 个省市区社会民生多年连续排名变动情况

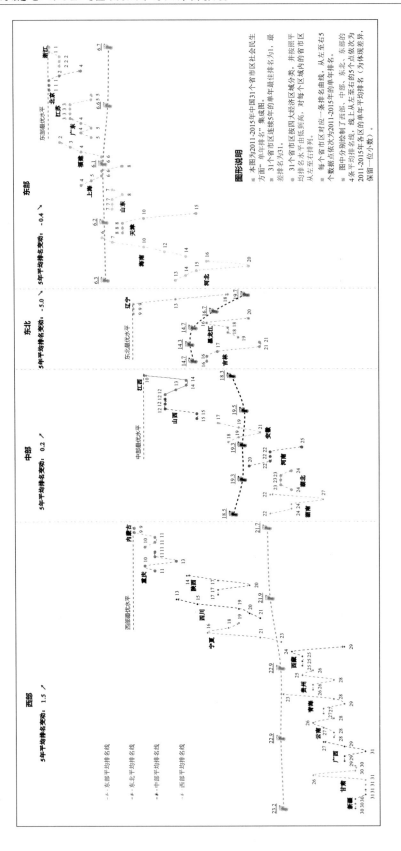

图 2 - 137　2011~2015 年 31 个省市区社会民生单年排名变动情况

3. 社会民生分项指数分析

综合表 2 – 191 和图 2 – 138 可见，2011～2015 年，东北三省的社会公平超过全国平均水平和东南三省平均水平，表现出较强的竞争力；居民收入和居民消费超过全国平均水平，但低于东南三省平均水平；生态环境低于全国平均和东南三省，表现较弱。东南三省仅在社会公平上略低于东北三省，其他方面由于全国平均和东北三省平均。分省看，广东省的社会公平以及江苏省和浙江省的生态环境水平较低，而广东省的生态环境最接近全国最优水平；就东北三省而言，5 分项指数的发展相差较大，除"社会公平"外，其余 4 个分项指数均明显落后于东南三省平均水平，其中，辽宁省"居民收入"和"居民消费"相对较好，吉林省和黑龙江省"社会公平"相对较好，三省的"社会保障"均最为薄弱。总体来看，东北三省在社会公平上具有一定优势，但在社会保障上与东南三省差距最大，具体如表 2 – 191 和图 2 – 138 所示。

表 2 – 191 2011～2015 年 6 省区社会民生方面分项指数平均得分

	居民收入	居民消费	社会保障	社会公平	生态环境
辽宁	72.73	74.27	20.88	52.48	29.79
吉林	45.36	54.80	13.41	74.90	31.39
黑龙江	45.36	49.25	10.83	67.62	45.66
江苏	76.66	78.69	64.54	65.08	41.17
浙江	81.52	81.24	72.25	66.99	46.50
广东	78.02	77.36	59.85	31.25	72.80
东北三省平均	94.59	91.30	79.94	82.10	72.80
东南三省平均	9.57	14.98	10.83	22.81	11.95
各省平均	72.73	74.27	20.88	52.48	29.79
各省最高	45.36	54.80	13.41	74.90	31.39
各省最低	45.36	49.25	10.83	67.62	45.66

2011～2015 年，全国在反映社会民生的 5 个方面上整体进展良好，均持续平稳前进，尤其是"居民收入""居民消费"与"生态环境"三个方面，发展势头良好；就东南三省而言，5 个分项指数得分均呈上升趋势，发展前景良好，除"生态环境"和"社会公平"外，其余分项指数均处于全国前列，在生态环境方面，广东省处于全国领先位置，浙江省与江苏省排名居中，在社会公平方面，浙江省与江苏省处于全国前列，广东省较为落后（从年排名得出）；就东北三省而言，5 个分项指数虽亦呈逐步增长趋势，但成效不

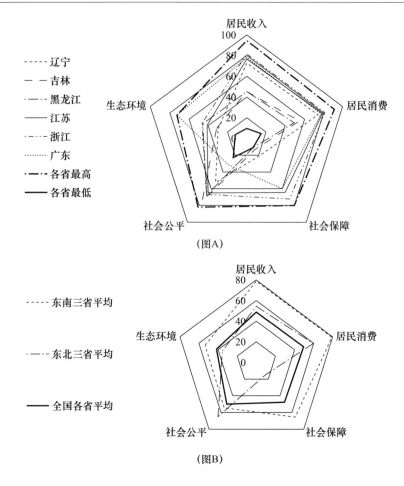

图 2-138　2011～2015 年 6 省份社会民生方面分项指数平均得分雷达图

一, 辽宁省 "社会保障" "社会公平" 和 "生态环境" 较为落后, 吉林省 "社会保障" 和 "生态环境" 较为落后, 黑龙江省 "社会保障" 全国垫底 (从年排名得出); 总体而言, 除 "社会公平" 外, 东北三省均落后于东南三省, 具体如表 2-192 所示。

表 2-192　2011～2015 年 6 省区社会民生方面分项指数

分项指数	年份	辽宁	吉林	黑龙江	江苏	浙江	广东	全国平均
		值/序	值/序	值/序	值/序	值/序	值/序	值
居民收入	2011	60.25/7	24.58/16	25.75/15	68.98/6	77.65/4	75.35/5	34.34
	2012	69.70/7 ▲	37.57/15 ▲	34.87/18 ▲	76.24/6 ▲	79.67/4 ▲	77.30/5 ▲	42.24 ▲
	2013	76.37/7 ▲	47.12/17 ▲	47.73/15 ▲	77.69/6 ▲	81.51/3 ▲	77.86/5 ▲	49.67 ▲
	2014	77.82/7 ▲	55.12/16 ▲	55.09/17 ▲	79.28/5 ▲	83.26/3 ▲	79.22/6 ▲	56.23 ▲
	2015	79.50/7 ▲	62.41/18 ▲	63.34/17 ▲	81.12/5 ▲	85.50/3 ▲	80.38/6 ▲	62.06 ▲

续表

分项指数	年份	辽宁 值/序	吉林 值/序	黑龙江 值/序	江苏 值/序	浙江 值/序	广东 值/序	全国平均 值
居民消费	2011	61.89/7	37.66/11	29.71/14	68.75/6	76.27/4	70.97/5	35.45
	2012	72.63/7▲	48.21/11▲	39.35/14▲	76.00/5▲	78.36/4▲	75.47/6▲	42.10▲
	2013	76.79/7▲	58.98/11▲	50.05/14▲	79.43/5▲	81.31/4▲	78.33/6▲	49.98▲
	2014	79.17/7▲	62.84/13▲	60.54/14▲	83.14/5▲	83.91/4▲	80.00/6▲	56.53▲
	2015	80.89/7▲	66.32/14▲	66.57/13▲	86.13/5▲	86.37/4▲	82.04/6▲	62.52▲
社会保障	2011	21.18/28	13.69/30	9.32/31	57.52/8	68.14/3	54.56/11	45.89
	2012	19.36/29▼	12.02/30▼	8.31/31▼	57.21/8▼	65.73/4▼	54.81/10▲	45.07▼
	2013	19.97/27▲	12.15/30▲	10.97/31▲	65.44/7▲	73.46/3▲	59.15/9▲	46.00▲
	2014	18.82/28▼	11.47/30▼	10.39/31▼	68.45/5▲	77.67/1▲	61.76/9▲	47.62▲
	2015	25.04/29▲	17.69/30▲	15.15/31▲	74.10/7▲	76.26/4▼	68.96/8▲	54.07▲
社会公平	2011	42.03/16	71.75/2	60.81/3	59.68/5	60.80/4	20.17/27	40.91
	2012	49.84/13▲	73.04/2▲	63.95/4▲	64.19/3▲	61.83/5▲	22.67/28▲	45.45▲
	2013	62.37/9▲	75.25/2▲	69.28/4▲	70.57/3▲	65.30/7▲	26.48/28▲	50.86▲
	2014	52.99/21▼	74.83/3▼	72.18/4▲	64.56/11▼	71.75/5▲	43.06/24▲	55.64▲
	2015	55.19/20▲	79.63/1▲	71.88/5▼	66.38/10▲	75.24/3▲	43.85/25▲	57.28▲
生态环境	2011	18.50/24	18.33/25	31.95/14	32.34/11	32.18/12	53.32/1	28.63
	2012	23.50/25▲	23.89/24▲	38.52/12▲	35.99/13▲	39.16/11▲	62.87/1▲	33.72▲
	2013	28.11/24▲	32.97/19▲	45.89/13▲	40.11/15▲	44.25/14▲	72.32/1▲	40.55▲
	2014	36.27/23▲	38.44/19▲	53.29/12▲	44.68/15▲	52.73/14▲	84.59/2▲	48.54▲
	2015	42.60/24▲	43.32/23▲	58.69/15▲	52.73/20▲	64.18/13▲	90.90/1▲	57.35▲

注: 表中符号"▲"表示本年的数据相对于前一年是增长的, 符号"▼"表示本年的数据相对于前一年是减少的。

进一步统计升降符(▲或▼)的数量, 对不同地区的发展态势及稳定性进行分析和对比可知, 2011~2015年, 5个分项指数的全国平均水平▲的数量均超过3个, 发展势头良好; 东北地区仅"社会保障"和"社会公平"▲的总量少于东南三省, 以"社会保障"的差距最大(东南三省共为9个, 东北三省共为6个), 发展水平低于东南三省; 2015年, 仅浙江省的"社会保障"和黑龙江省的"社会公平"为▼; 东北三省▲的总数量为51个, 占东北三省升降符总数的85%, 东南三省▲的总数量为56个, 占93.33%, 东北三省与东南三省有一定差距。

2011~2015年, 东北三省▲的数量均为17个, 占85%, 江苏省和浙江省▲的数量为18个, 占90%, 广东省▲的数量为20个, 占100%, 东北三省依然落后于东南三省; 就东北三省而言，三省发展态势大体相当。2011~2015年，就东北三省而言，"居民收入""居民消费"和"社会保障"发展态势较好的是辽宁省，"社会公平"发展态势较好的是吉林省，"生态环境"发展态势较好的是黑龙江省。

（1）居民收入

①城乡居民收入水平（单位：元/人）。城乡居民收入水平反映一个地区的消费者购买力水平，是衡量地区城乡居民收入水平和生活水平的重要指标。2011~2015年，全国城乡居民收入水平的平均水平与东北地区均呈稳健上升趋势，但东北地区低于全国平均水平；就东北三省而言，辽宁省发展较好，显著优于全国平均水平，吉林省与黑龙江省相对较弱，2011~2013年，黑龙江省略低于吉林省，之后基本持平；据最新数据显示，2016年东北地区的城乡居民收入水平有所提升，总体呈上升态势。总体而言，东北地区的城乡居民收入水平普遍低于全国平均水平，且这种差距呈进一步扩大趋势，具体如图2－139所示。

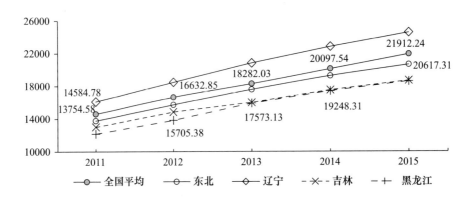

图2－139 2011~2015年城乡居民收入水平基本走势

注：①全国平均指31个省市区的平均水平；②全国范围内（可采集到的数据），城乡居民收入水平最大值为2015年上海的49867.17，最小值为2011年西藏的7475.58。

2011~2015年，东北三省城乡居民收入水平在全国31个省市区连续5年数据集（共155个指标值）中相对位置分布情况如图2－140所示。可见，东北三省5年（共15个数据）城乡居民收入水平的百分比排位处于50%以下的有6个，其中有2个处于25%以下；此外，排位的最大值是2015年的辽宁省（84.4%），最小值是2011年的黑龙江省（16.2%）。

2011~2015年，6省份城乡居民收入水平由高到低依次为：浙江、江苏、广东、辽宁、吉林、黑龙江；东南三省整体呈稳步上升趋势，浙江省优势明显，广东省2013年有所下降，随后两年呈上升趋势，东南三省的城乡居民收入水平普遍高于东北地区；就东北三省而言，辽宁省相对较好，但与东南三省水平较低的广东省相比，差距较大；城乡居民收入水平增幅最大的是辽宁省（13.18%），最小的是广东省（8.12%），具体如表2－193所示。

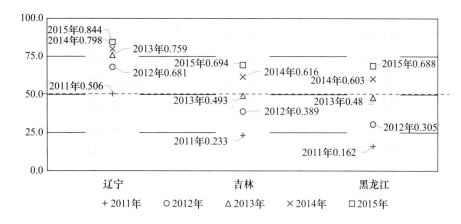

图 2 - 140　2011~2015 年东北三省城乡居民收入水平百分比排位

表 2 - 193　2011~2015 年 6 省城乡居民收入水平的原始值及单年排名

	辽宁	吉林	黑龙江	江苏	浙江	广东	全国平均
	值/序	值/序	值/序	值/序	值/序	值/序	值
2011	16090.74/8	13003.16/12	12169.85/16	20420.67/6	24220.92/3	21026.64/5	14584.78
2012	18467.79/8	14833.74/12	13814.62/17	23212.11/6	27189.19/3	23809.09/5	16632.85
2013	20817.84/8	15998.12/14	15903.45/15	24775.54/5	29774.99/3	23420.75/6	18282.03
2014	22820.15/8	17520.39/14	17404.39/16	27172.77/5	32657.57/3	25684.96/6	20097.54
2015	24575.58/8	18683.70/15	18592.65/16	29538.85/5	35537.09/3	27858.86/6	21912.24
平均	20554.42/8	16007.82/13.4	15576.99/16	25023.99/5.4	29875.95/3	24360.06/5.6	18301.89

2011~2015 年，四个区域城乡居民收入水平由高到低依次为：东部、东北、中部、西部；四个区域基本呈现稳步上升趋势，其中东部地区优势明显；东北地区的城乡居民收入水平显著低于东部地区；城乡居民收入水平增长幅度最大的是西部（14.23%），最小的是东部（11.16%），具体如表 2 - 194 所示。

表 2 - 194　2011~2015 年四大经济区城乡居民收入水平的平均值及排名

	东北		东部		西部		中部	
	平均值	年排名	平均值	年排名	平均值	年排名	平均值	年排名
2011	13754.58	12.0	21274.52	7.0	10543.88	23.8	11932.09	18.2
2012	15705.38	12.3	23948.89	6.7	12214.92	23.7	13739.03	18.0

	东北		东部		西部		中部	
	平均值	年排名	平均值	年排名	平均值	年排名	平均值	年排名
2013	17573.13	12.3	25848.33	7.0	13623.78	23.6	15342.47	17.7
2014	19248.31	12.7	28312.09	7.1	15040.81	23.6	16944.69	17.3
2015	20617.31	13.0	30775.59	7.0	16545.88	23.6	18520.19	17.3
平均	17379.74	12.5	26031.88	6.9	13593.85	23.6	15295.69	17.7

2011～2015 年，七个区域城乡居民收入水平由高到低依次为：华东、华北、华南、东北、华中、西北、西南；七个区域基本呈平稳上升趋势，华东与华北优势明显；华南地区整体呈缓慢上升趋势，2013 年华南增长幅度下降，2014～2015 年东北与华南水平基本持平，西北和西南明显处于较低水平；就七个区域而言，东北地区排名居中，与最优的华东地区相比，差距较明显；城乡居民收入水平增长幅度最大的是西北地区（16.19%），最小的是华南地区（10.86%），具体如表 2－195 所示。

表 2－195　2011～2015 年七大地理区城乡居民收入水平的平均值及排名

	东北	华北	华东	华南	华中	西北	西南
	值/序	值/序	值/序	值/序	值/序	值/序	值/序
2011	13755/12.0	18588/9.8	20724/7.5	14807/14.7	11998/18.0	10060/25.6	10173/24.4
2012	15705/12.3	20902/10.2	23424/7.3	16942/14.7	13817/17.8	11676/25.6	11795/24.2
2013	17573/12.3	23238/10.4	25351/7.2	17745/15.7	15445/17.3	13302/25.2	12840/24.4
2014	19248/12.7	25413/11.0	27798/7.0	19573/15.3	17084/16.8	14680/25.2	14195/24.4
2015	20617/13.0	27606/11.0	30236/7.2	21237/15.0	18726/16.5	16172/25.2	15701/24.4
平均	17380/12.5	23150/10.5	25506/7.2	18061/15.1	15414/17.3	13178/25.4	12941/24.4

②居民人均存款额（单位：元/人）。居民人均存款额指每位居民存入银行及农村信用社的储蓄金额，是衡量地区居民收入的重要指标，计算公式为地区居民人民币储蓄存款余额与常住人口的比值。2011～2015 年，全国居民人均存款额的平均水平呈上升趋势，东北地区亦呈上升趋势，东北地区与全国平均水平大致持平；东北三省均呈上升趋势，其中辽宁省高于全国平均水平，吉林省和黑龙江省低于全国平均水平；就东北三省而言，辽宁省表现较好，黑龙江省略优于吉林省。总体而言，东北地区的居民人均存款额与全国平均水平大致持平，2015 年东北地区略高于全国平均水平，如图 2－141所示。

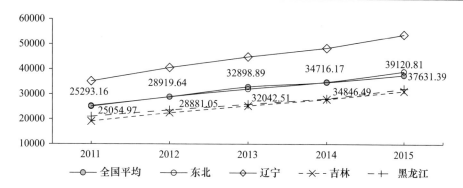

图 2 - 141　2011～2015 年居民人均存款额基本走势

注：①全国平均指 31 个省市区的平均水平；②全国范围内（可采集到的数据），居民人均存款额最大值为 2014 年北京的 111395.06，最小值为 2011 年西藏的 5878.59。

2011～2015 年，东北三省居民人均存款额在全国 31 个省市区连续 5 年数据集（共 155 个指标值）中相对位置分布情况如图 2 - 142 所示。可见，东北三省 5 年（共 15 个数据）居民人均存款额的百分比排位处于 50% 以下的有 6 个，其中位于 25% 以下有 1 个；排位的最大值是 2015 年的辽宁省（91.5%），最小值是 2011 年的吉林省（24.8%）。

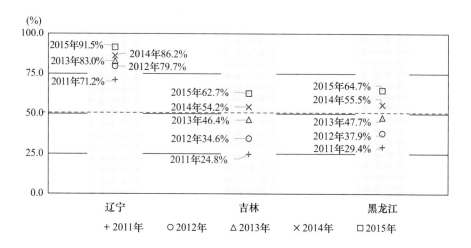

图 2 - 142　2011～2015 年东北三省居民人均存款额百分比排位

2011～2015 年，6 省份居民人均存款额由高到低依次为：浙江、广东、辽宁、江苏、黑龙江、吉林；东南三省总体呈上升趋势，广东省和浙江省上升趋势较为稳定，江苏省增幅最大；东南三省水平相对较低的江苏省优于东北地区较低的吉林省；东北三省中增幅最大的是吉林省（16.07%），黑龙江省和辽宁省的增幅分别为 13.37% 和 13.33%。2011～2015 年，四个区域居民人均存款额由高到低依次为：东部、东北、中部、西部；四个区域普遍呈上升趋势，西部上升幅度最大；东北地区居民人均存款额与最优的东部地区差距较大，具体如表 2 - 196 所示。

表 2-196 2011~2015 年 6 省居民人均存款额的原始值及单年排名

	辽宁	吉林	黑龙江	江苏	浙江	广东	全国平均
	值/序	值/序	值/序	值/序	值/序	值/序	值
2011	35122/6	19046/18	20997/15	32809/7	43794/4	38232/5	25293.2
2012	40537/6	22472/18	23635/16	37951/7	48214/4	42729/5	28919.6
2013	44845/6	25309/18	25974/17	42605/7	52616/3	47057/5	32898.9
2014	48359/6	2797718	28204/17	45956/7	55676/3	49399/5	34716.2
2015	53845/5	31290/18	32228/17	50856/6	61645/3	50727/7	37631.4
平均	44541/5.8	25219/18	26207/16.4	42035/6.8	52389/3.4	45629/5.4	31885.3

2011~2015 年,四个区域居民人均存款额由高到低依次为:东部、东北、中部、西部;四个区域普遍呈上升趋势,西部上升幅度最大;东北地区居民人均存款额与最优的东部地区差距较大,具体如表 2-197 所示。

表 2-197 2011~2015 年四大经济区居民人均存款额的平均值及排名

	东北		东部		西部		中部	
	平均值	年排名	平均值	年排名	平均值	年排名	平均值	年排名
2011	25054.97	13.0	41548.08	8.0	15275.73	21.8	18355.59	19.3
2012	28881.05	13.3	46181.64	8.5	18244.39	21.4	21519.42	19.0
2013	32042.51	13.7	49968.06	8.5	22306.47	20.1	24297.90	19.7
2014	34846.49	13.7	52375.35	8.6	23875.59	21.0	26900.19	19.5
2015	39120.81	13.3	55864.38	8.6	25797.25	21.1	30166.65	19.5
平均	31989.17	13.4	49187.50	8.4	21079.43	21.1	24247.95	19.4

2011~2015 年,七个区域居民人均存款额由高到低依次为:华北、华东、东北、华南、西北、华中、西南;七个区域普遍呈上升趋势,西北地区的增幅最大;就七个区域而言,东北处于中上水平,与表现最优的华北相比,差距较大,具体如表 2-198 所示。

表 2-198 2011~2015 年七大地理区居民人均存款额的平均值及排名

	东北	华北	华东	华南	华中	西北	西南
	值/序	值/序	值/序	值/序	值/序	值/序	值/序
2011	25055/13.0	42715/7.4	36016/10	21703/18.7	16305/21.0	16124/20.6	13661/23.4
2012	28881/13.3	47878/7.6	40327/9.8	24545/19.0	19294/21.3	19220/20.6	16321/22.8
2013	32046/13.7	51240/7.8	44419/9.8	27499/19.3	21876/22.0	22468/19.6	21444/20.5
2014	34846/13.7	53329/8.0	47250/9.7	29157/19.7	24638/22.0	24645/20.0	22454/22.0
2015	39120/13.3	56144/8.0	51619/9.5	31466/20.0	27823/22.0	27522/20.0	23095/22.2
平均	31989/13.4	50261/7.8	43926/9.8	26874/19.3	21987/21.7	21996/20.2	19310/22.3

（2）居民消费

①城乡居民消费水平。城乡居民消费水平反映一个地区对人民物质文化生活需要的满足程度，它是衡量地区的经济发展水平和人民物质文化生活水平的重要指标。2011～2015年，全国城乡居民消费的平均水平与东北地区均呈现平稳上升趋势；东北地区略低于全国平均水平，但差距呈进一步扩大趋势；辽宁省明显优于吉林省和黑龙江省，且优于全国平均水平，吉林省及黑龙江省水平相对较低；2011～2013年，吉林省略优于黑龙江省，2013～2015年，黑龙江省反超吉林省。总体而言，东北地区城乡居民消费水平相比全国平均水平略有差距，且差距呈逐渐扩大趋势，具体如图2-143所示。

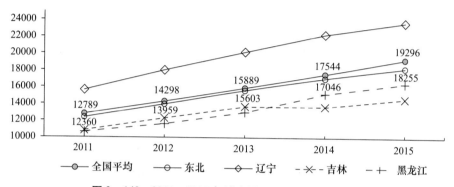

图2-143　2011～2015年城乡居民消费水平基本走势

注：①全国平均指31个省市区的平均水平；②全国范围内（可采集到的数据），城乡居民消费水平最大值为2015年上海的45815.7，最小值为2011年西藏的4730.2。

2011～2015年，东北三省城乡居民消费水平在全国31个省市区连续5年数据集（共155个指标值）中相对位置分布情况如图2-144所示。可见，东北三省5年（共15个数据）城乡居民消费水平的百分比排位处于50%以下的有5个，其中有2个位于25%以下；此外，排位的最大值是2015年的辽宁省（86.3%），最小值是2011年的黑龙江省（19.4%）。

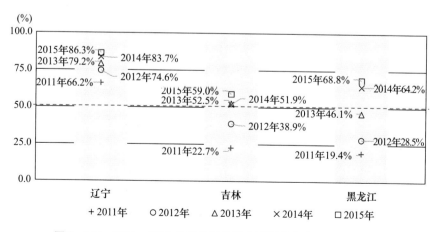

图2-144　2011～2015年东北三省城乡居民消费水平百分比排位

2011～2015 年，6 省份城乡居民消费水平由高到低依次为：浙江、江苏、广东、辽宁、黑龙江、吉林；东南三省呈缓慢上升趋势，且高于全国平均水平；东北三省水平最优的辽宁省低于东南三省较弱的广东省；城乡居民消费水平增幅最大的是江苏省（21.14%），增幅最小的是浙江省（8.63%），具体如表 2－199 所示。

表 2－199　2011～2015 年 6 省城乡居民消费水平原始值及单年排名

	辽宁	吉林	黑龙江	江苏	浙江	广东	全国平均
	值/序	值/序	值/序	值/序	值/序	值/序	值
2011	15635/7	10811/13	10634/14	17166/6	21346/3	19578/5	12789
2012	17999/7	12276/13	11601/17	19452/6	22845/4	21823/5	14298
2013	20156/7	13676/13	12978/16	23585/6	24771/4	23739/5	15889
2014	22260/7	13663/18	15215/13	28316/4	26885/5	24582/6	17544
2015	23693/7	14630/20	16443/15	31682/4	28712/5	26365/6	19296
平均	19949/7	13011/15.4	13374/15	24040/5.2	24912/4.2	23217/5.4	15963

2011～2015 年，四个区域城乡居民消费水平由高到低依次为：东部、东北、中部、西部；各区域呈上升趋势，其中西部地区增幅较大；东北地区城乡居民消费水平与东部地区差距较明显，具体如表 2－200 所示。

表 2－200　2011～2015 年四大经济区城乡居民消费水平的平均值及排名

	东北		东部		西部		中部	
	平均值	年排名	平均值	年排名	平均值	年排名	平均值	年排名
2011	12359.95	11.0	18922.60	8.0	9187.77	22.4	9985.65	18.5
2012	13958.60	12.3	20696.95	8.3	10635.21	21.6	11130.40	19.5
2013	15603.33	12.0	22802.78	8.9	11958.62	21.3	12370.00	19.3
2014	17046.00	12.7	25070.80	9.0	13436.79	20.5	13465.00	20.2
2015	18255.47	14.0	27573.01	8.3	14720.79	21.1	15169.85	19.7
平均	15444.67	12.5	23013.23	8.5	11987.84	21.4	12424.18	19.4

2011～2015 年，七个区域城乡居民消费水平由高到低依次为：华东、华北、华南、东北、华中、西北、西南；各区域呈平稳上升趋势，其中，西北与西南地区增幅较大，东北与华东地区增幅相对较小；就七个区域而言，东北地区排名居中，与最优的华东地区相比，差距较大，具体如表 2－201 所示。

表 2 - 201　2011～2015 年七大地理区城乡居民消费水平的平均值及排名

	东北	华北	华东	华南	华中	西北	西南
	值/序	值/序	值/序	值/序	值/序	值/序	值/序
2011	12360/11.3	16189/11.4	18755/7.3	12665/17.3	10028/18.5	9135/23.2	8426/23.8
2012	13959/12.3	18021/11.0	20234/8.0	14326/17.7	11244/19.5	10696/21.4	9686/23.6
2013	15603/12.0	20080/11.6	22173/9.2	15720/17.3	12631/18.0	11966/21.0	10959/23.6
2014	17046/12.7	21834/12.8	24906/8.3	16814/16.7	13806/19.0	13330/20.6	12364/22.8
2015	18255/14.0	23965/13.0	26944/8.8	19080/15.0	15679/17.8	14658/20.8	13733/23.2
平均	15445/12.5	20018/12.0	22602/8.3	15721/16.8	12678/18.6	11957/21.4	11034/23.4

②人均社会消费品零售额。人均社会消费品零售额是指国民经济各行业直接售给城乡居民和社会集团的消费品总额的人均分配情况，它反映了一个地区的人口对生活消费品的购买力，是衡量社会民生的重要指标，计算公式为社会消费品零售总额与地区常住人口的比值。2011～2015 年，全国人均社会消费品零售额的平均水平呈上升趋势，东北地区亦呈上升趋势，且东北地区持续优于全国平均水平；东北三省普遍呈增长趋势，其中，辽宁省表现较好，吉林省次之，黑龙江省较弱；据最新数据显示，辽宁省和吉林省人均社会消费品零售额在 2016 年继续保持上升。总体而言，东北地区人均社会消费品零售额明显高于全国平均水平，且这种优势呈现略微增大的趋势，具体如图 2 - 145 所示。

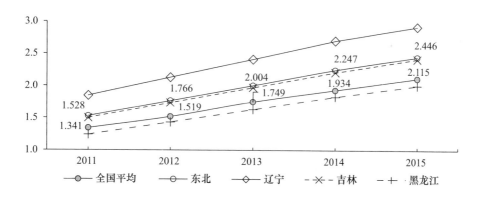

图 2 - 145　2011～2015 年人均社会消费品零售额基本走势

注：①全国平均指 31 个省市区的平均水平；②全国范围内（可采集到的数据），人均社会消费品零售额最大值为 2015 年北京市的 4.762，最小值为 2011 年贵州省的 0.505。

2011～2015 年，东北三省人均社会消费品零售额在全国 31 个省市区连续 5 年数据集（共 155 个指标值）中相对位置分布情况如图 2 - 146 所示。可见，东北三省 5 年（共 15 个数据）人均社会消费品零售额的百分比排位位于 50% 以下的有 2 个；此外，排位的最大值是 2015 年的辽宁省（89.6%），最小值是 2011 年的黑龙江省（38.3%）。

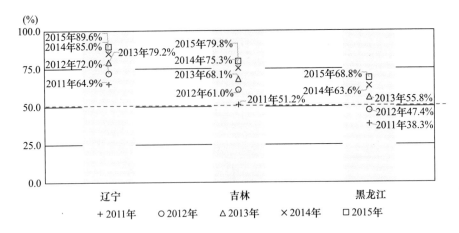

图 2-146　2011~2015 年东北三省人均社会消费品零售额百分比排位

2011~2015 年，6 省份人均社会消费品零售额由高到低依次为：浙江、江苏、广东、辽宁、吉林、黑龙江；东南三省普遍呈明显上升趋势，且持续高于全国平均水平；东北地区相对较好的辽宁省持续低于东南三省相对较好的浙江省；人均社会消费品零售额增幅最大的是浙江省（15.56%），最小的是广东省（12.59%），辽宁省的增幅是 14.50%，低于吉林省（15.31%）和黑龙江省（15.44%）。据最新数据显示，东南三省的人均社会消费品零售额在 2016 年持续增长，具体如表 2-202 所示。

表 2-202　2011~2015 年 6 省人均社会消费品零售额的原始值及单年排名

	辽宁	吉林	黑龙江	江苏	浙江	广东	全国平均
	值/序	值/序	值/序	值/序	值/序	值/序	值
2011	1.8470/7	1.4984/11	1.2389/13	2.0242/5	2.2017/4	1.9322/6	1.3410
2012	2.1296/7	1.7356/11	1.4322/13	2.3146/5	2.4810/4	2.1406/6	1.5186
2013	2.4103/6	1.9725/11	1.6300/14	2.6298/5	2.9048/4	2.3914/7	1.7488
2014	2.7003/6	2.2096/11	1.8302/14	2.9470/5	3.2381/3	2.6549/7	1.9342
2015	2.9181/6	2.4162/11	2.0042/14	3.2443/5	3.5719/3	2.9051/7	2.1146
平均	2.4011/6.4	1.9665/11	1.6271/13.6	2.6320/5	2.8795/3.6	2.4048/6.6	1.7314

2011~2015 年，四个区域人均社会消费品零售额由高到低依次为：东部、东北、中部、西部；四个区域普遍呈明显的增长趋势；东北地区的人均社会消费品零售额持续低于东部地区，具体如表 2-203 所示。

表 2 - 203　2011 ~ 2015 年四大经济区人均社会消费品零售额的平均值及排名

	东北		东部		西部		中部	
	平均值	年排名	平均值	年排名	平均值	年排名	平均值	年排名
2011	1.5281	10.0	2.0428	7.0	0.8649	23.0	1.0302	19.0
2012	1.7658	10.3	2.2765	7.4	0.9920	23.3	1.1848	18.5
2013	2.0043	10.3	2.5838	7.5	1.1745	23.3	1.3778	18.5
2014	2.2467	10.3	2.8255	7.5	1.3089	23.2	1.5429	18.7
2015	2.4462	10.3	3.0837	7.6	1.4298	23.1	1.7034	18.7
平均	1.9982	10.3	2.5625	7.5	1.1540	23.2	1.3678	18.6

2011 ~ 2015 年，七个区域人均社会消费品零售额由高到低依次为：华东、华北、东北、华南、华中、西南、西北；七个区域普遍呈现增长态势；就七个区域而言，东北地区处于中上水平，与最优的华东地区相比，差距较大，具体如表 2 - 204 所示。

表 2 - 204　2011 ~ 2015 年七大地理区人均社会消费品零售额的平均值及排名

	东北	华北	华东	华南	华中	西北	西南
	值/序	值/序	值/序	值/序	值/序	值/序	值/序
2011	1.528/10.3	1.946/9.0	1.904/8.5	1.213/16.3	1.066/18.0	0.771/25.2	0.815/24.4
2012	1.766/10.3	2.170/9.0	2.139/8.5	1.362/16.3	1.226/18.0	0.882/25.2	0.939/24.4
2013	2.004/10.3	2.426/9.2	2.455/8.3	1.566/17.0	1.421/18.0	1.049/25.6	1.142/23.6
2014	2.247/10.3	2.606/9.6	2.725/8.2	1.742/17.0	1.595/18.0	1.167/25.4	1.280/23.6
2015	2.446/10.3	2.798/10.2	3.003/8.2	1.894/17.0	1.781/17.5	1.263/25.4	1.418/23.4
平均	1.998/10.3	2.389/9.4	2.445/8.3	1.556/16.7	1.418/17.9	1.027/25.4	1.119/23.9

（3）社会保障

①城镇职工基本养老保险抚养比。城镇职工基本养老保险抚养比反映了一个地区劳动年龄人口抚养非劳动年龄人口的能力，是衡量社会保障水平的重要指标，计算公式为城镇在岗职工数与离退休人员数的比值。2011 ~ 2015 年，全国城镇职工基本养老保险抚养比的平均水平呈现缓慢下降趋势，东北地区呈下降趋势，且东北地区持续低于全国平均水平；东北三省普遍呈现下降态势，相对而言，辽宁省发展较好，吉林省次之，黑龙江省较差，具体如图 2 - 147 所示。总体而言，东北地区的城镇职工基本养老保险显著低于全国平均水平，差距基本保持稳定。

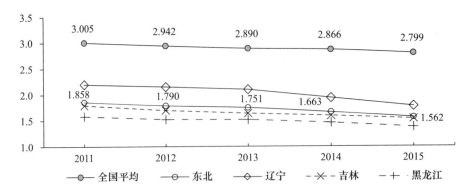

图 2 - 147　2011～2015 年城镇职工基本养老保险抚养比基本走势

注：①全国平均指 31 个省市区的平均水平；②全国范围内（可采集到的数据），城镇职工基本养老保险抚养比最大值为 2014 年广东的 9.787，最小值为 2015 年黑龙江的 1.373。

2011～2015 年，东北三省城镇职工基本养老保险抚养比在全国 31 个省市区连续 5 年数据集（共 155 个指标值）中相对位置分布情况如图 2 - 148 所示。可见，东北三省 5 年（共 15 个数据）城镇职工基本养老保险抚养比的百分比排位均位于 50% 之下，其中有 13 个百分比排位处于 25% 以下；此外，排位的最大值是 2011 年的辽宁省（31.1%），最小值是 2015 年的黑龙江省（0.0%）。

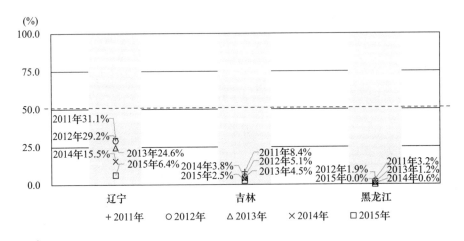

图 2 - 148　2011～2015 年东北三省城镇职工基本养老保险抚养比百分比排位

2011～2015 年，6 省份城镇职工基本养老保险抚养比由高到低依次为：广东、浙江、江苏、辽宁、吉林、黑龙江；东南三省持续高于全国平均水平，江苏省和浙江省表现出下降特征，广东省总体呈上升趋势，东北三省持续低于东南三省，差距明显；东北地区相对较好的辽宁省持续低于东南三省中较差的江苏省；城镇职工基本养老保险抚养比增幅最大的是广东省（1.48%），降幅最大的是浙江省（-12.10%），辽宁省、吉林省与黑龙江省的降幅依次为：-4.78%、-3.61%、-3.29%；据最新数据显示，江苏省和广东省在2016年出现明显下降，具体如表2-205所示。

表2-205 2011~2015年6省城镇职工基本养老保险抚养比的原始值及单年排名

	辽宁	吉林	黑龙江	江苏	浙江	广东	全国平均
	值/序	值/序	值/序	值/序	值/序	值/序	值
2011	2.1998/24	1.7932/30	1.5814/31	3.6038/6	6.5731/2	9.2019/1	3.0050
2012	2.1529/23	1.6948/30	1.5222/31	3.4381/6	5.2776/2	9.3372/1	2.9425
2013	2.1007/23	1.6381/30	1.5155/31	3.3448/6	4.9554/4	8.9288/1	2.8902
2014	1.9393/25	1.5915/30	1.4585/31	3.2221/6	4.4353/4	9.7869/1	2.8664
2015	1.7795/29	1.5345/30	1.3730/31	3.0815/9	3.3913/5	9.7480/1	2.7992
平均	2.0344/24.8	1.6504/30	1.4901/31	3.3381/6.6	4.9265/3.4	9.4006/1	2.9007

2011~2015年，四个区域城镇职工基本养老保险抚养比由高到低依次为：东部、中部、西部、东北；除西部地区在2013~2015年出现小幅度回升外，其他地区呈下降趋势；东北地区城镇职工基本养老保险抚养比与东部地区差距较大，具体如表2-206所示。

表2-206 2011~2015年四大经济区城镇职工基本养老保险抚养比的平均值及排名

	东北		东部		西部		中部	
	平均值	年排名	平均值	年排名	平均值	年排名	平均值	年排名
2011	1.8581	28.0	4.3168	9.0	2.3278	20.6	2.7463	13.0
2012	1.7900	28.0	4.1913	8.6	2.3088	20.4	2.7047	13.5
2013	1.7514	28.0	4.1196	9.0	2.2948	19.7	2.6015	14.3
2014	1.6631	28.7	4.1160	8.7	2.2969	19.3	2.5247	15.2
2015	1.5623	30.0	3.9662	8.8	2.2984	18.7	2.4743	15.7
平均	1.7250	28.6	4.1420	8.7	2.3054	19.7	2.6103	14.3

2011~2015年，七个区域城镇职工基本养老保险抚养比由高到低依次为：华南、华东、华北、华中、西南、西北、东北；华南、西南普遍呈上升趋势，其他地区普遍呈下降趋势；就七个区域而言，东北地区排名靠后，与最优的华南地区相比，差距明显，具体如表2-207所示。

表 2 - 207　2011 ~ 2015 年七大地理区城镇职工基本养老保险抚养比的平均值及排名

	东北	华北	华东	华南	华中	西北	西南
	值/序	值/序	值/序	值/序	值/序	值/序	值/序
2011	1.858/28.3	2.890/14.8	4.063/7.5	4.860/11.0	2.686/14.0	2.344/20.2	2.342/20.4
2012	1.790/28.0	2.876/16.2	3.810/7.5	4.849/11.0	2.643/14.5	2.294/20.2	2.403/18.8
2013	1.751/28.0	2.843/16.2	3.716/8.3	4.702/10.7	2.545/15.8	2.295/19.0	2.414/18.2
2014	1.663/28.7	2.823/15.6	3.522/8.5	4.974/11.3	2.488/16.8	2.284/18.2	2.465/17.8
2015	1.562/30.0	2.810/15.4	3.273/9.3	4.955/11.3	2.456/16.5	2.274/18.0	2.469/16.6
平均	1.725/28.6	2.849/15.6	3.677/8.2	4.868/11.1	2.564/15.5	2.298/19.1	2.418/18.4

②养老金支出占比（单位:%）。养老金支出占比反映一个地区离退休人员的生活保障情况，是衡量社会民生的重要指标，计算公式为养老金支出与地区 GDP 的比值。2012 ~ 2015 年，东北地区养老金支出占比与全国平均水平在总体上呈现增长趋势，尤其 2015 年增长较明显，东北地区持续低于全国平均水平；东北三省的总体水平基本持平，辽宁省在2015 年略高于东北平均水平。总体而言，东北地区的养老金支出占比持续低于全国平均水平，且这种差距在不同年份基本保持不变，具体如图 2 - 149 所示。

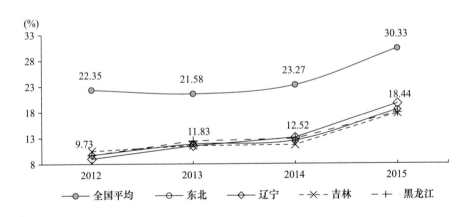

图 2 - 149　2012 ~ 2015 年养老金支出占比基本走势

注：①全国平均指 31 个省市区的平均水平；②全国范围内（2011 年数据缺失），养老金支出占比最大值为 2012 年重庆的 75.99%，最小值为 2013 年广西的 4.03%。

2012 ~ 2015 年，东北三省养老金支出占比在全国 31 个省市区连续 4 年数据集（共124 个指标值）中相对位置分布情况如图 2 - 150 所示。可见，东北三省 4 年（共 12 个数据）养老金支出占比的百分比排位普遍处于 50% 以下，其中有 9 个处于 25% 以下；此外，排位的最大值是 2015 年的辽宁省（39.0%），最小值是 2012 年的辽宁省（2.4%）。

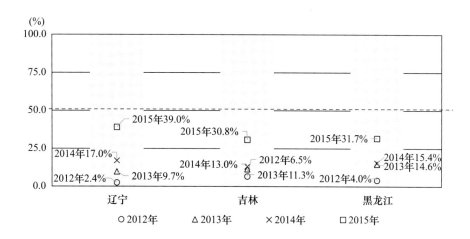

图 2-150　2012～2015 年东北三省养老金支出占比百分比排位

2012～2015 年，6 省份养老金支出占比由高到低依次为：浙江、江苏、广东、辽宁、黑龙江、吉林；东南三省普遍呈上升趋势；东北地区水平相对较好的辽宁省持续低于东南三省较差的广东省；养老金支出占比增幅最大的是辽宁省（39.28%），最低的是浙江省（14.75%），具体如表 2-208 所示。

表 2-208　2011～2015 年 6 省养老金支出占比的原始值及单年排名

	辽宁	吉林	黑龙江	江苏	浙江	广东	全国平均
	值/序	值/序	值/序	值/序	值/序	值/序	值
2011	—	—	—	—	—	—	—
2012	9.015/30	10.470/27	9.714/28	20.182/15	23.164/12	9.603/29	22.345
2013	11.485/28	11.555/27	12.445/25	25.101/11	28.029/9	14.623/23	21.582
2014	13.065/26	11.664/29	12.833/28	26.994/11	31.514/5	15.617/25	23.267
2015	19.638/25	17.777/29	17.900/28	30.449/17	33.414/12	20.175/24	30.326
平均	13.301/27.3	12.866/28	13.223/27.3	25.682/13.5	29.030/9.5	15.004/25.3	24.380

2012～2015 年，四个区域养老金支出占比由高到低依次为：西部、中部、东部、东北；四个区域总体上呈现增长趋势，其中东北和东部地区在 2014～2015 年上升趋势显著，中部地区有小幅波动，西部地区在 2013 年有一定幅度的下跌，2014～2015 年表现出上升态势；东北地区养老金支出占比与其他三个地区差距较大，具体如表 2-209 所示。

表 2 – 209　2011～2015 年四大经济区养老金支出占比的平均值及排名

	东北		东部		西部		中部	
	平均值	年排名	平均值	年排名	平均值	年排名	平均值	年排名
2011	—	—	—	—	—	—	—	—
2012	9.733	28.3	15.664	20.8	31.085	10.6	22.307	12.7
2013	11.829	26.7	18.858	18.5	24.568	12.8	25.025	13.0
2014	12.521	27.7	20.528	19.0	27.644	11.3	24.452	14.7
2015	18.438	27.3	25.054	20.6	35.547	11.3	34.616	12.2
平均	13.130	27.5	20.026	19.7	29.711	11.5	26.600	13.1

2012～2015 年，七个区域养老金支出占比由高到低依次为：西南、华中、华东、西北、华南、华北、东北；除西南地区呈现下降趋势外，其他地区整体呈上升态势；就七个区域而言，东北地区排名靠后，与最优的西南相比，差距显著 2011～2015 年，全国城镇职工基本养老保险抚养比的平均水平呈现缓慢下降趋势，东北地区呈下降趋势，且东北地区持续低于全国平均水平；东北三省普遍呈现下降态势，相对而言，辽宁省发展较好，吉林省次之，黑龙江省较差，具体如表 2 – 210 所示。

表 2 – 210　2011～2015 年七大地理区养老金支出占比的平均值及排名

	东北	华北	华东	华南	华中	西北	西南
	值/序	值/序	值/序	值/序	值/序	值/序	值/序
2011	—	—	—	—	—	—	—
2012	9.73/28.3	13.34/23.6	20.22/15.3	18.51/17.0	21.41/13.3	20.07/15.0	46.79/4.4
2013	11.83/26.7	16.33/21.8	23.58/13.5	14.27/22.3	23.26/14.5	21.50/16.2	33.41/4.0
2014	12.52/27.7	17.24/23.0	24.99/13.7	24.45/15.0	22.60/16.3	23.05/16.2	33.72/5.0
2015	18.44/27.3	23.31/21.8	29.56/16.7	31.78/13.7	32.28/14.5	32.75/14.8	40.53/6.4
平均	13.13/27.5	17.56/22.6	24.59/14.8	22.25/17.0	24.89/14.6	24.34/15.6	38.61/5.0

（4）社会公平

①城乡居民收入比。城乡居民收入比反映一个地区城乡间的收入差距，是用来衡量地区社会民生问题的重要指标，计算公式为地区城市居民收入水平与农村居民收入水平之比。理论上，是一项适度指标，指标值越趋近于 1，效果愈佳，考虑到现阶段中国城乡差距较大，暂作逆指标处理。2011～2015 年，全国城乡居民收入比的平均水平呈下降态势，城乡居民收入差距有所改善，2011～2013 年东北地区城乡居民收入比基本保持不变，2013～2015 年略有上升，城乡居民收入差距有所扩大，据最新数据显示，2016 年东北地区城乡居民收入比走势基本保持不变；东北地区城乡居民收入比与全国平均水平差距缩小，东北地区的相对优势有所降低；就东北三省而言，黑龙江省较好，吉林省次之，辽宁

省城乡居民收入差距相对较大。总体而言，东北地区的城乡居民收入比低于全国平均水平，优势较明显，但优势在逐渐减弱，具体如图 2-151 所示。

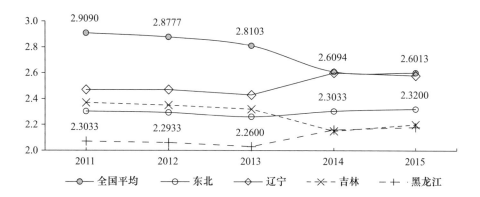

图 2-151 2011~2015 年城乡居民收入比基本走势

注：①全国平均指 31 个省市区的平均水平；②全国范围内（可采集到的数据），城乡居民收入比最大值为 2011 年贵州的 3.98，最小值为 2014 年天津的 1.85。

2011~2015 年，东北三省城乡居民收入比在全国 31 个省市区连续 5 年数据集（共 155 个指标值）中相对位置分布情况如图 2-152 所示。可见，东北三省 5 年（共 15 个数据）城乡居民收入比的百分比排位全部处于 50% 以上；此外，排位的最大值是 2013 年的黑龙江省（98.8%），最小值是 2014 年的辽宁省（57.8%）。

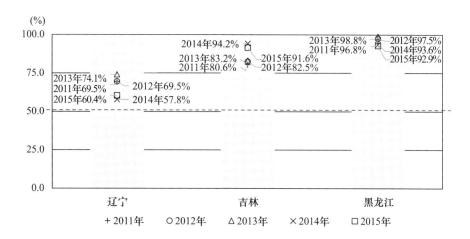

图 2-152 2011~2015 年东北三省城乡居民收入比百分比排位

2011~2015 年，6 省份城乡居民收入比由低到高依次为：黑龙江、浙江、吉林、江苏、辽宁、广东；东南三省城乡居民收入比普遍呈下行态势，城乡居民收入差距缩小，就发展走向来说优于东北三省，据最新数据显示，2016 年 6 省份城乡居民收入比延续 2015

年的变化趋势；城乡居民收入比降幅最大的是浙江省（-3.16%），辽宁省和黑龙江省增幅分别为 1.11% 和 1.33%，意味着这两个省份的城乡居民收入差距正在拉大，具体如表 2-211 所示。

表 2-211　2011~2015 年 6 省城乡居民收入比的原始值及单年排名

	辽宁	吉林	黑龙江	江苏	浙江	广东	全国平均
	值/序	值/序	值/序	值/序	值/序	值/序	值
2011	2.4700/8	2.3700/5	2.0700/1	2.4400/7	2.3700/5	2.8700/17	2.9090
2012	2.4700/8	2.3500/5	2.0600/1	2.4300/7	2.3700/6	2.8700/17	2.8777
2013	2.4300/8	2.3200/5	2.0300/1	2.3900/7	2.3500/6	2.8400/19	2.8103
2014	2.6000/17	2.1500/3	2.1600/4	2.3000/6	2.0800/2	2.6300/18	2.6094
2015	2.5800/17	2.2000/4	2.1800/3	2.2900/7	2.0700/2	2.6000/19	2.6013
平均	2.5100/11.6	2.2780/4.4	2.1000/2	2.3700/6.8	2.2480/4.2	2.7620/18	2.7615

2011~2015 年，四个区域城乡居民收入比由低到高依次为：东北、东部、中部、西部；东部、中部和西部城乡居民收入比普遍呈下行态势，城乡居民收入差距逐年缩小，其中西部下行幅度最大（-3.28%），东北呈上升趋势，增幅为 0.18%，城乡居民收入差距有所扩大，具体如表 2-212 所示。

表 2-212　2011~2015 年四大经济区城乡居民收入比的平均值及排名

	东北		东部		西部		中部	
	平均值	年排名	平均值	年排名	平均值	年排名	平均值	年排名
2011	2.3033	5.0	2.5340	9.0	3.4058	24.8	2.8433	15.5
2012	2.2933	4.7	2.5150	9.2	3.3542	24.5	2.8217	15.5
2013	2.2600	4.7	2.4710	9.4	3.2608	24.4	2.7500	15.7
2014	2.3033	8.0	2.3460	9.2	2.9650	24.9	2.4900	13.2
2015	2.3200	8.0	2.3310	9.5	2.9592	24.7	2.4767	13.0
平均	2.2960	6.0	2.4394	9.2	3.1890	24.7	2.6763	14.6

2011~2015 年，七个区域城乡居民收入比由低到高依次为：东北、华东、华北、华中、华南、西北、西南；东北呈上升趋势，其他区域普遍呈下行态势；就七个区域而言，东北地区的表现最好，具体如表 2-213 所示。

表 2 - 213 2011 ~ 2015 年七大地理区城乡居民收入比的平均值及排名

	东北	华北	华东	华南	华中	西北	西南
	值/序	值/序	值/序	值/序	值/序	值/序	值/序
2011	2.3033/4.7	2.6580/11.8	2.6050/10.3	3.1067/19.7	2.7075/12.5	3.3900/24.4	3.4500/25.4
2012	2.2933/4.7	2.6220/11.8	2.5900/10.8	3.0767/20.0	2.6950/12.3	3.3380/24.2	3.3960/25.0
2013	2.2600/4.7	2.5660/11.8	2.5417/11.0	3.0067/20.3	2.6275/12.5	3.2500/24.2	3.2960/24.8
2014	2.3033/8.0	2.4720/14.0	2.3450/8.50	2.6467/18.3	2.4275/10.8	3.0060/26.0	2.9740/24.2
2015	2.3200/8.0	2.4720/14.4	2.3300/8.70	2.6067/18.0	2.4100/10.8	3.0220/25.8	2.9540/23.8
平均	2.2960/6.0	2.5580/12.8	2.4823/9.90	2.8887/19.3	2.5735/11.8	3.2012/24.9	3.2140/24.6

②城乡居民消费水平比。城乡居民消费水平比反映一个地区城乡间的消费差距,是衡量社会民生问题的重要指标,计算公式是地区城市居民消费水平与农村居民消费水平的比值。理论上,该指标是一项适度指标,指标值越趋近于 1,效果愈佳,考虑到现阶段中国城乡差异较大,暂作逆指标处理。2011 ~ 2015 年,全国平均城乡居民消费水平比呈下降趋势;东北地区亦呈下降趋势,且低于全国平均水平,但下降速度比全国平均水平慢,故东北地区的相对优势在减弱;就东北三省而言,辽宁省走势较好,吉林省和黑龙江省波动较大。总体而言,东北地区的城乡居民消费水平比低于全国平均水平,且差距逐渐缩小,故东北地区的相对优势在减弱,具体如图 2 - 153 所示。

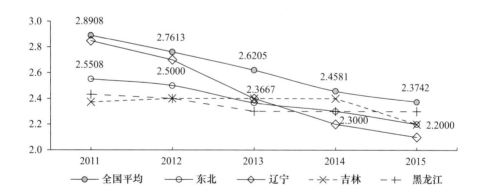

图 2 - 153 2011 ~ 2015 年城乡居民消费水平比基本走势

注:①全国平均指 31 个省市区的平均水平;②全国范围内(可采集到的数据),城乡居民消费水平比最大值为 2012 年西藏的 4.2,最小值为 2015 年浙江的 1.7。

2011 ~ 2015 年,东北三省城乡居民消费水平比在全国 31 个省市区连续 5 年数据集(共 155 个指标值)中相对位置分布情况如图 2 - 154 所示。可见,东北三省 5 年(共 15 个数据)城乡居民消费水平比的百分比排位位于 50% 以下的有 2 个;此外,排位的最大值是 2015 年的辽宁省(89.0%),最小值是 2011 年的辽宁省(31.2%)。

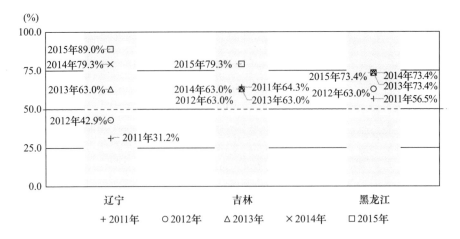

图 2-154　2011~2015 年东北三省城乡居民消费水平比百分比排位

　　2011~2015 年，6 省份城乡居民消费水平比由低到高依次为：浙江、江苏、黑龙江、吉林、辽宁、广东；东南三省城乡居民消费水平比呈下降趋势，城乡居民消费差距缩小；东南三省明显优于东北的吉林省与黑龙江省；城乡居民消费水平比降幅最大的是辽宁省（-6.56%），降幅最小的是黑龙江省（-1.36%）；据最新数据显示，2016 年东南三省城乡居民消费水平比略有上升，吉林省和黑龙江省略有下降，具体如表 2-214 所示。

表 2-214　2011~2015 年 6 省城乡居民消费水平比的原始值及单年排名

	辽宁	吉林	黑龙江	江苏	浙江	广东	全国平均
	值/序	值/序	值/序	值/序	值/序	值/序	值
2011	2.8472/17	2.3729/6	2.4323/9	2.1249/2	2.1709/3	3.2502/23	2.8908
2012	2.7000/16	2.4000/9	2.4000/9	2.1000/1	2.1000/1	3.2000/24	2.7613
2013	2.4000/12	2.4000/12	2.3000/10	2.0000/3	1.9000/1	3.0705/24	2.6205
2014	2.2000/9	2.4000/15	2.3000/11	1.9000/2	1.9000/2	2.4000/15	2.4581
2015	2.1000/7	2.0000/11	2.3000/13	1.8000/2	1.7000/1	2.4000/18	2.3742
平均	2.4494/12.2	2.3546/10.6	2.3465/10.4	1.9850/2	1.9542/1.6	2.8641/20.8	2.6210

　　2011~2015 年，四个区域城乡居民消费水平比由低到高依次为：东部、东北、中部、西部；四个区域城乡居民消费水平比呈下行态势，城乡居民消费差距逐年缩小，其中，降幅最大的是西部地区（-4.96%），降幅最小的是东北地区（-3.44%），说明东北地区城乡居民消费差距改善较慢，具体如表 2-215 所示。

表 2 - 215 2011～2015 年四大经济区城乡居民消费水平比的平均值及排名

	东北		东部		西部		中部	
	平均值	年排名	平均值	年排名	平均值	年排名	平均值	年排名
2011	2.5508	11.0	2.5134	9.0	3.3471	23.8	2.7769	14.2
2012	2.5000	11.3	2.4000	8.2	3.1667	22.6	2.6833	14.5
2013	2.3667	11.3	2.2433	8.0	3.0086	23.1	2.6000	14.8
2014	2.3000	11.7	2.0700	6.6	2.7833	22.1	2.5333	17.2
2015	2.2000	10.3	2.0500	7.7	2.6833	22.1	2.3833	15.0
平均	2.3835	11.1	2.2553	8.0	2.9978	22.7	2.5954	15.1

2011～2015 年，七个区域城乡居民消费水平比由低到高依次为：华东、华北、东北、华中、华南、西北、西南；七个区域城乡居民消费水平比均呈下降趋势，其中，降幅最大的是华北地区（-5.47%），降幅最小的是东北地区（-3.44%）；就七个区域而言，东北地区位于中上水平，与最优的华东地区相比，略有差距，具体如表 2 - 216 所示。

表 2 - 216 2011～2015 年七大地理区城乡居民消费水平比的平均值及排名

	东北	华北	华东	华南	华中	西北	西南
	值/序	值/序	值/序	值/序	值/序	值/序	值/序
2011	2.5508/10.7	2.6888/12.8	2.3948/6.8	3.0527/19.7	2.8444/15.3	3.2932/23.8	3.4293/24.0
2012	2.5000/11.3	2.5000/10.4	2.3333/6.7	3.0000/21.0	2.7250/15.5	3.0600/21.8	3.2800/22.8
2013	2.3667/11.3	2.3325/9.60	2.2500/8.0	2.8568/20.0	2.6250/15.5	2.8980/21.4	3.0827/24.2
2014	2.3000/11.7	2.1400/8.20	2.1500/8.0	2.5000/16.0	2.5500/17.8	2.7600/22.4	2.8400/22.8
2015	2.2000/10.3	2.1000/8.80	2.0167/6.5	2.6000/21.7	2.3750/14.8	2.7200/23.8	2.7000/21.2
平均	2.3835/11.1	2.3523/10.0	2.2290/7.2	2.8019/19.7	2.6239/15.8	2.9463/22.6	3.0664/23.0

③城乡生均教育经费比。城乡生均教育经费比反映一个地区城乡之间义务教育均衡发展的状况，是用来衡量地区社会民生问题的重要指标，计算公式是地区城市与农村在小学、中学及高中的教育经费支出总和之比。理论上，该指标是一项适度指标，指标值越趋近于1，效果愈佳，考虑到现阶段中国城乡差异较大，暂作逆指标处理。2011 年、2013 年和 2014 年，全国城乡生均教育经费比的平均水平呈现波动态势；东北地区亦呈波动态势，且低于全国平均水平，意味着东北地区的城乡义务教育状况相对较好；就东北三省而言，吉林省表现较好，黑龙江省次之，辽宁省较弱。总体而言，东北地区城乡生均教育经费比低于全国平均水平，且差距在不同年度基本保持不变，故东北地区城乡义务教育发展

较好，具体如图 2 – 155 所示。

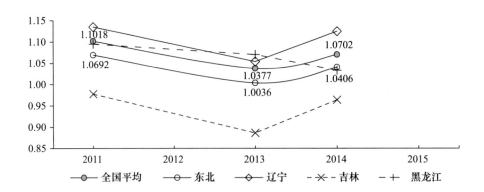

图 2 – 155　2011 ~ 2014 年城乡生均教育经费比基本走势

注：①全国平均指 31 个省市区的平均水平；②全国范围内（2012 年及 2015 年数据缺失），最大值为 2011 年上海的 1. 4344，最小值为 2013 年北京的 0. 7874。

2011 年、2013 年和 2014 年，东北三省城乡生均教育经费比在全国 31 个省市区 3 年数据集（共 93 个指标值）中相对位置分布情况如图 2 – 156 所示。可见，东北三省 3 年（共 9 个数据）城乡生均教育经费比的百分比排位处于 50% 以下的有 4 个，其中，位于 25% 以下的有 2 个；此外，排位的最大值是 2013 年的吉林省（96. 7%），最小值是 2011 年的辽宁省（17. 8%）。

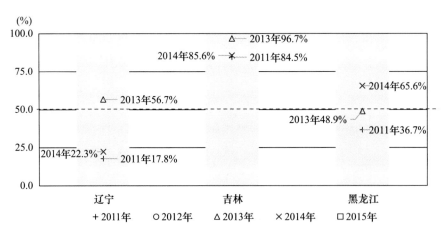

图 2 – 156　2011 ~ 2014 年东北三省城乡生均教育经费比百分比排位

2011 年、2013 年、2014 年，6 省份城乡生均教育经费比由低到高依次为：吉林、黑龙江、江苏、辽宁、浙江、广东；东南三省的城乡生均教育经费比略有波动；城乡生均教育经费比降幅最大的是广东省（ – 3. 47%），降幅最小的是辽宁省（ – 0. 3%）；就下降幅度而言，东南三省优于东北三省，具体如表 2 – 217 所示。

表 2－217　2011～2015 年 6 省城乡生均教育经费比的原始值及单年排名

	辽宁	吉林	黑龙江	江苏	浙江	广东	全国平均
	值/序	值/序	值/序	值/序	值/序	值/序	值
2011	1.1350/22	0.9776/5	1.0950/15	1.1119/20	1.1093/19	1.4076/29	1.1018
2012	—	—	—	—	—	—	—
2013	1.0540/15	0.8865/4	1.0704/19	1.0663/18	1.1111/23	1.2443/29	1.0377
2014	1.1248/26	0.9638/3	1.0331/10	1.1311/27	1.0971/23	1.2609/30	1.0702
2015	—	—	—	—	—	—	—
平均	1.1046/21	0.9426/4	1.0662/15	1.1031/22	1.1058/22	1.3042/29	1.0699

2011 年、2013 年、2014 年，四个区域城乡生均教育经费比由低到高依次为：西部、东北、中部、东部；四个区域均呈下降趋势，城乡居民义务教育越发趋于平衡。其中，东部地区降幅最大（－1.03％），东北地区降幅为－0.89％，具体如表 2－218 所示。

表 2－218　2011～2015 年四大经济区城乡生均教育经费比的平均值及排名

	东北		东部		西部		中部	
	平均值	年排名	平均值	年排名	平均值	年排名	平均值	年排名
2011	1.0690	14.0	1.1565	17.9	1.0692	14.1	1.0867	14.8
2012	—	—	—	—	—	—	—	—
2013	1.0040	12.7	1.0710	17.4	1.0000	13.1	1.0681	18.2
2014	1.0410	13.0	1.1207	20.3	1.0393	12.8	1.0626	16.7
2015	—	—	—	—	—	—	—	—
平均	1.0380	13.2	1.1161	18.5	1.0363	13.3	1.0725	16.6

2011 年、2013 年、2014 年，七个区域城乡生均教育经费比由低到高依次为：西北、华北、东北、西南、华中、华东、华南；七个区域城乡生均教育经费比均呈下降趋势。其中，降幅最大的是华南地区（－3.19％），降幅最小的是华北地区（－0.21％）；就七大区域而言，东北地区位于中上水平，与表现最好的西北地区略有差距，具体如表 2－219 所示。

表 2－219　2011～2015 年七大地理区城乡生均教育经费比的平均值及排名

	东北	华北	华东	华南	华中	西北	西南
	值/序	值/序	值/序	值/序	值/序	值/序	值/序
2011	1.0692/14.0	1.0308/8.80	1.1463/18.5	1.2606/27.3	1.0943/14.8	1.033/10.00	1.1228/19.3
2012	—	—	—	—	—	—	—
2013	1.0036/12.7	0.9487/9.20	1.0839/17.8	1.1524/24.0	1.1053/22.0	0.9244/6.00	1.0929/21.0
2014	1.0406/13.0	1.0242/10.0	1.1305/22.3	1.1399/21.7	1.0825/20.8	1.0256/10.0	1.0545/15.0
2015	—	—	—	—	—	—	—
平均	1.0378/13.2	1.0012/9.30	1.1202/19.6	1.1843/24.3	1.0941/19.2	0.9943/8.70	1.0873/18.2

（5）生态环境

①人均公园绿地面积（单位：平方米）。人均公园绿地面积指城市中每个居民享有的公园绿地面积，是衡量生态环境水平的重要指标。2011～2015年，全国人均公园绿地面积的平均水平呈平稳上升趋势，东北亦呈上升趋势，但低于全国平均水平；2011～2014年东北三省普遍呈上升趋势，其中，黑龙江省领先辽宁省和吉林省，2015年辽宁省和黑龙江省出现小幅下降，吉林省保持上升趋势，领先辽宁省和黑龙江省。总体而言，东北地区人均公园绿地面积整体低于全国平均水平，且差距不断增大，具体如图2-157所示。

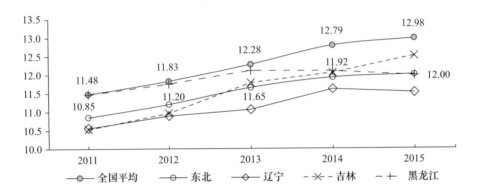

图 2-157　2011～2015 年人均公园绿地面积基本走势

注：①全国平均指31个省市区的平均水平；②全国范围内（可采集到的数据），人均公园绿地面积最大值为2015年内蒙古的19.28，最小值为2011年上海的7.01。

2011～2015年，东北三省人均公园绿地面积在全国31个省市区连续5年数据集（共155个指标值）中相对位置分布情况如图2-158所示。可见，东北三省5年（共15个数据）人均公园绿地面积的百分比排位处于50%以下的有9个，其中有2个位于25%以下；此外，排位的最大值是2015年的吉林省（63.6%），最小值是2011年的吉林省（23.3%）。

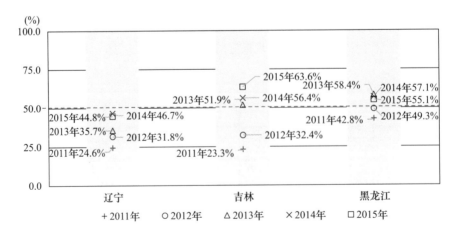

图 2-158　2011～2015 年东北三省人均公园绿地面积百分比排位

2011~2015 年，6 省份人均公园绿地面积由高到低依次：广东、江苏、浙江、黑龙江、吉林、辽宁；东南三省整体呈上升趋势，高于全国平均水平，东南三省水平较低的浙江省持续优于东北地区最高的黑龙江省；人均公园绿地面积增幅最大的是广东省（4.70%），最小的是黑龙江省（1.11%），辽宁省和吉林省的增幅分别为 2.27% 和 4.70%，具体如表 2-220 所示。

表 2-220　2011~2015 年 6 省人均公园绿地面积的原始值及单年排名

	辽宁	吉林	黑龙江	江苏	浙江	广东	全国平均
	值/序	值/序	值/序	值/序	值/序	值/序	值
2011	10.560/19	10.530/20	11.470/13	13.340/8	11.770/11	14.350/5	11.475
2012	10.890/18	10.960/17	11.750/14	13.630/8	12.470/9	15.820/3	11.825
2013	11.060/22	11.780/15	12.110/14	14.010/8	12.440/13	15.940/5	12.278
2014	11.610/19	12.050/18	12.100/17	14.410/8	12.900/12	16.280/5	12.787
2015	11.520/23	12.510/16	11.980/18	14.550/7	13.190/11	17.400/3	12.979
平均	11.120/20.2	11.566/17.2	11.882/15.2	13.988/7.8	12.550/11.2	15.958/4.2	12.269

2011~2015 年，四个区域人均公园绿地面积由高到低依次：东部、西部、东北、中部；四个区域均呈上升趋势，西部地区的增幅最大，东北地区的增幅最小；东北地区人均公园绿地面积与最优的东部地区差距较大，具体如表 2-221 所示。

表 2-221　2011~2015 年四大经济区人均公园绿地面积的平均值及排名

	东北		东部		西部		中部	
	平均值	年排名	平均值	年排名	平均值	年排名	平均值	年排名
2011	10.853	17.0	12.259	12.0	11.436	16.9	10.560	19.8
2012	11.200	16.3	12.589	11.5	11.808	17.8	10.900	19.7
2013	11.650	17.0	12.908	12.1	12.452	16.9	11.195	20.0
2014	11.920	18.0	13.391	12.7	13.102	16.3	11.585	19.8
2015	12.003	19.0	13.637	12.4	13.323	16.0	11.683	20.5
平均	11.525	17.5	12.957	12.2	12.424	16.8	11.185	20.0

2011~2015 年，七个区域人均公园绿地面积由高到低依次：华南、华北、华东、西北与西南（并列第四）、东北、华中；七个区域均呈上升趋势，西北地区增幅最大，华中地区的增幅最小；就七个区域而言，东北地区排名靠后，与表现最优的华南相比，差距较大，具体如表 2-222 所示。

表 2-222　2011~2015 年七大地理区人均公园绿地面积的平均值及排名

	东北	华北	华东	华南	华中	西北	西南
	值/序	值/序	值/序	值/序	值/序	值/序	值/序
2011	10.853/17.3	12.106/13.8	11.953/12.5	12.627/10.0	10.328/21.5	10.978/19.2	11.370/17.4
2012	11.200/16.3	12.550/13.0	12.262/12.0	13.083/10.0	10.665/21.8	11.324/18.8	11.626/19.8
2013	11.650/17.0	13.164/12.6	12.567/12.8	13.297/11.3	10.880/22.0	12.156/17.6	12.052/18.8
2014	11.920/18.0	14.044/12.8	12.950/13.0	13.493/12.7	11.253/22.3	12.940/16.8	12.506/17.8
2015	12.003/19.0	14.240/13.0	13.178/12.5	13.987/12.7	11.280/23.0	12.978/17.0	12.822/16.8
平均	11.525/17.5	13.221/13.0	12.582/12.6	13.297/11.3	10.881/22.1	12.075/17.9	12.075/18.1

②PM2.5 平均浓度（单位：μg/m³）。PM2.5 平均浓度反映一个地区的空气质量，是衡量地区生态环境的重要指标，该指标为逆向指标。2014~2015 年，全国 PM2.5 平均浓度的平均水平呈下降趋势，东北地区亦呈下降趋势；东北三省的 PM2.5 平均浓度均有所下降，降幅最大的是黑龙江省（-4.67%）；据最新数据显示，东北三省 2016 年的 PM2.5 平均浓度降幅较大，空气质量有所改善。总体而言，东北地区的 PM2.5 平均浓度高于全国平均水平，且差距在进一步增大，具体如图 2-159 所示。

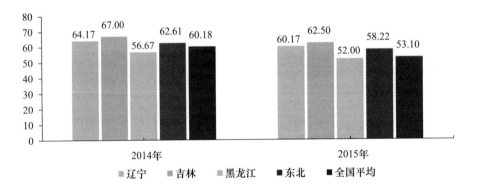

图 2-159　2014 年及 2015 年 PM2.5 平均浓度基本走势

注：①全国平均指 31 个省市区的平均水平；②全国范围内（2011~2013 年数据缺失），PM2.5 平均浓度最大值为 2015 年河北的 106，最小值为 2015 年海南的 22。

2014~2015 年，东北三省 PM2.5 平均浓度在全国 31 个省市区连续 2 年数据集（共 62 个指标值）中相对位置分布情况如图 2-160 所示。可见，东北三省 2 年（共 6 个数据）PM2.5 平均浓度的百分比排位位于 50% 以下数量有 5 个，其中有 1 个位于 25% 以下；此外，排位的最大值是 2015 年的黑龙江省（62.3%），最小值是 2014 年的吉林省（24.6%）。

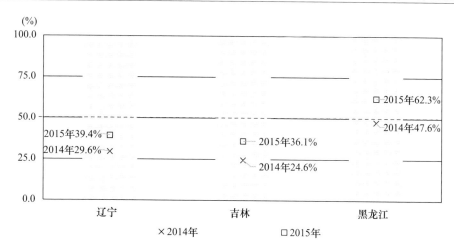

图 2 - 160　2014 年及 2015 年东北三省 PM2.5 平均浓度百分比排位

2014 ~ 2015 年，6 省份 PM2.5 平均浓度由低到高依次为：广东、浙江、黑龙江、辽宁、江苏、吉林；东南三省下降明显，下降幅度高于全国水平，空气质量整体优于东北地区；东北地区空气质量较好的黑龙江省与东南三省较好的广东省差距明显，辽宁省、吉林省与东南三省中较差的江苏省水平相当，具体如表 2 - 223 所示。

表 2 - 223　2014 年及 2015 年 6 省 PM2.5 平均浓度的原始值及单年排名

	辽宁	吉林	黑龙江	江苏	浙江	广东	全国平均
	值/序	值/序	值/序	值/序	值/序	值/序	值
2014	64.167/19	67.000/22	56.667/14	66.444/21	56.800/15	39.167/5	60.180
2015	60.167/23	62.500/25	52.000/15	58.556/22	51.000/14	32.500/5	53.100
平均	62.167/21	64.750/23.5	54.333/14.5	62.500/21.5	53.900/14.5	35.833/5	56.640

2014 ~ 2015 年，四个区域 PM2.5 平均浓度由低到高依次为：西部、东部、东北、中部；四个区域普遍呈下降趋势，降幅明显；东北地区下降幅度略低于其他地区，具体如表 2 - 224 所示。

表 2 - 224　2014 年及 2015 年四大经济区 PM2.5 平均浓度的平均值及排名

	东北		东部		西部		中部	
	平均值	年排名	平均值	年排名	平均值	年排名	平均值	年排名
2014	62.611	18.3	62.408	16.9	52.392	11.8	70.847	21.5
2015	58.222	21.0	55.339	17.6	45.389	10.8	62.234	20.8
平均	60.417	19.7	58.873	17.3	48.891	11.3	66.540	21.2

2014~2015 年，七个区域 PM2.5 平均浓度由低到高依次为：华南、西南、西北、华东、东北、华中、华北；七个区域普遍呈下降趋势，降幅明显，空气质量改善良好；东北地区处于中下水平，与最优的华南地区相比，差距明显，具体如表 2 – 225 所示。

表 2 – 225　2014 年及 2015 年七大地理区 PM2.5 平均浓度的平均值及排名

	东北	华北	华东	华南	华中	西北	西南
	值/序	值/序	值/序	值/序	值/序	值/序	值/序
2014	62.61/18.3	77.51/22.2	59.87/16.8	38.31/6.3	72.39/21.8	57.33/13.2	47.99/11.0
2015	58.22/21.0	67.13/22.6	54.26/18.0	32.42/4.3	63.93/20.8	49.90/12.8	41.55/10.0
平均	60.42/19.7	72.32/22.4	57.07/17.4	35.36/5.3	68.16/21.3	53.62/13.0	44.77/10.5

③空气质量达到及好于二级的天数（单位：天）。空气质量达到及好于二级的天数是指一个地区空气质量达到国家空气质量优良标准的天数，反映地区的空气质量，是衡量该地区生态环境的重要指标。2014~2015 年，全国空气质量达到及好于二级天数的平均水平呈明显上升趋势，东北地区亦呈现上升趋势，但增幅不如全国平均水平明显；东北三省中，辽宁省和黑龙江省呈上升趋势，吉林省呈下降趋势；黑龙江省空气质量优于其他两省。总体而言，2014 年东北地区空气质量达到及好于二级的天数略高于全国平均水平，2015 年明显低于全国平均水平，具体如图 2 – 161 所示。

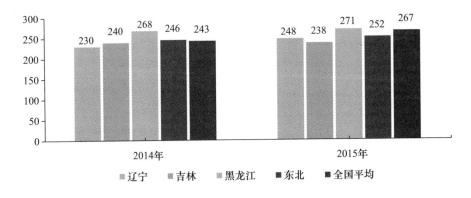

图 2 – 161　2014 年及 2015 年空气质量达到及好于二级的天数基本走势

注：①全国平均指 31 个省市区的平均水平；②全国范围内（2011~2013 年数据缺失），空气质量达到及好于二级的天数最大值为 2015 年福建的 353，最小值为 2014 年河北的 128。

2014~2015 年，东北三省空气质量达到及好于二级的天数在全国 31 个省市区连续 2 年数据集（共 62 个指标值）中相对位置分布情况如图 2 – 162 所示。可见，东北三省 2 年（共 6 个数据）空气质量达到及好于二级的天数百分比排位位于 50% 以下数量有 4 个；此外，排位的最大值是 2015 年的黑龙江省（63.9%），最小值是 2014 年的辽宁省（29.5%）。

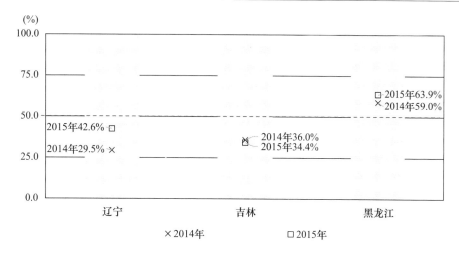

图 2 - 162　2014 年及 2015 年东北三省空气质量达到及好于二级的天数百分比排位

2014~2015 年，6 省份空气质量达到及好于二级的天数由高到低依次为：广东、黑龙江、浙江、辽宁、吉林、江苏；东南三省呈上升趋势，上升幅度高于全国平均水平，整体空气质量优于东北三省；东北三省中空气质量较优的黑龙江省与东南三省中较优的广东省有一定差距，但优于浙江省和江苏省；除吉林省略微下降外，其他各省普遍呈平稳上升趋势，辽宁省上升幅度最大（7.83%），具体如表 2 - 226 所示。

表 2 - 226　2014 年及 2015 年 6 省空气质量达到及好于二级的天数的原始值及单年排名

	辽宁	吉林	黑龙江	江苏	浙江	广东	全国平均
	值/序	值/序	值/序	值/序	值/序	值/序	值
2014	229.83/19	239.5/17	268.33/10	229.22/20	253.4/14	311.00/5	243.00
2015	247.83/22	237.5/24	270.67/14	237.22/25	268.4/16	330.33/5	266.75
平均	238.83/20.5	238.5/20.5	269.50/12	233.22/22.5	260.9/15	320.67/5	254.87

2014~2015 年，四个区域空气质量达到及好于二级的天数由高到低依次为：西部、东北、东部、中部；四个区域的空气质量普遍呈上升趋势，东北地区上升幅度较小，空气质量水平较高，中部地区上升最为明显，具体如表 2 - 227 所示。

表 2 - 227　2014 年及 2015 年四大经济区空气质量达到及好于二级的天数的平均值及排名

	东北		东部		西部		中部	
	平均值	年排名	平均值	年排名	平均值	年排名	平均值	年排名
2014	245.89	15.3	238.38	16.6	261.00	13.1	213.22	21.2
2015	252.00	20.0	253.91	18.5	290.72	11.1	247.60	19.7
平均	248.94	17.7	246.14	17.6	275.86	12.1	230.41	20.4

2014~2015 年，七个区域空气质量达到及好于二级的天数由高到低依次为：华南、西南、华东、西北、东北、华中、华北；七个区域普遍呈上升趋势，华北地区增幅最大，东北地区空气质量处于中下水平，与华南地区差距明显，具体如表 2-228 所示。

表 2-228　2014 年及 2015 年七大地理区空气质量达到及好于二级的天数的平均值及排名

	东北	华北	华东	华南	华中	西北	西南
	值/序	值/序	值/序	值/序	值/序	值/序	值/序
2014	245.9/15.3	182.6/25.8	245.2/16.0	311.0/5.3	212.5/20.5	233.4/17.6	292.2/7.8
2015	252.0/20.0	221.7/23.2	258.0/18.8	332.0/4.3	240.7/19.8	269.0/15.6	310.7/7.4
平均	248.9/17.7	202.1/24.5	251.6/17.4	321.5/4.8	226.6/20.1	251.2/16.6	301.5/7.6

4. 主要结论

首先，总体而言，东北地区的社会民生整体低于全国平均水平，且这种差距呈进一步扩大的趋势。在反映社会民生发展水平的 5 个方面（居民收入、居民消费、社会保障、社会公平、生态环境），除"社会公平"外，东北三省的发展水平较东南三省差距明显，其中以"社会保障"的差距最大。尤其值得关注的是，东北三省的社会保障与东南三省的差距在进一步扩大，这是东北地区社会民生方面最显著的问题。

其次，动态来看，2011~2015 年，东北地区的指数得分提升相对缓慢，意味着绝对能力的提升幅度不大，同时，东北地区的社会民生方面的相对排名在急速下滑，意味着相对于全国的比较优势在急剧退失。

再次，分省来看，辽宁省社会民生水平较高，2011~2013 年吉林省略高于黑龙江省，2014~2015 年黑龙江省实现反超。在全国各省相对排名的竞争中，东北三省均有退步。东北三省在社会民生各分项指数上呈现不均衡发展，其中辽宁省的居民收入和居民消费较高，但社会保障和生态环境较为薄弱，吉林省的社会公平最好，生态环境和社会保障相对较弱，黑龙江省的社会公平较好，生态环境较薄弱。

最后，单项指标方面，东北地区在"居民人均存款额""人均社会消费品零售额""城乡居民收入比""城乡居民消费比""城乡生均教育经费比"的发展优于全国平均水平，其中又以"人均社会消费品零售额"较好；而"城乡居民消费水平""人均公园绿地面积"和"PM2.5 平均浓度"相对较落后，相比全国平均水平不仅差距较大，且呈现进一步扩大趋势。

（七）东北地区地市级振兴进程评价

1. 各地市振兴指数总体分析

东北三省 34 个地级市①的综合测度涵括了政府治理、企态优化、区域开放、产业发展、社会民生和创新创业 6 个方面，共 25 项关键指标②。汇集了东北三省 2011～2015 年 6 个方面的指标信息，得到连续 5 年振兴指数得分。表 2－229 给出了 2011～2015 年东北三省 34 个地级市的振兴指数得分及各年的排序变化情况。基于此，将指数信息按空间分类、时间排列、优劣序化等方式整理后，形成多年指数得分的可视化集成图（见图 2－163～图 2－165），综合所有信息，给出如下分析。

表 2－229　2011～2015 东北三省 34 个地级市振兴指数得分及年排序

地级市	所属省	2011		2012		2013		2014		2015		得分变动	名次变动
		值	序	值	序	值	序	值	序	值	序		
大连	辽宁	78.2	1	80.1	1	78.0	1	75.7	1	76.2	1	-1.9	0
沈阳	辽宁	72.5	2	70.8	2	69.8	2	73.3	2	73.7	2	1.2	0
长春	吉林	60.9	4	64.3	4	59.0	5	65.4	4	68.1	3	7.3	1
哈尔滨	黑龙江	67.6	3	67.7	3	66.7	3	67.9	3	66.7	4	-1.0	-1
丹东	辽宁	52.2	12	52.8	12	54.1	14	53.3	12	62.1	5	9.9	7
吉林	吉林	53.7	11	52.8	11	56.6	8	59.2	6	61.0	6	7.2	5
本溪	辽宁	55.9	8	54.7	8	54.8	12	57.3	8	59.2	7	3.4	1
鞍山	辽宁	58.6	6	53.7	9	56.4	9	59.7	5	58.2	8	-0.4	-2
抚顺	辽宁	51.5	14	49.8	16	49.5	16	52.9	13	56.8	9	5.3	5
牡丹江	黑龙江	54.3	9	50.6	14	56.1	10	52.1	15	55.8	10	1.4	-1
营口	辽宁	60.6	5	55.4	7	61.4	4	54.7	11	53.5	11	-7.2	-6
辽阳	辽宁	57.6	7	57.1	6	54.9	11	56.9	9	52.7	12	-4.9	-5
锦州	辽宁	54.2	10	59.0	5	58.7	6	58.2	7	52.5	13	-1.7	-3

---

① 黑龙江省的大兴安岭和吉林省的延边两个地区统计数据缺失较多，故暂未列入评价。

② 地市级指标体系尽量保持了与省级的一致性，囿于数据的可获得性及完备性，地市级层面的指标体系相对于省级进行了大幅缩减，仅保留了 25 项指标（包括引入的 2 项替代指标），且在 6 个分项中的分布不很均衡，因而本次针对地市级的评价结果仅用作初步的参考分析，尚待进一步完善。

续表

地级市	所属省	2011		2012		2013		2014		2015		得分变动	名次变动
		值	序	值	序	值	序	值	序	值	序		
佳木斯	黑龙江	42.4	23	48.3	19	46.4	19	47.2	21	49.7	14	7.3	9
齐齐哈尔	黑龙江	47.7	20	44.8	22	45.1	21	49.2	18	49.1	15	1.4	5
盘锦	辽宁	51.9	13	50.5	15	48.2	17	52.9	14	49.0	16	-2.8	-3
大庆	黑龙江	49.2	17	53.4	10	56.8	7	51.0	17	47.4	17	-1.7	0
通化	吉林	50.9	15	48.9	17	49.9	15	47.3	20	46.9	18	-4.0	-3
辽源	吉林	43.1	22	46.7	21	46.1	20	47.6	19	46.1	19	3.0	3
黑河	黑龙江	31.3	32	33.0	32	38.5	27	40.1	29	43.8	20	12.4	12
阜新	辽宁	48.0	18	47.6	20	44.5	22	44.2	23	43.4	21	-4.6	-3
铁岭	辽宁	47.9	19	48.4	18	46.6	18	51.8	16	43.3	22	-4.6	-3
葫芦岛	辽宁	49.6	16	51.1	13	54.4	13	53.9	11	43.1	23	-6.5	-7
七台河	黑龙江	38.8	28	37.2	28	37.2	30	40.2	28	41.0	24	2.2	4
四平	吉林	39.3	27	38.8	27	39.7	25	42.5	26	40.8	25	1.5	2
鹤岗	黑龙江	40.0	25	39.6	25	43.1	24	42.2	27	40.5	26	0.6	-1
白山	吉林	30.9	33	33.6	31	39.3	26	42.8	25	40.4	27	9.6	6
双鸭山	黑龙江	40.3	24	37.0	29	36.7	31	44.9	22	40.2	28	-0.2	-4
鸡西	黑龙江	37.1	29	40.1	24	38.0	29	35.9	31	38.7	29	1.6	0
绥化	黑龙江	31.7	31	32.6	33	31.1	33	31.7	32	38.3	30	6.6	1
朝阳	辽宁	39.8	26	39.3	26	38.5	28	43.5	24	38.1	31	-1.7	-5
白城	吉林	28.9	34	31.2	34	33.0	32	31.0	33	33.9	32	5.0	2
松原	吉林	34.5	30	36.2	30	30.6	34	29.3	34	33.2	33	-1.3	-3
伊春	黑龙江	43.9	21	41.6	23	43.6	23	37.4	30	33.0	34	-10.9	-13

注：①得分变动为 2015 年与 2011 年的差值，正值表示成长，负值表示衰退；②名次变动为 2011 年与 2015 年的差值，正值为名次提升，负值为名次后退。

（1）东北三省存在较大的省际发展水平差异，三省的发展水平均有待进一步提升。东北三省中，辽宁省的发展水平较高（指数平均得分高于 50 分），黑龙江省和吉林省的基础相对薄弱（指数平均得分均低于 50 分）。黑龙江省 5 年平均得分为 44.56 分，与辽宁省的平均得分差距较大，也略低于吉林省。2011～2015 年，就各个地级市的平均指数得分而言，辽宁省高于 50 分的比例为 78.5%，黑龙江省和吉林省均为 25.0%。东北三省振兴指数得分最高的城市分别为 2012 年的大连市（80.1 分）、2015 年的长春市（68.1 分）和 2014 年的哈尔滨市（67.9 分）。

（2）东北三省之间的差距存在缩小趋势。2011～2015 年，东北三省内基础较好的辽宁省相对优势有所下降，基础较差的吉林省和黑龙江省有所追赶。辽宁省的平均连续排名明显高于吉林省和黑龙江省，但在 2015 年大幅下降（下滑 12.2 名）；吉林省的平均排名整体上升最快，年均提升 3.3 名，并从 2012 年开始超过了黑龙江省；黑龙江省的平均排名持续缓慢上升，年均提升 2.0 名。

（3）东北三省的绝对发展水平总体呈缓慢上升趋势，但存在停滞和后退风险。东北三省 34 个地级市 2015 的发展水平较 2011 年有所提升的略微超过半数（占 52.9%），表明各地级市总体上还在缓慢发展，但存在较高的停滞甚至后退的风险。辽宁省 14 个地级市中，单年排名维持不变的有 2 个（占 14.2%），排名退后的有 9 个（占 64.2%），上升的有 3 个（占 21.4%），其中丹东市相对排名上升 7 名，葫芦岛市下降 7 名，分别为辽宁省上升与下降最快的两个城市；吉林省的 8 个地级市中，单年排名退后的有 2 个（占 25.0%），排名上升的有 6 个（占 75.0%），其中白山市相对排名上升 6 名，为吉林省上升最快的城市，松原市和通化市均下降 3 名；黑龙江省的 12 个地级市中，单年排名退后的和上升的各有 5 个（各占 41.7%），其中黑河市上升 12 名，伊春市下降 13 名，分别为黑龙江省上升与下降最快的城市，黑河市发展水平更表现出难得的持续提升态势。

（4）东北三省存在程度不同的省内区域发展分化现象。辽宁省和黑龙江省省内均出现了较严重的区域发展分化，吉林省省内区域间发展相对均衡。从图 2 - 163 可见，辽宁省和黑龙江省各地级市发展水平上出现了明显的断层。辽宁省的断层出现在省内平均排名第二的沈阳市和排名第三的鞍山市之间，且有进一步扩大趋势；黑龙江省的断层出现在排名第一的哈尔滨市和排名第二的牡丹江市之间，但差距存在缩小趋势；吉林省基本没有出现区域间断层，但吉林市和通化市之间的断层在逐渐形成。

（5）东北三省部分地级市的振兴水平出现实质性退步，副省级城市中大连和哈尔滨出现倒退。由表 2 - 229 可知，34 个地级市中有 16 个 2015 年指数得分低于 2011 年的得分，出现实质性退步，大连、哈尔滨 2 个副省级城市均出现倒退。其他地级市中，以黑龙江省的伊春市、辽宁省的葫芦岛市和营口市情况最为突出。尤其是伊春市，表现出单边下跌态势，几乎没有向上增长的迹象。

综上可以判断，辽宁省地级市的发展水平优于吉林省和黑龙江省，但振兴进展表现不佳，东北三省各省间的差距有缩小趋势；东北三省的绝对发展水平总体呈缓慢上升趋势，但存在停滞和后退风险。

2. 地市级振兴分项指数分析

对相关数据进行统计形成 2011～2015 年东北三省地级市振兴分项指数得分及单年排序表，如表 2 - 230 所示。

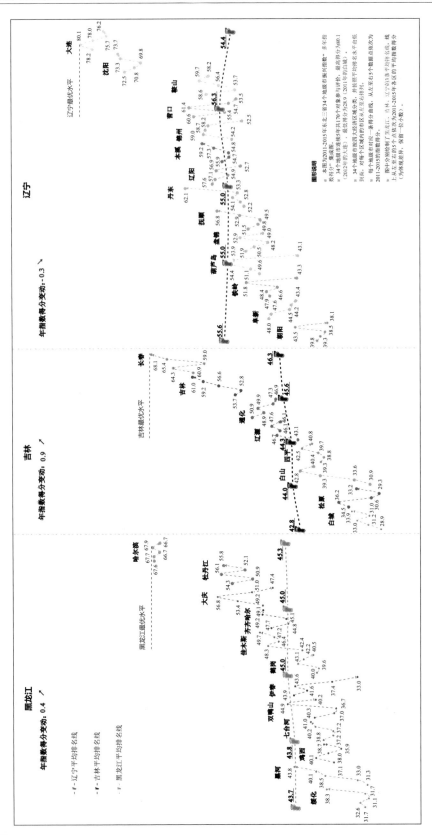

图 2－163　2011～2015 年东北三省 34 个地级市振兴指数得分变动情况

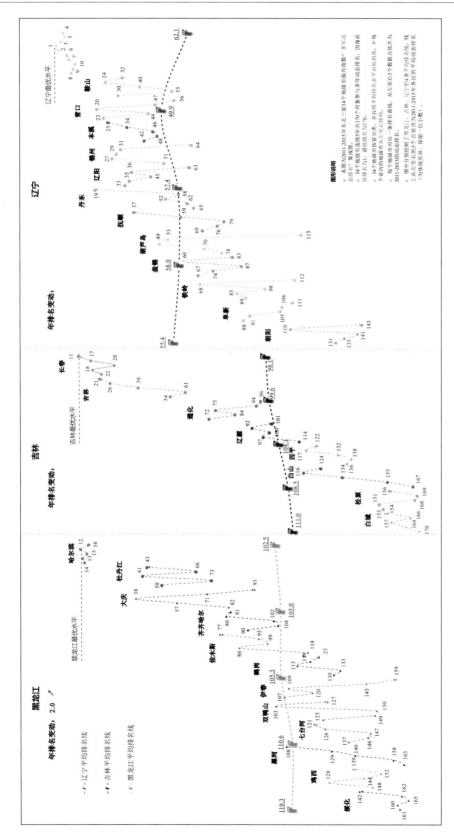

图 2-164 2011~2015 年东北三省 34 个地级市振兴指数多年连续排名变动情况

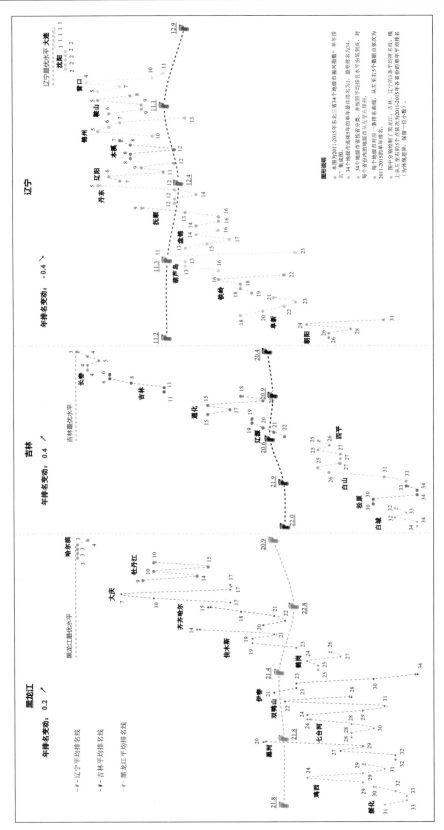

图 2-165 2011~2015 年东北三省 34 个地级市振兴指数单年排名变动情况

表2－230　2011～2015年东北三省地级市分项指数得分及排序

省/市	政府治理	企态优化	区域开放	产业发展	创新创业	社会民生	振兴指数
辽宁省	53.74/16.2	51.02/16.4	52.87/13.3	55.81/13.8	63.69/12.1	54.45/12.3	55.26/11.8
鞍山市	74.36/6.4	43.80/20.4	56.12/8.4	47.84/18.4	58.96/13.4	62.72/5.2	57.30/7.4
2011	81.97/3	53.40/15	55.00/7	49.11/13	54.99/17	56.99/3	58.58/6
2012	74.49/6	33.89/29	58.42/7	38.18/22	53.89/17	63.07/3	53.66/9
2013	70.08/8	46.27/18	60.23/5	44.80/16	50.45/20	66.61/3	56.41/9
2014	68.91/9	45.40/19	58.32/9	47.95/21	76.16/6	61.36/8	59.68/5
2015	76.35/6	40.02/21	48.61/14	59.13/20	59.31/7	65.56/9	58.17/8
本溪市	46.70/20	45.71/20.2	68.47/2.8	46.11/20.8	73.53/7	57.67/7.2	56.37/8.6
2011	51.45/16	51.76/19	63.38/3	40.97/23	77.41/9	50.18/6	55.86/8
2012	39.89/23	47.60/19	72.26/2	41.32/18	75.98/8	51.12/9	54.70/8
2013	38.86/24	46.02/19	68.75/3	39.14/23	77.69/5	58.10/8	54.76/12
2014	34.65/24	46.77/17	70.78/2	52.65/19	78.05/5	60.67/10	57.26/9
2015	68.65/13	36.42/26	67.17/4	56.45/21	58.51/8	68.29/3	59.25/7
朝阳市	31.37/27	36.63/26.6	33.67/28	54.16/12.4	46.43/19.6	36.75/30	39.84/27
2011	38.62/24	42.73/25	25.57/30	48.34/14	64.86/12	18.74/34	39.81/26
2012	25.66/30	35.21/28	31.00/31	48.58/12	61.62/16	33.59/27	39.28/26
2013	23.85/32	38.28/26	39.51/24	43.53/18	45.94/22	39.60/30	38.45/28
2014	27.07/27	33.35/27	45.48/22	65.20/7	48.95/18	41.17/32	43.54/24
2015	41.65/22	33.59/27	26.80/33	65.15/11	10.78/30	50.66/27	38.10/31
大连市	76.50/4.8	80.76/1	69.01/3.2	77.07/3	95.41/1.4	67.14/3.4	77.65/1
2011	78.50/5	83.90/1	61.31/4	78.54/4	100.00/1	66.74/1	78.16/1
2012	77.44/4	79.21/1	78.33/1	77.47/3	99.22/1	69.02/1	80.11/1
2013	68.95/9	81.35/1	73.79/1	75.92/2	98.15/1	69.90/1	78.01/1
2014	76.33/5	80.67/1	67.55/3	71.92/4	98.75/1	59.05/12	75.71/1
2015	81.27/1	78.65/1	64.11/7	81.48/2	80.94/3	70.99/2	76.24/1
丹东市	54.36/15	45.93/20	64.46/4.8	57.58/11.6	51.92/17.2	55.02/11.2	54.88/11
2011	55.30/15	51.39/20	54.42/8	55.34/9	49.68/21	46.96/12	52.18/12
2012	51.88/14	45.59/22	67.16/3	56.52/10	44.94/22	50.63/10	52.79/12
2013	44.99/17	40.61/23	65.45/4	55.83/10	60.43/17	57.06/9	54.06/14
2014	51.74/14	42.85/21	59.00/8	57.40/14	52.54/16	56.17/15	53.28/12
2015	67.90/15	49.23/14	76.29/1	62.82/15	52.02/10	64.26/10	62.09/5
抚顺市	65.33/10.8	39.41/24.4	42.55/22	37.22/26.6	67.81/11.4	60.17/4.8	52.08/13.6
2011	67.91/12	40.76/26	51.88/12	36.77/25	60.21/15	51.33/5	51.47/14
2012	62.90/13	36.76/27	34.34/29	32.65/30	75.32/9	56.94/4	49.82/16
2013	55.41/13	35.92/27	41.23/23	29.39/28	72.13/13	62.81/4	49.48/16
2014	63.13/12	38.27/25	39.68/26	39.24/25	73.59/11	63.41/4	52.89/13

省/市	政府治理	企态优化	区域开放	产业发展	创新创业	社会民生	振兴指数
2015	77.32/4	45.36/17	45.64/20	48.06/25	57.80/9	66.37/7	56.76/9
阜新市	31.91/27.2	57.88/9.6	40.58/23.6	61.52/9.4	33.19/24.2	48.22/18.4	45.55/20.8
2011	38.32/25	65.30/6	33.67/27	62.85/8	42.88/22	44.93/14	47.99/18
2012	27.31/29	53.49/11	50.73/17	60.49/8	52.73/18	41.07/18	47.64/20
2013	30.26/29	59.44/10	28.90/33	56.65/9	47.18/21	44.32/21	44.46/22
2014	25.36/30	60.06/9	56.80/13	63.68/8	9.50/32	49.97/25	44.23/23
2015	38.30/23	51.13/12	32.80/28	63.90/14	13.67/28	60.83/14	43.44/21
葫芦岛市	36.97/24	51.17/16.2	43.56/19.2	65.40/7.2	63.45/12.6	41.96/27	50.42/15.2
2011	35.54/28	53.28/17	37.13/24	69.10/5	70.68/11	31.76/30	49.58/16
2012	30.23/28	45.49/23	57.25/9	62.44/6	75.04/10	36.16/24	51.10/13
2013	31.45/25	60.82/9	49.16/13	66.17/5	75.69/10	43.04/25	54.39/13
2014	42.37/19	49.32/16	45.67/21	62.59/11	76.12/7	47.54/30	53.94/11
2015	45.29/20	46.93/16	28.61/29	66.70/9	19.72/25	51.30/26	43.09/23
锦州市	67.93/10	50.35/15.6	54.57/11.6	55.06/13	57.83/15.8	53.46/13	56.53/8.2
2011	75.58/7	45.95/23	53.80/9	52.12/10	54.11/18	43.58/15	54.19/10
2012	65.63/11	50.25/15	66.14/5	50.63/11	73.09/11	48.41/12	59.03/5
2013	62.36/11	53.43/14	57.65/6	53.78/13	70.46/14	54.56/13	58.71/6
2014	63.88/11	50.19/15	51.22/17	57.64/13	69.51/12	57.01/14	58.24/7
2015	72.17/10	51.92/11	44.02/21	61.12/18	21.98/24	63.73/11	52.49/13
辽阳市	60.06/13.6	44.66/20.4	51.36/14	52.10/15	68.98/9.2	57.78/7.4	55.82/9
2011	66.73/13	52.23/18	48.05/14	50.92/12	79.88/4	47.67/8	57.58/7
2012	63.13/12	49.93/16	50.88/16	47.70/14	76.88/7	53.84/6	57.06/6
2013	56.38/12	38.96/25	53.15/10	45.07/15	75.26/11	60.32/6	54.86/11
2014	51.29/15	41.42/23	56.80/14	55.14/18	75.72/10	61.01/9	56.90/9
2015	62.75/16	40.74/20	47.91/16	61.68/16	37.15/14	66.06/8	52.72/12
盘锦市	47.10/18.4	41.68/23.2	59.08/8.6	38.09/27	59.26/14.4	57.74/7.4	50.49/15
2011	47.23/20	51.38/21	70.75/1	33.34/31	61.00/14	47.62/9	51.89/13
2012	44.52/19	47.75/19	62.54/6	29.18/31	63.41/15	55.45/5	50.48/15
2013	44.05/19	45.04/21	42.84/21	28.91/29	67.64/15	60.70/5	48.19/17
2014	43.71/17	36.05/26	63.21/5	55.54/17	61.10/15	57.57/13	52.86/14
2015	56.00/17	28.19/29	56.07/10	43.50/27	43.16/13	67.35/5	49.05/16
沈阳市	69.45/9.6	75.99/2.2	57.25/8.8	74.33/4	89.03/2	66.12/1.8	72.03/2
2011	71.03/10	78.61/2	52.91/10	79.58/3	89.87/2	63.21/2	72.54/2
2012	66.83/10	75.20/2	53.55/13	74.68/4	90.14/2	64.50/2	70.82/2
2013	67.28/10	70.12/3	54.82/9	69.98/4	89.66/3	67.01/2	69.81/2
2014	68.00/10	77.51/2	71.70/1	70.80/5	87.77/2	63.89/2	73.28/2

续表

省/市	政府治理	企态优化	区域开放	产业发展	创新创业	社会民生	振兴指数
2015	74.11/8	78.53/2	53.25/11	76.63/4	87.74/1	71.99/1	73.71/2
铁岭市	33.21/26	51.85/13.2	42.66/21.6	49.00/18	68.31/8.6	40.45/27.8	47.58/18.6
2011	37.19/26	54.88/9	35.23/26	47.80/17	79.87/5	32.20/29	47.86/19
2012	34.84/25	48.18/18	43.54/19	45.87/15	79.75/5	38.12/22	48.38/18
2013	31.01/27	51.35/15	36.18/29	42.69/19	77.57/6	40.65/28	46.58/18
2014	31.78/26	55.02/11	58.27/10	47.44/22	76.03/8	42.43/31	51.83/16
2015	31.24/26	49.85/13	40.09/24	61.22/17	28.33/19	48.84/29	43.26/22
营口市	57.04/14.2	48.48/17	56.84/9.2	65.88/7.4	57.50/13	57.11/7.6	57.14/7.4
2011	59.02/14	53.79/12	60.40/5	65.53/6	78.11/8	47.00/11	60.64/5
2012	50.60/16	42.87/24	42.97/20	66.42/5	77.75/6	52.03/7	55.44/7
2013	47.67/14	50.63/16	70.33/2	65.80/7	77.31/7	56.91/10	61.44/4
2014	59.58/13	52.42/14	60.27/6	67.22/6	26.91/24	61.97/6	54.73/10
2015	68.34/14	42.69/19	50.25/13	64.44/13	27.44/20	67.64/4	53.47/11
吉林省	59.58/13.4	42.07/20.6	40.01/22.4	42.13/22.9	41.44/20.1	42.36/24.5	44.60/21.2
白城市	29.45/27.6	29.09/30.6	34.64/26.8	43.42/21.2	23.59/26.8	29.40/33.6	31.60/33
2011	34.54/30	36.24/28	21.97/33	34.77/27	20.98/30	25.01/33	28.92/34
2012	31.46/26	32.21/31	39.24/21	40.62/20	22.43/30	20.96/34	31.15/34
2013	31.25/26	29.78/30	37.15/28	47.03/14	24.41/27	28.55/34	33.03/32
2014	26.30/28	26.10/31	37.01/27	41.54/23	24.97/26	29.96/34	30.98/33
2015	23.71/28	21.13/33	37.85/25	53.13/22	25.14/21	42.50/33	33.91/32
白山市	25.37/30	30.06/29.6	49.04/16	35.11/26.8	39.46/21.4	45.25/22.4	37.38/28.4
2011	16.80/33	35.62/29	37.66/22	41.63/22	19.36/31	34.13/25	30.86/33
2012	25.20/33	37.47/26	37.20/24	37.75/23	27.65/27	36.04/25	33.55/31
2013	29.39/30	29.68/31	45.32/16	28.36/30	56.14/18	46.90/20	39.30/26
2014	31.88/25	26.15/30	55.40/15	29.47/29	65.53/13	48.09/18	42.75/25
2015	23.57/29	21.38/32	69.61/3	38.33/30	28.61/18	61.09/13	40.43/27
长春市	72.33/8	66.16/6	61.72/5.4	76.58/2.6	54.65/16.6	49.68/16.6	63.52/4
2011	71.01/11	73.65/3	55.95/6	80.08/2	41.95/23	42.52/16	60.86/4
2012	73.23/7	69.42/5	66.23/4	78.88/2	51.12/19	46.63/13	64.25/4
2013	72.70/6	63.01/8	55.55/7	70.54/3	43.46/23	48.72/16	59.00/5
2014	71.67/7	64.04/8	64.53/4	73.68/3	64.54/14	53.72/19	65.36/4
2015	73.03/9	60.66/6	66.33/6	79.72/3	72.15/4	56.80/19	68.12/3
吉林市	76.08/6.2	55.40/12.8	46.27/18.6	43.76/21.4	69.76/8.8	48.61/17.4	56.65/8.4
2011	81.82/4	53.45/14	40.52/18	45.15/19	61.75/13	39.78/18	53.74/11
2012	82.83/3	47.33/21	29.85/32	41.30/19	72.58/12	42.87/16	52.79/11
2013	72.62/7	58.42/12	41.60/22	41.63/20	75.96/9	49.12/15	56.56/8

续表

省/市	政府治理	企态优化	区域开放	产业发展	创新创业	社会民生	振兴指数
2014	72.00/6	58.19/10	52.35/16	38.43/26	78.83/4	55.25/18	59.17/6
2015	71.11/11	59.61/7	67.02/5	52.30/23	59.70/6	56.03/20	60.96/6
辽源市	75.89/5.6	49.41/15.4	33.06/27.6	31.91/30	39.16/20.4	46.07/20.8	45.92/20.2
2011	73.87/9	54.28/10	23.79/31	34.29/29	35.99/25	36.50/23	43.12/22
2012	75.01/5	59.74/9	38.42/22	35.05/27	32.57/24	39.15/20	46.66/21
2013	76.37/3	45.64/20	39.36/24	35.15/27	32.62/25	47.75/17	46.15/20
2014	79.62/4	44.27/20	36.29/28	22.86/34	49.75/17	52.69/21	47.58/19
2015	74.61/7	43.12/18	27.42/32	32.17/33	44.85/11	54.26/23	46.07/19
四平市	76.12/5.2	45.59/19	28.96/30.8	33.01/29.4	17.99/29.4	39.53/29.6	40.20/26
2011	76.10/6	53.53/13	23.75/32	33.61/30	17.15/32	31.42/31	39.26/27
2012	72.31/8	50.51/14	32.95/30	32.81/29	14.74/33	29.36/30	38.78/27
2013	73.89/5	44.45/22	34.44/30	26.44/32	20.39/28	38.81/31	39.74/25
2014	81.16/2	41.64/22	25.71/32	30.34/28	27.07/23	48.85/28	42.46/26
2015	77.16/5	37.85/24	27.94/30	41.87/28	10.58/31	49.23/28	40.77/25
松原市	81.77/2	14.66/33.8	27.43/30.8	30.95/29.8	2.86/34	38.79/29.6	32.74/32.2
2011	84.96/1	20.58/34	35.25/25	35.24/26	1.95/34	28.85/32	34.47/30
2012	83.97/1	22.60/33	36.49/27	35.50/26	5.74/34	32.69/29	36.17/30
2013	80.88/2	10.94/34	22.26/34	24.63/33	4.44/34	40.60/29	30.63/34
2014	80.70/3	10.13/34	17.90/34	25.78/32	2.15/34	39.09/33	29.29/34
2015	78.33/3	9.03/34	25.24/34	33.59/32	0.00/34	52.73/25	33.15/33
通化市	39.67/22.6	46.20/17.6	38.98/23	42.34/22.2	84.05/3.4	41.55/25.6	48.80/17
2011	42.97/22	55.82/7	46.17/16	47.49/18	78.91/7	33.93/26	50.88/15
2012	38.61/24	58.89/10	37.14/25	38.92/21	83.36/3	36.58/23	48.92/17
2013	39.37/23	39.92/24	43.69/18	39.32/22	93.39/2	43.94/23	49.94/15
2014	41.22/20	38.46/24	31.46/30	39.54/24	83.41/3	49.98/24	47.34/20
2015	36.15/24	37.93/23	36.43/26	46.40/26	81.20/2	43.35/32	46.91/18
黑龙江省	41.16/21.7	49.14/16.7	44.13/19.2	48.84/18.2	36.82/22	47.30/18.9	44.56/21.8
大庆市	83.08/1.6	62.31/6.6	40.34/23.2	20.04/33.8	46.10/19.4	57.40/7.6	51.55/13.6
2011	82.73/2	55.11/8	37.60/23	21.92/34	51.30/19	46.25/13	49.15/17
2012	82.91/2	65.25/7	36.72/26	18.58/34	67.75/13	49.15/11	53.39/10
2013	84.37/1	65.50/6	37.94/27	17.94/34	76.17/8	58.59/7	56.75/7
2014	84.35/1	64.91/7	40.97/25	24.00/33	25.09/25	66.63/1	50.99/17
2015	81.04/2	60.77/5	48.48/15	17.78/34	10.19/32	66.39/6	47.44/17
哈尔滨市	72.41/8.2	71.45/3.6	48.44/16.4	80.82/1	76.94/5	53.94/11	67.33/3.2
2011	75.51/8	67.56/5	51.98/11	81.98/1	81.38/3	47.47/10	67.65/3
2012	70.58/9	74.85/3	53.93/12	80.01/1	80.79/4	46.10/14	67.71/3

续表

省/市	政府治理	企态优化	区域开放	产业发展	创新创业	社会民生	振兴指数
2013	74.89/4	72.91/2	43.36/20	79.71/1	78.44/4	51.00/14	66.72/3
2014	71.53/8	71.27/4	46.62/20	79.87/1	75.98/9	62.29/5	67.93/3
2015	69.53/12	70.65/4	46.30/19	82.54/1	68.09/5	62.83/12	66.66/4
鹤岗市	25.53/31	32.47/28.6	43.28/20.8	53.63/13.6	43.79/20.2	47.79/18.6	41.08/25.4
2011	31.28/32	34.24/31	38.37/21	48.17/15	50.17/20	37.53/22	39.96/25
2012	25.48/31	40.61/25	51.05/15	48.28/13	30.38/26	41.67/17	39.58/25
2013	30.66/28	33.48/28	32.07/32	44.51/17	74.10/12	44.06/22	43.15/24
2014	21.44/33	29.75/29	47.33/19	56.29/16	42.29/20	56.02/16	42.19/27
2015	18.77/31	24.26/30	47.57/17	70.90/7	22.01/23	59.65/16	40.53/26
黑河市	15.12/33.8	49.90/14.8	33.03/28.6	49.86/17	37.94/21.4	38.26/29.2	37.35/28
2011	14.49/34	37.08/27	30.06/28	42.33/21	29.87/26	34.25/24	31.35/32
2012	16.44/34	53.23/12	29.78/33	44.63/16	26.56/28	27.43/32	33.01/32
2013	14.06/34	54.07/13	32.74/31	40.58/21	55.09/19	34.60/32	38.52/27
2014	14.42/34	52.88/13	32.21/29	56.75/15	34.30/22	49.91/27	40.08/29
2015	16.17/33	52.23/9	40.34/22	64.99/12	43.85/12	45.10/31	43.78/20
鸡西市	33.88/25.6	25.58/31.2	43.36/19.4	44.11/23.2	24.40/26.8	56.44/9	37.96/28.4
2011	36.78/27	31.47/32	40.04/19	40.36/24	22.26/29	51.68/4	37.10/29
2012	41.55/21	25.83/32	37.30/23	34.48/28	49.53/20	51.94/8	40.11/24
2013	41.92/21	24.06/32	55.20/8	35.58/25	14.75/30	56.49/11	38.00/29
2014	26.04/29	15.64/32	44.04/24	49.96/20	17.73/29	61.79/7	35.87/31
2015	23.13/30	30.87/28	40.24/23	60.19/19	17.70/26	60.31/15	38.74/29
佳木斯市	38.45/23.4	61.37/7.8	45.31/17.8	66.00/7	22.48/27	47.10/19.2	46.79/19.2
2011	35.36/29	53.94/11	39.04/20	65.49/7	22.67/28	37.76/21	42.38/23
2012	40.20/22	66.88/6	35.09/28	61.33/7	46.37/21	39.73/19	48.27/19
2013	43.23/20	64.60/7	47.06/14	66.05/6	14.36/31	43.39/24	46.45/19
2014	37.86/21	69.23/5	47.97/18	63.51/9	4.69/33	59.79/11	47.18/21
2015	35.62/25	52.21/10	57.40/9	73.63/6	24.29/22	54.85/21	49.66/14
牡丹江市	44.75/18.2	72.49/3.6	55.82/10.2	41.48/22.4	59.11/14.2	49.45/16	53.85/11.6
2011	49.09/17	68.41/4	41.93/17	47.92/16	79.15/6	39.46/19	54.33/9
2012	46.99/17	74.34/4	56.34/10	22.99/33	65.67/14	38.90/21	50.87/14
2013	45.70/16	69.95/4	53.05/11	54.65/12	66.59/16	46.91/19	56.14/10
2014	36.50/22	74.81/3	57.24/11	32.85/27	47.66/19	63.83/3	52.15/15
2015	45.47/19	74.92/3	70.55/2	48.99/24	36.49/16	58.15/18	55.76/10
七台河市	26.57/29.4	46.41/19.2	53.39/11.8	49.83/18.2	13.09/32.2	43.93/23.6	38.87/27.6
2011	38.85/23	51.12/22	64.28/2	31.37/33	14.44/33	32.69/27	38.79/28
2012	30.30/27	48.43/17	54.34/11	36.15/25	19.53/32	34.39/26	37.19/28

续表

省/市	政府治理	企态优化	区域开放	产业发展	创新创业	社会民生	振兴指数
2013	23.13/33	47.90/17	45.86/15	54.95/11	8.96/33	42.21/26	37.17/30
2014	22.46/32	45.56/18	44.36/23	60.14/12	16.73/30	52.05/22	40.22/28
2015	18.11/32	39.06/22	58.13/8	66.55/10	5.78/33	58.31/17	40.99/24
齐齐哈尔市	45.31/19	51.39/15	53.35/10.8	60.20/9.2	29.22/24	43.58/23.2	47.17/19.2
2011	47.98/19	43.48/24	47.00/15	51.17/11	56.46/16	39.90/17	47.67/20
2012	51.08/15	52.78/13	57.98/8	58.26/9	19.78/31	28.88/31	44.79/22
2013	41.89/22	58.43/11	49.40/12	58.06/8	15.41/29	47.59/18	45.13/21
2014	43.06/18	54.64/12	60.22/7	62.89/10	21.27/27	52.99/20	49.18/18
2015	42.55/21	47.62/15	52.13/12	70.60/8	33.20/17	48.52/30	49.10/15
双鸭山市	39.49/20.8	20.00/32.8	48.87/15.6	54.76/13.6	31.22/24.2	44.59/22.8	39.82/26.8
2011	48.31/18	22.82/33	49.31/13	42.53/20	40.87/24	38.08/20	40.32/24
2012	45.55/18	22.10/34	46.91/18	42.60/17	31.48/25	33.41/28	37.01/29
2013	44.37/18	17.02/33	44.64/17	38.16/24	34.63/24	41.32/27	36.69/31
2014	34.66/23	14.06/33	56.92/12	74.18/2	34.50/21	55.32/22	44.94/22
2015	24.58/27	23.98/31	46.58/18	76.35/5	14.60/27	54.84/22	40.16/28
绥化市	44.88/18	34.08/28.4	28.51/30.8	31.15/30.2	25.44/25.6	34.45/30.8	33.09/31.8
2011	43.51/21	34.35/30	20.82/34	34.53/28	24.83/27	32.42/28	31.74/31
2012	43.09/20	33.29/30	27.13/34	26.65/32	39.57/23	25.62/33	32.56/33
2013	45.76/15	33.29/29	38.15/26	26.84/31	13.92/32	28.66/33	31.10/33
2014	46.00/16	32.05/28	22.16/33	27.85/31	12.32/31	49.93/26	31.72/32
2015	46.01/18	37.44/25	34.32/27	39.86/29	36.56/15	35.62/34	38.30/30
伊春市	24.39/31.8	62.25/8.6	35.84/24.8	34.15/28.6	32.17/24.4	50.64/16.2	39.91/26.2
2011	31.69/31	53.39/16	25.75/29	32.92/32	71.12/10	48.45/7	43.89/21
2012	25.39/32	64.56/8	52.33/14	36.38/24	25.11/29	46.01/15	41.63/23
2013	26.73/31	68.70/5	43.47/19	35.27/26	31.80/26	55.78/12	43.62/23
2014	24.65/31	69.22/6	29.99/31	29.28/30	20.91/28	50.23/23	37.38/30
2015	13.50/34	55.37/8	27.64/31	36.89/31	11.90/29	52.73/24	33.01/34
三省平均	50.67/17.5	48.25/17.5	46.76/17.5	50.13/17.5	48.97/17.5	49.08/17.5	48.98/17.5

（1）东北三省在平衡发展上存在较大差异。在6个分项的平衡发展上，辽宁省是较高水平上的平衡发展，吉林省不太平衡，黑龙江省是较低水平上的平衡。辽宁省在6个分项指数的平均得分均超过了三省平均，做到了比较好的平衡发展。吉林省只在政府治理上超过了三省平均，在其余5项上均低于三省平均，发展极不平衡。黑龙江省几乎在各个分项指数上均低于三省平均，表现出弱平衡状态。

（2）东北三省在优势项和劣势项上存在显著差异。相对而言，辽宁省的创新创业较强，平均得分为63.69，没有明显的劣势项；吉林省的政府治理较强，平均得分为59.58，但区域开放和创新创业均较弱，得分分别为40.01和41.44；黑龙江省几乎没有强项，在创新创业上最弱，得分仅为36.82。

（3）振兴进展较大的地级市和振兴乏力的地级市之间的优劣势存在较大差别。通过振兴总指数的分析可以发现，振兴进展较大的地级市包括黑龙江省的黑河市、辽宁省的丹东市、吉林省的白山市等。分析这些地级市的共同点可以发现，这些地级市几乎在所有6个分项上均有所增长，且在某些方面增长较快，表现出一专多强的特征。黑河市在所有6个分项上均有所增长，在企态优化上增长最明显；丹东市在除企态优化外的其他5项上均有所增长，在区域开放上增长最明显；白山市在除企态优化和产业发展外的其他4项上均有所增长，在区域开放上增长最明显。振兴乏力的地级市包括黑龙江省的伊春市、辽宁省的葫芦岛市和营口市等。这些地级市在多个分项指标上表现出疲弱或者显著下滑特征。伊春市在政府治理、区域开放、产业发展和创新创业上均较弱；葫芦岛市和营口市均在企态优化、区域开放、产业发展和创新创业上有所下滑，且在创新创业上下滑严重。

（4）创新创业和企态优化成为振兴乏力的主要原因。在创新创业和企态优化上，大部分地级市均表现出持续恶化的态势，这成为振兴乏力的主要问题。尤其是创新创业，仅有10个地级市表现出一定的增长态势。分省看，辽宁省的地级市在创新创业和企态优化上表现均不好；吉林省在创新创业上表现出一定的增长势头，但在企态优化上增长乏力；黑龙江省在企态优化上表现尚可，但在创新创业上增长乏力。

（5）社会民生和产业发展成为振兴进程中的主要共同性亮点。在社会民生和产业发展上，大部分地级市均表现出持续增长的态势，这成为振兴进程中的主要亮点。尤其是在社会民生上，全部地级市均表现出持续增长态势，成为振兴进程中的最大亮点。在产业发展上，也仅有8个地级市表现出振兴乏力的特征，说明大部分地级市在产业发展水平上均有所提升。

3. 主要结论

（1）从发展水平看，辽宁省基础较好，黑龙江省和吉林省的发展基础相对薄弱，但三省之间的差距存在缩小趋势。基础最好的辽宁省振兴进展最缓慢，基础最差的吉林省振兴进展最快，居中的黑龙江省也出现了一定程度的增长。吉林省大部分地级市均有不同程度的提升，其中白山市上升幅度较明显；黑龙江省上升和后退的地级市几乎各占一半，其中黑河市的上升幅度和伊春市的下降幅度均较明显。

（2）从动态振兴进程看，东北三省的绝对发展水平总体呈缓慢上升态势，但存在停滞和后退风险。34个地级市中，超过半数出现了不同程度的发展水平提升，说明东北地区尽管发展缓慢，但还是总体上能有所进步。辽宁省大部分地级市出现了不同程度的退步，其中葫芦岛市和营口市下降幅度尤其明显。

（3）东北三省各省内部存在程度不同的区域发展分化。辽宁省和黑龙江省出现了较严重的区域发展分化，吉林省区域间发展相对均衡。辽宁省和黑龙江省各地级市发展水平上出现了明显的断层，且辽宁省的断层存在扩大趋势；吉林省各地级市发展水平上基本没有出现断层。

（4）在6个分项的平衡发展上，辽宁省是较高水平上的平衡发展，吉林省发展不太平衡，黑龙江省是较低水平上的平衡。辽宁省在6个分项指数的平均得分均超过了三省平均，做到了比较好的强平衡发展；吉林省只在政府治理上超过了三省平均，在其余5项上均低于三省平均，发展极不平衡；黑龙江省几乎在各个分项指数上均低于三省平均，表现出全面的弱平衡状况。

（5）从分项指数的增长状况看，创新创业和企态优化成为振兴乏力的主要原因，社会民生和产业发展成为振兴进程中的主要共同性增长点。辽宁省多数地级市在创新创业和企态优化上均出现下降，成为辽宁省整体振兴乏力的主要障碍；吉林省在创新创业上表现尚可，但在企态优化上增长乏力；黑龙江省在企态优化上表现尚可，但在创新创业上增长乏力。

下篇 附录

一、东北老工业基地全面振兴进程
评价的理论依据

总体来看，一个地区的经济社会形态的形成与该地区政治、法律、文化、历史、区域资源禀赋和经济发展水平等密切相关。但是，上述因素只是影响一个地区经济社会形态的表象，而其形成的真正原因则在于政府、市场与社会间的互动。

（一）作为区域经济社会环境和区域主体的政府、市场和社会

青木昌彦（2001）为了说明制度间的关系提出了域（Domain）这一概念。他根据每个参与人及其所面临的技术和意识上可选择的行动集合的不同，将经济中的域分为共有资源域、交易域、组织域、组织场、政治域以及社会交换。参与人可以是自然人也可以是组织，在所有的域中，每一个参与人对别人的策略选择进行预测，并以此为基础选择有利于自身报酬最大化的策略。存在于各个域之间的制度的共识性集合，构成了整体制度的配置，图3－1显示了博弈域的六种类型及其相互关系。在给出了域的概念后，青木昌彦（2001）进一步指出，在某个域流行的制度从其他域的参与人角度看，由于个人认知与决策的有限理性，只要把它们看作外生参数，超出了自己的控制范围，它们就构成了一种制度环境；反之亦然。像这种共识性的相互依赖，构成了富有生命力的制度安排。

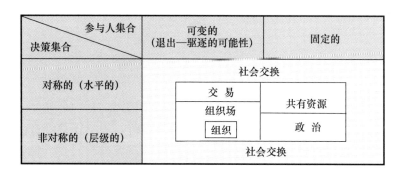

图3－1 博弈域的六种类型

资料来源：青木昌彦：《比较制度分析》，周黎安译，上海远东出版社2001年版，第27页（经作者整理）。

当对青木昌彦关于域的定义进一步分析时可以看出，尽管青木昌彦称"任何域类型的划分不可能是在纯粹的技术上进行的，只能尽可能地根据域的技术特性来进行区别"，其定义虽然有利于分析单独某一个域的特征及其内部制度演化的规律，但对于经济体系的整体制度配置而言，在某一时段，一个经济主体可能同时从属于该定义上的几个域。例如，青木昌彦将组织域定义为经济主体根据协同行动进行财产的创造，并将其在成员之间进行分配，而将组织场定义为经济主体间通过匹配而创造出的组织。这样一来，经济活动的参与者可能既存在于组织域中（如作业团队、企业集团），也可能存在于组织场当中（如战略联盟、虚拟企业），这将不利于对制度演化过程中整体的把握。为此，本书将青木昌彦（2001）所区分的六个域分别归结到政府、市场与社会这三个域当中，它们分别作为这三个域的子域存在，如图3－2所示。其中，市场域可视为组织资源交换以及各种组织形式存在的场，公平竞争的理念和供求价格系统是其制度体系。社会域可视为是人们为了满足其社会欲求，依靠一定的社会关联性创建出的各种社会集团（家庭、学校、社区等）的总和，社会制度体系（法律、风俗习惯、道德等）是社会成员间调整、控制相互关系的"公有秩序"。政府域则可视为在一定法律与契约结构下，以构建出匹配复杂动态环境的区域创新能力为目标的制度供给与协作的组织，是一个既具有政治属性又具有契约属性的一组契约联合网络，正当性是维系其存在的根本。

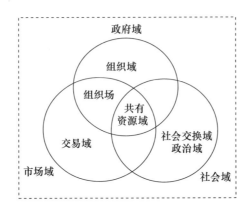

图3－2 对青木昌彦（2001）所定义的"域"的再界定

资料来源：作者整理。

（二）政府、市场和社会三者之间的关系

根据上述划分，政府、市场和社会的共同运动及相互作用，可看作是一个社会经济系统结构与运行的主要内容。进一步从交易主体的决策原则与交易主体之间的相互关系特征

来看政府、市场和社会的本质，如果设在市场中，作为交易主体的决策原则为 M_1 = 价格：各交易主体把价格作为信息媒体，在追求利益最大化的动机下，进行自由交易。交易主体之间的相互关系原则为 M_2 = 自由的进入和退出：意味着交易参与者被赋予了根据自己所有的资源、能力以及偏好，进行自由信息披露的机会。

而在社会中，交易主体的决策原则为 S_1 = 权威：各交易参与者为社会全体成员，以制度与规范为基础来对交易进行调节。交易主体之间的相互关系原则为 S_2 = 固定、长期的交易：交易参与者维持固定不变的伙伴关系，交易的参与和退出原则上不能自由选择。

根据以上假设，两维向量（M_1，M_2）表示纯粹的市场交易，（S_1，S_2）则表示纯粹的社会交易。第一维向量是"决策原则"，第二维向量是"关系原则"。然而，构成现实资源配置的各种交易中，并不仅仅是这种纯粹的形式，还有许多带有中间色彩的交易类型[①]。本书把含有中间形态的决策原则（M_1，M_1 + S_1，S_1）以及"关系原则"（M_2，M_2 + S_2，S_2）组合在一起，共有七种，如图 3 – 3 所示[②]。在这七种组合当中，维系交易主体之间的"决策原则"与"关系原则"，既不是纯粹的市场交易，又非纯粹的社会交易，实质上是由政府组织的"契约性"和"行政性"所衍生的交易主体所具有的特征，如现代政府与企业的关系、依靠组织内权威来配置资源等，这些决定了政府作为中间组织的存在所特有的特征。换言之，企业是市场与社会的中间组织。

I ＼ II	M_2	M_2+S_2	S_2
M_1	纯市场		织
M_1+S_1		组府	
S_1	政		纯社会

图 3 – 3　作为市场与社会中间组织的政府

资料来源：作者整理。

从政府、市场与社会的生成来看，在人类产生伊始，依靠血缘、亲缘与地缘所维系的氏族内部及氏族之间的关系构成了原始社会的社会体系。随着私人物品在生活中的剩出，

---

①　例如作为交易参加者的决策原则，具有介于 M_1 和 S_1 之间的中间形态，用 M_1 + S_1 来表示。适用于这一公式的可能形态是，尽管双方在最终阶段的交易是按照权威发出的指令进行的，但是交易进行到最终阶段之前，即在中间交易过程中，也存在带有 M_1 特点的信息交换及自由竞争机制作用于其中的情况。如在计划经济时代的企业的资源配置中，采用将实际价格作为一种信息媒介的分权制计划机制时，它就是 M_1 + S_1 中的一种。另外，关于参与交易的交易主体之间的相互关系原则同样也存在着中间形态 M_2 + S_2，在这种情况下存在的可能是，从原理上说是自由参加交易和自由退出交易的 M_2 型，但实际上在交易对象之间已经建立起固定和持续的交易关系，以致自由的参与和退出的机制不会起到作用。

②　该模型借鉴了今井贤一、伊井丹敬之（1982）关于市场原理与组织原理相互渗透的思想。具体请参见：今井贤一、伊井丹敬之、小池和男：《内部组织的经济学》，金洪云译，生活·读书·新知三联书店 2004 年版，第 150 ~ 158 页。

简单的物物交换逐渐发展为以部落、氏族首领为代表，在生产不同产品的部落、氏族之间进行，形成了市场的雏形。由于金属工具的使用、第二次社会大分工，国家的出现以及庄园制经济的解体、地租货币化、城市化、行商的活跃等一系列重大的政治、经济、社会、文化的变化，使得从前的共同体社会在社会成员间进行资源分配的机能逐渐消亡。面对共同体社会的解体所引发的复杂性和不确定性，社会成员并不是完全被动地承受，而是通过与环境能动的相互作用，创造出新的交换系统来实现自身的欲求①，近代市场体系就是这种活动的产物。从某种意义上来讲，"正是由于同市场相关的各种社会领域（政治体系、家族、亲缘、社会共同体等）制度体系的相对安定，才使市场经济的不安定化倾向得到抑制，而不会造成市场社会的危机。同时，市场社会的安定使经济得到发展，反过来促进了社会制度体系的安定化"。但是，市场和社会的互补并不是一个静态均衡的状态，各交换系统为了自身的存续和成长，不断通过对环境施加影响进行自组织化活动，结果造成某种交换系统在整个社会经济系统中占据优势地位的状况。随着市场原理的不断推进，一方面造成了优胜劣汰的竞争下垄断的出现和对失败者的清除；另一方面，以往交换活动中竞争和协作的互补关系被破坏，家庭和社区的机能被大大地削弱，共同体社会被逐步解体。市场把人格的自由从封建束缚中解放出来的同时，由于以往共同体的互酬和再分配机能的丧失，使人们经常处于市场不安定所引发的冲击之中。市场和社会之间的背离引发的"市场的失效"和"社会的失效"，使社会成员在经济生活和社会生活中面对机会与结果的不平等、经济危机、社会动荡等环境复杂性和不确定性。为了缩减这些复杂性和不确定性，要求某种系统能够填补因市场和社会相背离所造成的人们欲求实现的"场"的缺损，政府的生成及其规模扩大和机能增强正是这种需要的结果。并且，从历史角度来看，市场原理的扩张和共同体社会的解体越深化，作为连接市场和社会的中间组织的政府，其规模和机能就越膨胀，东北地区政府所承担的功能就是最好的例证。

政府产生后，一方面通过由其契约特性所支撑的行政机能——内部组织化和经济成果的再分配与社会建立了非经济性的联系；另一方面，通过由其行政性所维系的政治机能与市场建立了经济关系。在将社会和市场的一部分机能内部化的同时，通过与市场和社会的各种交换活动，将市场和社会连接起来，如图3-4所示。在产业社会，政府已经不再是市场和社会的从属部分，而是与市场和社会一样，成为社会经济系统中不可缺少的组成部分。政府、市场和社会不仅具有相互依存和互补的侧面，而且具有异质和相互对立的侧面，一方靠其支配地位将他方完全取代是不可能的，三者之间是一种"异质共生"的互补关系。从社会经济系统的现实来看，完全竞争的市场经济和纯粹的计划经济都是不存在的，而通过市场、政府、社会间"异质共生"的互补所形成的"混合经济"，才是其自然的状态。

---

① 但是，市场和社会的互补并不是一个静态均衡的状态。在一个社会经济系统中，各交换系统为了自身的存续和成长，不断通过对环境施加影响进行自组织化活动，结果造成某种交换系统在整个社会经济系统中占据优势地位的状况。

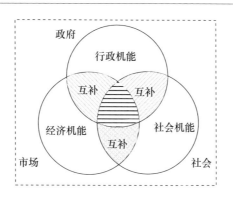

图 3 - 4　政府、市场与社会的"异质共生"与互补

资料来源：作者整理。

（三）区域经济社会转型：政府治理、市场治理和社会治理的相互作用

总体来看，区域经济社会转型的根本原因是在政府、市场和社会的互动过程中所引致的利益相关者之间的矛盾冲突，致使原来经过利益相关者博弈所达到的均衡的区域治理制度向失衡转变（由于不同阶段矛盾问题的差异性，作为直接矛盾主体的利益相关者也将有所不同）。然而，能否突破由于长期以来的惯性思维、路径依赖等因素所导致的制度创新的瓶颈，则取决于当时的利益相关者是"创新变革"还是"维持现状"的"共有信念"的对比。如果前者少于后者，区域失衡将持续，反之将通过对现有制度的"创新变革"实现新的均衡。当利益相关者之间就制度创新达成了共识（也就是具备了正当性）之后，在矛盾主体之间不断的博弈过程中，各方会逐渐明确未来制度设计的可能方向，届时将采取激进或渐进的方式，在已有制度安排的基础上，充分借鉴国际上成功经验对治理制度作出选择。新的区域经济社会制度一旦生成，作为矛盾主体之间的博弈均衡解，将在一定程度上消除或者弱化利益相关者之间的矛盾，并作为"共有信念"固定下来，协调和控制着利益相关者的行为，如图 3 - 5 所示。

从区域经济社会转型的整体过程来看，它起于一个均衡，然后历经了"制度失衡"→制度创新→"新的均衡"这一过程，但是一个周期完成后，区域经济社会的制度体系并未静止不动。实际上，经过一段时间后，新的经济社会条件的出现，受各种诱致性因素的影响，不同的利益相关者技能、决策习惯和认知模式以及相互之间力量对比会产生或多或少的变化，这样就会给参与人带来不稳定的限制。由此直接引致原来潜在的经济社会问题可能会凸显出来，成为新的矛盾点，达到均衡的区域经济社会制度便潜伏着向失衡过渡的趋势，为了应对这种潜在变动，利益相关者不断进行着"谈判"活动，从而通过重复博弈，打破均衡状态，使一个均衡向另一个均衡变动，形成一种新的均衡解，即由一种制度向另一种制度转变。但需要注意的是每一个变革周期都是通过利益相关者博弈来推动的，而其变迁的方向又要受到制度的初始禀赋①、有限理性（Boundedly Rational）以及一定时期内人们的共有信念的制约。可以说，区域经济社会的发展或转型，是政府、市场和社会共同作用的结果。

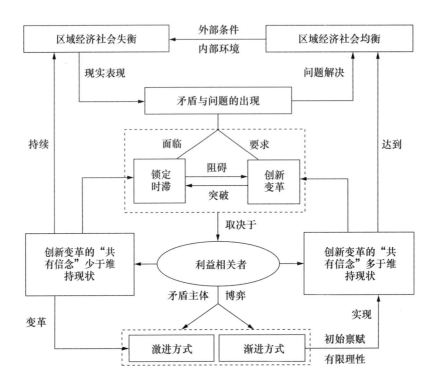

图 3-5　区域经济社会转型的理论模型

资料来源：作者整理。

---

① 制度的产生或创新伊始，所面临的一系列的历史遗留下来的各种条件。

二、东北老工业基地全面振兴进程评价指标选择依据

东北老工业基地振兴评价指标的选择主要是以《中共中央国务院关于全面振兴东北地区等老工业基地的若干意见》等政策文件、区域竞争力评价指标体系文献和相关主题文献为依据，以"完善体制机制、推进结构调整、鼓励创新创业、保障和改善民生"四个方面为着眼点，以综合反映东北地区的经济、资源、社会、环境状况为基准，既突出准确的政策导向，又体现合理的科学要求，强调指导性、针对性与实效性，通过科学论证而确定。针对构建东北老工业基地振兴指标体系这一总目标，设置出"政府治理、企态优化、区域开放、产业发展、创新创业、社会民生"六个测度模块，并依次构建出三级指标及下属的基础测度指标。数据主要来源于中国知网，具体来源包括统计年鉴、网络采集和万德数据库等，其中统计年鉴涉及中国统计年鉴、中国城市统计年鉴、分专题统计年鉴、各省市统计年鉴等多个类别。

（一）政府治理评价指标选择依据

政府治理是政府对社会资源进行配置和对国家经济及社会事务进行管理的一系列活动。区域政府治理是为了满足区域发展的需求，此时政府治理的目标与定位主要包含对某一区域内政府治理模式的转变、政府治理能力的提升与治理方法的科学化，从而实现由全能型政府向服务型政府的转变，提高政府治理社会的效率与治理能力。因此，将政府治理作为评价东北老工业基地全面振兴的测度模块之一是必要的。

7号文件指出，"加快转变政府职能。进一步理顺政府和市场关系，着力解决政府直接配置资源、管得过多过细以及职能错位、越位、缺位、不到位等问题。以建设法治政府、创新政府、廉洁政府、服务型政府为目标，进一步推动简政放权、放管结合、优化服务……深入推进商事制度改革，优化营商环境，进一步放开放活市场，激发市场内在活力。"

关于政府与市场关系的讨论由来已久。有限政府（limited government）是17～19世纪自由资本主义时期占主导地位的政府理念（Dincecco，2009）。新自由主义的政治理论

家改变了古典自由主义思想传统的消极政府的观念，西方国家从此进入了促进公平与保障福利的有为政府时代。如果说有限政府和有为政府主要是指政府能做什么和不能做什么的问题，那么，有效政府所关注的是政府如何做好的问题。促进发展的有效政府成为当下最为流行的政府理念。在东北地区政府与市场的关系上，王小鲁（2016）认为，东北经济下行的最主要原因在于政府与市场关系不合理，营商环境建设严重滞后，实施新一轮东北振兴战略的关键，是厘清政府与市场关系。赵昌文（2015）认为，东北问题的根源在于没有解决好新兴产业发展和新旧增长动力接续转换的土壤和环境问题。因此，政府应从生产型政府向服务型政府转变，从政策优惠竞争转移到企业营商环境竞争，形成有利于新动力培育的政府治理体系。刘柏（2015）认为，目前东北主要是由"看得见的手"在主导市场，市场在很大程度上仍是计划出来的，根本矛盾在于如何处理好政府与市场关系。

基于上述研究，本书认为，东北振兴在政府治理层面要解决政府职能转型、政策作用发挥及两者间的互动关系问题。对此，可从行政体制、政治治理和经济治理三个角度设计相关评价指标。其中，行政体制包含市场干预和政府规模2个三级指标，政治治理包含简政放权和监管水平2个三级指标，经济治理包含营商环境1个三级指标。5个三级指标作为五个测度维度构成地方政府治理现代化测度指标体系基本框架的五大支柱，综合体现了法治、创新、廉洁、服务、有效等政府治理的重要价值理念。

（二）企态优化评价指标选择依据

企态优化意为企业生态的改进与完善，主要表现就是优化国企、民企生态，增强企业实力，使其在区域经济中发挥核心作用。企态优化是区域经济中微观主体竞争力的集中体现，是东北振兴所关注的一个重要方面。

7号文件指出，"进一步推进国资国企改革。深化国有企业改革，完善国有企业治理模式和经营机制，真正确立企业市场主体地位，解决好历史遗留问题，切实增强企业内在活力、市场竞争力和发展引领力，使其成为东北老工业基地振兴的重要支撑力量……大力支持民营经济发展。加快转变发展理念，建立健全体制机制，支持民营经济做大做强，使民营企业成为推动发展、增强活力的重要力量。"

常修泽（2015）认为，东北要真的振兴，就得真刀真枪地推进体制和结构改革，重点在于以"壮士断腕"之气魄，"啃国企改革硬骨头"，建议设立"东北国企改革先行试验区"。任淑玉等（2003）认为，东北老工业基地最大、最核心的难题是国有经济比重高，企业制度相对落后，市场化程度低，企业缺乏活力和竞争力。因此，企态优化的重点在于开展国企改革的同时充分发挥民营企业等非国有经济的作用，在振兴老工业基地的过程中，使国有经济与非国有经济相互融合（李凯、史金艳，2003）。根据徐迟（2004）所提出的东北老工业基地国有企业改革的障碍和难点，只有深化国有企业改革、实施改革领先战略，通过国有企业领导体制改革和国有资产管理体制改革，才能解决目前东北国有大中型企业面临的体制机制和结构矛盾（林木西，2003）。

民营企业发展对东北老工业基地振兴的作用也不容忽视。与东南沿海相比，东北地区的民营企业发展相对落后。林文强等（2004）比较分析了二者的差异，提出政策环境、技术型业主开拓市场与管理企业的素质、企业群与市场的关系、企业所在地区的文化氛围、企业目标与业主生活满足度的关系等是影响东北民营企业发展的关键因素，并制定了对应的解决策略。国有企业改革对民营企业的发展可以产生推动作用。卜长莉（2006）提出加快国企改制步伐，推动东北民营经济发展的建议，即在政府指导下，民营企业积极参与国企改制，从而以国企改制和市场化的工业化模式发展民营经济。不仅如此，东北民营企业还必须要面临着融资约束的问题，只有塑造一个良好的融资环境，才有助于民营企业发展。

根据上述研究，本书设计了国企效率和国企保增值2个三级指标来衡量国有企业的状况，设计了民企规模和民企融资2个三级指标来考核民营企业发展状况，设计了企业实力1个三级指标来反映当地企业的综合竞争力。

（三）区域开放评价指标选择依据

区域开放主要指区域经济的对外开放水平，具体表现为贸易和投资开放、生产开放、市场开放以及为保障开放做出的区位支撑。从发达国家的经验看，区域开放对老工业基地的发展产生了积极作用（Coe et al.，2004）。区域开放是实现经济发展的重要条件，经济发展也会推动区域进一步开放。

7号文件指出，"主动融入、积极参与'一带一路'建设战略……积极扩大与周边国家的边境贸易，创新边贸方式，实现边境贸易与东北腹地优势产业发展的互动，促进东北进出口贸易水平不断提高。"

当前一个普遍的认识是东北对外开放水平偏低（丁国荣，2004）。究其原因主要有三点：一是国际直接投资惯性因素；二是比较优势存在制约；三是地区调试的压力（王钰，2004）。李凯、史金艳（2003）提出吸引资本流入东北，并在更高水平上、更高技术平台上与跨国公司开展"高位嫁接"，重点抓好汽车、装备制造和电子信息等产业的招商引资，形成产业链条，形成支柱产业群，更要加强与已落户东北老工业基地的外资企业的协作，实现以商引商。李俊江等（2012）分析东北招商引资的综合性系统，提出在加大创新意识的前提下扩大招商引资，充分利用网络平台促进招商引资。可见，在利用外资过程中，依据东北产业结构调整的方向以及产业结构演进的规律，采取提高外资的关联度、引导外资投向优势主导产业、基础产业、限制投向一般加工业的战略来优化产业结构是振兴东北老工业基地的关键（陈丽蔷，2005）。除却前述因素外，东北区域开放需要良好的区位因素作为保障。目前，东北一些区位因素存在问题。例如，区域城镇化仍面临动力不足、城市群经济实力弱、资源型城市转型困难、乡村城镇化落后等。这些都可能对区域开放产生影响（阙澄宇、马斌，2014）。综上，为了对东北地区的区域开放进行评价，本书提炼出 5 个方面的三级指标对区域开放进行衡量，分别涉及贸易、投资、生产、市场 4 个方面，用于描述经济系统运行的重要环境与环节，而上述 4 个方面将对"区位支撑"这个三级指标产生较为直接的双向影响。

（四）产业发展评价指标选择依据

产业发展是指单个产业的进化过程，或者产业总体，即整个国民经济的进化过程。而进化过程既包括某一产业中企业数量、产品或者服务产量等数量上的变化，也包括产业结构的调整、变化、更替和产业主导位置等质量上的变化，而且主要以结构变化为核心，以产业结构优化为发展方向。

7 号文件指出，"坚持多策并举，'加减乘除'一起做，全面推进经济结构优化升级，加快构建战略性新兴产业和传统制造业并驾齐驱、现代服务业和传统服务业相互促进、信息化和工业化深度融合的产业发展新格局……促进装备制造等优势产业提质增效。准确把握经济发展新常态下东北地区产业转型升级的战略定位，控制重化工业规模、练好内功、提高水平、深化改革，提高制造业核心竞争力，再造产业竞争新优势，努力将东北地区打造成为实施'中国制造2025'的先行区……提升原材料产业精深加工水平，推进钢铁、有色、化工、建材等行业绿色改造升级，积极稳妥化解过剩产能……大力发展以生产性服务业为重点的现代服务业。实施老工业基地服务型制造行动计划，引导和支持制造业企业从生产制造型向生产服务型转变……加快发展现代化大农业。率先构建现代农业产业体系、生产体系、经营体系，着力提高农业生产规模化、集约化、专业化、标准化水平和可持续发展能力，使现代农业成为重要的产业支撑。"

东北老工业基地改造在于产业结构的调整和升级，区域产业协调发展是东北老工业基地改造的关键（高相铎、李诚固，2006；胡琦，2005）。东北产业结构的调整需要兼顾其主导产业的选择，既要遵循主导产业选择的一般原则，又要结合地区经济的特点，而且要考虑到与国家宏观产业政策和地区发展战略的协调（黄继忠，2011）。经济的持续发展已经使中国逐渐进入工业化后期甚至后工业化时期，服务业发展的重要性逐渐显现。因此，在评价产业结构水平时，服务业发展水平是重点之一，其中以金融业为代表的生产性服务业尤其是重中之重（刘力臻、王庆龙，2017）。东北的老工业基地地位使重化工业占比一直居高不下，东北的产业结构调整的重点之一就是逐步降低重化工业的比重，尤其是重化工业中产能过剩产业的比重（衣保中，2016）。农业是东北地区的传统优势产业，并且肩负着中国粮食安全的重任，因此在评价产业发展时也需要作为一个重点产业加以关注。

综合以上论述，评价东北地区产业发展问题，既要考虑产业结构的合理化与高级化，还要考虑重化工调整和服务业、金融业与农业问题。为此，本书用产业均衡、服务业发展、重化工调整、金融深化和现代农业 5 个三级指标来测度产业发展。

（五）创新创业评价指标选择依据

创新创业是指基于技术创新、管理创新或创办新企业等方面的某一点或几点所进行的活动。创新创业是建立"学习型"区域，实现老工业基地转型的关键因素，这一观点已经在国际上达成普遍共识（Morgan，1997）。随着全球化经济中国际竞争的加强、区域企业和产业集群的成功出现，以及传统区域发展模式和政策的明显不足，区域创新系统概念得到迅速流行（Florida et al.，2012）。

7 号文件指出，"完善区域创新体系。把鼓励支持创新放在更加突出的位置，激发调动全社会的创新激情，推动科技创新、产业创新、企业创新、市场创新、产品创新、业态创新、管理创新……促进科教机构与区域发展紧密结合。扶持东北地区科研院所和高校、职业院校加快发展，支持布局建设国家重大科技基础设施……加大人才培养和智力引进力度。把引进人才、培养人才、留住人才、用好人才放在优先位置。"

目前，东北地区的创新水平不高且动力不足，创新资金投入不足，创新难以就地产业化（李政，2015）。建立具有区域特征的创新创业生态系统，对振兴东北工业基地和改变产业结构尤为重要。于晓琳等（2017）从创新环境、创新投入、企业创新、创新绩效 4 个方面评价了辽宁省各地级市的科技创新能力，发现辽宁各市创新环境、创新基础和创新资源等差别较大，"双创"呈现出明显的区域性不平衡和不协调特征。除沈阳、大连区域创新能力较强外，大部分地区创新能力不足、创新基础薄弱、创新意识不强，区域创新缺乏竞争力。在创业的重要性上，孙少岩（2004）从东北的"项目怪圈"出发，认为东北要走出资金项目依赖的怪圈，就需要通过创业来激发经济社会的持续活力。

有鉴于此，本书用研发基础、人才基础、技术转化、技术产出和创业成效来衡量创新创业水平。其中，创新方面包含创新投入和创新产出，具体为研发基础、人才基础、技术转化和技术产出 4 个三级指标，创业方面包含创业成效 1 个三级指标。

（六）社会民生评价指标选择依据

社会民生主要表现为一系列社会问题的解决与生态保护，既是区域经济发展的最终目的，也是支撑区域经济发展的人文要素。社会民生具体可分为经济（居民收入与消费）、政治（社会保障、社会公平）和生态（生态环境保护）三个层面。

7号文件指出，"抓民生也是抓发展，人民生活水平不断提高是判断东北老工业基地振兴成功的重要标准……切实解决好社保、就业等重点民生问题。加大民生建设资金投入，全力解决好人民群众关心的教育、就业、收入、社保、医疗卫生、食品安全等问题，保障民生链正常运转……推进城市更新改造和城乡公共服务均等化。针对城市基础设施老旧问题，加大城市道路、城市轨道交通、城市地下综合管廊等设施建设与更新改造力度，改善薄弱环节，优化城市功能，提高城市综合承载和辐射能力……打造北方生态屏障和山清水秀的宜居家园。生态环境也是民生。"

国务院发展研究中心"中国民生指数研究"课题组（2015）设计了中国民生指数，该指数由"民生客观指数"和"民生主观（满意度）指数"两部分构成。鉴于指标客观性和数据来源限制，本书主要借鉴该指数的客观指数部分。在东北民生问题方面，部分研究分析了东北农村居民收入与消费问题。金华林、李天国（2011）通过灰色关联模型分析东北三省农村居民收入后预测，在新农村建设环境下东北农村居民收入将有显著性提升，其收入结构也将日渐合理。但是，东北农村居民的消费模式尚不合理，仍处于由传统农耕社会的消费模式向现代消费模式转变的起始阶段（于洪彦等，2008）。因此，收入与消费模式并不协调，仍存在问题。在政治层面，东北社会保障问题引发关注，其中东北失业问题等成为关注的焦点（李培林，1998）。在生态层面，良好的资源环境条件是东北地区区域开发的重要基础，但由于历史因素、人为过度利用等因素的叠加，东北资源环境不断恶化（李琛、谢辉，2006）。为此，刘艳军、王颖（2012）提出调整与优化区域发展模式、适度控制空间开发速度及规模、加强能源利用与碳排放的引导控制、抑制污染物排放与强化环境设施配置及强化政策制度与空间管制引导等建议。

根据上述研究，本研究对于社会民生，从经济基础、制度保障、生态环境三个方面进行评价。其中，经济基础层面分别从收支（收入与消费）两个维度对居民的物质水平进行衡量；制度保障层面分别从社会保障、社会公平2个方面进行衡量；而生态环境层面是当前国内外共同探讨的重要议题，对于改善民生水平，实现东北地区的可持续性发展有着牵线引路的作用。

以上各指标具体见表3-1。

表 3-1 东北老工业基地全面振兴进程评价（省域）指标体系及数据来源

二级	三级	基础测度指标	来源
政府治理	市场干预	政府分配资源的比重（逆）	中国统计年鉴
	政府规模	政府人员规模（逆）	中国劳动统计年鉴，中国统计年鉴
		行政成本比重（逆）	
	简政放权	社会服务机构规模	中国民政统计年鉴，中国统计年鉴
	监管水平	银行不良资产比率（逆）	金融统计年鉴，中国劳动统计年鉴
		生产安全事故死亡率（逆）	
	营商环境	万人新增企业数	中国统计年鉴
		民间固定资产投资增速	
企态优化	国企效率	国企劳均主营业务收入	中国统计年鉴，中国劳动统计年鉴
	国企保增值	国企利润率	中国统计年鉴
	企业实力	百万人上市公司数	中国证券期货统计年鉴
		上市公司资产比重	
	民企规模	民企资产占比	中国统计年鉴
		民企数量占比	
		民企就业占比	
	民企融资	民企与国企资产负债率比	中国统计年鉴
区域开放	贸易开放	对外贸易依存度	中国统计年鉴
		净出口贡献率	
	投资开放	人均实际利用外资额	中国统计年鉴
		服务业利用外资占比	
	生产开放	外资工业企业产值比	中国城市统计年鉴
	市场开放	单位 GDP 外商投资企业数	中国统计年鉴
		货运活跃度	
		客运活跃度	
	区位支撑	城市化水平	中国统计年鉴
		运网密度	
		国际旅游收入比	
产业发展	产业均衡	产业分布泰尔指数（逆）	中国统计年鉴，中国劳动统计年鉴
	服务业发展	服务业增加值比重	中国统计年鉴，中国劳动统计年鉴
		服务业增长率	
		金融业增加值比重	
	重化工调整	重化工业比重（逆）	中国工业统计年鉴
		重化工业比重增速（逆）	
	金融深化	银行信贷占比	中国金融年鉴，中国证券期货统计年鉴
		直接融资占比	
	现代农业	农业综合机械化水平	中国农业机械工业年鉴，中国统计年鉴
		农业劳动生产率	

续表

二级	三级	基础测度指标	来源
创新创业	研发基础	研发（R&D）投入强度 科技创新支出强度	中国科技统计年鉴，中国统计年鉴
	人才基础	研发（R&D）人员占比 高校 R&D 人员平均强度	中国科技统计年鉴，中国统计年鉴
	技术转化	技术市场成交额占比 科技人员专利申请强度 科技人员专利批准强度	中国统计年鉴，中国科技统计年鉴
	技术产出	高新技术产业收入占比 新产品销售收入占比	中国科技统计年鉴，中国统计年鉴
	创业成效	千人私营企业数 百万人非主板上市企业数	中国统计年鉴，深圳证券交易所
社会民生	居民收入	城乡居民收入水平 居民人均存款	中国统计年鉴
	居民消费	城乡居民消费水平 人均社会消费品零售额	中国统计年鉴
	社会保障	城镇职工基本养老保险抚养比 养老金支出占比	国家统计局官网
	社会公平	城乡居民收入比（逆） 城乡居民消费水平比（逆） 城乡生均教育经费比（逆）	中国统计年鉴，教育经费统计年鉴
	生态环境	人均公园绿地面积 PM2.5 平均浓度（逆） 空气质量达到及好于二级的天数	中国统计年鉴，中国城市统计年鉴

指标计算公式

1. 政府分配资源的比重 = 扣除教科文卫和社会保障后的财政支出/地区 GDP × 100%

2. 政府人员规模 = 公共管理部门年底职工人数/地区人口 × 100%

3. 行政成本比重 = 财政支出中的一般公共服务支出/地区 GDP × 100%

4. 社会服务机构规模 = 社会服务机构及设施数/（地区人口 × 地区面积）

5. 银行不良资产比率 = 不良贷款/各项贷款 × 100%

6. 生产安全事故死亡率 = 因公死亡人数/地区 GDP × 10^8

7. 万人新增企业数 = (当年企业单位数 – 上一年企业单位数)/地区人口 × 10^4

8. 民间固定资产投资增速 = (当年民间固定资产投资 – 上一年民间固定资产投资)/上一年民间固定资产投资 × 100%

9. 国企劳均主营业务收入 = 国有及国有控股工业企业主营业务收入/国有及国有控股工业企业就业人数

10. 国企利润率 = 国企利润/国企收入 × 100%

11. 百万人上市公司数 = 当年所有上市公司数量/地区人口 × 10^6

12. 上市公司资产比重 = 当年所有上市公司总资产/全社会总资产 × 100%

13. 民企资产占比 = 民企资产/社会总资产 × 100%

14. 民企数量占比 = 私营企业法人单位数/企业法人单位数 × 100%

15. 民企就业占比 = 民企就业人数/(民企就业人数 + 城镇单位就业人数) × 100%

16. 民企与国企资产负债率比 = 民企资产负债率/国企资产负债率

17. 对外贸易依存度 = 进出口总额/地区 GDP × 100%

18. 净出口贡献率 = (地区 GDP – 资本形式总额 – 最终消费支出)/地区 GDP × 100%

19. 人均实际利用外资额 = 实际利用外资额/地区常住人口

20. 服务业利用外资占比 = 服务业利用外资额/实际利用外资额 × 100%

21. 外资工业企业产值比 = (港澳台商投资的企业总产值 + 外商投资企业总产值)/工业总产值 × 100%

22. 单位 GDP 外商投资企业数 = 外商投资企业数/地区 GDP

23. 货运活跃度 = 地区货运周转量/地区总面积

24. 客运活跃度 = 地区客运周转量/地区总面积

25. 运网密度 = (铁路营业里程 + 内河航道里程 + 公路里程)/地区总面积

26. 城市化水平 = 地区城市人口/总人口 × 100%

27. 国际旅游收入比 = 国际旅游收入/地区生产总值 × 100%

28. 产业分布泰尔指数 = $\sum_{i=1}^{3}$ (产业增加值$_i$/GDP) × ln[(产业增加值$_i$/产业就业$_i$)/(GDP/总就业)]

29. 服务业增加值比重 = 第三产业增加值/地区 CDP × 100%

30. 服务业增长率 = (当年第三产业增加值 – 上一年第三产业增加值)/上一年第三产业增加值 × 100%

31. 金融业增加值比重 = 金融业增加值/地区 GDP × 100%

32. 重化工业比重 = 除汽车产业外的重化工业主营业务收入/规模以上工业企业主营业务收入 × 100%

33. 重化工业比重增速 = (当年重化工业比重 – 上一年重化工业比重)/上一年重化工业比重 × 100%

34. 银行信贷占比 = 银行信贷/地区 GDP×100%

35. 直接融资占比 = 当年上市公司融资额/(当年上市公司融资额 + 银行信贷)×100%

36. 农业综合机械化水平 = (0.4×机耕面积 + 0.3×机播面积 + 0.3×机收面积)/农作物播种面积×100%

37. 农业劳动生产率 = 第一产业增加值/第一产业从业人员数

38. 研发(R&D)投入强度 = 科研经费/地区 GDP×100%

39. 科技创新支出强度：科学技术支出/地方一般财政预算支出

40. 研发(R&D)人员占比 = 研发人员数/地区常住人口×100%

41. 高校 R&D 人员平均强度 = 高校 R&D 人员合计数/学校数

42. 技术市场成交额占比 = 技术市场成交额/地区 GDP×100%

43. 科技人员专利申请强度 = 专利受理数/R&D 人员数

44. 科技人员专利批准强度 = 国内专利授权数/R&D 人员数

45. 高新技术产业收入占比 = 高技术产业主营业务收入/地区 GDP×100%

46. 新产品销售收入占比 = 高技术产业新产品销售收入/高技术产业主营业务收入×100%

47. 千人私营企业数 = 私人企业法人单位数/地区常住人口×10³

48. 百万人非主板上市企业数 = (创业板上市企业数量 + 中小板上市企业数量)/地区常住人口×10⁶

49. 城乡居民收入水平：(城市居民收入水平×城镇人口数 + 农村居民收入水平×乡村人口数)/(城镇人口数 + 乡村人口数)

50. 居民人均存款 = 居民人民币储蓄存款余额/地区常住人口

51. 城乡居民消费水平：(城市居民消费水平×城镇人口数 + 农村居民消费水平×乡村人口数)/(城镇人口数 + 乡村人口数)

52. 人均社会消费品零售额 = 社会消费品零售总额/地区常住人口

53. 城镇职工基本养老保险抚养比 = 城镇在岗职工数/离退休人员数

54. 养老金支出占比 = 养老金支出/地区 GDP

55. 城乡居民收入比 = 城市居民收入水平/农村居民收入水平

56. 城乡居民消费比(逆) = 城市居民消费水平/农村居民消费水平

57. 城乡生均教育经费比 = (地方农村小学生均教育经费支出 + 地方农村初中生均教育经费支出 + 地方农村高中生均教育经费支出)/(地方普通小学均教育经费支出 + 地方普通初中均教育经费支出 + 地方普通高中均教育经费支出)

58. 人均公园绿地面积 = 城市公园绿地面积/地区常住人口

59. PM2.5 平均浓度：取各省市区下辖环保重点城市该指标的平均值

60. 空气质量达到及好于二级的天数：取各省市区下辖环保重点城市该指标的平均值

表 3 - 2　东北老工业基地全面振兴进程评价（地市级）指标体系及数据来源

二级	三级	基础测度指标	来源
政府治理	市场干预	政府分配资源的比重（逆）	中国城市统计年鉴，辽宁省、吉林省、黑龙江省统计年鉴
	政府规模	政府人员规模（逆） 行政成本比重（逆）	辽宁省、吉林省、黑龙江省统计年鉴
企态优化	国企保增值	国企利润率	辽宁省、吉林省、黑龙江省统计年鉴
	企业实力	百万人上市公司数 上市公司资产比重	万德数据库
	民企规模	民企就业占比	辽宁省、吉林省、黑龙江省统计年鉴
区域开放	贸易开放	对外贸易依存度	辽宁统计年鉴，吉林统计年鉴，中国区域经济统计年鉴，黑龙江统计年鉴，中国城市统计年鉴
	投资开放	人均实际利用外资额	辽宁统计年鉴，吉林统计年鉴，黑龙江统计年鉴
	生产开放	外资工业企业产值比	中国城市统计年鉴
	市场开放	单位 GDP 外商投资额	辽宁统计年鉴，吉林统计年鉴，黑龙江统计年鉴
	区位支撑	国际旅游收入比	辽宁统计年鉴，吉林统计年鉴，中国区域经济统计年鉴
产业发展	服务业发展	服务业增加值比重 服务业增长率	辽宁省、吉林省、黑龙江省统计年鉴
	金融深化	银行信贷占比	中国城市统计年鉴，万德数据库
创新创业	研发基础	科技创新支出强度	中国城市统计年鉴
	创业成效	百万人非主板上市企业数	深圳证券交易所官网
社会民生	居民收入	城乡居民收入水平 居民人均存款	中国区域经济统计年鉴，辽宁省、吉林省、黑龙江省统计年鉴，中国城市统计年鉴
	居民消费	城乡居民消费水平 人均社会消费品零售额	辽宁省、吉林省、黑龙江省统计年鉴
	社会保障	社会保障和就业支出占地方公共财政支出的比例	辽宁省、吉林省、黑龙江省统计年鉴
	社会公平	城乡居民收入比（逆）	辽宁省、吉林省、黑龙江省统计年鉴
	生态环境	人均公园绿地面积 部分污染处理效率	辽宁统计年鉴、吉林统计年鉴、黑龙江统计年鉴，中国城市统计年鉴

指标计算公式

1. 政府分配资源的比重 = 扣除教科文卫和社会保障后的财政支出/地区 GDP × 100%

2. 政府人员规模 = 公共管理部门年底职工人数/地区人口 × 100%

3. 行政成本比重 = 财政支出中的一般公共服务支出/地区 GDP × 100%

4. 国企利润率 = 国企利润/国企收入 × 100%

5. 百万人上市公司数 = 当年所有上市公司数量/地区人口 × 10^6

6. 上市公司资产比重 = 当年所有上市公司总资产/全社会总资产 × 100%

7. 民企就业占比 = 民企就业人数/(民企就业人数 + 城镇单位就业人数) × 100%

8. 对外贸易依存度 = 进出口总额/地区 GDP × 100%

9. 人均实际利用外资额 = 实际利用外资额/地区常住人口

10. 外资工业企业产值比 = (港澳台商投资的企业总产值 + 外商投资企业总产值)/工业总产值 × 100%

11. 单位 GDP 外商投资额 = 外商投资额/地区 GDP

12. 国际旅游收入比 = 国际旅游收入/地区生产总值 × 100%

13. 服务业增加值比重 = 第三产业增加值/地区 GDP × 100%

14. 服务业增长率 = (当年第三产业增加值 – 上一年第三产业增加值)/上一年第三产业增加值 × 100%

15. 银行信贷占比 = 银行信贷/地区 GDP × 100%

16. 科技创新支出强度：科学技术支出/地方一般财政预算支出

17. 百万人非主板上市企业数 = (创业板上市企业数量 + 中小板上市企业数量)/地区常住人口 × 10^6

18. 城乡居民收入水平 = (城镇居民人均可支配收入 × 城镇人口数 + 农村居民人均可支配收入 × 乡村人口数)/(城镇人口数 + 乡村人口数)

19. 居民人均存款 = 居民人民币储蓄存款余额/地区常住人口

20. 城乡居民消费水平 = (城市居民收入水平 × 城镇人口数 + 农村居民收入水平 × 乡村人口数)/(城镇人口数 + 乡村人口数)

21. 人均社会消费品零售额 = 社会消费品零售总额/地区常住人口

22. 社会保障和就业支出占地方公共财政支出的比例 = 社会保障和就业支出/地方公共财政支出

23. 城乡居民收入比 = 城镇常住居民人均可支配收入/农村常住居民人均可支配收入

24. 人均公园绿地面积：城市公园绿地面积/地区常住人口

25. 部分污染处理效率：对"一般工业固体废物综合利用率、污水处理厂集中处理率、单位规模以上工业总产值烟粉尘去除量"取均值后得到，各分项指标均直接取自年鉴

三、东北老工业基地形成源流考察及创新发展

东北工业化的历史起点可追溯到清朝末年的被迫开放和洋务运动，这样有助于对东北工业化的发展历程有一个较为全面的认识，特别是有助于深入认识东北工业化过程中的官营或国有资本以及政府的作用。从 19 世纪 60 年代到 1931 年九一八事变，东北凭借着自身得天独厚的矿产资源和农林资源，在世界工业化浪潮的影响下，已经开始了工业化的进程。在这一时期，它的工业既有国人发展的民族工业，又有外国势力的渗透产业。民族工业主要是以发展较快的轻工业为主，如面粉业、火柴业、榨油业等；重工业则是主要掌握在外国人手里，官营资本也掌握了少量重工业。而 1931 年九一八事变以后，也就是 20 世纪 30 年代开始，伴随着东北殖民地化，东北工业化开始加速，并形成了一定的工业基础，但是又经历了严重的战乱破坏。新中国成立之后，在既有的工业基础之上，借助苏联援助进行了大规模的工业化建设，为中国内地工业化积累了大量技术和人才，成为中国工业化的摇篮之一。改革开放以来，东北继续发挥着工业化技术和人才输出的角色，并在中国工业化从轻工业向重化工业的升级过程中再展雄风；在中国工业化中后期，中国经济从重化工业向更高技术阶段升级的过程中，东北经济增长速度快速下滑，遇到了一系列亟待解决的问题。

纵观东北工业化 150 余年的历史，东北老工业区的发展演变历程可以初步分为五个阶段，每个阶段具有不同的特点：①1949 年之前，工业化基础的建立与破坏；②1949 ~ 1978 年，老工业基地的形成与发展；③1978 ~ 2002 年，"东北现象"出现与国企改革；④2003 ~ 2012 年，黄金十年与东北振兴政策；⑤2012 ~ 2016 年，"新东北现象"与全面振兴战略。在本部分的经济史考察过程中，重点考察工业化进程和历史规律，政府和官营资本的作用以及制度变迁，以及人口的变化与经济增长等问题，为东北经济的振兴寻找历史角度的启示。

本附录的内容安排如下：在引言之后，第二部分考察东北老工业基地形成的历史渊源；第三部分考察东北老工业基地发展中的问题与振兴政策，进一步考察东北老工业基地在改革开放之后遇到的问题，国企改革和中央政府历次振兴东北的政策、效果和新问题；第四部分在回溯历史的基础上，进一步总结东北老工业基地形成和发展的历史规律；第五部分对东北老工业基地的新困境进行分析；第六部分对东北老工业基地的创新与发展进行展望。

（一）东北老工业基地形成的历史考察

1. 1949 年之前工业基础的形成与破坏

按照东北历史的基本时段进行划分，1949 年之前的东北经济可以分为四个时期：清朝末年（1858～1911 年）、民国与奉系军阀时期（1911～1931 年）、日伪时期（1931～1945 年）和解放战争时期（1945～1949 年）。在这些历史时期，东北工业获得一定程度的发展，形成了较好的工业基础，但是也经历了严重的战乱破坏。

（1）东北老工业基地的史前史：清末东北的开放与工业发展

受制于清政府对东北长达 210 年封禁政策的影响[1]，东北地区的开放和工业发展均晚于关内。但是东北拥有丰富的农林和矿产资源，加上后来大量人口流入，具备良好的工业化基础条件。鸦片战争以前，在奉天（今沈阳）、营口、新民等地的油坊、烧锅和柞蚕制丝业中有了工业化的起步（孙经纬，1994）。鸦片战争之后，东北在外界压力之下开始对外开放，并借助自主开放和洋务运动逐步迈向了工业化的道路。

①早期的被迫开放："约开"。19 世纪后半叶，西方国家在工业革命的推动下，对世界各地工业原料资源的竞争性获取成为世界性的潮流。中国东北地区丰富的农林和矿产资源成为西方列强觊觎已久的目标。清朝政府在日渐衰落的情况下，已无力抵挡西方列强要求的对外开放。东北地区的对外开放要晚于关内，对外开放的标志性事件则是营口、大连开港和中东铁路的建成。时间跨度从 1861 年到 1903 年，大约用了 42 年时间。在东北的被迫对外开放中，西方列强（包括日本）均有介入，但是介入的程度差别较大，而受益最大的是两个近邻：俄罗斯和日本。

1858 年，第二次鸦片战争结束，中英签订《天津条约》。按照条约规定，1861 年营口开港。而大连则是 1897 年被沙俄强行开港，大连的对外开放在时间上要晚于营口。1858 年中英《天津条约》约定，"增设牛庄、登州、台湾、潮州、琼州开埠为通商口岸"。英国开辟牛庄为通商口岸，但是牛庄海域水浅，英国人则选定营口辽河南岸没沟营修建码头，开始贸易活动。1861 年 5 月 24 日，没沟营成为东三省第一个对外开放的港口。1866 年以后，清政府官文将"没沟营口岸"简称为"营口"。营口地处辽东半岛中枢，渤海东岸，大辽河入海口处，是中国东北近代史上第一个对外开埠的口岸，曾是东北的经济、金融、贸易、航运和宗教文化传播中心及各种物资的集散地，被誉为"东方贸

---

[1] 清代对东北地区的封禁缘起于天命年间，形成于康熙，厉行于乾隆，不同时期封禁的范围、实质、作用略有不同。其核心是保护"龙兴重地"，其目的是保护并独享故乡的经济资源，保护本民族"国语骑射"的文化传统，保护民族兴起的圣地不容破坏。封禁政策阻碍了东北的土地开发和农业发展，但并没有完全禁住流民出关私垦，同时也削弱了东北边防力量，为日后俄日大肆入侵创造了条件（刘智文，2003）。

易总汇”和“关外上海”之称。英国、法国、俄国、日本、德国、美国、荷兰、丹麦、挪威、奥地利等国曾在营口设立过领事馆或领事机构，曾是东北面向世界的窗口。

大连的开放晚于营口，1898 年中俄《旅大租地条约》签订，标志大连开放之始（张佳余，2008）。在 19 世纪 80 年代，清政府于今大连湾北岸建海港栈桥、筑炮台、设水雷营，才成为小镇。1894～1895 年，中日甲午战争爆发，中国清朝政府和日本明治政府于 1895 年 4 月 17 日在日本马关（今下关市）签订《马关新约》，日本称为《下关条约》或《日清讲和条约》①。按照条约，辽东半岛割让给日本。后经俄、法、德“三国干涉还辽”，日本被迫放弃辽东半岛，俄罗斯便趁机而入。1897 年底，沙俄为争夺清朝领土，将军舰强行开进旅顺口，随之便派人到大连湾和青泥洼勘察，决定在青泥洼开港建市。1898 年（光绪二十四年）3 月 27 日，沙俄强迫清政府签订中俄《旅大租地条约》，同年 5 月 7 日于圣彼得堡签订《续订旅大租地条约》，清政府被迫将旅顺、大连湾及其附近海面各岛租与俄国，租期为 25 年②。1899 年 8 月，沙俄把旅大租借改为关东州，按俄制，划为 4 个市 5 个行政区。1899 年 8 月 11 日，沙皇尼古拉二世发布关于建立自由港“Дальний”（俄文“远方”之意，读音为达里泥）的敕令，将青泥洼改称 Дальний（达里泥）。沙皇敕令发布后，中国人仍称青泥洼。

中东铁路是俄国进入中国的关键基础设施。沙皇俄国一直把吞并中国东北地区作为它的既定国策，在 19 世纪 80 年代，即开始酝酿建设一条穿过中国东北地区的铁路，把远东重镇符拉迪沃斯托克（海参崴）与其国境内的西伯利亚铁路东段连接在一起。甲午战争后，俄国利用三国干涉日本还辽有功，攫取了中东铁路的修筑权；1898 年中俄《旅大租地条约》签订之后，又趁铁路通车之机提出向中国东北移民 60 万（葛剑雄、侯杨方、张根福，1999）。因此，中东铁路的修建也促使东北经济加快了对外开放。

清朝光绪二十二年（公元 1896 年），清政府特使李鸿章赴俄祝贺沙皇尼古拉二世加冕典礼，与沙俄签订《中俄御敌互相援助条约》（以下简称《中俄密约》），允许俄国修筑东清铁路。同年 12 月，俄国将铁路定名“满洲铁路”，遭到李鸿章的反对。李鸿章坚持“必须名曰‘大清东省铁路’，若名为‘满洲铁路’，即须取消允给之应需地亩权”。

---

① 《马关条约》的签署标志着中日甲午战争的结束。中方全权代表为李鸿章、李经方，日方全权代表为伊藤博文、陆奥宗光。根据条约规定，增开沙市、重庆、苏州、杭州为通商口岸，中国割让台湾岛及其附属各岛屿、澎湖列岛与辽东半岛给日本，赔偿日本 2 亿两白银，允许外国人在华投资开矿办厂。《马关条约》签订 6 天后，俄罗斯帝国因日本占领辽东半岛，阻碍它向中国东北伸张势力，便联合法国和德国两国进行干涉，结果是日本于 1895 年 5 月 4 日决定放弃辽东半岛，但要中国以白银 3000 万两将其“赎回”。史称“三国干涉还辽”。然而，三国干涉还辽对日本来说仍然是飞来横祸，它使日本借由甲午战争获胜之机侵占满洲（中国东北）的企图遭到粉碎，也使俄国增强其在远东的势力，遏制了日本在东北及朝鲜的扩张。为了实现日本“大陆政策”的第二步（吞并朝鲜）和第三步（进军满蒙），日本重新整军备战，于十年后发动对俄罗斯的战争。

② 1899 年 5 月，中俄又签订了《勘分旅大租界专条及辽东半岛租地专条》，租地北界应从辽东半岛西岸亚当湾（普兰店湾）之北起，东至貔子窝北部划一直线，以南为俄国租借地，总面积 3200 平方公里，人口近 30 万。其时，复州兴社之凤鸣岛南 20 里，西中岛南 2 里（2 个小村）和永社南部西由枣房身起，东至金州交界之平洋河止，含二道岭、姜家炉、陈家屯、平房、张家店、三官庙等村屯，以及在隙地内姜家屯南之土，共计东西约 10 里，南北 2～4 里被划入俄租界。租借地界线以北至盖州河口，经岫岩城北，至大洋河左岸河口以南的地区为“隙地”（即中立区）。“隙地”内之行政权虽归中国官吏主持，但中国军队必须经俄国官吏同意后方可入内。

因此正式定名为大清东省铁路，又称中国东省铁路，简称东清铁路。1897年8月举行开工仪式，1898年8月东清铁路正式动工，以哈尔滨为中心，分东、西、南部三线，由六处同时开始相向施工。北部干线（满洲里到绥芬河）和南满支线（宽城子至旅顺）及其他支线，全长约2500多公里，采用俄制1524毫米轨距，干支线相连，恰如"T"字形，分布在中国东北广大地区。1903年7月14日，东清铁路全线通车，并开始正式营业。

日俄战争（1904~1905年）后，日俄的势力范围以长春划界分为南北两部分，沙俄把南满铁路的长春至大连段转让给了日本，日本将轨距改为1435标准轨距，便于入侵关内。日俄战争后，随着"南满"转让给日本，大连则成为日本重点建设的城市，并逐渐取代了营口，发展为东北地区最为重要的对外开放港口城市。东北被迫开放，特别是营口、大连港口开放和中东铁路的建成，一方面为列强掠夺东北资源创造了条件；另一方面，也在东北地区工业化进程中发挥了重要作用。

②转向自主开放："自开"。清朝政府逐渐认识到，尽管被迫开放带来经济活跃，但是会导致租界内的主权丧失，自主开放可以避免主权问题，于是逐渐由"约开"走向"自开"，加速了对外开放的进程。19世纪末，中国开始出现了由中国主动开放的通商口岸，这类商埠被称为"自开"商埠。1898年，清朝帮办路矿大臣张翼奏请朝廷开辟秦皇岛为商埠，光绪皇帝钦定，将秦皇岛辟为商埠。1899年，福建三都澳、湖南岳阳被开辟为商埠地。1904年，山东巡抚周馥与其前任袁世凯联名上奏朝廷，要求济南、周村、潍坊三地自开商埠，于5月得到批准。进入20世纪初叶，中国的对外开放则由被动走向主动，出现了一个"自开"商埠的高潮。其中，最具典型代表、效果更为明显的，即为东北地区大规模的"自开"商埠（张佳余，2008）。

秦皇岛、三都澳、长沙等地自开商埠后，自开商埠成为一个潮流。1903年，中国政府分别与美国和日本签订《中美续议通商条约》和《中日通商行船续约》，应允东北地区的奉天省城、安东和大东沟由中国自行开埠通商。1905年中日签订《会议东三省事宜条约》，中国应允东三省长春、哈尔滨等处自行对外开放。1905年（光绪三十一年）9月，清政府谕令外务部、商部和北洋大臣袁世凯、盛京将军赵尔巽共议章程，以便在东北地区多开商埠，推广通商，举办各项实业。日俄战争后，对外开放问题提到日程上来。1906年（光绪三十二年）9月16日，清政府外务部电告日、俄两国使臣，申明中国赞成开放东北之议，并愿由中国自行开放。此后，中国东北地区开始了大规模的对外开埠通商与举办工商业的潮流（张佳余，2008）。

③东北工业化的起步。随着对外开放和铁路建设，东北地区的资源与世界市场相连接。为了进一步利用当地资源，一些初步的采掘和加工工业也开始建立起来，东北地区的经济也开始被卷入世界工业化的进程。在这个工业化进程中，按照出现时间的先后顺序，初倡者是官营资本，但是由于其效率低下、进展缓慢，市场开放后的主导者很快成为外来资本，当地民营资本也是重要的参与者。根据赵建国（2006）的考察，在清末民初的东北工业资本中，外资势强，官资不足，民资弱小，这是东北地区工业发轫的一个显著特点。这个过程与关内的工业化过程相类似。清朝末年，洋务运动开启了中国工业化的进

程。洋务运动在天津以南开展比较迅速，东北比较晚，而且力度也比较小。尽管如此，东北工业化的进程就从这里展开了。

第一个官营资本是东北工业化的首倡者。在当时民营资本比较弱小的情况下，官营资本以其调动资源能力和规模经济的优势，发挥着重要作用，洋务运动就是运用官营资本发展工业化的表现。东北官营资本的代表是吉林机器局、奉天机器局和漠河金矿。

洋务运动后期，1881 年清政府开始建设吉林机器局，1896 年开始建设奉天机器局①。吉林机器局是洋务运动中东北唯一的兵工厂，也是东北第一家近代工业。19 世纪 80 年代初，中俄战争有一触即发之势，1880 年 6 月 24 日（光绪六年五月十七日）吴大澂受委三品卿衔帮办赴吉林省城，协同吉林将军铭安处理边防事务。吴大澂为供应吉林、黑龙江两省武器弹药、加强边防、对付沙俄入侵，于光绪七年（1881 年）六月十八日奏准修建吉林机器局。1882 年 4 月动工兴建，占地 19.7 万平方米。1883 年 10 月，机械加工部分主体工程基本竣工，投入生产。1884 年 7 月，进行扩建，火药局亦开工兴建。1887 年 8 月，火药局建成。至此，建设工程全部竣工。机器局所用生产设备均由欧美购进，产品主要有枪械、子弹、大炮、火药等。后又附设造币厂生产银元、铜元。光绪二十六年（1900 年）九月沙俄入侵吉林后，将机器局捣毁，设备运走，或被抛入江中，江南火药局也被轰毁。劫后的吉林机器局，变成俄国侵略军的兵营。从 1881 年设吉林机器局开始，1894 年以前在奉、吉、黑、热兴起了一些矿业。

第二个官办工业企业是奉天机器局，始建于清光绪二十二年（1896 年）。根据盛京将军依克唐阿的奏请，批准设立"奉天机器局"铸造银元。1898 年，奉天机器局就开始正式制造银币，并在市面流通。它的创立，不仅开创了沈阳民族工业之先河，更是中国机制银元最早的企业之一。当时铸造银元所需的铸币机器和锅炉，都是从德国礼和洋行购买的。这种设备，以蒸汽机为动力，仅需要部分手工操作就行。

第三个官营资本的代表是黑龙江的漠河矿务局。19 世纪 60 年代以来，漠河一代地方早有俄国资本私自遣人越境挖金，后来被清政府派军队驱逐走了。1887 年季愉章和黑龙江将军恭拉开始筹划开采，派人勘察了矿址，奏定了章程，翌年成立了漠河矿务局。此局集商股七万两，借官款十三万两，采用"官督商办"方式经营。从 1889 年初正式开工以来，生产比较顺利，出产的金砂逐年增多；雇佣的工人达两千余人。矿务局能够赢利后，在数年内陆续归还了所借的官款。在中日甲午战争前夕，漠河金矿是当时官办和商办的金矿中规模最大、经营最成功的一个案例（曲守成，1988）。在工业化过程中，虽然官营资本所占的比例不断下降，但是它的方向性和引导性仍然起到了重要的推动作用。

---

① 1881 年 6 月 26 日，经时任督办宁古塔三性珲春事宜的清末官员吴大澂（chéng）（1835～1902）等奏请清廷批准，并调天津机器局提调宋春鳌为总办，选定当时的吉林省城以东八华里松花江左岸，开办吉林机器局。始建于清光绪七年（1881 年），光绪九年（1883 年）竣工投产，工程耗用白银 24 万两。该局是为供应吉林、黑龙江两省武器弹药防御沙俄入侵而由清廷批准修建的，原有厂区近 20 万平方米。机器局所用生产设备均由欧美购进，产品主要有枪械、子弹、大炮、火药等。后又附设造币厂生产银元、铜元。吉林机器局是"洋务运动"中，东北唯一的兵工厂，也是东北第一家近代工业。光绪二十六年（1900 年）九月沙俄入侵吉林后，将机器局捣毁，设备运走。光绪三十一年（1905 年）改为"吉林造币局"。1909 年又建"吉林军械专局"，1928 年予以重修。

东北商埠区内的一系列优惠政策，吸引着国外投资者前来投资开办工厂，促进了当地工商业的发展。最早到东北投资办厂的是俄国人，主要集中在哈尔滨东北和北部一带。甲午战争后，尤其是日俄战后，随着日本势力的增强，其在东北投资兴办工商企业的比重不断增大，主要集中在东北地区的南部特别是大连地区（张佳余，2008）。外商投资的行业集中在食品工业、面粉、啤酒、烟草等，服装、生活用工业制造品，还有一部分工业原材料产业、木材、石碱、矿业，具体企业情况如表3-3所示。

表 3-3 清朝末年东北开放初期外来资本投资东北工商业的情况表

地点	年份	企业名称	资本金	行业	资本来源
哈尔滨	1900	满洲第一面粉厂	38.4 万卢布	食品业	俄国
哈尔滨	1903	葛瓦里斯基、节久科夫、鲍罗金、俄罗斯、东方等多家面粉厂		食品业	
哈尔滨	1906	拉巴切夫面粉厂		食品业	
哈尔滨	1909	图鲁卡斯库面粉厂	43 万元	食品业	
哈尔滨	1898	中东铁路临时总工厂和制材厂，同时开设第一个俄国商店——西罗安商行		材料工业	
哈尔滨	1903	临时总工厂经扩建后，更名为"中东铁路哈尔滨总工厂"		材料工业	
哈尔滨	1902	满洲矿业公司	100 万卢布	矿业	
哈尔滨	1905	东三省烟草公司		食品业	英美烟草公司
哈尔滨	1905	中东啤酒公司		食品业	
哈尔滨	1905	老巴夺烟厂（1913 年合并于英美烟草公司）		食品业	俄国
哈尔滨	1905	哈尔滨梭忌奴啤酒厂		食品业	德籍俄国人
哈尔滨	1907	秋林公司（经营百货、农杂、粮食、拖拉机、汽车等，并附设发电厂、制烟厂、制酒厂、服装厂等）		食品业 服装业 商业	俄国
哈尔滨	1906	中东铁路公司莫斯科商场		商业	俄国
哈尔滨	1907	宝隆洋行（收购北满大豆为主，年收购额达 30 万吨）		商业	丹麦
大连	1908	大连电灯厂	29.5 万元	电器工业	日商
大连	1908	小野田水泥股份公司大连工厂	100 万元	材料工业	
大连	1908	川崎船厂大连分厂	25 万元	造船业	日商
哈尔滨	1909	松浦洋行		商业	日商
大连	1909	三井物产股份公司	2000 万元	商业	日商
长春	1909	长春电灯厂	53 万元	电器工业	日商
营口	1909	东亚烟草股份公司	122.7 万元	食品业	日商
大连	1909	满洲石碱股份公司	30.7 万元	中药	日商
大连	1909	酱油制造公司		食品业	日本人加藤

资料来源：中国银行总管理处编《东三省经济调查录》。

在外国兴办工商业的刺激下，清政府允许外国在东北开办工商企业的同时，清廷准予东北地区开办工厂、矿厂，鼓励中国人投资近代工商业，以开利源、保利源，东北地区出现了兴办近代工商业的一个高潮。

东北近代民族工业主要是粮食加工工业。东北的大豆是举世闻名的，所以榨油业在东北的近代民族工业中占据首位。在东北没有铁路以前，营口是对外的通商口岸，自然也就成为机器榨油业的发祥地。1899年营口开始有了华商设立的机器油坊，到1902年有华商油坊12家，其中有4家是机器油坊。到1911年，有华商蒸汽豆饼厂7家，榨油厂14家，其中5家有内燃机，9家使用畜力。南满铁路通车以后，大连成了东三省的出入中心，特别是日俄战争以后，大连的榨油业也因此迅速发展起来，取代营口，跃居东北首位。1907年大连仅有四五家旧式油坊，1908年冬正式开工生产的华商油坊已达11家，到1910年就增至35家。与此同时，在哈尔滨和安东等地也有一定数量的油坊。豆饼畅销日本，豆油远销欧洲，榨油工业逐渐踏进了近代工业的第一线。面粉业是东北另一个重要的行业。哈尔滨是东北面粉业的中心。除了机器榨油业和面粉业以外，在其他行业中民族资本主义企业也有一定程度的发展，但是这些工厂都是规模较小的轻工业（赵建国，2006）。

在重工业方面，由于投资大，建设周期长，收回成本获得利润较慢，所以民族资本主义的重工业企业寥若晨星，只有少量采金业、采煤业。从经营状况来看，民族资本主义企业大都比外国资本、官僚资本企业有生机。表3－4列出了清末东北比较知名的一些企业情况。

表3－4　清朝末年东北开放初期民族资本投资东北工商业的不完全名录

地点	年份	企业名称	企业家	行业
哈尔滨	不祥	哈尔滨双和盛火磨面粉厂	张凤亮	食品业
长春	1906	长春粮油厂（属于裕昌源商号）	王荆山	食品业
吉林	1907	吉林宝华电灯公司		电器业
吉林	1907	兴华玻璃厂	陈佑庭	建筑材料
吉林	1908	裕康吉林机器砖瓦厂		建筑材料
吉林	1909	永衡电灯公司	李士名	电器业
沈阳	1909	奉天火柴厂		轻工业
沈阳	1910	富华制糖有限公司		食品业
丹东	1910	华安丝厂和运记丝厂		纺织业

资料来源：王魁喜等著：《近代东北史》，黑龙江人民出版社1984年版。

④人口政策变化与人口增长。清政府长期的的封禁政策带来诸多弊端，人口数量减少使得边防空虚，并引诱外国势力介入，并开始大规模殖民；人口数量太少导致财政上常年依赖于内地财政的转移支付，在国库空虚的情况下已难以为继。在此情况下，清政府决定开禁放垦，以达到移民实边，抵御列强和依靠民垦收入渡过财政难关并缓解内地人口压力

的目的。这样，移民实边终于作为虚边、封禁政策的对立面而出现了，一个大规模的移民运动展开了。

清末对东北的开禁放垦，经历了一个逐渐演变的过程，从大部开放、局部封禁到走向全面的开放。大体说来，从 1860 年（咸丰十年）到 1903 年（光绪二十九年）为局部开禁时期；1904 年（光绪三十年）至 1911 年（宣统三年）清王朝覆亡前为全面开放时期。全国与东北人口的比较如表 3 – 5。

表 3 – 5　全国与东北人口比较（1840 ~ 1911）

年份	全国	东北	奉天	吉林	黑龙江
1840	42126	373	241	32	
1851	43189	290	258	32	
1862	25541	316	283	33	
1871	27531	330	297	33	
1881	31247	455	421	34	
1891	34109	551	462	55	
1898	36144	542	464	78	
1911	36815	1841	1102	554	186

数据来源：梁方仲：《中国历代户口、田地、田赋统计》，上海人民出版社 1980 年版，第 10、258、262 – 265、269 页。

由表 3 – 5 可见，东北人口从 1891 年到 1911 年不到 20 年就从 500 余万陡增到 1841 万，显然主要是由于移民的结果。据估算，在这 1841 万人口中，关内移民至少有 1000 万。另据葛剑雄、侯杨方、张根福（1999）的统计，清代初年至清末，迁入东北的移民至少已有 1300 万[①]，这是东北地区人口发展史上的一次飞跃。人口的增加为工业化创造了非常有利的条件。

（2）民国与奉系军阀时期（1912 ~ 1930 年）

在民国与奉系军阀时期，东北的控制权逐渐落入奉系军阀张作霖父子手里，奉系军阀从工业、财政、教育、交通等多方面入手治理，促进了工业化发展和铁路建设，并带动了民族工业的快速发展。1911 年，辛亥革命爆发，孙中山领导的中华民国临时政府成立于 1912 年 1 月 1 日。清朝最后一位宣统皇帝于 1912 年 2 月 12 日下诏退位。在清末民初，东北地区的政治经济权力逐渐落到了奉系军阀张作霖手里。

1906 年清政府整饬地方部队，新民府巡防马步营扩编为五个营，任命张作霖为前路五营统带。1907 年，受东三省总督徐世昌之命，张作霖于 4 月 26 日智剿辽西巨匪杜立三，被清朝廷圣旨嘉奖，张作霖被升为奉天巡防营前路统领（旅长职），驻防郑家屯。

① 葛剑雄、侯杨方、张根福：《人口与中国的现代化（一八五〇年以来）》，学林出版社 1999 年版，第 164 页。

1908 年，又被调防到洮南一带追剿被沙俄收买的蒙古叛匪陶克陶胡、白音大赉等，经过两年的艰苦战斗，击毙白音大赉，生擒六十三牙什，将陶匪逐出国境，取得重大胜利。清廷赏顶戴花翎，以记名总兵，擢升为洮辽镇守使，所部由 5 营增至 7 营，统兵为 3500 人。

1911 年辛亥革命后，东三省总督赵尔巽调张作霖带兵进奉天。逼走蓝天蔚，篡夺国民保安会领导权。张作霖还兼任了中路巡防营统领，所带部队由 7 营增至 15 营，又做了保安会的军政部副部长。1912 年 9 月 28 日，张作霖为 27 师中将师长，1916 年 4 月 22 日，袁世凯任命张作霖为盛武将军督理奉天军务兼巡按使。6 月，总统黎元洪改各省将军为督军，巡按使为省长，至此张作霖为奉天督军兼省长。至此，张作霖完全掌握了东北的军政大权。

张作霖从其崛起到统一东北期间，一直将亲日、争取日本的援助作为对日关系的主基调。但在进入 20 世纪 20 年代以后，他再也不愿依仗日本的势力来发展自己的力量，从而使自己受制于日本。于是，他将加强自身实力、摆脱日本的控制作为其对日外交的目标，并在政治、经济、军事、文化教育等领域做了诸多尝试，在开发矿藏、建设铁路，制定民族工业政策、促进工业经济发展、投资兴办教育以及文化事业发展方面，都取得了令世人瞩目的成绩，从而极大地推进了东北近代化的进程（康艳华，2010）。

奉系当局多次拒绝日本合办企业的要求。由于奉系当局采取抵制措施，1922 年以后东三省几乎没有新建的中日合办企业。除抵制中日合办企业外，奉天当局还大力发展本民族的企业。1924 年，张作霖召集东三省民政和军政要人举行会议，就发展东三省实业问题作出决定，即"三个月内募集二千万元的三省联合实业资金；在十个地方增建官营的工厂；年内在东三省开办二十个最好的官矿；追加投资二百万元，以便年内大规模地发展呼兰制糖厂、奉天纺纱厂、鸭江采木公司和本溪湖煤矿公司"。以此为契机，东北地方相继开办了不少官办或官商合办的企业。这些企业，在防止利权外失方而发挥了积极作用。

在采掘业方面，东北地区自建自营的有八道壕、西安、鹤岗、北票煤矿等七个煤矿；在重工业方而，奉天省不仅有东三省兵工厂和奉天迫击炮厂这两个著名的军事工业企业，还有东北大学工厂、皇姑屯机车厂、大亨铁工厂等民用企业，他们除为东北自建铁路修理机车、组装铁路机车、制造客货车之外，还为东北自建煤矿修理机器设备，制造配套设备；在电力工业方而，为与日本开设的电力公司相抗衡，奉方以每年设立 3~5 个的速度，共新建了 20 个电力公司，从而打破了日本对东北电力工业的垄断局面；在电信业方面，奉系也开始与日本展开对抗性竞争。到 1928 年，东北无线电通信事业的规模越居全国之首，打破了日本长期以来的垄断地位（康艳华，2010）。

自主地修建铁路以对抗日本的铁路运输系统，是这一时期张作霖为摆脱日本控制所做的最具成效的一个举措。张作霖统治时期，东北铁路密度居全国前列，但多掌握在日、俄两国手中。日本凭借南满铁路，不仅在经济上获取巨大好处，而且在军事上可随时制约奉军的行动。奉军使用该铁路时，除当场交纳运费外，还须经日本驻奉天总领事和关东司令部的批准；乘车时临时解除一切武装，枪支弹药另行托运；关东军对乘车之奉军有监督权；奉军的军需物资，须经关东军司令部批准才准予运转；日方可随时中断其运输等。对于张作霖来说，这些苛刻的条件是难以忍受的，因此他决心自建铁路，反击在奉日本势力；同时赢得制交通权，为以后在边防斗争中取得军事主动权奠定基础。

20 世纪 20 年代以后，以张作霖为首的奉系当局开始积极酝酿自建东北铁路干线，计划于南满铁路两侧修筑东、西两大铁路干线。东干线：葫芦岛—奉天—海龙—吉林；西干线：葫芦岛—打虎山（今大虎山）—通辽—洮南—昂昂溪—齐齐哈尔。这两大干线一旦修成，势必会成为与南满铁路和中东铁路两大铁路系统相抗衡的第三大铁路系统，对于收回和维护民族利权，打破日本长期控制东北铁路干线和垄断铁路运输的局面，发展东北地区民族经济以及巩固东北边防等，均具有重大意义。先后修建了锦朝铁路、打通铁路、开丰铁路、奉海铁路、吉海铁路、鹤岗铁路、呼海铁路、昂齐铁路、齐克铁路、洮索铁路，东北自建铁路网基本成型。

皇姑屯事件之后，张学良继任。张学良认识到铁路对于经济发展的重要性，一方面继续自建铁路，另一方面酝酿收回中东铁路的路权，进一步引发 1929 年的中东路事件①。但是由于情报和决策失误，这次战争以失败告终。12 月 22 日，东北地方当局代表蔡运升受张学良委派，与苏联代表谈判，达成《伯力协定》。在本次事件中，东北地方当局虽损兵折将，实力大为削弱。这场冲突持续近 5 个月之久，双方动用的一线兵力超过 20 万，使用了重炮、坦克、飞机和军舰等重型装备，其规模和持续时间远远超过 1969 年的"珍宝岛事件"，成为中苏历史上规模最大的一次武装冲突，其结局对于东北的局势乃至全国的时局产生了深远的影响，特别是对于张学良对日本侵略的态度有着重要的影响。在奉系军阀时期，东北地区社会的相对稳定，促进了经济的发展，尽管这种发展还比较缓慢，但与国内其他省区比较已相当可观。在奉系统治期间，东北地区出现了人口、土地、粮食三者成正比同步增长的态势。1912 年至 1928 年，东北净增人口 1065.8 万人，从 1911 年的 1841 万人增加到 1930 年的 3008.68 万人（王晓峰，2000），净增人口 1197 万人。1914 年至 1930 年，东北耕地面积净增 10406670590 亩。1912 年至 1930 年，东北地区粮食净增 1008620695 斤。由此得出这样一个比例关系：即每增加一口人，则扩大 9.8 亩耕地，多产 10182 斤粮食。

总之，奉系军阀在当政时期，分别从农业、工商业、财政金融和教育等方面采取各项措施，客观上推进东北地区经济社会转型发展，很大程度上奠定了东北老工业基地的基础（潘志，2016）。

---

① 中东路事件，是指 1929 年中国为收回苏联在中国东北铁路的特权而发生的中苏军事冲突。1929 年 7 月，在南京国民政府"革命外交"的氛围中，国民政府委员、东北政务委员会主席、东北边防军司令长官张学良以武力强行收回当时为苏联掌握的中东铁路部分管理权。17 日，苏联政府宣布从中国召回所有官方代表，要求中国外交官迅速撤离，断绝外交关系。9 月至 11 月，"苏联特别远东集团军"进攻中国东北边防军，东北军战败。12 月 22 日，东北地方当局代表蔡运升受张学良委派，与苏联代表谈判，达成《伯力协定》。在本次事件中，东北地方当局虽损兵折将，实力大为削弱，但张学良获颁青天白日勋章。这场冲突持续近 5 个月之久，双方动用的一线兵力超过 20 万，使用了重炮、坦克、飞机和军舰等重型装备，其规模和持续时间远远超过 1969 年的"珍宝岛事件"，成为中苏历史上规模最大的一次武装冲突，其结局对于东北的局势乃至全国的时局产生了深远的影响。

（3）日伪时期（1931～1945 年）

日伪时期是东北工业化快速发展的一个时期，但是又具有显著的殖民地特性。日本进驻东北地区后，在中东铁路的基础上建立了世界上比较发达的交通运输网。在日本统治东北期间，日本的大量资本流入东北，投资于煤炭、钢铁、石油等行业，使得东北地区的重工业在短期内得到较快的发展。当然，日本不可能那么无私地为东北的发展做贡献，在统治期间除了交通上的投资外，工矿业的投资比重是最大的，在引进技术上自己掌握尖端技术，将低端的制造技术留在东北。同时在矿产资源上它不断地将开采出来的矿产运往日本本土以缓解本土资源缺乏的状况。而在中国的抗战胜利后，日本对于东北的工业设施实施的是能带走就带走，不能带走的进行毁灭的措施。也就是说，这一时期的东北的工业仅仅只是得到发展，最后又遭到较大的破坏。当然，不可否认的是它是东北重工业的前期基础。

①重工业快速推进和经济殖民化。九一八事变爆发以后，日本帝国主义控制了整个东北地区，为了满足侵华战争的需要，全力实行以重工业为主体的军事工业"重点主义"产业政策，将与"国防"和"国策"有关的重工业列为主导产业，将煤炭、电力、石油等能源工业作为掠夺的主要对象，尤其是将钢铁工业、有色金属工业、化学工业、非金属矿开采业、建筑材料业作为掠夺的重点。日本垄断资本进行了大量的投资用以开矿办厂，曾先后在沈阳、大连、抚顺、鞍山等地建立了冶金、化学石油、电力、煤炭等一大批工业企业，并兴建了兵器与飞机制造业、机器制造业、金属制品业和机械修理业等一大批为其侵略战争服务的军事工业。由于日本垄断资本的大规模投入，自 1936 年到 1941 年，辽宁的工业经济增长相当迅速。仅以沈阳为例，日本人在沈阳重点开辟了铁西工业区，1940 年时，该区的日资工厂达到 233 家，其机械制造、金属和化工等重工业工厂达 104 家，年产值占沈阳市工业总产值的 48%。1941 年，沈阳市的日资工厂快速增至 423 家，使沈阳市成为了东北地区的工业中心城市；同时，满铁垄断了辽宁乃至整个东北的铁路、公路和港口。当时的"南满"已经成为日本工业化以及发动侵华战争、太平洋战争的重要工业基地。据估计，1936～1939 年间，东北广义的工业年增长率约为 9.9%，狭义的近代工业增长更快。到 1945 年以前，占全国总人口不足 10% 的东北，近代工业产值约占全国的 33%。而辽宁因其沈阳的工业中心地位，在东北地区的工业增长快于其他两省。应该说，近代辽宁的工业是在侵略者的掠夺式开发中，在外力的冲击下，超越其自身的发展阶段而强制形成的，从某种意义上说，辽宁在近代时期发展起来的工业属于殖民地工业。西方各国垄断资本以掠夺资源为目的而兴建的一大批矿山、工厂、铁路和港口等，一方面使辽宁工业经济在殖民统治下有了快速的畸形发展；另一方面，在客观上形成了辽宁的近现代机器工业的基础（王询，2010）。

日伪时期工业化发展的同时，经济殖民化特征日益明显。九一八事变之后，日本占领东北地区，日本极大地强化了日本垄断资本对东北工业的产业统制政策，使民族工商业在能源原材料经营范围价格和销路等各方面均受到了严格控制，失去了独立发展的空间，并由此走向了大幅度萎缩的状态（王询，2010）。

根据东北财经委员会的资料①，以1937年敌伪所开始的"产业开发五年计划"为契机，大规模建设煤炭、发电、钢铁等基础工业。1943年时，东北煤炭产量占全国的49.5%，发电能力占78.2%，生铁产量占87.7%，钢材产量占93.0%，水泥产量则占66%。东北成为当时全国工业最为发达、基础最为雄厚的地区。但是这种殖民地工业化在快速发展的同时，存在较大的局限性。东北财经委员会指出，在东北的大规模工业中，虽应用了一些高技术，但是大部分的小规模工业，则完全停留在落后的技术水平上。东北经济的殖民地性质，也决定了工业的脆弱性。

②战乱的破坏。据东北工业部1949年的统计，八一五日本投降后，东北经过三年战争，比较新式的工业设备大部分已被拆走。根据国民党以及美国鲍莱的调查，共值89500亿~123316亿美元，生产能力平均减退50%~70%。工厂停工及战争反复，设备器材又遭长期破坏②。抗日战争胜利后，辽宁的工业企业几次遭到极其严重的破坏。先是在1945年日本投降前后，日本侵略者将一些无法运走的机器毁坏，将许多矿山设备炸掉；然后是苏联红军把一部分比较先进的工业设备拆卸运走，仅在1945年秋季的两个月里，原鞍山昭和制钢所的关键性设备被苏军拆走的就达60%以上，本溪各主要厂矿的设备也大部分被进驻的苏军拆走。国民党政府占领了主要城市以后，先后接收了分布在锦西、锦州、沈阳、抚顺、鞍山、本溪、辽阳、营口等城市的工矿企业，但因内战而无心恢复生产。在1947~1948年期间，这些工厂和矿山的设备、器材，有的被拍卖，有的被破坏，一些贵重器材、设备和技术资料被运往关内，主要工业产品的产量微乎其微，整个工业生产处于瘫痪的状态。据1949年的统计，辽宁当时全省工业设备生产总能力只有日伪时期的20%，工人失业率达90%。沈阳的工厂除部分军工、军需工厂进行过一些修配性的生产外，429个民用工厂中绝大多数遭到严重破坏，勉强开工的只有45家。鞍钢钢材的年产量比最高年产量的1943年下降了84.5%。煤炭和机械工业的生产，也基本上陷入停顿状态。持续多年的大规模战争，留给辽宁的是满目疮痍的废墟和百废待兴的烂摊子（王询，2010）。

基于重建过程中的多个中共中央会议文件③，党中央对日伪时期的东北工业形成了几点基本认识：第一，东北是全国唯一的重工业基地；第二，东北虽经历了战乱破坏，尚可部分恢复产能，为战争和国家发展提供重要支撑；第三，需要集中资源，优先恢复和发展东北工业，建立独立自主的工业体系，摆脱殖民经济的模式。这三点基本认识对于解放战争的战局和战后的经济恢复，以及中苏关系产生较大影响。

① 东北财经委员会调查统计处编：《伪满时期东北经济统计（1931~1945年）》，1949年。

② 东北工业部：《东北工业概况》（1949年2月22日），选自东北解放区财政经济史编写组：《东北解放区财政经济史资料选编》（第二辑），黑龙江人民出版社1988年版。

③ 东北解放区财政经济史编写组：《东北解放区财政经济史资料选编》（第一辑），黑龙江人民出版社1988年版。

2. 计划经济时期（1949～1978年）：共和国"长子"，中苏蜜月期和重化工业基地

（1）老工业基地的正式形成

面对国际国内形势需要，党中央选定东北作为全国的工业基地，服务全局。1949年12月12日，中华人民共和国主席毛泽东抵达莫斯科进行正式访问。1950年1月20日，中国总理兼外交部长周恩来也抵达莫斯科，两国政府之间的谈判于2月14日结束。同时签订了《中苏友好同盟互助条约》、《关于中国长春铁路、旅顺口及大连的协定》、《关于苏联贷款给中华人民共和国的协定》、《关于中苏友好同盟互助条约的补充协定》。

前苏联援华"156项工程"："一五"计划（1953～1957年）期间，中国在苏联的援助下，在全国范围内新建、改建了156个重点建设项目，其中有57项落户东北（其中辽宁24项、吉林11项、黑龙江22项），约占全国的1/3。这57个项目共涉及45家企业，涉及煤炭（7家）、机械（11家）、冶金（6家）、电力（6家）、航空（4家）、石化（7家）等11个行业。在这57个项目中有4项没有实施建设，即抚顺东露天矿、鹤岗兴安台2台立井、鸡西城子河立井、鸡西洗煤厂（朱茂才，2000）。

其中吉林省占有11项，包括第一汽车制造厂、丰满发电厂等。而黑龙江省则是占了22项，其中10项是机械工业项目，机械工业投资占全国机械工业的23.7%。"二五"和"三五"时期，由于国家政策的引导和呼吁，东北工业结构发生变化，强调发展重工业，并且偏向挖掘业，如辽源煤矿（吉林省）、鞍钢（辽宁省）、抚顺煤矿（辽宁省）、大庆油田（黑龙江省）等，都是在这一时期发展起来的。当然，由于东北这一时期发展战略符合国家的倡导和当时的生产力的要求，可以说东北工业基地是一度兴盛。

以沈阳市铁西区为例，在国家"一五"和"二五"时期，新中国将1/6的财力倾注在这里。"一五"期间苏联援建的156个重点项目中，沈阳第一机床厂、沈阳航空航天大学、沈阳风动工具厂、沈阳电缆有限责任公司、沈阳飞机制造公司、沈阳黎明航发集团这6个项目落实到了沈阳。第一台车削普通机床、第一台125万吨挤压机、第一架喷气式飞机等100多个新中国的第一从这里生产出来。根据辽宁省公布的数据，到1957年，全省工业总产值为102亿元，占全国14%，居全国第二位。重工业产值为72.4亿元，占全国22.7%。沈阳因而一举坐实"共和国工业长子"的地位[①]。辽宁成为中国重要的老工业基地，是全国工业门类较为齐全的省份之一，新中国工业崛起的摇篮，被誉为"共和国长子""东方鲁尔""辽老大"。东北工业区建设的同时，中央政府迅即展开以东北地区为支撑的全国工业的合理布局。国民经济恢复基本完成后，党中央适时提出以"一化三改"为主要内容的过渡时期总路线，决定在三个五年计划的时间内逐步实现社会主义工业化。在此过程中，中央通过对东北工业基地的建设，以点带面，奠定中国工业合理布局的骨

[①]　1946年4月28日，哈尔滨成为新中国第一座解放的大城市，为解放东北乃至全国做出了重要贡献。1950年2月27日，毛泽东称赞哈尔滨为共和国的"长子"。

架，使中国的工业布局逐渐由沿海向内地转移。在"一五"期间，在中央的重点建设下，东北工业基地拥有了相当强大的的钢铁、机械、电力、煤炭、化工等工业，奠定了中国工业化的初步基础。在"二五"和国民经济调整时期，中央集中力量对大庆油田进行勘探和开发。由于中苏关系恶化，中央对北满工业基地重点建设项目的投资又相对减少（傅颐，2004）。

（2）工业化成果扩散到内地：支援三线的经济作用

在1964年5月召开的中央工作会议上，提出了把全国划分为一、二、三线的战略布局，要搞三线工业基地建设。根据中央的决定，各有关部门和地区迅速展开对三线建设的部署和行动。东北地区地处沿海沿边，基础工业和国防工业比较多，因此支援三线建设的任务很重。支援三线建设的工作由东北局书记处书记顾卓新同志负责，经委具体负责实施。按照国务院的具体安排，从1964年下半年即开始了支援三线的工作。据不完全统计，至1965年，东北地区迁往内地和正在迁往内地的企业及技术支援项目共140个（列入国家搬迁计划内的66个），调出8万人左右（其中基本建设队伍2.7万人）。搬迁的企业，有的并入内地企业的，对内地企业起到了充实、提高或补缺作用；有的是利用内地的下马工程进行安装建设的，节省了资金，加快了建设速度；有的是新建项目。在一年多的时间里，完成了如此工程浩大的迁建工作（傅颐，2004）。

从技术扩散的角度，支援三线无异于在内地播撒了很多工业化技术和人员的种子，促进了内地的工业化进程，这个技术溢出的经济作用在改革开放之后更加明显。因此，通过支援三线，东北经济的工业化基础又一次发挥了它的历史作用。此时，工业基地的意义开始变得完整。

（3）基于计划经济的国有企业运行模式——以沈阳铁西工业区为例

在日伪时期，沈阳铁西工业区就被当作"东方鲁尔"这样的世界级工业区进行规划，大企业都集中在一个地理区域，是一种早期的集群化发展模式。新中国成立后，这个工业区的生产能力很快得到恢复，并建设了一批全国工业企业的领军企业，成为新中国首屈一指的重工业基地。铁西工业区有很多企业是国内规模和技术水平一流企业。例如中国有色金属的摇篮沈阳冶炼厂，沈阳机床一厂、三厂（现沈阳机床集团，产能世界第一），沈阳电缆厂，沈阳变压器厂，沈阳鼓风机厂（现沈鼓集团），东北制药总厂，沈阳线材厂等。

在计划经济的体制背景下，国有企业是调动资源、快速发展工业最直接的方式。在这种情况下，国有企业并不像是市场经济下的微观主体，而是执行上级行政命令的工作单元。在铁西工业区，很多企业在国内具有重要地位，因此很多是中央直属。在中央对企业控制力加强的同时，又出现了一些问题。长期以来，东北老工业基地在宏观管理上条块分割严重，钢铁、汽车、煤炭、石油、机械、军工、森工等行业的大中型企业大都是中直企业，这部分企业实现的工业产值、利税占地区的很大比重。但是地方政府对这些企业几乎没有管辖权，阻碍了这些大型企业对当地的技术外溢。产业集聚效应不强，企业间的往来减弱，为了扩大控制力，企业发展成内部一体化的"大而全、小而全"模式，这种计划经济导致的内部化分工与市场化分工背道而驰；进一步，企业间缺乏竞争，企业与主管部门的博弈中，容易形成"软预算约束"现象，进一步损失对经理人员的激励，降低企业的效率。

"文革"后期，"知青"回城的就业安置任务又落到了大型国企身上，"接班制""厂办大集体"进一步强化"大而全、小而全"，大型国企变成小社会，承担幼儿园、中小学、医院、养老院等社会公共服务职能，形成了国有企业员工从摇篮到坟墓的终身雇用管理模式，给企业背上沉重的历史包袱。这种僵化的体制为后来的改革提出了很多难题。

（二）东北老工业基地发展中的问题与振兴政策

1. 国企改革与"东北现象"（1978～2003 年）

改革开放的大环境下，东北经济也随着全国性国企改革而进入改革的进程，也进行了承包制、厂长经理负责制和资产重组等改革尝试，效果都不是非常理想。加之厂办大集体等历史遗留问题，管理人员腐败问题，以及外部环境变化导致的人员流失问题给国企改革增加了难度。

20 世纪 90 年代，长期计划经济体制下积累的深层次结构性和体制性矛盾充分显现，工业经济陷入前所未有的困境，大批国有企业停产、半停产，亏损面和亏损额居高不下，众多职工下岗失业。以辽宁为代表的东北地区出现相类似的状况，形成了所谓"东北现象"。这使得老工业基地必须由曾经创造辉煌步入重新振兴之路。"东北现象"这一概念最初是 1991 年由辽宁大学冯舜华教授提出来的①。在 20 世纪 90 年代，与东南沿海地区形成鲜明对照的是，辽宁、吉林、黑龙江这些传统的老工业基地出现了零增长和负增长的现象，并且难以走出低谷。同时，地方财政赤字十分严重。这种极度反差的状态被称为"东北现象"（李怀，2000）。

1992～1994 年，国企在 3 年高投入后，进入了困难时期。到 1997 年，甚至出现了国有企业三分之一亏损，三分之一盈利，三分之一保持平衡的局面。问题集中表现在矿产资源枯竭、工业结构失衡、企业步履艰难、效益严重下滑、接续产业匮乏等。1997 年的中央经济工作会议公报明确提出，"用 3 年左右时间，通过改革、改组、改造和加强管理，使大多数国有大中型亏损企业摆脱困境，力争到 20 世纪末使大多数国有大中型骨干企业初步建立起现代企业制度。" 3 年脱困目标的提出是当时内外因素共同作用的结果。在这

---

① 金凤德（2004）指出，1991 年初，辽宁大学冯舜华教授在一篇内参（见冯舜华：《"东北现象"浅析》，《中共辽宁省委办公厅咨询文摘》1991 年第 1 期）中使用了"东北现象"的提法，意思是指东北经济在全国的地位出现颓势，东北财经大学金凤德教授在 1988 年曾提出过"辽宁病"，指出：辽宁省作为中国最老、最大的工业基地，患有类似"英国病"的"未老先衰"症，"辽宁病"不除，辽宁无振兴之日（见金凤德：《放"东北虎"下山，还是跟在人家后面掀起"乡镇企业热"？》，《中共辽宁省委办公厅咨询文摘》1988 年第 9 期）。

之前，国企普遍亏损，中央虽然意识到国企需要脱困，但是并没有把它确定为集中的问题来解决。1997 年亚洲金融危机，这对原本已十分困难的国企，可谓是雪上加霜，亏损问题更加突出。在这种背景下，1998 年新一届政府上任后，第一个目标就是 3 年"脱困建制"。在这个国有企业改革和脱困的 3 年目标中，"抓大放小"成为基本思路——以市场为导向，以资产为纽带，通过强强联合，在一些重要行业或关键领域组建一批大型企业集团，同时采取改组、联合、兼并、租赁、承包经营和股份合作制、出售等形式，加快放开搞活国有小企业的步伐。

针对放开搞活国有小企业产生的问题，1997～1999 年中央经济工作会议的公报，反复强调"实施鼓励兼并、规范破产、下岗分流、减员增效和再就业工程"，"保障国有企业下岗职工的基本生活"。当时国家扶持的主要是大企业，中小企业就彻底放开了，彻底市场化了。当时全国有几十万家国有小企业民营化，走的是产权制度改革和身份置换的路子。实践证明，这样的市场化路子是对的，大多数改制的企业由死变活，正常经营，能够解除政府对企业承担的无限责任，也能够解除企业对员工承担的无限责任，能够使企业和员工走向市场。

大刀阔斧的 3 年改革卓有成效，2000 年的中央经济工作会议公报写道，"国有大中型企业改革和脱困三年目标基本实现"。1997 年底，国有及国有控股大中型企业为 16874户，其中亏损的为 6599 户，占 39.1%；到 2000 年，亏损户减为 1800 户，减少近 3/4。从 2002 年开始，整个国民经济处于上升期。从国企本身来说，历史包袱得到了一部分解决，大量中小企业走向市场。前一时期的改革，为后来企业的发展奠定了一定的基础。这一点，在东北老工业基地表现得更为显著。金凤德（2004）认为，东北已经走出"东北现象"。

2. 东北振兴政策与十年快速增长期（2003～2012 年）

2003 年 10 月，中共中央国务院联合发文《实施东北地区等老工业基地振兴战略的若干意见》，2003 年 12 月，国家决定成立国务院振兴东北地区等老工业基地领导小组，总理亲自担任组长，两位副总理担任副组长。2004 年 4 月，国务院正式成立了振兴东北地区等老工业基地办公室，后改为东北振兴司，东北振兴战略进入实施阶段；2009 年 9 月，国务院下发《关于进一步实施东北地区等老工业基地振兴战略的若干意见》，进一步巩固东北振兴战略的成果。随着东北振兴战略的进一步实施，为东北经济迈入经济增长的快车道提供了有力支持。

2003～2012 年，中国经济再次迈入快车道，装备制造业迎来十年快速增长期，东北经济获得宏观经济快速增长和重化工业快速发展双重机遇，经济增长进入快车道。自2003 年实施东北振兴战略 10 年来，辽、吉、黑三省年平均增速超过两位数，不仅高于全国均值，而且高于东部沿海平均水平，如图 3－6 所示。

东北地区出现了一批竞争力强，规模大的国有企业，例如在汽车、机床、钢铁、石化、有色金属、机车车辆，造船生产行业出现了一批快速增长的企业，"装备制造业"的

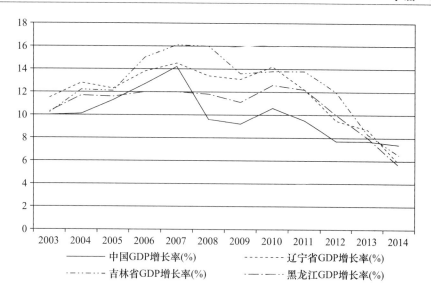

图 3 - 6 2003～2012 年东北与全国 GDP 增长率比较

名称不胫而走。沈阳机床跃居世界产值第一名，长春一汽、华晨汽车、葫芦岛锌业、鞍山钢铁、北方车辆、大连造船等一批在国内外响当当的品牌。经过各方共同努力，老工业基地振兴取得明显成效和阶段性成果，特别是重大装备制造业走在了全国的前列。

然而，这一段时间全国性的快速增长也减少了国企改革的压力，东北经济的粗放型增长为后面的经济下滑埋下了伏笔。图 3 - 6 数据也显示，2010 年之后，东北经济开始进入下行通道。

3. 东北新困境与新一轮振兴政策（2013～2016 年）

从 2013 年起，与全国趋势不同，东北经济快速下滑，出现增长乏力的"断崖式"下跌。辽宁钢铁、煤炭、电力、石化等产能严重过剩，钢铁业形势不好，大批铁矿山关停。2014 年，辽宁省一些经济指标下降幅度较大，未能完成年初提出的预期目标，其中，地区生产总值增速同比回落 2.9 个百分点，固定资产投资下降 1.5%，出口总额下降 9%，一般公共预算收入下降 4.6%。从经济运行看，工业产品价格持续走低，生产要素成本不断上升，企业经济效益明显下滑。表面看是外部需求不足、投资拉动减弱所致，实际上是一些体制性、结构性矛盾集中爆发，是长期积累的产业结构、经济结构问题的集中显现[1]。被学界（例如赵昌文，2015）和一些媒体称其为"新东北现象"[2]。

面对这种新中国成立以来东北经济首次大幅下滑的局面，2014 年 8 月，国务院发布

---

[1] 摘自辽宁省省长李希《辽宁省政府工作报告——2015 年 1 月 27 日在辽宁省第十二届人民代表大会第四次会议上》。

[2] 新华网 2015 年 2 月 15 日刊发的调查报告《事关全局的决胜之战——新常态下"新东北现象"调查》记者何平、刘思扬、赵承、徐扬，http://news.xinhuanet.com/fortune/2015－02/15/c_1114383801.htm。

《关于近期支持东北振兴若干重大政策举措的意见》。2016 年 4 月，中共中央国务院联合发布《关于全面振兴东北地区等老工业基地的若干意见》。从此开启东北经济全面振兴的历程。

（三）东北老工业基地发展的历史规律总结

从较长历史阶段来观察东北经济的发展，尽管经过历次政权更迭，历时性的规律依然在发挥着重要作用。下面从开放和市场环境、基础设施、人口流动、工业化阶段、国企内生性以及国际环境等方面进行总结。

1. 对内对外开放与市场环境东北经济增长的重要条件

从经济发展角度来看，东北早期的对内和对外开放，为东北的资源与国内和世界市场进行资源配置提供了机会。东北丰富的农林和矿产资源，为吸引重工业资本和技术提供了基础条件，各种生产要素得以在东北集聚，推动东北的工业化进程。特别是清政府从被迫开放向主动开放的转变，由少数城市开放转向大城市全面开放，为东北经济启动工业化进程创造了良好条件。新中国成立初期，可以视为是一种针对苏联的开放，吸收了苏联提供的生产要素。改革开放之后的东北经济表现也进一步印证了这一点，开放和自由竞争的市场环境是东北经济增长的重要条件。

2. 基础设施先行是东北工业化的关键条件

早期港口建设和中东铁路的建设为市场交通运输成本降低起到了关键作用，后来奉系军阀执政时期、日伪时期又进一步加强了铁路建设，继而加强了城市基础设施建设。使得东北拥有稠密的铁路网，电力设施等强大的基础设施，这为工业化的快速推进，大宗物资的运输创造了良好条件。新中国成立后，铁路建设也是重中之重，东北基础设施的优势到现在还在发挥作用，基础设施等公共物品的提供也是政府发挥新作用的着力点，也是历次东北振兴政策的战略重点。

3. 人口数量、要素集聚对东北经济发展具有重要解释力

东北几次大的人口流入都伴随了经济的快速发展。虽然人口流入的原因在不同阶段有所不同，早期主要有开垦荒地和工程建设招募，后来演变为劳动工人招募和避免战乱，但是，人口流入为工业化提供了充足的劳动大军，也为要素聚集提供了最为关键的因素。随着资本和技术的进入，技术的正外部性溢出需要以技术和劳动人员为载体。新中国成立之后，东北重工业的恢复很大程度上依赖于在重工业企业工作过的技术人员和管理人员。在工业企业中，技术人员和管理人员通过干中学得到的技术知识是最为重要的知识财富。因

此人口因素对于东北经济增长速度和经济发展有着重要的解释力，人口数量与质量的相关政策也是东北经济增长的重要着力点。

4. 工业化发展阶段影响着东北经济比较优势的发挥

基于生产要素的丰裕度差异，不同地区在经济发展的不同阶段会表现出不同的增长速度。东北早期的资源优势是农林和矿产资源，借此成为中国重化工业的摇篮，由于重化工业的快速发展，形成地区经济的比较优势，即适应于重化工业的生产技术、劳动技术人员、管理知识等。2003 年之后，中国迎来重化工业快速发展的时期，东北经济的比较优势再次发挥出来，重化工业、装备制造业得到快速的发展。尽管面临国有企业管理效率不高的问题，仍然获得发展阶段的红利。然而，自从 2013 年之后，中国经济发展进入创新驱动的新阶段，东北经济的比较优势就不明显了，经济放缓与全国的经济发展阶段有关。就像美国经济的主导力量不再是五大湖地区的制造业，而是硅谷。从这个意义上讲，新一轮东北振兴的困难不能低估，的确处于"爬坡过坎、滚石上山"的阶段。在这一阶段如何基于现有比较优势，探索发展新的比较优势，避免"锈带经济"导致的衰退，仍是一个重要问题。

5. 东北国有企业的内生性、技术外溢性和产业集聚性需要重新认识

（1）政府引领性赶超与规模经济决定了国有企业的内生性。清末以来，中国经济的一个重要特征就是赶超型经济，追赶西方国家工业化的步伐，实现中华民族的伟大复兴。在赶超经济的压力下，经济要实现超常规发展，在市场经济制度不完善的情况下，政府自然成为调动资源的重要力量，官营资本和国有企业就成为实现这一目标的载体。其经济学的解释，一个是官营资本的规模经济效应，另一个是官营资本在市场经济不完善的经济中便于降低交易成本，这与政治制度无关。因此，国有企业就是内生的一种经济形式，这是中国后发大国的国情决定的，因此需要重新认识国企的成因与价值，重新认识东北经济的国有企业。在一些大飞机等战略性产业领域，这一性质还没有变。

伍晓鹰（2014）通过考察中国工业化百年史中的政府作用得出这样的结论，中国工业化道路的"特殊性"并非因为这个世界上人口最多的国家具有与众不同的资源禀赋、文化和思想遗产以及制度传统，而是因为自 19 世纪中叶西方列强迫使中国打开国门以来，国家在追求工业化和现代化的漫长过程中持续扮演着非常重要的角色。不同政权下的中国政府，在这段历史中的几乎每一个重要阶段，都以远远凌驾于市场规律的力量，影响或主导了中国工业化的方式和方向，塑造了中国工业化的道路虽然政权在更迭，政府在变换，但是这种由国家力量所造成的对工业化道路的影响，却在不断地积累着，形成一种高速低效的增长路径。

伍晓鹰（2014）的分析对于认识东北经济很有启发。如何改变这种路径依赖，需要一种经济增长方式的深刻转型，既不是完全丢弃已有的比较优势，又不能助长政府依赖症的持续。已经建立的具有规模经济优势的重化工业，不宜因为轻型化战略的转变而丢失，

国有企业的作用需要重新评估。现在摆在面前的问题是，在后赶超时代，国有企业存在的战略空间在哪里？

（2）东北国有企业表现出巨大的技术外溢性，是新中国工业化的摇篮。在支援三线政策实施过程中，表现最为明显，这为改革开放以后工业企业遍地开花播下了早期的种子。国有企业相比民营企业对于知识产权的保护不够严格，加之政府对资源的整合，使得国有企业的技术外溢效应更加明显，对中国工业化的推动功不可没。

（3）东北制造业集群大多是以大型国有企业为核心的集群化发展，大型国企和配套的民企构成了特殊的产业生态。其中的技术扩散和产业发展规律有待进一步揭示，以便从政策上找到推进东北民营企业发展的路径。

6. 国际环境对东北经济的影响不可低估

东北处于东北亚的核心地带，周边国家的兴衰与和平都会对东北经济产生深远的影响。东北经济的发展受益于周边国家的工业化，也受制于与周边国家战乱的破坏。在东北工业化短短的一百多年历史中，东北工业化的每一个阶段都受到他国不同程度的影响，中国政府也不断地在对外经济政策与主权独立之间寻求权衡。目前主权问题已经解决，但是东北经济的周边环境并不乐观，周边大国之间矛盾比较复杂，美国对东北亚的政治军事影响很大，"朝核"问题存在很大不确定性，严重影响投资者的预期。思考东北问题，不能低估国际环境这个重要的影响因素。

（四）东北老工业基地新困境的成因与出路分析

东北经济目前陷入新的困境，结合历史提供的启示，需要从产业结构、宏观经济周期、市场环境、国企改革、人口问题、区域经济、国际环境等几个方面来进行分析。那么出路在哪里？需要思考两个方面因素：一是东北的现在和未来的比较优势是什么，我们能干什么？这是我们的起点；二是世界经济和中国经济的大背景发生了什么根本性变化，我们怎么跟上这个时代的变化，适应并引领这个时代？这是我们的战略方向。

1. 产业结构偏重与抗经济波动能力弱

由于不同发展阶段对不同产业的需求有很大差异，东北经济的产业结构偏于重化工业，因此在重化工业快速发展的阶段会高于全国增速，而在后工业化阶段，就会出现增速下滑的局面。这是发展规律所致的局面，国际上出现的"锈带"经济就是例证，这与国企无关。另外，政府对宏观经济的干预也会导致经济周期波动加大，东北经济产业结构不平衡，更容易在宏观经济周期波动中出现高于全国的大波动。这类似于管理学中的"牛鞭效应"。为了避免经济太大的波动性，适宜发展基于比较优势的新兴产业，既照顾重化工业基础，又考虑创新驱动的新动能，例如汽车、高端装备制造、机器人、智能制造、新材料、新能源等产业。

2. 市场环境建设与民营经济发展任重道远

市场环境和营商环境不如关内，是东北经济的"软肋"。长期习惯于干预微观经济主体的政府组织，在营商环境塑造方面很难形成保持距离型的政商关系，这严重影响了民营企业的投资，也降低了民营企业和创新企业的活跃度。在民营经济发展的营商环境塑造方面，东北经济还有很长的路要走。在东北振兴的目标压力下，地方政府可能又一次陷入干预微观经济的怪圈，这种急救式的干预，可能会进一步伤害市场环境，制造更多的不公平，政府如何在营造环境和促进产业发展之间寻求一种平衡？需要政府在结构和职能上的根本性转变。转变的路径有两个：一是政府部门的权力结构调整，压缩直接干预微观经济的权力部门，增加服务性部门；二是政府公务人员改变观念，换脑或者换人，再辅之以强力反腐防止权力的滥用。

3. 国企发展与改革的权衡

目前，全国国有经济的比重依然较高，国有经济在工业领域占比为27%～28%，在农业中占比为3.5%，在金融业占比高达70%～80%。从东北三省的情况看，几乎所有领域特别是工业领域的比重都远高于全国，尤其是在重化工业领域。在这种情况下，对东北三省来说，根本出路在于加快推进国有企业改革，优化国有资本布局结构，尽一切努力化解历史遗留问题，提高国有资本配置效率和效益（赵昌文，2015）。

国有企业是赶超型经济发展内生的一种制度形式，东北经济国有企业比重高是历史性的问题。在赶超经济后期这一新的历史阶段，老工业基地的国有企业所承担的功能发生了变化。目前国有企业发展出现严重问题，需要重新思考国有企业的业务边界和产权边界，对于具有公共产品性质的业务和企业，还需保持国有和国家控制的形式，而竞争性领域需要交给市场来运营，依据分类改革的基本思想，借助混合所有制改革和股权改革展开。在国有企业发展和改革之间寻求一种平衡。

结合国有企业混合所有制改革，把国企为核心的产业集群的配套民营企业活力调动起来，形成国有企业和民营企业互动发展产业集群的新生态。在这方面，政府需要保证交易的公平性，防止内外勾结导致的国有企业资产流失。

4. 人口与人才问题的制约

人口问题是认识东北经济的重要方面。东北目前面临人口净流出的局面，特别是大学毕业生和高级技术人才净流出的局面，非常不利于东北振兴战略的实施。需要创造良好的生活和工作环境，降低居住和生活成本，留住人才，用好人才，并通过建设营商环境吸引资本回流和人才回流，同时加大吸引海内外人才的力度，加快现有人才的培养，降低农村人口进城的门槛。另外，改变现有计划生育政策，尽快形成鼓励生育、降低育儿成本的政策体系。

5. 区域经济发展的极化效应

与人口流动问题相关，区域经济发展进入地区间争夺生产要素的新阶段。东南沿海等发达地区成了吸引生产要素的宝地，年轻有为的人才优先选择东南沿海和北上广地区，资本、技术也向这些地区集聚，这种区域经济发展的极化效应愈演愈烈。东北经济如果不能实现经济振兴，还会面临更严重的生产要素流失的局面。从这一角度来讲，东北振兴正如逆水行舟，不进则退。在这种区域极化效应的规律下，改变规律非常困难，顺应这种趋势也有更多选择，一方面，把人口减少的地区发展成自然保护区和旅游区；另一方面，依靠比较优势发展大中城市的优势产业，利用人口密度降低带来的低房价吸引人才。对总量目标和增长率目标要适当降低，而注重经济质量和人均收入水平的提高。

6. 国际环境的不确定性

目前东北亚国际环境面临很多不确定性，也为东北经济发展蒙上一层阴影。特别是朝、韩、日与中国的关系存在很多不确定性，这会影响企业家的投资热情，也会影响人才流动的走向。如何从国际环境方面塑造一个良好的开放的、和平的投资环境，也是东北振兴的重要方面。因此，东北经济的振兴还需要有利的周边环境支持，需要和平的国际环境的支持，营造良好的周边环境，东北地方政府也有重要的责任。

（五）东北老工业基地的创新发展与展望

令人欣喜的是，东北地区已经出现了一些创新发展的新气象。按照党中央对于东北振兴"四个着力"的要求，东北地区在体制机制、结构调整、创新创业、民生方面展开新的举措。例如反腐与新型政商关系的建立，国际化营商环境塑造，"一带一路""营满欧""沈满欧""辽满欧""长满欧"以及"临满欧""粤满欧""厦满欧"专列的开通，中俄东线天然气管道、中俄原油管道二线工程开工，辽宁自由贸易试验区开始运行、海峡两岸（吉林）生态农业合作先行试验区的获批，沈大国家自主创新示范区、中德高端装备制造产业园、大连金普新区的建设都取得新的进展。东北在汽车制造、无人机、机器人制造、制药、食品加工、休闲旅游等产业都出现良好发展的势头，产业结构得到进一步的优化。东北经济正在凤凰涅槃中焕发新的活力，一些新兴的产业正在传统产业的基础上快速发展，东北的资源优势、人才和技术优势、地缘优势以及国家政策的支持优势，各级地方政府正在展开围绕反腐败和营商环境的刮骨疗伤的改革。世界经济与中国经济逐渐走出低谷，装备制造业也会迎来一个新的增长期，相信经过几年时间的扎实改革，再造比较优势，东北经济有望借助经济回暖的新周期，逐渐走出低谷，实现东北的持久振兴。

四、东北老工业基地振兴大事记
(2003～2016 年)

自 2003 年东北老工业基地振兴战略提出至今已有 14 年，为清晰记录振兴进程，特总结 2003～2016 年振兴大事，共计 20 件。

1. 2003 年 10 月　中共中央、国务院正式印发《关于实施东北地区等老工业基地振兴战略的若干意见》

该意见总括了东北振兴战略的各项方针政策，明晰了振兴东北地区等老工业基地的关键要点与原则，吹响了振兴东北老工业基地的号角。

2. 2004 年 4 月 26 日　国务院印发《2004 年振兴东北地区等老工业基地工作要点》

该文件明确了当时的重点是做好东北地区老工业基地的调整改造工作，确保老工业基地振兴战略实施工作有一个良好开端。

3. 2005 年 6 月　《国务院办公厅关于促进东北老工业基地进一步扩大对外开放的实施意见》出台

该意见着眼于通过进一步扩大对外开放来解决问题，使用多种方法政策促进东北老工业基地的崛起，从而振兴东北地区的经济。

4. 2006 年 6 月　国务院振兴东北地区等老工业基地领导小组三次全体会议召开

本次会议总结了 2005 年振兴东北地区等老工业基地的重点工作取得新进展、新突破。会议围绕国有企业改革、产业结构调整、切实加强环境保护和生态建设等问题进行了讨论，并对 2006 年工作进行了部署。

5. 2007 年 8 月 20 日　《东北地区振兴规划》正式公布

本规划重在阐明国家战略意图，明确政府工作重点，引导市场主体行为，确定振兴总体思路、主要目标和发展任务，完善加快东北地区振兴的政策措施。提出国家将构筑一个包括内蒙古东部五盟市在内的东北经济圈。

6. 2008 年　国家发改委成立"东北振兴司"

东北振兴司的主要职责是组织拟订振兴东北等老工业基地的战略、规划和重大政策，协调有关重大问题；提出老工业基地调整改造、资源型城市可持续发展、重大项目布局等建议并协调实施。

7. 2009 年 9 月　国务院印发《关于进一步实施东北地区等老工业基地振兴战略的若干意见》

该意见是继中发〔2003〕11 号文件后，推进东北地区等老工业基地全面振兴的又一重要综合性、指导性、政策性文件，标志着东北地区进入全面振兴的新阶段。

8.2010 年 4 月　东北四省区合作框架协议

为深化东北四省区合作，推动区域经济一体化发展，辽宁省、吉林省、黑龙江省、内蒙古自治区经过充分协商，达成合作框架协议，旨在交通、能源、工业、生态、商贸等领域进行全方位合作。

9.2011 年 7 月　国务院印发《2011 年振兴东北地区等老工业基地工作要点》

该要点明晰了 2011 年振兴东北地区的具体工作要点，以推动老工业基地实现新的跨越。

10.2012 年 3 月　国务院印发《关于东北振兴"十二五"规划》

该规划提出八项措施巩固和扩大东北振兴成果，深化改革开放，加快转型发展。历经 9 年振兴之路，东北地区的经济发展将进入全面深入的阶段。

11.2014 年 8 月　国务院印发《关于近期支持东北振兴若干重大政策举措的意见》

意见要求抓紧实施一批重大政策举措，巩固扩大东北地区振兴发展成果、努力破解发展难题、依靠内生发展推动东北经济提质增效升级。

12.2015 年 6 月 26 日　《关于促进东北老工业基地创新创业发展打造竞争新优势的实施意见》出台

该意见由国家发展改革委、科技部、人力资源社会保障部、中科院联合提出，明晰了应对东北经济不断加大的下行压力，推动东北老工业基地发展的方式。

13.2015 年 9 月 18 日　《老工业基地产业转型技术技能人才双元培育改革试点方案》出台

国家发改委、教育部、人力资源社会保障部和国家开发银行联合印发了此方案，意在为老工业基地振兴发展培养更多高素质劳动者和技术技能人才。

14.2016 年 3 月 24 日　《关于推进东北地区民营经济发展改革的指导意见》发布

该本意见由国家发改委、工业和信息化部、全国工商联、国家开发银行联合发布，旨在深入推进东北地区民营经济发展改革，将民营企业培育成为增强经济活力、推动振兴发展的重要力量。

15.2016 年 4 月 26 日　《中共中央国务院关于全面振兴东北地区等老工业基地的若干意见》出台

该意见提出了东北老工业基地振兴的思路与目标，围绕着力完善体制机制、着力推进结构调整、着力鼓励创新创业着力保障和改善民生等方面提出了振兴东北的若干新举措。

16.2016 年 8 月 22 日　国务院印发《推进东北地区等老工业基地振兴三年滚动实施方案（2016～2018 年）》

《实施方案》就有关部门、有关地方做好 2016～2018 年东北地区等老工业基地振兴工作做出了具体部署，并明确了各项任务的责任主体和完成时间。

17.2016 年 9 月 21 日　《关于支持老工业城市和资源型城市产业转型升级的实施意

见》发布

该意见由国家发展改革委、科技部、工业和信息化部、国土资源部和国家开发银行联合制定印发。《实施意见》重点明确了推动全国老工业城市和资源型城市产业转型升级的总体思路、实施路径、重点任务和配套政策措施。

18. 2016 年 11 月 7 日　《东北振兴"十三五"规划》正式实行

该规划由国家发展和改革委员会制定，是新时期东北地区等老工业基地振兴的新规划，旨在推动东北经济脱困向好，实现新一轮振兴。

19. 2016 年 11 月 16 日　国务院印发《关于深入推进实施新一轮东北振兴战略加快推动东北地区经济企稳向好若干重要举措的意见》

该意见要求深入推进实施党中央、国务院关于全面振兴东北地区等老工业基地的战略部署，明晰了实施若干重要举措，推动东北地区经济维稳向好。

20. 2016 年 12 月 23 日　辽宁振兴银行获批筹建成为东北首家民营银行

由沈阳荣盛中天等 5 家公司发起设立的辽宁振兴银行，已获得中国银监会的批复，同意在沈阳筹建，成为东北地区第一家获批筹建的民营银行。

参考文献

[1] 迟福林. 二次开放: 全球化十字路口的中国选择. 北京: 中国工人出版社, 2017.

[2] 马国霞, 石敏俊, 李娜. 中国制造业产业间集聚度及产业间集聚机制. 管理世界, 2007 (8): 58-65.

[3] 刘凤朝, 马荣康. 东北老工业基地创新驱动发展研究. 北京: 科学出版社, 2016.

[4] 吕政. 振兴东北老工业基地科技支撑战略研究. 北京: 经济管理出版社, 2012.

[5] 张虹. 东北老工业基地经济与社会可持续发展研究. 北京: 经济科学出版社, 2011.

[6] 青木昌彦著. 比较制度分析. 周黎安译. 上海: 上海远东出版社, 2001.

[7] 黄继忠. 东北老工业基地产业结构调整优化研究. 北京: 经济科学出版社, 2011.

[8] 肖兴志. 中国老工业基地产业结构调整研究. 北京: 科学出版社, 2013.

[9] 东北解放区财政经济史编写组. 东北解放区财政经济史资料选编 (第一辑). 哈尔滨: 黑龙江人民出版社, 1988.

[10] 东北解放区财政经济史编写组. 东北解放区财政经济史资料选编 (第二辑). 哈尔滨: 黑龙江人民出版社, 1988.

[11] 梁方仲. 中国历代户口、田地、田赋统计. 上海: 上海人民出版社, 1980.

[12] 葛剑雄, 侯杨方, 张根福. 人口与中国的现代化 (一八五〇年以来). 上海: 学林出版社, 1999.

[13] 王魁喜等. 近代东北史. 哈尔滨: 黑龙江人民出版社, 1984.

[14] 陈耀. 中国东北工业发展60年: 回顾与展望. 学习与探索, 2009 (5): 40-45.

[15] 伍晓鹰. 中国工业化道路的再思考: 对国家或政府作用的经济学解释. 比较, 2014 (6): 1-25.

[16] 刘智文. 东北封禁政策刍议. 学习与探索, 2003 (6): 133-136.

[17] 孙经纬. 新编中国东北地区经济史. 长春: 吉林教育出版社, 1994.

[18] 李怀. "东北现象": 问题的实质与根源. 管理世界, 2000 (4): 206-207, 216.

［19］常修泽．"再振兴"东北战略思路探讨．人民论坛，2015（21）：18－21.

［20］陈丽蔷．外资对东北老工业基地产业结构演进的影响．经济地理，2005（5）：624－628.

［21］丁国荣．东北振兴中的对外开放战略．经济管理，2004（5）：18－21.

［22］黄继忠．东北老工业基地产业结构调整优化研究．北京：经济科学出版社，2011.

［23］李凯，史金艳．略论东北老工业基地的振兴及其发展思路．管理世界，2003（12）：140－141.

［24］李培林．老工业基地的失业治理：后工业化和市场化——东北地区9家大型国有企业的调查．社会学研究，1998（4）：3－14.

［25］林木西．振兴东北老工业基地的理性思考与战略抉择．经济学动态，2003（10）：39－42.

［26］刘柏．对东北经济衰退的深度解读．人民论坛，2015（16）：26－27.

［27］刘艳军，王颖．东北地区区域开发程度演化及其资源环境影响．经济地理，2012（5）：37－42.

［28］王珏．"西部大开发"实施成效对"振兴东北老工业基地"的启示——基于地区利用外资的分析．管理世界，2004（10）：149－150.

［29］衣保中．振兴东北当补轻工业欠账．人民论坛，2016（9）：42－42.

［30］Coe N. M. , Hess M. , Yeung H. W. C. "Globalizing" regional development：a global production networks perspective. Transactions of the Institute of British geographers，2004，29（4）：468－484.

［31］Dincecco M. Fiscal centralization，limited government，and public revenues in Europe，1650－1913. The Journal of Economic History，2009，69（1）：48－103.

［32］Florida R. , Mellander C. , Qian H. China's development disconnect. Environment and Planning A，2012，44（3）：628－648.

［33］Morgan，K. The learning region：institutions innovation and regional renewal. Regional. Studies，2007（31）：491－403.